新
思
THINKR

有思想和智识的生活

THE RISE OF

ANTHONY EVERITT　[英] 安东尼·艾福瑞特——著　杨 彬——译

雅典的胜利

ATHENS

文明的奠基

THE STORY OF THE WORLD'S GREATEST CIVILIZATION

中信出版集团 | 北京

图书在版编目（CIP）数据

雅典的胜利：文明的奠基 /（英）安东尼·艾福瑞特著；杨彬译 . -- 北京：中信出版社，2019.5

书名原文：The Rise of Athens: The Story of the World's Greatest Civilization

ISBN 978-7-5217-0124-1

Ⅰ . ①雅… Ⅱ . ①安… ②杨… Ⅲ . ①古希腊—历史 Ⅳ . ① K125

中国版本图书馆 CIP 数据核字（2019）第 034563 号

雅典的胜利——文明的奠基

著　　者：[英] 安东尼·艾福瑞特
译　　者：杨彬
出版发行：中信出版集团股份有限公司
（北京市朝阳区惠新东街甲 4 号富盛大厦 2 座　邮编　100029）
承 印 者：河北鹏润印刷有限公司

开　　本：880mm × 1230mm　1/32　　印　　张：18　　字　　数：484 千字　　插　　页：8
版　　次：2019 年 5 月第 1 版　　印　　次：2019 年 5 月第 1 次印刷
京权图字：01-2019-1324　　广告经营许可证：京朝工商广字第 8087 号
书　　号：ISBN 978-7-5217-0124-1
定　　价：88.00 元

献给我永远忠诚的继父

约翰·布鲁内尔·科恩

——从萨拉米斯到

诺曼底登陆日

伊利里亚
道兰底人领地
埃庇达诺斯
阿普沙斯河
阿波罗尼亚
阿乌斯河
欧里科姆
林科斯
培利亚
马其顿
奥勒提斯
埃迦伊
佩拉
塞尔迈
斯特里蒙河
涅司托斯河
腓立比
潘盖翁山
安菲波利斯
埃翁
卡尔息狄斯
萨索斯
麦西尼亚
皮德那
奥林修斯
阿坎托司
波提狄亚
塞尔迈湾
赛翁尼
奥林匹斯山
伊庇鲁斯
泰米斯河
锡伯塔
阿刻戎河
摩罗西亚
安布腊基亚
克基拉岛
帕克索斯岛
塞萨利
佩涅欧司河
拉里萨
特里卡
费莱
法萨卢斯
赛阿塔斯岛
斯波拉泽斯群岛
阿洛尼
斯博尼斯河
赫斯替亚
阿提密喜安角
温泉关
埃维亚
斯基罗斯
阿卡纳尼亚
莱夫卡斯岛
埃托利亚
东洛克里斯
克菲索斯河
阿姆菲萨
福基斯
彼奥提亚
卡尔基斯
埃雷特里亚
德尔斐
俄尼阿达
纳夫帕克托斯
卡利敦
西洛克里斯
底比斯
代立昂
克法利尼亚岛
伊萨卡岛
塞斯比阿
科林斯湾
马拉松
库勒涅山
亚该亚
梅加腊
雅典
阿提卡
卡利斯
西库翁
厄利斯城
厄利斯
阿卡迪亚
科林斯
萨拉米斯
萨罗尼克湾
奥林匹亚
迈锡尼城
扎金索斯岛
埃皮达鲁斯
埃伊那岛
皮尔戈斯
阿尔戈斯
阿尔戈利斯
希西亚
伯罗奔尼撒半岛
阿尔戈利斯湾
赫尔莫伊内
伊兹拉岛
霍利斯
迈加洛波利斯
爱奥尼亚海
基帕里夏
伊斯迈山
梅西尼亚
拉科尼亚
塞里福斯岛
麦西尼
斯巴达
埃夫罗塔斯河
皮洛斯
麦西尼亚
吉雄港
米洛斯岛
泰纳隆海角
马利亚角
基西拉
克
爱琴海流域
英里
0
100
千米
0
100

希柏鲁斯河
普波利斯
奥德里西亚
黑海
色雷斯
博斯普鲁斯海峡
拜占庭
加尔西顿
佩林托斯
玛罗涅亚
多里斯卡斯
阿布德拉
阿伊诺斯
普罗彭提斯海
萨莫色雷斯岛
卡迪亚
伊哥斯波塔米河
拉姆普萨卡斯
西斯塔斯
阿比多斯
达达尼尔海峡
格拉尼卡斯河
伊姆布罗斯岛
姆诺斯岛
息基昂
特洛伊
弗里吉亚
忒涅多斯岛
麦提姆那
米西亚
爱
米提利尼
帕加马
莱斯博斯岛
阿吉纽西
吕底亚
库梅
福西亚
赫穆斯河
厄立特利亚
士麦那
萨迪斯
希俄斯岛
克拉佐美奈
特奥斯
琴
诺丁姆
以弗所
米安德河
安得罗斯岛
萨摩斯岛
特纳斯岛
伊卡洛斯岛
米卡尔山
普瑞涅
卡里亚
基克拉迪群岛
拉德岛
米利都
米科诺斯岛
帕特莫斯岛
伊阿索斯
提洛岛
斯岛
海
多德卡尼斯群岛
勒罗斯岛
孟多司
哈利卡那索斯
帕罗斯岛
纳克索斯岛
卡利莫诺斯岛
科斯
吕基亚
卡乌诺斯
夫诺斯岛
阿莫尔戈斯岛
科斯岛
尼多斯
伊奥斯岛
尼西罗斯岛
赛姆
赛诺西马角
阿斯泰巴利亚岛
锡拉岛
阿纳斐岛
蒂洛斯岛
罗得
罗得岛
克里特海
卡帕梭斯岛
克诺索斯
特
岛
戈提那

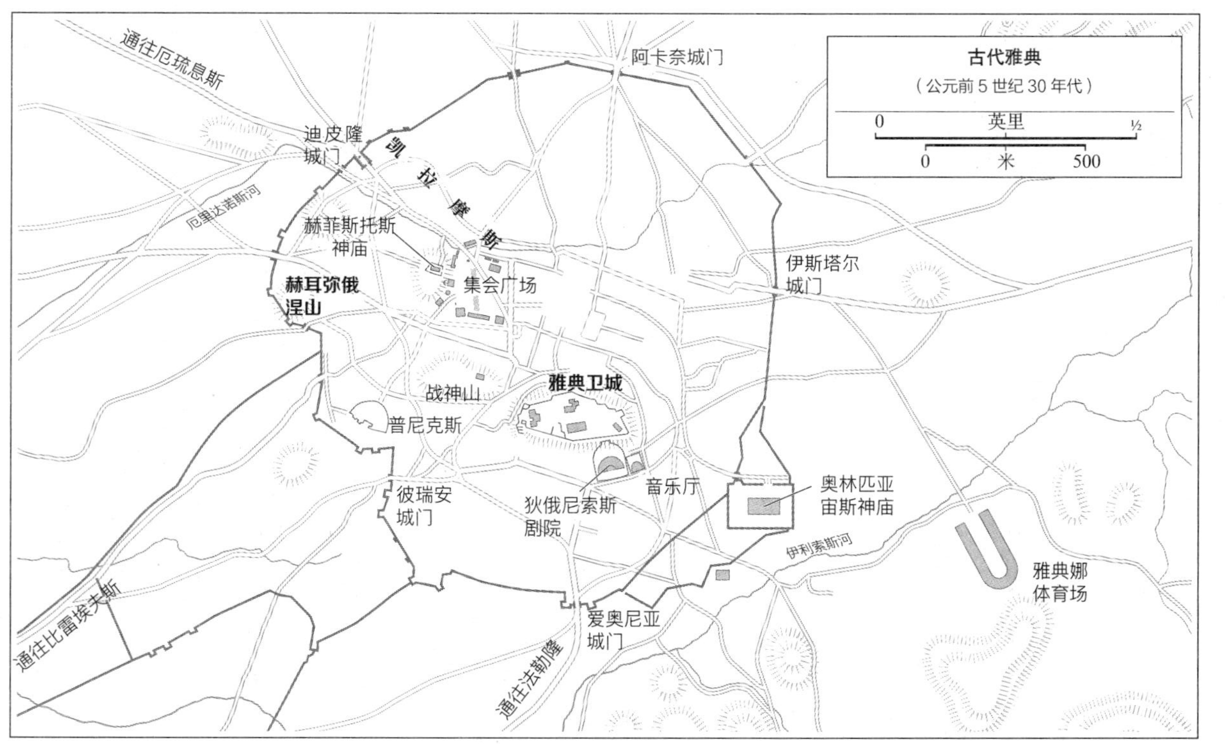
古代雅典
（公元前 5 世纪 30 年代）
0
英里
½
0
米
500
通往厄琉息斯
阿卡奈城门
迪皮隆
城门
凯拉摩斯
厄里达诺斯河
赫菲斯托斯
神庙
集会广场
赫耳弥俄
涅山
伊斯塔尔
城门
雅典卫城
战神山
普尼克斯
彼瑞安
城门
狄俄尼索斯
剧院
音乐厅
奥林匹亚
宙斯神庙
伊利索斯河
雅典娜
体育场
通往比雷埃夫斯
爱奥尼亚
城门
通往法勒隆

目　录

自　序　*3*

序　曲　1

城邦三强

第 1 章　民族英雄　17

第 2 章　战斗之邦　29

第 3 章　波斯的骡子　45

民主诞生

第 4 章　摆脱负担　73

第 5 章　穷人之友　93

第 6 章　灵魂驭手　105

第 7 章　创造民主　121

波斯的威胁

第 8 章　东方入侵者　137

第 9 章　刺猬与狐狸　157

第 10 章　波斯入侵　173

第 11 章　“白痴之举”　189

第 12 章　“啊，神圣的萨拉米斯”　201

帝国创建者

第 13 章　城邦联盟　229

第 14 章　联盟解体　251

第 15 章　善好者　271

第 16 章　“紫罗兰花冠”　285

伟大的战争

第 17 章　岛上囚徒　315

第 18 章　一无所知的人　353

第 19 章　大势已去　371

第 20 章　民主末日？　399

长久的告别

第 21 章　斯巴达的陨落　427

第 22 章　奇罗尼亚——“自由的毁灭”　461

第 23 章　尾声——“上帝遗弃的角落”　509

术 语 表　517

大事年表　521

致　　谢　531

资料来源　533

参考书目　537

注　　释　541

自　序

我还是个孩子的时候，读过一本维多利亚时代出版的故事书，读得如饥似渴，津津有味。书中讲述的是希腊和罗马的神话故事。除了分散在书页里的过于甜美的诗歌，我认真地读了每一个字。

我的祖母发现我对古代世界感兴趣，就给了我三本企鹅出版社的经典图书，那时企鹅出版社还是一家新兴的出版企业。她选择了里乌（E. V. Rieu）翻译的荷马的《伊利亚特》（*Iliad*）和《奥德赛》（*Odyssey*），还有柏拉图的《会饮篇》（*Symposium*）的一个译本。祖母是个农妇，并不是古典文化研究者。最后这本书对于我这个还未到青春期的孩子来说有些过早，书中提到的希腊人的同性恋现象让我感到迷惑不解。但是，这些书无可替代地给了我对希腊文明的初步印象，让我用心感知，细细品味。荷马和柏拉图给我呈现了一个全新的、引人入胜的世界。这个世界尽管存在悲剧和血腥，但自由的思想如太阳般光芒万丈，照亮澄明的天空。

在公元前 5 世纪到公元前 4 世纪这两百年间，古代雅典人几乎在人类活动的每一个领域都有惊人的创举。他们发明了唯一真正、完全的民主（democracy，“民主”一词本身就源自希腊语），从古典时代一直持续至今。如今我们只是选出代表，让他们以我们的名义行使权力，而那时雅典的公民聚在一起，自己做出一切重要决定。（这里我需要特别说明的是：选举权仅限于成年男性，将妇女和奴隶这两个社会群体排除在外。)

雅典人相信理性，认为理性可以揭开人类生活以及大自然中的奥秘。他们创造了表达哲学的概念和语言，提出的很多问题今天的思想家们仍然争论不休。他们开创了悲剧、喜剧、建筑和雕塑艺术，将历史看作对过去事件的准确叙述和解读。他们与其他希腊同胞一道，发展了数学和自然科学。

我们必须当心，不宜过分夸张。雅典人的成就是整个希腊世界发展进步的一部分，他们从希腊人的邻居，如埃及人和波斯人那里，借鉴了不少思想和技术，尽管他们对“野蛮人”持有轻慢蔑视的态度。只要我们像熟悉雅典一样了解古典时代东地中海及其周边地区的其他社会形态，雅典看起来或许就不会那么特别。我们可能不得不做出更为谨慎的评价。

不过，即使雅典人并非无与伦比，我们也不能否定他们所取得的成就。苏格拉底的伟大不会因为存在一个名不见经传的对手就有所削弱。

雅典人本质上是理性主义者，但也笃信宗教。对奥林匹斯山众神的敬仰融入他们日常生活的每一个方面。他们中的大多数人认为，这些被赋予人性的神与凡人一样，都是人类历史进程的参与者。

西欧人和美国人自鸣得意地指出，完全独立的雅典民主只持续了 200 年左右。但是别忘了，我们自己完整意义上的民主尚未持续那么久。

雅典民主的运行机制对于我们当前电子化的世界仍然具有现实意义：计算机时代的到来意味着，只要我们真有强烈的渴望，就能够从代议制回到直接民主制。在古代雅典的鼎盛时期，人们能够真正行使权力，做出一切重要的决定。实际上，每个公民都是政府的一员。我们有勇气迈出如此理性的一步吗？

对于古代雅典所创造的奇迹，更确切地说是因为这些奇迹，我产生了一个重要疑问。这个人口只有20万左右的小社群（其人口与英格兰的约克郡或者阿肯色州的小石城相当），是如何在整个人类进程中孕育出如此出类拔萃的天才人物的？它又是如何创造出历史上最伟大的文明之一的？总之，它奠定了我们当代知识界的基础。

我将描述这座城市的崛起与衰落，以回答上面的问题，或者至少为找到答案指明方向。

如果我们能够回到两千多年前，在古代雅典的大街小巷漫步，很可能会遇到著名的剧作家埃斯库罗斯（Aeschylus）、索福克勒斯（Sophocles）和欧里庇得斯（Euripides），以及雕塑家菲迪亚斯（Pheidias）和喜剧作家阿里斯托芬（Aristophanes），还有雅典政治舞台上的“坏小子”亚西比德（Alcibiades）。也许我们路过集会广场（*agora*）边上的一家鞋店，无意中听到苏格拉底（Socrates）在里面上伦理课，并能遇见他的两个学生柏拉图（Plato）和色诺芬（Xenophon）。在公民大会上，我们能听到最伟大的政治家伯里克利（Pericles）的演讲。

这是我在读者心中唤起的雅典，从最初几个世纪里国王、僭主、贵族当政，到后来民主诞生，城邦的政治和文化进入鼎盛时期，最后逐渐衰落，成为一个宜人的“大学城”。

关于雅典的故事，跟罗马相比，我们知道的要少很多。但对于后世和今天的西方文明，一言以蔽之，对于我们，它的影响一点也不逊色。雅典人奠定了我们今天生活的基础。我们应该铭记和纪念他们所创造的一切。这是多么吸引人的故事啊！它充满了各种历险和令人瞠目的命运反转。

公元前 6 世纪至公元前 4 世纪，东地中海地区的政治棋局中有三个主要参与者。

第一个就是雅典。它是海上霸主，而不是陆上强国，大力提倡贸易，生意遍及当时已知世界的各个角落。它的舰队主宰着爱琴海。它的公民从事着各种商业活动，热衷文化和艺术，对新事物充满好奇，思想开放。

斯巴达在各方面都与雅典大不相同，是世界历史上最奇特的社会之一。这是希腊南部伯罗奔尼撒半岛的一个城邦，纪律严明，热衷战争，是被广泛承认的、具有影响力的希腊政权。男性公民过着集体生活，大部分时间都在乱哄哄的公共社区中度过。他们被称为“斯巴达公民”（Spartiates）或“平等者”（Equals，即不承认他们的个性），不能种地或者做生意，而要被培养成专业的士兵。他们征服了伯罗奔尼撒的大部分地区，让那些地方的人沦为农奴，或称“黑劳士”（*helots*）。黑劳士在主人的庄园里辛勤劳作，经常受到侮辱，可以被随意处死。

年轻的斯巴达人要经过残酷的训练，变成冷血、无情的斗士，他们放弃个人的财富，养成沉默寡言、谦虚有礼的性格。他们生活的社区自给自足，是封闭、冷酷和极权的，对外部世界毫无兴趣。

第三个是爱琴海远端的波斯帝国（Persian Empire）。公元前 6 世纪中叶，伊朗贵族居鲁士大帝（Cyrus the Great）征服并吞并了中东地区所有的王国。最终，居鲁士的统治从巴尔干半岛延伸到印度河流域，从中亚一直延伸到埃及。他是个专制君主。

小亚细亚沿岸繁荣的希腊城邦在他的控制之下日趋衰落。这是对整个希腊世界的长久侮辱。在希腊人眼中，外国人都是野蛮人，即只会发出“巴巴”的噪声而不会讲正确希腊语的“异族”（*barbaroi*）。两种文化的基石在此碰撞，互相挤压、磨砺。

冲突不可避免。这些国家就像是芭蕾舞者，扭动身体，相互缠绕，变友为敌，又化敌为友，从战争走向和平，然后烽烟再起。

三个强权都曾鼎盛一时，但最后都以失败和灾难而告终。它们的历史发展进程如同过山车一般跌宕起伏，充满刺激。

我只是在叙述历史。我从来不会在文字中透露未来的结局，因为我希望读者就像我所描述的那些事件的当事人一样，无法预知接下来会发生什么。如果他们对于古代的历史不熟悉，反而会更有身临其境感。

这些来自遥远记录中的故事有一些令人生疑的虚构成分，至少挑剔的学者会这么认为。梭伦（Solon）与吕底亚（Lydia）国王克罗伊斯（Croesus）的相遇是一个很好的例子。因为时间太久了，我们难以判断真假。但就像神话和传说一样，这些都是很好的故事，即使其中有些是被润色加工过的，也能够让我们更清楚地了解希腊人是如何看待自己的。所以，我乐意将这些故事再讲一遍。

我尽力对雅典在哲学和艺术领域的成就做出概述，但因为篇幅有限，也只能简略叙述。对于埃斯库罗斯、索福克勒斯和欧里庇得斯的著作，我只介绍最杰出的代表作，包括《奥瑞斯提亚》（*The Oresteia*）、《安提戈涅》（*Antigone*）和《特洛伊妇女》（*The Trojan Women*）。柏拉图和亚里士多德的思想只是概括说明。我用《吕西斯忒拉忒》（*Lysistrata*）

来代表阿里斯托芬的成就。但是我希望这些足以证明他们的伟大。

古代历史学家的作品质量并不稳定，对公元前5世纪的记载比公元前4世纪的更为充分。随着时间的流逝，许多作家的全部或部分作品已经无迹可寻。修昔底德（Thucydides）是历史上最伟大的历史学家。事实上，他如此优秀，以至于我们把他对历史事件的描述奉为圭臬并深陷其中。不太知名的古代历史作者则让出了空间，让当代学者做出修正并增加新的解释。修昔底德没有写到的空白我们常常难以填补，而他论及的事情则通常是无可辩驳的。

有一些话题，即使是像修昔底德那样的最好的编年史专家也只能稍稍提及，例如经济和社会生活。另外，比起组成希腊的其他城邦以及他们在地中海的殖民地，我们对雅典的了解更为详尽。不管怎样，关于雅典的更多信息，虽然我们想涉及，但能说的却很少。

对于许多问题，当代的专家会持不同意见。一般来说，我只是在尾注中交代他们的一些争论，尽可能在叙述中避免学界存在争议的问题。

我应该如何拼写人名和地名？在西欧，我们最早是通过罗马人和他们的语言拉丁语了解古希腊的文学和历史的，所以习惯使用拉丁语来拼写希腊的专有名词。大多数欧洲人直到文艺复兴时期才直接接触希腊语，但那时候使用拉丁语拼写希腊名字的惯例已经根深蒂固，不易改变了。

所以英文世界中大多数人说到阿喀琉斯用的拼写是 Achilles，而不是 Achilleus，说到亚西比德用的是 Alcibiades 而不是 Alkibiades，说到柏拉图用的是 Plato 而不是 Platon。我决定继续使用大家都熟悉的罗马文字，否则读者会对严格使用欧洲字母音译的希腊语名词感到困惑和沮丧。一些深奥难懂的专业术语不在这个限制范围内。

还有一些耳熟能详的名字有其英语拼写方式，大多数人都在使用，也是我倾向于选择的，如雅典（Athens，而不是希腊语的Athenai或者拉丁语的Athenae）、科林斯（Corinth，而不是希腊语的Korinthos或者拉丁语的Corinthus），还有斯巴达（Sparta，是拉丁语拼写，而不是希腊语的Sparte）。对于外国人的名字，尤其是波斯人的，我借用的是希腊-拉丁拼法，比如我把米底国王称为阿斯提阿格斯（Astyages），而不是伊斯穆特古（Ishtumegu）。古希腊世界有些不出名的地名保留原始的拼写形式。尽管如此，每个规则都有例外。

在以“e”结尾的专有名词中，“e”是按照英语的发音方式，读音同“ee”（在希腊语中，其读音跟“hay”中的“ay”一样）；以“es”结尾的则读音同“ees”。

货币的价值很难精确衡量，不同产品的价值会随着时间和经济环境的改变而改变。雅典货币的主要单位是

6 欧布鲁斯 = 1 德拉克马

100 德拉克马 = 1 迈纳

60 迈纳 = 1 塔兰特

1德拉克马（drachma）是公元前5世纪和公元前4世纪时一个步兵或一个技术工人一天的工钱。公元前425年，一名陪审员每天从政府领到的津贴是半德拉克马或3欧布鲁斯（obol），足以维持三口之家的基本生活。所以，这薪酬够用，但算不上奢侈。塔兰特（talent）是个重量单位，相当于26公斤，也代表着26公斤银子的货币价值。在伯罗奔

尼撒战争期间，在三层划桨战船（trireme）上划船的200名桨手一个月的工作可以换来1塔兰特的薪水。

1欧布鲁斯是一个小的银币。它被放在死人的嘴里，这样就有足够的钱给冥府渡神，让他帮助死者渡过冥河去往阴间。

我们可以在许多方面赞颂雅典人。这没有什么奇怪的，因为他们开创了当今的许多领域。但在道德和技术领域方面，他们和现在大不相同。他们的座右铭是“认识你自己”。他们根本就无法理解基督教所宣称的“爱人如己”。

如果我的努力弥合了我们和希腊先辈之间的差距，表达了我对我们文明创始人的热切感情，我便心满意足了。

序　曲

一个年轻的国王，来自原始、未开化的马其顿，用武力征服了雅典这个伟大的城市，控制了整个希腊以及纷争不断的各个城邦。这并不是因为他极端厌恶希腊人。恰恰相反，他对希腊人的军事和文化成就十分钦佩。事实上，他一直热切希望能够完完全全地被希腊文化所接受。

这个年轻人就是腓力二世（Philip Ⅱ）的儿子——亚历山大大帝（Alexander the Great）。这一年是公元前 334 年。

那么，希腊文化的本质是什么？我们如何搞清楚呢？要回答这个问题，最简单的办法就是精心研读史诗《伊利亚特》。史诗的背景设定在遥远的过去，描述的是希腊军队对弗里吉亚（Phrygia）王国的城市特洛伊（Troy）长达十年的围困。

每个雅典男孩儿，实际上，每个希腊的男孩儿都听说过特洛伊战争中的英雄们，并把他们视为偶像，极力效仿。这些英雄包括阿喀琉斯、阿伽门农（Agamemnon）、赫克托耳（Hector）和奥德修斯（Odysseus）等。他们的事迹充分彰显了希腊精神。亚历山大把自己视作新时代的阿喀琉斯，是最勇敢的希腊人。

他在孩提时代第一次接触《伊利亚特》，这部史诗对他的生活产生了深刻的影响。他外出时都会随身带上一本[1]。他得到了一个从波斯国王那里缴获的精美匣子，就问朋友们应该用这个匣子装什么奇珍异宝。

朋友们提出了各种建议，但亚历山大很坚决地说，他要把《伊利亚特》存放在里面，妥善保管，让它光芒闪耀。

希腊人一定会嘲笑这个王室新贵，说他虚荣矫情，但是他们也像亚历山大一样深深地感激荷马所创造的神奇世界。在这个世界里，他们发现了自己的道德、人际、社会和政治态度。

事实上，这是一个已经逝去的世界，即便是在公元前8世纪末创作《伊利亚特》的时候，亦是如此。这是一首用书面语言写成的长诗，创作灵感源自口口相传的文本，曾在重要的社会活动中诵读和咏唱过。荷马是真有其人，还是纯属杜撰，我们不得而知。荷马可能是一个男人，可能是一群人，甚至可能是一个女人[2]。但是任何读到这首诗的人都会感到震撼，被它深深吸引，不管作者叫什么，是干什么的。（它的姊妹篇《奥德赛》的作者可能另有其人。《奥德赛》描述了希腊西部一个小岛的国王奥德修斯，在特洛伊战争结束后返回家乡途中的十年历险。）

特洛伊战争真的发生过吗？我们无从知晓。但是，如果这场战争或与之类似的事情真的在历史上出现过，那应该可以追溯到公元前2000年到公元前1000年末期。这一时期，在希腊和东地中海地区处于主导地位的青铜时代（Bronze Age）文明进入了巅峰。我们称之为“迈锡尼文明”。它是以伯罗奔尼撒半岛东北部的主要城市迈锡尼（Mycenae）命名的。迈锡尼的国王和战士渡过爱琴海，洗劫了特洛伊。

这场胜利之后不久，神秘的侵略者用暴力终结了迈锡尼文明。这些入侵者的身份无法确定，但他们开启了一个时代，我们对其知之甚少，当代学者称之为“黑暗时代”（Dark Age）。此后便是数百年的经济凋敝和社会动荡。这表明，荷马是在唤起人们模糊记忆中的生活方式。《伊利亚特》和《奥德赛》是虚构的故事。但从一个重要意义上来说，它们蕴含了一个基本的历史事实，因为它们向世世代代的希腊人展现了希腊人的身份与价值观。

荷马的作品几乎享有了《圣经》般的权威和地位。这里简要介绍一下他所讲的故事。

对特洛伊的围困持续了十年，但是《伊利亚特》描述的仅仅是第九年当中的54天，大部分的情节都发生在四整天里。但是这样的近景特写真切地描述了这场旷日持久、看上去永无尽头的大屠杀，战争的荣耀和悲壮都显现无疑。

荷马笔下的战争，从本质上说，是王公贵族之间连续不断的决斗。他们乘坐战车，将长矛投向对手。普通平民如蝼蚁般在不起眼的地方往来逃散。英俊潇洒、趾高气扬、战无不胜的阿喀琉斯是故事的主角。他是所有希腊人中最厉害的勇士，但是脾气极差。他跟最高统帅迈锡尼国王阿伽门农为了两个漂亮的女孩发生了争吵。这两个女孩其中一个叫克律塞伊斯（Chryseis），是当地一位祭司的女儿，要被献给射手之神阿波罗（Apollo）。阿波罗相貌堂堂，看上去永远不到20岁的样子。克律塞伊斯在希腊人的一次突袭中被俘，被当作战利品献给了阿伽门农。她的父亲向阿波罗控诉，请求洗雪冤屈。

此后，一场瘟疫袭击了远征军。士兵们挤进海滩上的营帐里，距此几千米远的地方就是特洛伊城。他们的船停靠在不远处的沙滩上。许多人死去了。有占卜者称，瘟疫是神灵因为克律塞伊斯被俘而施加的惩罚，建议立即将她归还给她的父亲。

希腊人的世界与我们的世界非常不一样。荷马笔下的男人和女人同时生活在两个世界里，可以称作“平行世界”。在一个世界中，万物就是它们看起来的样子。瘟疫就是瘟疫。但在另一个世界中，诸神掌控一切。此时，阿波罗怒气冲冲地来到军营。他的箭在箭筒里叮当作响。

诗人写道：“他的到来如同夜幕降临。”“他在船对面坐下，射出一支利箭，银弓‘砰’的一声响。他袭击了骡子和猎狗。然后，他将尖锐的箭头对准了敌人，连连开弓放箭。日日夜夜，熊熊大火吞噬了死者。”[3]

所以，透过一扇感知之门，一件事可以从理性方面解释，而透过另一扇门来看，则是超自然和不可言说的。希腊人认为二者同时都是真实的。

希腊万神殿里的诸神是一个大家庭，内部存在各种争执，他们跟凡人相似，只是可以长生不老。他们生活在希腊北部奥林匹斯山顶的宫殿里。他们喜欢搞恶作剧，也会讲笑话，“放肆无羁的笑声”[4]在山顶上回响。他们的爱与恨简直可以编成一部有趣的肥皂剧，但正如我们所看到的，当他们把注意力转向人类时，就变得毫无趣味可言了。

宙斯（Zeus）是一家之主，掌管闪电雷霆，可以呼风唤雨。但同时，他又是一个惧内的丈夫。他的妻子赫拉（Hera）总是想方设法阻挠他的计划。还有斗士雅典娜（Athena），是雅典的保护神。她是智慧女神，负责传播艺术与工艺。她称她的父亲是“一个顽固不化的老家伙，总是干扰我的计划”[5]。两个女神都不喜欢特洛伊人，竭尽全力想要让他们毁灭。

这是因为她们和爱神阿佛洛狄忒（Aphrodite）很久以前就为了一个金苹果争执不下，三个人中最美的那一个将获得金苹果作为奖励。年轻的特洛伊王子帕里斯（Paris）充当裁判，他把金苹果奖给了阿佛洛狄忒。如果他选择了阿佛洛狄忒，她许诺让人世间最美丽的女人做他的情人。

这个最美丽的女人名字叫海伦（Helen）。麻烦的是，她已经名花有主了。她是希腊南部斯巴达国王墨涅拉俄斯（Menelaus）的妻子。帕里斯去拜访她，随后二人私奔去了特洛伊。正是这一不恭之举引发了战争。

这些神不是美德的典范，也不指望他们的崇拜者具有始终如一的美德。相反，人类所具有的情感、原则或者技能在他们身上都能体现出来，甚至得以放大。

希腊人有虔诚的宗教信仰，与其说是要学习道德规则，不如说持续获得神的恩宠，并明白诸神内心的意愿。为了实现这样的目标，他们把动物当作祭品献给诸神，用动物的内脏占卜，以及在做出重大决定之前，先要咨询占卜者、预言书和神谕。他们以敬神的名义举行节日庆祝活动。田野中到处是为表达对某一个神灵的敬意而设的神庙、神龛、树林和圣洞。他们不会纠结于神学教条。宗教更多的是仪式而非信念。

阿伽门农把军队召集起来，又叫来了与他结盟的国王和王子们。他同意将克律塞伊斯交还给她父亲。阿波罗收起了弓箭。瘟疫结束了。这时，国王犯了一个糟糕的错误。为了弥补自己的损失，他把另一个漂亮迷人的女俘布里塞伊丝（Briseis）留下了，而她早已分配给了阿喀琉斯。愤怒的阿喀琉斯退出战斗，面带愠色，回到自己的营帐。

他怨愤地思索着自己的天命。在他诞生之时，命运给他的选择是要么在战场上度过短暂而荣耀的一生，要么默默无闻地在家中终老。除此之外，没有别的选择。他出生以后，他的母亲，即海洋女神西蒂斯（Thetis），想尽各种办法来避免他早亡。当他还是孩子的时候，她给他穿女孩儿的衣服，让他跟女孩儿们一起长大。但一个小伙伴的意外怀孕暴露了他的真实性别。

像大多数希腊人一样，成年的阿喀琉斯意识到生命的短暂，虽然他相信死亡不是终点，但并不指望在阴间获得幸福，人类的灵魂在那里永远暗淡与徒劳。

战争结束后，在奥德修斯漫长的返乡之旅中，精明狡猾的他获得了难得的特权，可以在活着的时候寻访冥府。他遇到了阿喀琉斯的鬼魂，阿喀琉斯仍然怒气未消，一如在人间时的样子。他对阴间多有抱怨：

> ……请不要安慰我亡故。
> 我宁愿为他人耕种田地，被雇受役使，
> 纵然他无祖传地产，家财微薄度日难，
> 也不想统治所有故去者的亡灵。[6]*

几年前，那时阿喀琉斯还活着，他闲散地坐在特洛伊城前面的海滩上，很清楚在他身上将发生什么事情。他极度争强好胜，后代的希

* 引文节选自王焕生译《荷马史诗·奥德赛》（人民文学出版社，2003 年）。——编者注

腊人也有这样的特点，他们跟他一样爱争论。通过一个战士之口，荷马简明扼要地表达了他的态度："你的座右铭应该是：我来统领。竭力做最好的。"[7] 然而在此刻，阿喀琉斯的斗志正在归于平淡。

战斗在大海与特洛伊城之间的平原上展开。特洛伊国王的长子赫克托耳王子与阿喀琉斯旗鼓相当，他率领的特洛伊人开始在战斗中占据上风。希腊人［史诗中称作亚该亚人（Achaeans）］修建了一个坚固的防御墙，以保护他们的船只及海滩上的营地。荷马详细地描述了战斗中的血腥场面。他表达出了两种同时存在又相互矛盾的效果。战争是光荣的，同时也是一场巨大的灾祸。

勇猛的希腊战士大埃阿斯（Aias）发了狂。荷马拥有惊人的写作才能，善于将国王和王子们的丰功伟绩与生活中的俗事相比。他把大埃阿斯比作"一头驴子，挣脱了看管的人；他一头钻进他们路过的田地，大口地啃食还未收获的庄稼"[8]。他补充说，那畜生只顾吃个痛快，在填饱肚子之前是不会在意棍子打在背上甚至折断的。

在另一个生动的描绘中，雅典娜女神在斯巴达国王的胸中植入"苍蝇所具有的冒险精神。苍蝇是那么喜欢人血，虽然人不时地把它从脸上赶开，它仍然不停地飞回来"[9]。

但是在战争中，有赢家就有输家。诗人给无数的死难者都写下了感人的悼词。从众多的杀戮场景中选一个做例子。一名弓箭手将一支利箭射进一个年轻的特洛伊人的胸膛。荷马用一个感人、贴切的比喻写道："在头盔的重压之下，戈耳古提翁（Gorgythion）的头倒向一边，就像花园里的罂粟花垂下头，被它的种子压弯，被春雨打残。"[10]

宙斯坐在附近的一座山顶上，俯瞰着这一场景，他让惊雷轰鸣，闪电狂舞。他一直没有把他“明亮的眼睛”[11]从战斗场面移开。

对于希腊人而言，形势看起来很糟糕。帕特洛克罗斯（Patroclus）是阿喀琉斯最好的朋友（另外有些人说，是他的老情人），他恳求阿喀琉斯让自己参加战斗，他想要反败为胜。阿喀琉斯不情愿地答应了，并让帕特洛克罗斯穿上自己的盔甲，他的盔甲尽人皆知。

阿喀琉斯的性格中有着近乎癫狂的东西。与帕特洛克罗斯交谈时，他想象他们二人并肩前行，雄姿英发，在全世界都所向披靡。“如果没有一个特洛伊人能够活着离开，一个都没有，希腊人也一样，我应该多么高兴；如果我们两个能在这场大屠杀中幸存下来，我将只身一人扯下特洛伊的神圣王冠，那会多么幸福！”[12]

当帕特洛克罗斯冲进战场时，所有人都因为他穿的盔甲而把他误认为是阿喀琉斯。他杀死了许多敌人，但杀得性起，没有收手的意思。他遇到了一个更强悍的对手赫克托耳。赫克托耳杀死了他，剥下了阿喀琉斯的盔甲。经过激烈的搏斗，希腊人抢回了他的尸体。

阿喀琉斯悲恸欲绝。荷马笔下的英雄们都是不压抑情感的。他忍不住失声痛哭。一天晚上，他梦见了帕特洛克罗斯，于是伸开双臂拥抱他，却空空如也。那一番景象：

……那魂灵悲泣着去到地下，
有如一团烟雾。阿喀琉斯惊跳起来，
使劲拍击双手，无限伤心地这样说：
“啊，这是说在哈德斯的宫殿里还存在

某种魂灵和幽影，只是没有生命。”[13]*

阿喀琉斯决意复仇，他与阿伽门农大吵了一架，再次出战，迎击特洛伊人。他紧紧追赶赫克托耳，赫克托耳丧失了斗志，逃跑了。最后，上气不接下气的赫克托耳不得不停下来，面对这个怒不可遏的敌人。

众神默默地看着。宙斯承认他对赫克托耳钟爱有加，请求众神同意饶了他的性命。“你在说什么？”[14]雅典娜厉声问道，接着说他已是命中注定，在劫难逃。“你可以随意行事，但不要指望我们其他人来为你鼓掌。”宙斯让步了。

阿喀琉斯杀死了赫克托耳。然后，他虐待赫克托耳的尸体，并打算扔给狗吃。但是死者到阴间去需要体面的葬礼。因此战败之后，希腊人一定会为他们的阵亡者争取安葬的权利。

宙斯坚持死者的尊严要得到维护。他给这个残酷的胜利者传递了一个口信：应该给予赫克托耳庄重完整的葬礼。特洛伊的老国王普里阿摩斯（Priam）顶着大风，秘密地穿过平原，来到阿喀琉斯面前，并带来丰厚的礼物。终于，这一次，希腊勇士展示了高贵的举止。他理解普里阿摩斯对儿子丧命后无法回到自己家中下葬的悲伤，知道这跟他父亲对自己的爱和担忧程度别无二致。

两个心情悲痛的人共进晚餐。这一点很重要，因为这表明阿喀琉斯把普里阿摩斯当作客人，礼物让二人之间原本不容更改的关系得以改善。作为回报，国王得到了赫克托耳的尸体。两个同样悲痛的人一

* 引文节选自罗念生、王焕生译《荷马史诗·伊利亚特》（人民文学出版社，2003 年）。——编者注

起哭泣起来。阿喀琉斯说道："我们男人是可怜的东西，那些无所牵挂的神灵已经把悲伤融入了我们的生活。"[15] 除了无情的竞争和挑战社会秩序的乐观与自负之外，希腊人对人类生存的不幸有着透彻深刻的理解。生命转瞬即逝，充满了痛苦。

荷马在其他作品中写下了非常有名的几句话：

> 正如树叶的荣枯，人类的世代也如此。
> 秋风将树叶吹落到地上，春天来临，
> 林中又会萌发，长出新的绿叶。
> 人类也是一代出生，一代凋零。[16]*

第二天早上，普里阿摩斯和阿喀琉斯告别对方，各自离开。他们都知道命运做了怎样的安排。国王埋葬了他的儿子。《伊利亚特》到这里就结束了。但预言过的事情还是发生了。不久，阿喀琉斯被帕里斯用弓箭射死。他没有活到攻陷特洛伊的那一天。特洛伊是希腊人通过欺诈手段攻陷的，不是靠勇气。

希腊人假装停止围困，并准备扬帆撤兵。他们留下一匹巨大的木马，作为献给神的祭物。愚蠢的特洛伊人将木马拖进城，并庆祝战争的结束。但是，木马里藏着一群手持武器的士兵。半夜，他们偷偷出来，把希腊军队放进城。特洛伊沦陷，并被彻底毁灭。普里阿摩斯被阿喀琉斯的儿子杀死。

海伦回到了斯巴达。

---

* 引文节选自罗念生、王焕生译《荷马史诗·伊利亚特》（人民文学出版社，2003 年）。——编者注

荷马大致暗示出，特洛伊战争并未取得多少成就。众多的勇士失去了生命。奥林匹斯山上的家庭争论又转向了其他话题。海神波塞冬（Poseidon）和阿波罗在争论中所持的立场与众神不同，他们决定摧毁希腊人在船只周围建造的防御墙。建造防御墙有违天意。

现在特洛伊已经不复存在，“最优秀的特洛伊人都死了，许多希腊人也死了，虽然有些希腊人幸存了下来”[17]，剩下的只有这个庞大的防御工事。波塞冬与阿波罗把这一地区所有的河流都汇集起来冲击这堵墙。天神宙斯也来帮忙，他让雨一直下个不停。9 天之后，防御墙和地基都被冲进了大海。然后，波塞冬再次用沙子覆盖了宽阔的海滩，让河流又回归先前的河道。

那个血迹斑斑的岸边看上去好像从未发生过什么事情。这一切都是为了海伦，真的值得吗？赫克托耳、阿喀琉斯和其他所有人都是为谁而死？对大多数希腊人来说，答案是显而易见的。无论他们的目的看上去多么无意义，英勇的行为都已经赋予了他们无限的荣耀。不再需要其他的理由。而在阴间能清楚地看到，勇气其实没有带来任何实际的好处。

人们可能会说，美德本身就是报偿。

所以现在我们可以拨开时间的迷雾，辨别出希腊精神的模样。希腊人生活的环境岩石遍地，鲜有坦途。漂洋过海的远征足以证明航海对这样一个民族的重要性。希腊人说同一种语言和一些相互听得懂的方言，信奉共同的神灵。他们崇尚荣誉和个人价值。他们致力于公平和法治。他们看到了战争的残酷和破坏性，却又歌颂英雄气概。他们意识到轻率鲁莽带来的伤害，但同时又感觉到其中的酣畅淋漓和无限美好。

我们不能把阿伽门农或阿喀琉斯这样过于冲动的领导者治下的社会称为民主社会，但他们也不是专制的暴君。他们必须咨询民意，定期举行民众大会，让大家对重要的事情提出建议。这个传统在以后的几个世纪中被保留下来。

他们有虔诚的信仰，却没有固定的教义。组成大家庭的众神性格各异，能感受到"凡人"一样的激情。在我们看来是神话和传说的故事，对于希腊人来说却是真实的；他们的神的确存在，远古的英雄们都是历史人物。

没有任何神圣的行为准则留传下来让普通人去遵循。他们只能通过祷告和献祭来制约奥林匹斯山的众神。尽管如此，能做什么事情还是有限制的。男人们和女人们的生活道路早已由命运女神（the Fates）预先安排，三个丑陋的老太婆掌管生命之线，编织未来的一切。

为追求卓越而展开竞争，对于成为一个完善的人来说是非常必要的。但是，正如荷马所表明的那样，争强好斗有其负面影响，这一点在后来的几个世纪中都得到印证，恶意的争吵伤害了组成希腊的各个独立城邦。希腊人以与邻邦意见相左为荣，这种习惯最终导致了他们的衰落。

尽管《伊利亚特》的书页上浸满了鲜血，书中流露出的气氛却是乐观的。之所以这样，部分是因为荷马的幽默感。正如我们即将看到的，喜剧和笑声充盈着雅典文化，甚至是整个希腊文化。此外，在《伊利亚特》中，所有的人造物品，比如船只、工具或家具，总是做工精良的。荷马在提及他所塑造的人物的名字时，喜欢添加一个描述性的短语或形容词。所以帕里斯被称为"神一般的"帕里斯，即便在他胆小懦弱时。这些修饰词描述的是男人的真正特性，特别是在他名不副实的时候。

如果有什么东西能将希腊人团结起来，那一定是他们与特洛伊人的后代之间永恒的敌意。从公元前6世纪中叶起，这个永恒的敌意就指向了建立和维护波斯帝国的国王们。他们将疆域从埃及和安纳托利亚（Anatolia）一直扩展到印度边境。希腊人把他们看作堕落的东方人，在希腊人的世界里，他们是可憎的妖魔。

总而言之，希腊并非一个特定的地方，不是今天巴尔干半岛上的那个民族国家，而是一个概念。无论身在何处，希腊人就是说同样语言且熟知荷马的人。

虽然亚历山大大帝曾师从伟大的哲学家亚里士多德，学习了关于世界的最新知识，但他觉得自己是一个复古的人。他是荷马时代的斗士，是现世的阿喀琉斯，其行动胜过才智。具有讽刺意味的是，这个对希腊的一切都心存喜爱的人，却暴力地终结了他所欣赏的那种文明的自由，并终止了雅典所开创的伟大的民主探索。

对这一非凡的民主探索过程的描述正是本书后面章节的内容。首先，我们需要看一下东地中海的三种最重要的力量：雅典、斯巴达以及波斯帝国。导致胜利和灭亡接连上演的，正是他们之间纠缠不清的矛盾与难以调和的价值观。

城邦三强

THREE'S

COMPANY

第 1 章

民族英雄

古代雅典人和其他一些分散的部落都居住在希腊半岛上，这里的地理环境对塑造他们共同的特征产生了重要影响。光秃秃的山脉，岩石裸露在外。其间，点缀着许许多多小块儿的肥沃平原。但是大部分土壤干燥且多岩石，更适合种植橄榄而非小麦。在陆路上往来于贫瘠的聚居区之间耗时且费力。

雅典是阿提卡（Attica）的主要城市。阿提卡是一块三角形的平原，面积约为 2 330 平方千米。平原被几个小山丘分割开来，两面临山，一面靠海。伊米托斯山（Hymettus）因盛产蜂蜜而享誉至今。彭特利库斯山（Pentelicon）的名气源自该地蜜色的大理石，石头用于建造供奉神祇的神庙。人们在东南部的劳里昂（Laurium）发现了储量丰富的铅矿和银矿，并进行开采。夏天炎热而干燥，秋季则时常大雨倾盆。

希腊土地贫瘠，导致了三个后果。这样的环境孕育了强烈的个人主义，住在山两边的人常常意见不一，矛盾重重。小规模的城邦林立，雅典是最大的几个城邦之一。因为人口不断增加，为了维持生计，雅典人开始向海上发展，尽管到了冬季狂风怒号，航行十分危险。大约在公元前 8 世纪，他们像希腊其他城邦的人一样，把过剩的人口迁移到地中海沿岸的新定居点，并从黑海和其他地方不断进口大量的粮食。

雅典卫城（Acropolis），或称“高丘之城”，是雅典的要塞，一座几乎坚不可摧的城堡，高高耸立，海拔约有 150 米高。有证据表明，早在公元前 5000 年，这里就存在人类活动。但是在迈锡尼君主统治时期，此地很少被提及。

雅典人认为，自己属于一个叫作爱奥尼亚（Ionians，该词源自 Ion，即伊翁，一位传说中雅典国王的名字）的民族，这个民族一直住在希腊。公元前 2000 年末期，在传统上认为的特洛伊城沦陷后不久，另一个叫作多利亚（Dorians）的民族从北方迁移至此，在希腊定居下来。他们讲希腊语，但保留了自己的文化习俗和方言。迫于这些外来者带来的压力，一些爱奥尼亚人移民到小亚细亚（Asia Minor），在那里定居、繁衍。雅典人相信它是“爱奥尼亚最古老的土地”[1]，并认为它应该对海外同胞负有永久的责任。

这些说法有多少真实性，现已无从知晓。我们别无选择，无法复原历史事实，只能用一些具有启发性的虚构故事来开始我们的叙述。

雅典的未来取决于一位女神，即帕拉斯·雅典娜（Pallas Athena），还有一位国王，即忒修斯（Theseus）。他们传奇般的性格特征体现了雅典人的个性，无论是好还是坏。

雅典娜的身世非同寻常。她从出生的那一刻起，就显现出非凡的力量。她的父亲宙斯与智慧女神墨提斯（Metis）同房，但接着又犹豫起来。他担心他们的孩子长大后比自己更聪明，于是张开大嘴，把墨提斯吞进腹中。9 个月后，他突然感到头痛欲裂。他命令他的儿子工匠之神赫菲斯托斯（Hephaestus）用斧子劈开他的头，希望这样可以减轻痛苦。工匠之神听从了指示，于是雅典娜从宙斯头骨的裂缝中跳了出来，体态婀娜，披坚执锐。

她永保处女之身，性格像个假小子。作为战争女神，她在战场上多次击败自己同父异母的兄弟阿瑞斯（Ares，即罗马神话中的马尔斯）。阿瑞斯是战神，以大肆屠杀和攻城略地为乐。不过，雅典娜对战争并没有多少兴致，更愿意通过谈判和调解来解决争端。她喜爱陶艺和纺织。

在奥林匹斯山诸神中，只有她拥有一个以自己的名字命名的城市。她在与宙斯的哥哥海神波塞冬进行了一番争吵之后，把雅典置于自己的保护之下。波塞冬曾把他的三叉戟插进雅典卫城，以此标记雅典属于自己。一股海水从岩石中涌出（一直流到今天）。后来，雅典娜沿着这股水流种下第一棵橄榄树，以更和平的方式宣告了自己的所有权。愤怒的波塞冬扬言要跟她决斗，但宙斯坚持和平的仲裁。奥林匹斯山诸神经过决议，将雅典作为奖励授予了雅典娜。波塞冬心怀怨恨，掀起海啸，试图淹没阿提卡，所以雅典娜就住在城里，时刻照看着雅典。

从很早以前，雅典人就对女神表达了热切的欢迎。她是半神半人的厄瑞克透斯（Erechtheus）的养母，厄瑞克透斯是早期雅典国王中的一个。在公元前8世纪，荷马称颂道：

那些占有壮观的雅典城市的人，
那是心高志大的厄瑞克透斯的领域，
这位国王在丰产的土地生他的时候，
由宙斯的女儿雅典娜养育，是她住在雅典，

她的富裕的神殿里，雅典的年轻人
在岁月流转的时候，杀公牛和绵羊祭她[2]*

雅典人从他们的守护女神那里懂得，军事力量对于政策的执行具有不可估量的意义。但应该用智慧对其加以调和，或者从不那么完整的意义上说，需要巧妙的心思和计谋。

迈锡尼时代雅典传奇般的国王埃勾斯（Aegeus）无子嗣。他在旅途中跟一位魅力不凡的公主有过一夜情。他猜想，或者说他希望她能够怀孕。所以他把一把剑和一双便鞋藏在一块巨石下。在离开之前，他告诉那位公主，如果她生下一个儿子，就告诉他去哪里找到这些东西，并带上它们去雅典。

一个婴儿如期降临人间，她给他起名叫作忒修斯。他长大成人，从母亲那里知道了这些信物，母亲把埃勾斯的话告诉了他。忒修斯按照指示去做了，他毫不费力地将石头抬起。他拒绝坐船去雅典，虽然这是最安全的旅行方式。相反，为寻求冒险，他从陆路出发前往雅典。途中他遇到一些危险的对手，并把他们一一打败。他碰到的第一个敌人手中挥舞大棒。忒修斯将大棒缴获，并在此后将其一直带在身边。他非常敬佩的赫拉克勒斯（Heracles）在亲手杀死一只狮子后，就一直把狮子皮披在身上。接下来，他除掉的是扳树贼西尼斯（Sinis）。西尼斯能两手同时把两棵松树扳弯曲至地面，他把抓到的行人绑在树梢上，然后把他们弹出去，受害者的肢体被撕为两半。

---

* 引文节选自罗念生、王焕生译《荷马史诗·伊利亚特》(人民文学出版社，2003 年)。——编者注

西尼斯漂亮的小女儿机警地逃走了。忒修斯感到爱欲难耐，对她紧追不舍。普鲁塔克（Plutarch）* 写道：

> （忒修斯）到处寻找她，但她已经消失在一个长满灌木、灯芯草和野生芦笋的地方。天真无邪的女孩恳求植物们把她隐藏起来，掩护她。她许诺，如果自己得救了，永远不会践踏或焚烧植物。忒修斯呼唤她，保证不会伤害她，并以恭敬的态度对待她。于是，她走了出来。[3]

忒修斯一抓住她，就把她抱到了床上。女孩儿给他生了个儿子之后，他就把她嫁给了一个无足轻重的小人物。穷其一生，忒修斯都是一个好色之徒。

这个插曲之后，他继续耀武扬威，大展身手。他接下来消灭的一个对手是可怕的克罗米翁牝猪（Crommyonian sow）。有人说那不是一头猪，而是一个邪恶的女凶手，"由于她的生活习性而获得牝猪的外号"[4]。不管她是猪还是人，忒修斯都将她杀死了。然后他处决了强盗斯喀戎（Sciron）。斯喀戎的恶行是在狭窄的悬崖小路上伸出脚，让路人给他洗脚。当路人这样做时，他就把他们扔进大海。在余下的对手中，最骇人的是普洛克路斯忒斯（Procrustes），他逼迫路人躺在他的铁床上，要求他们的身高与铁床一致。如果路人的身高过长，他会切断他们的腿；如果他们身材太短，他就强拉他们的身体，直至尺寸与床相同。

* 普鲁塔克是用希腊文写作的罗马传记文学家、散文家。——译者注

经过漫长的历险，忒修斯终于到达雅典。那里的人都不认识他。他穿的袍子格外长，能盖住他的脚。据一位古代的评论者记载，他的头发梳成辫子，“非常漂亮”[5]。他路过一个神庙的建筑工地，建筑工人都嘲笑他。他们打趣道，这个大姑娘独自一人闲逛，想要干啥呢？忒修斯一句话也没说，从那帮人的车上抓过几头牛，把它们扔过已经建了一半的神庙屋顶。他没有耐心与蠢人周旋。

在古希腊，陌生人通常会得到热情友好的接待。国王在雅典卫城的宫殿里设宴款待忒修斯。他的妻子——著名的女巫美狄亚（Medea）——和阿尔戈英雄们（Argonauts）一起从黑海回来，她知道忒修斯的真实身份。美狄亚担心埃勾斯儿子的到来会威胁自己的地位，她说服年迈体弱的埃勾斯，派人把这个有可能带来麻烦的不速之客在晚餐上毒死。

年轻的忒修斯认为最好能巧妙地向父亲透露他自己的身份。当一盘肉被端上来时，他抽出宝剑，假意要切下一块儿来吃，他希望国王能认出这把剑。埃勾斯看到宝剑，马上宣布了他就是自己的儿子。我们可以推断，下了毒的食物被撤走了。在击败了其他的一些王位竞争者后，忒修斯顺理成章地成为继承人。美狄亚离城而去。

不久之后，克里特岛（Crete）的收租人前来收缴人贡[6]。克里特岛是希腊岛屿中最大的一个，是伟大的海洋文明的中心，从大约公元前2700年到公元前15世纪一直蓬勃发展。它被现代考古学家称为米诺斯文明（Minoan），以传说中的克里特国王米诺斯（Minos）的名字命名。

米诺斯的儿子在访问雅典时离奇暴死，他可能死于埃勾斯之手。米诺斯悲痛万分，愤怒不已。他发动了对雅典的复仇之战，并赢得胜利。为了赔偿他的损失，他要求雅典每 9 年进贡 7 对童男童女，人选通过抽签决定。他们被送到克里特岛，并被囚禁在一个迷宫里，那里住着一个人身牛头怪，叫作弥诺陶洛斯（Minotaur）。他是米诺斯的妻子帕西淮（Pasiphae）和她深深迷恋的白公牛私通后生下的。弥诺陶洛斯杀死了所有被囚禁的人。

雅典人纷纷指责忒修斯。这个王位的继承人、这个浑蛋、这个异乡人可以侥幸逃脱惩罚，而普通百姓的亲生孩子却要去送死，迎接他们悲惨的命运。忒修斯接受了这项指责，自愿作为贡品，前去干掉弥诺陶洛斯。

出于一种狡猾复杂的心态，他用一对清秀（仍然具有男子气）的男孩替换掉了两个女孩。他用温水浴让他们的皮肤变得光滑，让他们避开阳光，并给他们使用化妆品，他让他们穿上女裙，并训练他们像女孩一样走路（我们后面会看到，这不是希腊人唯一一次使用男扮女装的巧妙计谋）。

在过去，祭献活人的船上悬挂黑帆作为哀悼的标志。不过，忒修斯临走前叮嘱，他会给船长另外一面白色的帆，若在返航时悬挂白帆，就表示他已经杀死了牛头怪。

米诺斯的女儿阿里阿德涅（Ariadne）爱上了忒修斯，她向他透露了如何走出复杂的迷宫。她给了他一个线团，他边走边放线，这样就能找到返回的路线。他实现了自己的誓言，杀死了牛头怪，并把它的头砍了下来。

忒修斯带着剩下的男孩和女孩从克里特岛逃走了。已怀有身孕的阿里阿德涅和她的妹妹是跟他们一起逃走的，但她们被抛弃在纳克索斯岛（Naxos）上。阿里阿德涅绝望地上吊自杀了［或者根据另一种说法，她心灰意冷，与路过此地的酒神狄俄尼索斯（Dionysus）结了婚］。

当他们快到阿提卡的时候，忒修斯和船长忘记换上白帆了。埃勾斯看到船驶进港口时赫然悬挂着黑旗，就从雅典卫城跳下去，自杀了。

正如前文所述，忒修斯对待女人满口谎言，有时候甚至会使用暴力。他和他最好的朋友，一个叫庇里托俄斯（Pirithous）的塞萨利人（Thessalian），绑架了海伦。忒修斯当时已经50岁了，而海伦还是未进入青春期的少女。他说他要把她留在身边，直到她成年，再与他结婚、同房。但她后来被救了出来。忒修斯的如意算盘落空了。

忒修斯加入了与亚马逊人（Amazons）的战争，亚马逊人是由彪悍的女人组成的部族，极端排斥男性。她们的女王希波吕忒（Hippolyta）[7]被哄骗着上了忒修斯的船。他带她回到雅典，并在那里和她成了亲。不过，他很快就抛弃了她，又迷上了阿里阿德涅的妹妹淮德拉（Phaedra）。

庇里托俄斯有一个不太聪明的想法，他想去冥府[8]绑架死亡女神珀尔塞福涅（Persephone）。他叫上忒修斯跟他一起去，两人徘徊在塔耳塔罗斯（Tartarus）外面，那是一个深渊，邪恶的人在那里遭受无尽的折磨。他们被抓住并被带到了复仇女神们面前，接受永恒的惩罚。复仇女神们手里拿着鞭子，蛇在她们头发里游弋。他们两个被绑在健忘椅（Chair of Amnesia）上，慢慢地跟椅子长在了一起，并被几条蛇紧紧地缠绕着。他们要永远生活在那里，生不如死。

幸运的是，赫拉克勒斯恰好到来。他正在执行最后一项任务，即擒拿刻耳柏洛斯（Cerberus）——守卫地狱大门的长着三个头的狗。他劝说珀尔塞福涅既往不咎。忒修斯因此得以重新回到人间。但他的同伴没有获得宽恕，众所周知，庇里托俄斯仍处在煎熬之中。

当他返回雅典后，在雅典卫城的王宫里，家庭氛围变得紧张不安，因为淮德拉对希波吕托斯（Hippolytus）产生了不伦之恋。希波吕托斯是忒修斯跟希波吕忒所生的儿子。希波吕托斯拒绝了淮德拉的示爱。淮德拉编造谣言说希波吕托斯意欲玷污她，国王十分愤怒，结果让他的儿子死在了海神波塞冬的手上。淮德拉则因为深感内疚而自尽身亡。

雅典人确信忒修斯是一个真实的历史人物。据说，他是乘坐 30 桨的大帆船往返克里特岛的。帆船被保存下来，在公元前 4 世纪时仍公开展出。船原先的木料已经腐烂，只好用新的木头取代了。这很容易让哲学家们给学生们提出一个难解的问题。如果所有的木料都被替换了，这艘船是原先的那艘，还是另外一艘？

当然，忒修斯确实是虚构的，其形象可能源自阿提卡北部的神祇。不过，他有些方面的成就是真实存在的，尽管这些事迹出现的具体时间无人知晓，甚至这些功劳本该属于其他名字已经湮灭的首领。这是雅典走向伟大的第一步。

雅典拥有固若金汤的城堡，是阿提卡众多独立小镇和村庄中规模最大的城市。普鲁塔克描述道：

> （忒修斯）构想了一个美妙而影响深远的计划，这无异于要把阿提卡的居民集中到一个独立的都市里。他通过此举，将他们变成一个社群，隶属于一个城市。在此之前，他们分散在各地，很难让他们为了共同的利益而聚集在一起。[9]

他一个村一个村地去做动员宣传，得到了穷人的支持。对于更具影响力的阶层，他建议应该建立有限的民主形式。所有公民都具有平等的地位，但行政权和宗教仪式组织权应交到拥有土地的贵族手中。许多人搬到雅典居住，每天出城到田地里劳作。

这个过程被称为村镇联合（synoecism），即“聚集在一个大家庭里”。阿提卡现在是一个单一的政体，由雅典集中控制。换句话说，它成了一个城市国家，或者（在希腊语中是）一个城邦（*polis*）。民族英雄忒修斯正是这一突破性进步的象征。

希腊的其他地方也展开了类似的改革，但并非都取得了圆满成功。例如，在阿提卡北部的彼奥提亚（Boeotia），最大的城邦底比斯（Thebes）只是建立了一个争吵不断的联盟。在它的整个历史上，底比斯总要使用武力才能保持自己对所统辖地区的权威。

忒修斯被认为是雅典的第一个推行民治的统治者。他放弃了王权，只保留了战时的最高指挥权和对法律的监管权。当然他实际上仍然大权在握，是一个仁慈的专制君主。普鲁塔克总的观点是，他“建立了一个联邦，它由身份各异的公民组成。不过，他的民主并没有因为大量的移民而变得混乱无序”[10]。

关于忒修斯的这些故事反映了那些编故事的人的态度，即雅典人对国家起源的追寻。在古代，抢劫和暴力事件时常发生，而英雄只要发现犯罪行为，总能立刻加以制止。而且忒修斯的行为显然模仿了赫拉克勒斯完成“十二项不可能的任务”的经典模式，这些任务即使是强者也很难轻松完成。雅典渴望有一个属于他们自己的“赫拉克勒斯”。

这个虚构的忒修斯是信守法治的人，但当他发现法律限制了他时又会毫无顾忌地违犯法律。他大大咧咧，大男子主义，有一点反社会的情绪，聪明而有魅力，既敢对众神嗤之以鼻，又能承受无礼傲慢带来的惩罚。总之，忒修斯是雅典人喜欢的那种人。我们考察这座城市的历史时，会一次又一次地遇到这种人。

迈锡尼文明不可思议地崩溃了，之后便是持续了3个世纪的“黑暗时代”。像忒修斯这样的君主变得罕见，直到公元前8世纪左右，希腊人面前才显露出光明。雅典变成了共和国，由一群贵族家族统治。贵族阶层争强好斗，任性难控，他们身上集合了忒修斯的很多特征。

相比之下，本书的二号主角斯巴达人则比较保守，一直是国王执政。他们本来几乎在每一个方面都与雅典人毫无差异，但事实上这两个城邦相处得非常不融洽。来自科林斯的一位朋友坦率地告诉斯巴达人，他们与雅典人是多么不同。“他们（雅典人）是创新者，思维活跃，并且会迅速将计划付诸实施。而你们喜欢墨守成规，没有任何新的想法，当你们采取行动时，却从未获得过本应获得的成就。”[11] 雅典人思想开明，乐于变化，而斯巴达人则害怕并拒绝改变，正如下面我们即将看到的。

第 2 章

战斗之邦

那个斯巴达少年惶恐不安，但意志坚定。他不能让自己失望，也不能让他的同伴失望。他们受到训练官的严格指导，无论去哪里偷，偷什么东西，都能手到擒来。行为败露才是他们唯一的罪责。

跟他同龄的几个人偷了一只温驯的小狐狸，让他负责照看。当狐狸的主人前来寻找时，少年把狐狸藏在他的披风下面。受到惊吓的狐狸奋力挣脱，开始啃咬他的身体，撕裂了他的肠子。少年没有移动，也没有发出声音，以免被人发觉。

狐狸的主人离开了，男孩的朋友意识到发生了什么事情。他们斥责他的愚蠢行为。让人讨回狐狸总比失去生命要好。尽管受了致命伤，他却回答说："不！只要不屈服于痛苦，就算死了也比苟活要强。"[1]

这个著名的寓言故事是训导斯巴达年轻人的一个例子。

斯巴达，其正式的名称是拉斯第蒙（Lacedaemon），古代神话中缺少关于它起源的介绍。其居民把自己看作进入希腊的多利亚"入侵者"，以区别于"本土的"爱奥尼亚人。到公元前 8 世纪末，它已经发展成希腊最伟大的城邦之一。然而仅从外表来看，你不会做出这种判断。

斯巴达，位于伯罗奔尼撒半岛南部的肥沃河谷当中。这片土地被称为拉科尼亚（Laconia），这条河叫作埃夫罗塔斯河（Eurotas）。伯罗奔尼撒半岛像希腊大陆的其他地方一样，岩石遍布，土地贫瘠，只有少数几块农田。山区树木茂盛，但森林砍伐的进程正持续加速。西面是富饶平坦、生机勃勃的冲积平原梅西尼亚（Messnia），高耸的泰格托斯（Taygetos）山脉将其与斯巴达隔开。

对于斯巴达本身来说，它几乎称不上是一个镇，更不能称为城邦。它多年没有什么变化，看起来还是老样子，是四个村庄的杂乱组合。村庄内有一些不起眼的神庙、祭坛和士兵的营房，还有一种城堡，但如一位游客所描述的，“不够高大，难以作为地标”[2]。雅典历史学家修昔底德注意到了斯巴达的重要地位与其主要城市黯淡无光的外表之间的强烈反差。他委婉地写道：“这给人一种有所欠缺的印象。”[3]

而且，在无休止的战争时代，斯巴达人居住的城市没有任何防御性的城墙，这是很不同寻常的。这一事实显示了斯巴达人违反常理的自信。当有人问斯巴达国王为什么没有防御工事时，他只是指了指斯巴达士兵说道：“这就是我们的城墙！”[4]此话不假，但斯巴达也得到近乎不可逾越的山脉的保护。

这就是斯巴达年轻人成长的环境。[5]孩子被当作城邦的财产，不属于父母。在婴儿出生后，长老委员会要做一番检查，以决定是否允许他或她活下来。患有癫痫的、体弱多病的和残疾的婴儿“对于自身和国家来说没有多少益处”[6]，所以这样的孩子会被丢到一个名为阿波特泰（Apothetae）的峡谷中，它的字面意思是“为特殊情形而保留的地方”。

“特殊情形”是个委婉的说法，就是说孩子要暴露在风雨之中（甚至要面临野兽的威胁），等待死亡。

可以活下来的婴儿不会被紧紧地裹在襁褓中，其四肢和体格在养育过程中得以自然地生长。他们的保姆教导他们，要感到高兴和满足，吃光自己的食物，不惧怕黑暗和孤独，不能发脾气和掉眼泪。

到了七岁，男孩们就交由国家负责，编入各个方阵和军队中。从这个年纪开始，他们接受如何作战的训练。他们的教育制度被称为阿高盖（*agogē*），旨在使他们“服从命令，适应压力，赢得战斗”[7]。训练官也教他们阅读和写作——但“仅仅是够用而已”。他们住在一起，就像在维多利亚式的寄宿学校里。他们赤脚走路，剪短头发，玩耍时通常是赤裸的。他们从来不穿长袍，一年只得到一件披风。他们一起睡在宿舍里，睡的是铺着草垫的硬板床。年纪稍长的男子来观看他们的比赛和辩论，从中确定最有进取心的、最无所畏惧的孩子。

当这些斯巴达小孩长到12岁时，年长的男子就会从品行良好的年轻人当中挑选一些作为他们的“爱人”。其目的并不是为了性爱（至少在理论上如此），而是提供行为的示范。

被称为“男孩督察员”的国家官员会雇用一帮男子，用鞭子实施惩罚。他视察各支队伍，任命20岁出头的男人担任每支队伍的教官。教官们命令年纪大一些的男孩听候差遣，让他们去找柴火和食物。就像藏狐狸的男孩一样，他们擅长趁别人睡觉或者放松警惕的时候下手，从花园和斯巴达成年人的军队食堂里偷东西。普鲁塔克写道：

> 被抓住的男孩都会被痛打，而且必须饿肚子。供应他们的饭食是粗劣的，所以他们自己必须知道如何忍受饥饿。通过这样的

方式，他们被迫拿出胆量做坏事。[8]

青少年要参加可怕的成人仪式[9]，以纪念阿耳忒弥斯·奥尔提亚（Artemis Orthia，阿耳忒弥斯是阿波罗的孪生姐姐，是狩猎和接生女神。她被称作奥尔提亚，即伯罗奔尼撒当地的一个神）。该仪式在埃夫罗塔斯河岸边的女神圣所举行。奶酪堆在祭坛上，手持鞭子的人在旁守卫。竞赛者要一边比拼谁能忍受长时间的鞭挞，一边抢夺尽可能多的奶酪。鲜血染红了祭坛。

雅典作家和战士色诺芬经历了公元前5世纪到公元前4世纪时斯巴达的全盛期，对这个制度很推崇。他评论道："所有这些教育都是为了让男孩子们有更多的办法养活自己，成为更强大的战士。"[10]

这话某种程度上说不假，但是并不完全正确。可以想见，一个健全的斯巴达人身上体现出明显矛盾的品质：欺诈作恶，争强好胜，忍受痛苦与顺从、尊重和谦虚并存。一个男孩被教导要把手放在披风里，走路不出动静，眼睛牢牢地盯着脚下的路。

斯巴达人也有一些合意的享乐。斯巴达餐桌上的食物可能很可怕，从其最著名的美味"黑肉汤"可以猜出来，它是用猪血和醋调制的。饮酒是被允许的，但不能过量。一位心怀赞赏的雅典诗人写道：

> 斯巴达青年人喝到尽兴，
> 给每一个人带来惬意的思绪
> ……和矜持的笑声。[11]

每逢节日的时候，斯巴达人可以跳舞和唱歌。吉姆诺佩迪亚节（the Gymnopaedia）——裸体男孩的节日——是国家最庄严的庆祝活动之一，年轻的斯巴达人在主广场（也称为舞池）中裸体跳舞。三个合唱团将到场表演。老年人率先唱歌："我们曾经是勇敢的年轻人。"然后，年富力强的男人们则应和道："这就是我们现在的样子：多观察，勤学习。"最后，青少年咏唱道："有一天，我们将比你们都更强大。"[12]

大家背诵一位名叫提尔泰奥斯（Tyrtaeus）的爱国将军所写的诗歌，并把它当作行军歌。这些歌词清楚地表明，他们号召战士在战场上勇猛战斗。

> 对于一个好人，牺牲在沙场，
> 为自己的故土而战，无上荣光。
> 但离开他的城邦和富饶的田野，
> 去四处乞讨，那才最为悲凉。[13]

斯巴达人不喜欢流言蜚语，不能忍受冗长的演说。他们说话简洁，英语中的"言简意赅"（laconic）一词就源于此（Laconia，即拉科尼亚，它是斯巴达人居住的河谷）。希腊人喜欢收集能体现斯巴达人务实英勇的范例。例如，当一位斯巴达国王被问到什么样的训练在斯巴达最实用时，他回答道："知道如何执行命令以及如何发号施令。"[14]

成年的男性公民——斯巴达人或"平等者"——都加入了军队食堂。食堂被称作"共餐"（*syssitia*，字面意思是"共同的食物"）。每组包括大约 15 个[15]成员，他们大部分时间在一起，不分彼此，患难与共。

到了 18 岁左右，受训者成为预备役军人，两年后获得被“共餐”成员选入“共餐”的资格。至此，他完成了斯巴达式的教育，但接下来仍要跟他的伙伴们一起生活。到了 30 岁时，他成了一个完整意义上的公民，但他必须已经是“共餐”的一员——这不是件简单的事情，因为一票就足以反对候选人加入。

“平等者”拥有自己的农田，农田由“黑劳士”（即农奴）耕种。土地的收成让“平等者”能够为“共餐”的花销提供支持。这将包括每个月 74 升的大麦，36 升的葡萄酒（这样的配给量还是不错的），大约两千克的奶酪，一千克的无花果，还有一小笔钱来购买便宜的“美味”(即肉或家禽)。通过这种方式，他可以不用为自身的生计操劳，全心全意地做一名士兵，坚持训练，积极战斗。如果他无法提供这笔捐款，他就会被“共餐”除名。

所有人的捐款数量一致，他们的生活水平也都是一样的。年轻的斯巴达人不会被怂恿去赚钱，他们也被禁止去做生意或者拥有金银。人们不锻造金币和银币，只使用铁块作为替代品。这些铁块的购买力很弱，所以一大笔钱体积庞大且沉重，不易于运输和储存。收受这种铁块充当现金的礼物或者贿赂没有什么意义，也没人去偷窃铁块。

懦弱胆怯的行为受到社会的排斥。母亲和妻子会告诉男人们，要么凯旋，要么战死沙场：“带着你的盾牌回来，不然就死在上面。”[16] 事实上，在斯巴达军队为数不多的败仗中，士兵们总是被鼓励献出生命，而不是苟且偷生。如果一个士兵受了伤，伤口务必要在身体正面，这一点尤为重要。胆小鬼不能担任公职，会被驱逐出“共餐”，不得不穿上带有彩色补丁的披风，也不能结婚。

古希腊的妇女[17]大部分时间过着谨慎的隐居生活，她们尤其不能参加公共体育运动、骑马或打猎。而在斯巴达，情况恰恰相反。女孩像她们的兄弟们一样被养育成人，身体素质过硬。

她们通过接受训练来增强体魄。她们跑步、摔跤、扔铁饼、投掷标枪，和男孩子没什么两样。做合格的母亲是她们生活的主要目标。因此通过强健体魄，她们能够承受分娩的痛楚，生出健康强壮的儿子。

斯巴达的女孩只穿单薄的外衣，甚至赤身裸体，这让期待女性们穿着得体的其他希腊人着实感到震惊。化妆、留长发或佩戴金饰在斯巴达都是被禁止的。[18]女人在男人面前并不感到羞涩，也会跟不怀好意的男子逗乐。但是，即便斯巴达不是个谈性色变的地方，卖弄风情、显露女人味儿的行为还是不妥当的。

斯巴达人的婚礼很简单，没有特别吸引人的地方。男人如果不结婚，就会被罚款。想娶妻的男人至少要满30岁，并要用武力抢走他心仪的女人。伴娘给新娘剃掉头发，并给她穿上男人的披风和便鞋。然后，她被安排独自躺在草席上，全然不知会发生什么。新郎在"共餐"与同伴用过晚餐后偷偷地溜走，把新娘带到婚床上去，缠绵片刻，然后又回到营房，仿佛什么也没有发生过。

这是他一直要做的事情：白天，男人跟他的伙伴在一起，晚上同他们一起睡觉。只有天黑下来时，他会秘密地与妻子短暂相会。他心惊胆战，害怕被人发现。普鲁塔克写道：

> 他们的这种状态并非是短时间的，而是长期如此，有些人甚至是在做了父亲之后，才可以在光天化日之下见到自己的妻子。[19]

已婚夫妇既不争风吃醋，也不过分缠绵。

兄弟之间允许共享妻子。他们借鉴动物的生育模式。丈夫允许其他男人跟自己的妻子同房，只要他相信那个男人“能给她提供高贵的精子”[20]。他会欣然接纳因此出生的后代，并会像对待自己的孩子一样把他们抚养成人。一旦他们组成自己的家庭，丈夫会经常在外征战，妻子就要承担起照顾家庭的责任。

我们需要记住一位思想独立的伟大女性的名字，她就是斯巴达国王的妹妹西尼斯卡（Cynisca）。她出生于公元前 440 年，精通骑术，具有王室风范，家财万贯。她是第一位在古代奥林匹克运动会上夺冠的女子。运动会上的项目几乎全都只允许男人参加，女性只被允许参加马术竞赛，但她们不是直接参赛，而是让自己拥有、喂养和训练的马匹参与比赛。

西尼斯卡赢得了四马战车的比赛，但她无法见证这一胜利，因为只有男人才能成为观众。她为自己的成就感到自豪，并委托别人做了自己的雕像，放在奥林匹亚（Olympia）的宙斯神庙里。雕像的石头底座上刻着以下铭文：

> 我，西尼斯卡，用脚步轻快的双轮战车获得胜利，
> 特立此雕像。我宣布，我是所有希腊人中，
> 唯一一个赢得这个桂冠的女人。[21]

伯罗奔尼撒半岛西北部风光宜人、草木繁盛的平原上有一个祭祀宙斯的小树林。就是在奥林匹亚，公元前 756 年的夏天举办了以祭祀宙斯为名的第一次全民族体育比赛。这就是奥林匹克运动会（以下简称

奥运会)，在接下来的一千多年中每四年举行一次。其他运动会也纷纷举办——德尔斐（Delphi）的皮提亚运动会（Pythian Games)、科林斯的地峡运动会（Isthmian Games)，以及在阿尔戈斯（Argos）和科林斯之间的尼米亚（Nemea）举行的运动会，它们也是每四年一次，在不举行奥运会的时候举办。这些真正的泛希腊运动会吸引了来自希腊各城邦的众多观众。

为了让竞赛选手和观众可以安全地到达奥林匹亚，希腊各城邦宣布“神圣休战”一个月(后来延长至两个月到三个月)。传递消息的人被称为传令官（*spondophoroi*）或停战使者，他们戴着橄榄枝编的花环，携带手杖，被派往希腊各城邦，告知庆典的具体时间并宣布休战。参加奥运会的城邦不得发动战争，不得挑起法律纠纷，也不得将任何人处死。

女人既不能作为运动员，也不能以观众的身份参加奥运会(但希腊人似乎并不拒绝处女参与比赛，也许是考虑到她们的纯洁)。女人们单独举行赫拉运动会（Games of Hera)，每四年一届，共有三项跑步比赛，选手们按年龄分组并参赛。

奥运会一般持续五天。有各种跑步比赛，其中一项是身穿盔甲的。其他重要的项目有投掷铁饼和标枪，以及跳远、摔跤和拳击。最极端的运动是角斗（*pancration*)，这个项目结合了拳击和摔跤，除了禁止挖眼和撕咬之外(尽管在实际比赛中，参赛者并不严格遵守这两项规定)，几乎没有什么规则。参赛者丢掉性命并不是什么新鲜事。五项全能运动（pentathlon）对运动员全面进行五项测试——掷铁饼、跳远、掷标枪、跑步和摔跤。只有像西尼斯卡那样财力雄厚的人，才有可能参加战车比赛。

在比赛中夺冠会受到神的青睐。橄榄枝做的花冠是奥运会上唯一的奖品，但胜利者一生都会是名人。他会得到母邦给予的莫大荣誉，其中包括在市政厅免费食宿，在剧院坐最佳的位置。诗人们，例如品达（Pindar），会为他写颂歌。有时候还会用青铜或大理石为他制作真人大小的雕像，以示纪念。

总之，斯巴达人的生活极具特色。他们生活单纯，安于贫穷，军事高效，在更加包容的文化中，他们固执的个性也充满魅力（忒修斯就是一例），他们自制力很强，这些都被同时代的人所称羡。一位有名的希腊诗人称斯巴达可以“驯服男人”[22]，这不无道理，因为斯巴达人把男孩子当成马驹一样磨砺。

公民们过着清苦的生活，在战场上则骁勇善战。他们像蜂巢中的蜜蜂一样，每个人都为了共同的利益而顺从、高效地工作，没有不劳而获的雄峰。

但是感受不到任何焦虑是很难的。从今天的角度来看，斯巴达的体系十分怪异，甚至可能有点疯狂。制定统一的道德标准和压制普通人的行为模式都需要强烈的意志。要实现这一点，斯巴达只能与其他希腊城邦隔离。当斯巴达人接触到更宽松自由、更强调个性的聚落后，他们不折不扣的封闭世界能否继续存在？

要了解他们的心态，我们需要知道为什么斯巴达人决定创建一个封闭的、古怪的、穷兵黩武的社会。

在公元前 700 年左右的时候，许多希腊聚落认识到，他们需要获取更多肥沃的土地，这可能是因为人口增加了，荒野过多而良田太少。

大多数城邦将过剩的公民派往地中海沿岸的地区去建立“殖民地”。著名的雅典哲学家柏拉图写道，他们坐在那儿，“像池塘周围的青蛙”[23]。

据我们所知，当时的斯巴达跟其他城邦的情况大致相同，但面对挑战，它选择了不同的解决方案。它要在伯罗奔尼撒本地扩充疆域。它开始不断地征服和吞并邻近的城邦。首先，它在拉科尼亚平原建立了多达 30 个附属定居点，这些居民被称为庇里阿西人（*perioeci*），其字面意思是“边区居民”。他们负责斯巴达所需的手工业和其他服务。他们也有义务被征召入伍，但他们不享有斯巴达“全民皆兵”制度下公民的特权。

下一步扩张是沿着埃夫罗塔斯河向南前进，穿过沼泽，一直到海边。在这里，就有了第二种从属地位的人——“黑劳士”（这一名称大概源自“黑劳士”这个村子的名字，意思是“沼泽”）。他们是战败的俘虏，也是斯巴达城邦的财产。他们要到指定的地方生活，承担具体的职责。但是，他们并不从属于某个斯巴达人。黑劳士在田地里劳作，可能被征召入伍（尽管他们的忠诚度不一定高，斯巴达人对他们的部署通常比较谨慎）。

跨过西边的山脉就是辽阔富饶的梅西尼亚平原，它是大自然的恩赐。如果能将这片地区吞并，斯巴达的经济问题就会得到解决，充足的食物就能让人们不再忍饥挨饿，生活水平会大幅提高。事实上，在希腊有限的空间里，斯巴达将成为重要的力量，并获得巨大的声望。

留存下来的详细史料不多，但在公元前 730 年和公元前 710 年之间，斯巴达发动了对梅西尼亚人的战争。经过旷日持久的战斗，斯巴达最终获得了胜利。提尔泰奥斯欢呼道：

……我们获得了广阔的梅西尼亚平原，
梅西尼亚的土地，犁地轻松，适宜播种。
他们为之奋斗了 19 年，
前赴后继，意志弥坚。[24]

据说，在第 20 年的时候，敌人放弃了最后一个堡垒，这是在伊斯迈（Ithome）山上的一个几乎坚不可摧的要塞。这座山是两座高山中较高的那一座，从平原拔地而起，约 800 米。许多梅西尼亚人永久地逃离了他们的家园，迁至伯罗奔尼撒半岛中部较为安全的阿卡迪亚（Arcadia）。

这是一个决定性的胜利，但是斯巴达人意识到他们吞并的地区超过了他们的管理能力。面对幸存的梅西尼亚人的激烈反抗，斯巴达人如何守得住胜利的果实？这个问题在大约 50 年之后暴露出来。斯巴达在与伯罗奔尼撒北部的阿尔戈斯作战时失利，加上拉科尼亚内部民怨升级，这些给了梅西尼亚人以可乘之机。他们起义反抗，但又一次被击败。

斯巴达人认为，只有转变成一个完全军事化的社会，才能让被征服者永远处于自己的控制之下。于是他们引入了一系列激进的改革措施。传统认为，这应归功于一个名叫莱库古（Lycurgus）的领袖，但他很可能是传说中的人物。

我们知道，这些改革以希腊中部德尔斐神庙中神谕的建议为基础。提尔泰奥斯写道："银弓之王、远射之神、金发的阿波罗在他富丽的神庙中发表见解。"[25] 阿波罗曾使特洛伊城前的希腊军队暴发瘟疫，而这一次，他没有故技重施。他提出了有益的建议，并发布了一个反映他想法的宣言——大公约（the Great Rhetra）。

“大公约”的基本主张是给予数千（起初可能有 9 000 人左右）斯巴达男性以完整的公民权。如前所述，这使他们不必靠农业或手工业维生。他们将被训练成希腊最好的士兵。梅西尼亚人都成了黑劳士，即公共农奴。他们的任务是在斯巴达男性公民分到的田地里耕种。提尔泰奥斯这样描述他们：

> 就像驴子一般背负重担，
> 给主人送去地里收获的一半，
> 处境悲惨。[26]

城邦的政治机构得到重组。其基础是公民大会（*ecclesia*），公民有权通过法案、选举官员和制定政策。但实际上，它的权力是有限的，不能启动立法或修改法令。选举中的投票是用一种极不寻常的方式来计量的（可能是为了制约对选票的操纵）。一些特别选出来的评判人被关在附近的屋子中。公职候选人低声地向公民大会发表演说，下面的听众以大声呼号的方式来表示对他的支持。评判人只判定呼喊声音的高低，并不知晓是哪个候选人获得声援。谁能吸引最响亮的喝彩声，谁就最终当选。

公民大会由长老会议（*gerousia*）和斯巴达的两位国王来领导。这些长老都超过 60 岁，是终身成员。他们被普鲁塔克称作“城邦这条大船的压舱石”[27]，是重要的保守主义力量，虽然他们也时常受到特别有能力的国王影响。长老会议的主要权力是准备公民大会的议程。对于任何吸引人的决定，如果长老会议不赞成，便有权搁置一边，不予理会。

行政权力掌握在五监察官（*ephors*）手中。他们由公民大会任命，任职一年，不能重复当选。他们掌握着极大的（甚至有些危险的）权力，其地位与当代历史上苏联红军中跟军事指挥官并存的政委有些相似。他们有司法权，可以随时判人罚款。他们可以罢免、监禁和审判任何一个官员，包括国王在内（如果案件涉及国王，另外一位国王和长老会议的委员会列席审判）。他们还跟外国使节谈判，驱逐不受欢迎的外国人。他们主持公民大会并实施会议的决定。如果一位国王在国外领军打仗，要由两位监察官陪同，以监督他的行为。斯巴达人每年一次向黑劳士正式宣战，所以杀死他们不是非法的，也不违反教义。

斯巴达人害怕黑劳士再次起来造反，他们认为最有效的预防手段是实施全面的压迫。一个秘密警察组织——被称作“克里普提”（*crypteia*，字面意思是“隐匿的东西”），肩负着确保梅西尼亚和平与安宁的任务。其成员是从最聪明、最优秀的年轻人当中招募的，只有那些愿意献身的人才有可能在以后获得更大的升迁。普鲁塔克写道，监察官们不时地把克里普提中年轻的斯巴达公民派往农村，只给他们装备匕首和基本的口粮。“白天，他们分散到黑暗、偏僻、狭窄的地方，躺下休息。晚上，他们来到大路上，杀死他们遇到的每一个黑劳士。”[28] 很多时候，他们甚至进入黑劳士耕作的田野，砍杀其中身强力壮的人。

在公元前 5 世纪，据说有一次，黑劳士被邀请自愿说出在战场上表现勇敢者的名字[29]，这些人被许诺可以获得自由。2 000 名黑劳士被挑选出来，头戴花环，围绕着诸神的圣殿列队游行。但是不久之后，他们就都不见了，被秘密地清除了。没有人知道他们是如何丢掉性命的。

在斯巴达社会的顶层，两位国王分别来自不同的王族——亚基亚德家族（Agiad）和欧里庞提德家族（Eurypontid）——两人共同执政。这在希腊是一种独特的制度，其目的并不清楚，虽然两位国王并存可以限制独裁君主的出格行为。随着时间的推移，国王的权力受到了很大的限制。一般说来，他们不能提出政策，而一个有政治才能的普通人可以让长老会议和公民大会支持他的提议。如前所述，行政权力是监察官们的特权。

然而，在军事上，国王的权威依然是至高无上的。不管哪一位国王率领斯巴达军队出征，都在战场上享有绝对的权力。国王由 100 名骑兵组成的护卫队跟随左右，他们有权即刻处决胆怯或者叛国的士兵。但是，他们有可能因军事行动指挥不当而被起诉。有不少国王被判犯有受贿罪。

国王还要另外承担重要而苛刻的职责。作为宗教领袖，两位国王负责协调与诸神的关系。他们经常在德尔斐咨询神谕，并以城邦的名义频频举行各种仪式。在开展军事行动之前，国王要给神献祭，以确保出征得到神的同意。在穿越斯巴达的边界时他会再一次献祭，在行军途中的每一天和大战之前也要献祭。

这些事情是受到高度重视的。如果问卜结果不佳，例如，动物的肝脏出现异常迹象，指挥官就不会下达向敌人进攻的命令。国王可能会反复献祭，直至吉兆出现。在此期间，军队原地待命。一次地震或日食就足以让斯巴达军队打道回府。

在和平时期，国王除了享受财富之外，几乎没有什么事情可做。他们拥有大片的地产，是唯一被准许拥有财富的斯巴达人。在公共宴会上，他们第一个享用美食，并获得双倍的份额。他们有权决定女继承人应该跟谁结婚——我们能猜到，这是一份利益丰厚的工作——收养仪式也需要他们在场。

占领了梅西尼亚后，斯巴达成为希腊城邦中实力最强大的一个，其对手在与之进行军事较量时，都要三思而后行。但斯巴达并非掠夺成性或穷兵黩武。它主要关注的是如何控制伯罗奔尼撒半岛，尤其是确保黑劳士温顺驯良，彻底臣服。他们对更广泛的希腊世界没有什么特别的野心，仅仅希望希腊人普遍认可其优势地位，而这一点已经实现。它强大的军队可以驱逐所有的入侵者，它的政治制度在外人看来，是欧诺弥亚（*eunomia*，欧诺弥亚是希腊神话中的秩序女神）的典范，即“正义法律管理下的良好稳定的社会秩序”。

斯巴达不喜欢被外界打扰，但是它的利益在未来年月中将受到与其完全不同的竞争对手的挑战，这个挑战来自善于变通和创新的雅典城邦。

第3章

波斯的骡子

即使是在今天，德尔斐也是一个令人称奇的地方。该小镇建在连绵不绝的陡峭梯田上，从希腊中部的帕纳索斯山（Mount Parnassus）沿着石灰岩斜坡向下延伸，相当危险。在古典时代，那里几乎无法进入。保萨尼阿斯（Pausanias）在公元2世纪时写过一本古希腊城市指南。他曾沿着进城的唯一一条崎岖的道路走过，感到举步维艰。他评论道："通往德尔斐的大路变得越发险峻陡峭，即便对于一个精力充沛的人来说，也是十分困难的。"[1]

古典时代最重要的神谕所就位于此处。这里是凡人咨询神谕的圣地，神祇会给予信徒们警告、指导和奖励。此类咨询神谕的地方在希腊大陆至少有八个，东地中海周围还有更多。它们受到外邦人和真正的希腊人的推崇。

游客一进入小镇，就会发现自己走在神圣之路上，一条街蜿蜒而上，直达山顶宏伟的阿波罗神庙。游客一路经过无数的宝库：这些石头建筑，看起来像小的神庙，四周有廊柱，前有山形墙。各城邦为表达对阿波罗的感激，将献给他的礼物贮藏于此。礼物包括金银制品、三足鼎和金条银条，通常是战争获胜后得到的战利品的十分之一。宝库都装饰着色彩艳丽的雕塑和金属饰品，这是典型的希腊建筑风格。宝库内到处都有获奖运动员的雕塑，足有几百个。墙上的绘画颂扬的是远古时代的神话和伟大的历史事件。

神庙本身是一个稳固的大理石建筑，部分依托于基岩，部分依托于专门建造的平台。墙上雕刻着三句铭文，总结了健全充实生活的基本原则。一是“认识你自己”[2]，二是“凡事勿过度”，还有一句是“承诺招致毁灭”。第三条建议多少有点愤世嫉俗，教人避免做出轻率的承诺。

我们知道，在内殿（*cella*）下面是一个小型的密室，被称作阿底顿（*adyton*，在希腊语中意为“无法接近”），代表大地中心或“世界之脐”的锥形圣石翁法洛斯（*omphalos*）就屹立在那里。它的表面刻着打结的网状图案，中间是空的，越向下越宽。

神庙由一个祭司管理，祭司从德尔斐的统治精英中招募，终身任职。这个职位具有很高的声望，但是任职的人并不一定过着远离世俗的生活。他由五个圣贤（*hosioi*，即神圣之人）和一个或多个先知协助，他们可以帮祭司分担一些解读神谕的工作。

在宣示神谕的过程中，关键人物是彼提娅（Pythia），一名女祭司或先知。她是一个普普通通的当地女人，出身平凡，也是终身任职。她在被任命时已经过了生育年龄，但在履行职责时，她穿一身未婚女孩的服装——如同装扮成羊羔的圣羊。在人们的期望中，她应该是纯真圣洁的。

阿波罗一年当中应该有九个月在德尔斐生活，而且神谕所每个月只有一天可以接待咨询者。我们不清楚阿波罗是否愿意在紧急情况下开门工作。当像雅典这样的城邦需要建议时，我们没听说他们必须要等阿波罗有空的时候再咨询。至于前来咨询的人中，德尔斐和它的市民会得到优先安排，优先权被给予“最受欢迎的国家”和声望极高的人。一般来说，国家优先于个人。

在神庙前面是一个大的祭坛。祭司以当天所有问询者的名义在此举行初步的祭祀。如果一切顺利——献祭的动物对洒在身上的水做点头状，即接受自己的命运，心甘情愿被宰杀。

一名问卜者被带到神庙内，进行第二次祭祀。为祭祀而被宰杀的动物整个或者一部分被放在通往阿底顿门口的桌子上。这是最下面的房间，翁法洛斯圣石就放在里面，彼提娅在此等候。接着，问卜者就被带到指定的位置，在那里他可以听到彼提娅的声音，但无法看到她。

彼提娅已在山谷中的圣泉里沐浴过（泉水供应着两个喷泉，至今流动不息），为咨询做好了准备。在神庙内的一个祭坛上，她点燃了月桂树叶和大麦粉。她头戴桂冠，坐在三脚鼎上，被神附体。然后，她便开始宣布神谕。

尽管我们大体知道问卜是如何进行的，但我们对于德尔斐神谕宣布过程的某些重要方面仍然知之甚少。首先，彼提娅是如何进入恍惚迷离的状态的？我们可以确定，她没有咀嚼某种致人迷幻的叶子。没有古代的文献提及此事。如果她真的这样做了，她可能会选择甜月桂或者月桂树的叶子，这两种植物在阿波罗眼中都是神圣之物。前者根本不会产生什么效果，而后者则是有毒的。

作家普鲁塔克是当地人，也是阿波罗的一个祭司，深谙神谕的内情。他在公元 1 世纪写道，从彼提娅的咨询室散发出香甜的气味。那里是否有一个通风口好让地下的烟气从这里排出？当 20 世纪的考古学家发掘阿波罗神庙时，他们没有发现任何痕迹。

然而，最近的地质研究表明，神庙建在两条断层线的交汇处，各种气体，包括乙烯这样易燃易爆且具有麻醉作用的气体，都从断层线中弥漫出来。但是，这个神谕所存在了一千年，我们很难相信这期间产生的气体没有发生任何变化。即使这些飘出来的气体对彼提娅确实有影响，她的恍惚状态也很有可能是自己诱发的。

第二个问题涉及预言的呈现方式。希罗多德（Herodotus）等古代的历史学家常常引用神谕中措辞巧妙的诗句，这些诗句意义丰富，而且经常有意语焉不详。说彼提娅即兴创作这些诗句，似乎不合情理，所以有一种可能性是，她的“胡言乱语”并非完全清晰可辨，是被后来的预言家或其他人翻译成了诗歌。

我们不知道神谕所是否提前获知了要回答的问题。如果是这样，那么祭司和彼提娅都会有时间考虑她如何回应。即使没有，由政府提交的问询内容也常常会被猜到。这种挖空心思的回答并非意味着一定存在欺诈。即便如此，阿波罗还是有可能被贿赂。一个众所周知的例子就是，雅典人掏钱让彼提娅对斯巴达人施加影响。但是我们不知道神谕是不是这么容易作弊，或者这样的事是否经常发生。

在这种情况下，神谕有多少“政治意义”呢？各个国家频繁地问询德尔斐神谕，我们很难相信神谕所的祭司不去关注当前发生的大事，他们可能会形成自己的观点，甚至是对政策的看法，从而歪曲了预言的原义。但对此我们没有确凿的证据。

克罗伊斯是小亚细亚西部的吕底亚的国王，他家财万贯，声名显赫，自称是最幸运的人。但在公元前 547 年，他也是一个担惊受怕的人。扑朔迷离、风险重重的形势变化搅乱了中东的权力平衡。克罗伊斯不是希腊人，但他给自己搞了一个荣誉公民的身份。他慷慨解囊，给德尔斐神庙的阿波罗捐赠颇多。所捐之物包括一个纯金打造的狮子雕像、一金一银两个大碗，以及大量的金锭。他急切地需要从神谕中获得指导，以了解敌人并推断他们能否得逞。

吕底亚土地肥沃。附近的海岸线上有多个爱奥尼亚希腊人的城邦，喧闹嘈杂。他们是希腊世界和东方王国之间的界线。克罗伊斯与他们的关系并不融洽。他把这些城邦中的大部分都置于自己的控制之下，尽管希腊人对此感到不满，但也意识到克罗伊斯热爱希腊的一切，能够给他们提供保护，使该地区免受外来的威胁。

爱奥尼亚定居点最初是由希腊大陆派出的殖民者创立的。正如我们讨论过的，通常认为，他们因外来者入侵而成为难民。入侵者是多利亚人，殖民者在公元前 2000 年末期到来，主要居住在伯罗奔尼撒半岛。他们中的很多人是从雅典出发的，在后来的几个世纪中，他们把雅典称作故乡。来自雅典的爱奥尼亚人讲自己的希腊方言，另外还有几种主要的方言，如斯巴达人等讲的多利亚方言，还有伊奥利亚语，主要在利塞萨（Thessaly）、彼奥提亚和莱斯博斯岛（Lesbos）等地使用。

公元前 734 年至公元前 580 年左右，在地中海地区发生了大规模的和平迁徙，爱奥尼亚人是这些移民聚落的先驱。希腊各地都离海不远，内陆的城邦国家都派出有意远居海外的公民，去开辟新生活。他们在西班牙海岸及法国南部的海岸建立了城邦。他们甚至到达了他特萨斯（Tartessus），即《圣经》中的他施（Tarshish），一个比海格力斯之柱（Pillars of Hercules，即今天的直布罗陀）更远的港口，那里成为从西班牙西北部进口锡等稀有金属和银的产出地。他们在西西里岛和意大利南部建立了广泛的聚居地，希腊人密集地居住在这里，使得这个地区被戏称为“大希腊”（Greater Greece）。

雅典人口众多，自身生产的食物无法满足需要，只能靠黑海地区的希腊移民从内陆（即今天的乌克兰和克里米亚）进口粮食，并通过海路运送回来。

母城（metropolis，“大都市”一词的原始意义）与其殖民地之间的联系通常是充满温情的，但当殖民地的人们安顿下来，他们的后代就完全独立了。偶尔，母城与殖民地之间也会有厌恶和憎恨：科林斯及其殖民地克基拉岛［Corcyra，即今天的科孚岛（Island of Corfu）］之间的敌意尽人皆知。

殖民地促进了整个地中海地区贸易的发展。他们从希腊内陆和地中海的其他地方进口商品，如青铜器、银器和金器，还有橄榄油、葡萄酒和纺织品，或者自己制造这些东西，然后与当地聚居的移民进行交易，如换取西方人的谷物和奴隶，色雷斯人（Thrace）的银、兽皮、木材和奴隶，从黑海地区的人那里换来玉米、鱼干和奴隶（又是奴隶）。

希腊人还设立了交易的专用场所——商业中心（*emporia*），他们无须市政赞助，吸引了来自各个城邦的公民：尼罗河三角洲的瑙克拉提斯（Naucratis）是其中的重要代表。

毫不夸张地说，到了公元前580年，地中海沿岸几乎每一个适宜建立殖民地的地方都被占据了。当然，这也有非希腊人的殖民者，特别是腓尼基人（Phoenicians），他们在北非建立了伟大的商业都市迦太基（Carthage）。不管怎么说，希腊的成就仍是非常显著的。

他们不仅创造了一个庞大的希腊“世界”，还着重展现了希腊人最初的共同“个性”——灵活变通，面向世界，乐于探索和善于投机。

克罗伊斯在东方的邻国是巴比伦（Babylon）王国和米底（Media）王国，二者联合起来，于公元前612年消灭了亚述（Assyrian）帝国，并将其都城尼尼微（Nineveh）洗劫一空。巴比伦是世界上最宏伟的城市之一。巴比伦一摆脱亚述人的控制，国王就建造了高大而坚固的城墙，把1 000多英亩的地围起来，开八扇大门。其中最壮观的是伊丝塔城门（Ishtar Gate），覆盖着蓝色的釉面砖，上面镶嵌着各种神兽的浮雕，包括狮子和野牛。与大门相连的是一条华丽的游行大道，一直通向城市的中心。

在巴比伦的西北和里海之南便是米底王国，一个朝气蓬勃的新兴中央集权国家。在7世纪上半叶，开国国君迪奥塞斯（Deiokes）在一座山上建成了首都埃克巴坦那（Ecbatana）。如果希腊历史学家希罗多德的记载真实可信，其防御工事就与巴比伦城墙同样坚不可摧。城市从外面看起来非常像一个金字形神塔（Ziggurat）*，由一连串同一中心的墙组成，一层套一层，叠加在一起。在最内层的高墙内坐落着王宫和宝库。

> 第一圈的护墙是白色的，第二圈是黑色的，第三圈是猩红色，第四圈是蓝色，第五圈是橙色，所有这些颜色是涂上去的。最后两圈墙的城垛分别由银和金覆盖。[3]

这三个国家的统治者相处得还算融洽，家族之间也相互通婚，有姻亲关系。

从伊朗西南部往东，与现代的法尔斯地区大致相当的地方是一个

* 古代亚述及巴比伦在金字形神塔祭奠神祇，顶上有神殿。——译者注

面积不大的属国波斯（Persis）。新国王是年轻的、长着鹰钩鼻的居鲁士（Cyrus，在古波斯语中拼作 Kūruš），他是一个雄心勃勃、精力充沛的统治者。他在公元前 550 年把波斯的各个部落召集在一起，并说服他们支持自己反抗米底国王。根据一个巴比伦祭司的记载，这次行动取得了圆满成功。

> 米底国王伊斯穆特古（也被称为阿斯提阿格斯）调集了他的部队，进军安善（Anshan，波斯统治下的一个小城邦），征讨安善王居鲁士。伊斯穆特古的军队背叛了他，把他五花大绑，押到居鲁士那里。居鲁士向艾格木塔努国（Agamtanu，也被称为埃克巴坦那）发起进攻，占领了王宫，缴获了大批金银及其他值钱的东西，并带回安善。[4]

这场灾难引起了克罗伊斯的重视。他决定先发制人，不能像拴在绳子上的羊一样坐以待毙，因为居鲁士下一步很可能要入侵吕底亚。

然而，在采取明确的行动之前，他问询了德尔斐的阿波罗神谕。

克罗伊斯想先弄清楚德尔斐神谕和其他众所周知的神谕是否都如人们盛传的那样灵验。[5]希罗多德写道，第一步，他派代表去神庙，指示他们在离开吕底亚首都萨迪斯（Sardis）后的第一百天去请示彼提娅。他们要问："国王现在正在做什么？"他们照做了。彼提娅用诗歌的形式给予回答，说她可以闻到：

> 硬壳的乌龟，
> 在青铜容器中与羊肉一起沸腾，

> 下是青铜，其上亦覆青铜。[6]

克罗伊斯无比钦佩，因为就在那个时候，他剁了一只乌龟和一只羊羔，放在青铜锅里煮，上面还放了一个青铜的盖子。于是，国王开始慷慨地赠送给神庙大量的礼物。阿波罗关照了像克罗伊斯这样慷慨大方、值得信任的访客。克罗伊斯获得了优先咨询的权利，无须交费，并得到观看德尔斐节日庆典的最佳席位。

没过多久，第二个代表团提出了更实质性的问题。国王的问题是："克罗伊斯——吕底亚人及其他民族的国王，相信您的预言是全世界唯一正确的神谕，赠给您和您的预言价值相称的礼物。他询问是否应该对波斯人开战，以及他是否应该设法增加军事力量，壮大自己的同盟？"[7]

阿波罗回答说，如果克罗伊斯要渡过他帝国边界上的哈吕斯河（Halys River）对波斯人发动战争，他将毁灭一个强大的帝国。所以，胜利已经得到保证。吕底亚的特使问了第三个问题：他的统治会是长久的吗？

彼提娅用颇有深意的诗歌回答道：

> 等到骡子成为米底人的国王，
> 双脚柔嫩的吕底亚人将向布满卵石的赫穆斯河（River Hermus）逃亡，
> 快点，快点，不要为做个胆小鬼而羞愧难当。[8]

克罗伊斯心想，这又是个好兆头。他从来没有听说过骡子能统治一个王国[9]，所以他可以安心地期待长久地稳坐王位了。

他动员了军队，率军向东北方向前进。他在帕夫拉戈尼亚（Paphlagonia）发现了居鲁士，一场遭遇战随后打响。他把失利归咎于自己军队的规模比居鲁士的要小得多。他决定返回萨迪斯，那里是安全的，然后解散全部由雇佣兵组成的军队。冬天即将到来，一般没人在这个时候交战。他要抓紧在来年春天到来之前寻求盟军和增援。他与巴比伦人缔结了军事联盟。巴比伦人一定能想到，如果吕底亚陷落，他们自己将是居鲁士扩张的下一个目标。显然，他也派遣了使节去埃及和斯巴达。埃及可能对在中东地区出现新的强权有所警惕，而斯巴达人在这场冲突中没有明显的利益诉求，他们对此并不感兴趣。

居鲁士喜欢打一场运动战，他把吕底亚人的撤离和遣散看作一个机会。他对克罗伊斯紧追不舍，并很快就在萨迪斯城外现身，这让克罗伊斯十分惊恐。一支新军队迅速集结起来，克罗伊斯亲自率军迎战波斯人。居鲁士出人意料地使用骆驼充当骑兵的坐骑。吕底亚人的战马受到惊吓，一闻到骆驼的气味就掉头逃窜。虽然吕底亚的步兵作战勇敢，但运气在居鲁士这边，他领兵把萨迪斯团团围住。

接下来一段时间里，风平浪静，相安无事。有一天，一个吕底亚人在守卫城堡时不小心将头盔掉到了悬崖边。这里地势非常险峻，没有构筑防御工事。那人爬下斜坡，拿到了头盔，又很轻松地爬了回去。一个波斯人正好在瞭望，把这一切都看在眼里。他想到了一个攻城的办法，便汇报给居鲁士。

在这个时候，攻城机械和大炮无力摧毁坚固的城墙，但是一旦有几个人使诈蒙混过关，或用机警的观察躲过守军，城市的命运就成了定局。居鲁士很好地利用了他收到的情报，最终将萨迪斯攻陷。

有传说称，居鲁士打算把克罗伊斯活活烧死，但是一阵及时的暴雨浇灭了火焰。也许这是阿波罗出手相助，他为自己彻头彻尾地蒙骗了忠实的仰慕者而感到内疚。事实上，没有人知道克罗伊斯结局如何。他可能成了波斯王宫里的顾问。但是巴比伦人讲了一个不同的故事。

> 波斯王居鲁士召集军队，越过底格里斯河。……在艾亚鲁月(Aiaru，5 月或 6 月）进攻吕底亚……杀死了国王，掠走了他的财物，并派兵驻扎在那里。[10]

但有一点是毫无疑问的。克罗伊斯自作自受，被阿波罗模棱两可的话语误导了。骡子是马和驴杂交的产物，在神谕中，这暗指混血的居鲁士本人，因为他的母亲是米底人，父亲是波斯人。克罗伊斯毁灭的帝国其实是他自己的国家。

现在，爱奥尼亚诸城邦将面临什么样的命运？居鲁士曾邀请他们跟他一起去征服吕底亚，但他们拒绝了。相反，他们支持自己的统治者克罗伊斯，因为他们不相信他会被彻底推翻，担心一旦波斯人撤走，就会遭到他的报复。克罗伊斯政权土崩瓦解之后，他们试探居鲁士，但是居鲁士仍然对当初遭到冷遇而愤愤不平，因此没有做出回应（虽然他同意与在战争中保持中立的著名商业城市米利都签订和约）。

在这个关头，对于爱奥尼亚人来说，明智的做法是团结起来，谋划共同抵制波斯人，因为波斯人肯定会发动侵略。那个时代最伟大的哲学家，米利都的泰勒斯（Thales）[11] 出面了。他反对从宗教和神话的角度对宇宙进行解释，主张用理性来解决问题。

谈到政治事务，泰勒斯认为，爱奥尼亚人应该团结一心[12]，建立单一的政治实体，并在忒欧斯岛（Teos）成立一个政务委员会。基于这个想法，有人提出了一个更加极端的建议，即所有的爱奥尼亚人都应该移民撒丁岛（Sardinia），在那里建立统一的国家，令波斯国王鞭长莫及。

爱奥尼亚人召开国民大会（Pan-Ionium）商议，但他们除了呼吁国外的希腊人聚落提供支援之外，并未达成多少共识。斯巴达人派使者来见居鲁士，告诉他不要攻击爱奥尼亚人，“因为斯巴达人是不会容忍的”[13]。困惑不解的居鲁士问他的官员：“谁是斯巴达人？他们有多少人？”国王得到答案后，遣回了使者，并让其带话，说他居鲁士一点也不害怕那些只会在城市中心的集市上信口发誓和尔虞我诈的人。

爱奥尼亚人没有能团结起来，自然是被各个击破。居鲁士逐一占领了各城邦，并削弱了他们的力量。他们现在有了一位新主人。

一个出土的黏土圆筒刻着巴比伦楔形文字（已知最古老的书写系统之一，是在黏土片上刻下的楔形记号），记载了居鲁士对除掉吕底亚人之后下一次胜利的描述。吕底亚之战与公元前539年巴比伦古城被征服无异。尽管战争耗费了数年时间，但国王把他的胜利描绘得轻而易举，仿佛他的入侵不仅使用了和平手段，而且是应吕底亚人的要求才发动的。他“无须战斗，兵不血刃”[14]地进了城，统治阶层对他热烈欢迎，“他们红光满面”。

居鲁士认为自己是“永恒王权”[15]的继承人，就好像他的权力是与生俱来的。他决不允许自己的价值被故意低估：

> 我是居鲁士，宇宙之王，伟大的国王，至高无上的国王，巴比伦的国王，苏美尔和阿卡德（巴比伦统治下的古国）的国王，世

界四方的国王；我是冈比西斯的儿子，冈比西斯是伟大的国王，安善之王；我是居鲁士的孙子，居鲁士是伟大的国王，安善之王；我是泰斯帕斯的后代，泰斯帕斯是伟大的国王，安善之王。

现在，居鲁士统治下的波斯人控制着一个辽阔的帝国，从小亚细亚西海岸爱奥尼亚希腊城邦一直延伸到波斯。在某个阶段（我们不知道具体是什么时候），居鲁士也征服了中亚。这是一个非凡的崛起。在其扩张的鼎盛时期，从印度河流域的国家到巴尔干半岛，从中亚到上埃及地区的国家都被并入一个单一的政治体系，这在中东历史上是第一次。

居鲁士大帝——后来他有了这个称呼——并没有多少时间享受他的成就。他继续向疆域的东部开展军事行动。公元前 539 年，他与伊朗的游牧部落马萨革泰人（Massagetae）开战。马萨革泰人在里海的南部生活，当时他们被一个女王统治。她的儿子被波斯人俘虏，王子感到羞耻万分，趁人不备就自杀身亡了。

愤怒的母亲集结所有的军队，在一场恶战中击败了波斯人，居鲁士在此役中丧生。女王在战场上发现了他的尸体，把他的头塞进一个装满血的酒囊里。女王说："我说过，我会让你血债血偿的。"[16]

居鲁士的坟墓坐落在一个公园里，是一个不太起眼的石头建筑，有人字形屋顶，台阶上是两扇小石门。纪念碑至今仍然存在，但坟墓中的尸体和物品早已不知去向。显然，里面曾有一张金子做的床，一张放着酒杯的桌子，一个金棺以及镶有珠宝的各种饰品。坟墓上也有题字。根据公元前 1 世纪的地理学家斯特拉博（Strabo）的记载，上面写的是：

哦，我是居鲁士，我为波斯人赢得了一个帝国，我是亚洲之王。所以不要妒忌我的纪念碑。[17]

这个庞大的帝国是如何运作的？这是一个很难回答的问题，因为波斯人没有留下任何有关政治理论的书籍，也没有对他们政府管理制度的描述，甚至没有他们那个时代的历史记录。然而，毫无疑问，居鲁士所创立的阿契美尼德王朝［Achaemenid dynasty，是以其初创者阿契美尼斯（Achaemenes）的名字命名的，他是早期的波斯国王］是独裁专制的。他被称为居鲁士大帝，辉煌一生，神圣而庄严。他执行神赋予的权力，并对神负责。

从帝国的都城苏萨（Susa）和波斯波利斯（Persepolis）到最偏远的省份之间距离遥远，这使得快捷的通信联络变得至关重要。于是，波斯人修筑了一条叫作王室之路的大道，从萨迪斯，即克罗伊斯起家的地方，一直通往苏萨。沿途建立了一百多个驿站，王室的信使和公职人员可以在这里更换马匹和过夜。有时这种快速通信服务全天候运作，白天和晚上都有信使送信，接力工作。希罗多德评论道："没有什么能阻止这些信使以最快的速度走完分配给他们的行程，风雨无阻，不惧炎热，夜以继日。"[18] 即使这样，行程也很慢，因为当时最快的交通工具不过就是马匹。希罗多德对此始终都很好奇，"从萨迪斯到所谓的门农的宫殿（Palace of Memnon，位于苏萨），距离约为 13 500 化朗 *。因此，按照每天 150 化朗的速度，整个旅程需要 90 天的时间"。[19]

在波斯波利斯出土的泥版文书记载了公职人员的差旅花费。这个

* 化朗是长度单位。1 化朗相当于 220 码，约 201 米。——译者注

具有代表性的例子表明，波斯人运行了一个有效的行政体系："0.2 升（?）的面粉由巴卡达斯达（Bakadusda）提供。马斯卡（Muska）收到了，他是一个信使。他从国王那里去了兹萨维斯（Zissawis）。他带着国王的一份密封的文件，在第十个月到达目的地。"[20]

居鲁士大帝绞尽脑汁也无法对发生在偏远地区的事情做出快速的反应。他建立了地方官的联络网[21]，地方官被称为总督（satrap），主要的职责是收税，并上交给波斯中央政权（在某些地方，负责此事的是城邦的国王，而非总督）。我们不清楚具体的细节，但是根据色诺芬的说法，还有一个卫戍部队和指挥官的联络网，他们负责安全警戒，并不干预其他事情[22]。这种分权显然是为了防范阴谋和叛乱。但是，有时地方的军事和民事也有可能处在同一个人的掌控之下。两权独揽的总督就可以发动小型的战争，他们相互之间也常有冲突，甚至会起兵反抗居鲁士大帝。

那时，世界上还没有出现硬币。据说，是克罗伊斯发明了硬币，波斯政府予以采纳，硬币主要用于日常交易，大宗的款项更多地使用黄金和白银。国王的大部分臣民都不使用硬币，主要是以物易物：他们很难识别硬币，也不知道它是做什么用的。总督们虽铸造了自己的硬币，但仅用作在特殊的军事环境下给军队支付军饷。波斯人的金币达里克（*daric*）和银币西格劳斯（*siglos*）不仅有实际用途，也是帝国富裕、高贵和稳定的象征。

居鲁士大帝很少在帝国范围内巡视，大部分时间都在他的波斯宫殿里度过，但是他需要检查总督和将军们的表现。每年（还是根据色诺芬的说法）都有一名政府的检查员在军队的带领下前往各地巡视。[23] 这一消息会提前公告："国王的儿子要来了。"或者称之为"国王的兄弟"，更隐晦且充满怨恨的说法是称其为“国王的眼睛”，但是没有人知道他是否真的会出现，因为居鲁士大帝可能随时将他召回。此举让人们对自己的职责时刻保持警醒，是一种经济高效的管理方式。

波斯政府的管理制度其实并不完美。我们稍后会讨论，总督们经常行为不端，为自己而非国王谋取利益。宫廷倾轧，危机四伏，权力从现任统治者移交给继任者的过程中困难重重，甚至有人送命。但是，居鲁士大帝明白，只要让他的臣民不受打扰地安心过自己的生活，他们中的大部分将是勤劳温驯的。这是一个稳妥又文明的治国方略。

居鲁士大帝想成为人们眼中公正的统治者，并寻求臣民对其道德的认可。在居鲁士的黏土圆筒上，他谈到了自己王权的合法性，并吹嘘道：“我让各处的人们都安居乐业。”[24]政治和经济的稳定确实是帝国可以给予人民的主要利益。它也促进了宗教和语言的多样性。聚居区的人民可以用自己的方言说话，并且有自己的宗教信仰。帝国尽量不予干涉。

虽然朝贡很令人烦心，但也有回报。色诺芬在《居鲁士的教育》（*The Education of Cyrus*）中写到居鲁士大帝对朝贡的看法：“这很公平，因为如果有任何危险出现，一定是我们冲到前面去解决的。”[25]和平的环境能够提高大多数人的收入，他们主要通过农业生产和城市里的制造业（即生产陶器、工具、武器和奢侈品）来提高偿还债务的能力。

我们不清楚居鲁士大帝的宗教信仰，因为在存留下来的碑文中找不到直接的参考资料，他的儿子冈比西斯二世也是如此。但他对其他民族信奉的神还是十分有礼的。他甚至为建造或者重建供奉外邦神灵的圣殿提供资金援助。他禁止干涉阿胡拉·玛兹达教（Ahura Mazda）或其他任何宗教的信仰。在居鲁士的黏土圆筒上，居鲁士大帝向巴比伦人的主神马尔杜克（Marduk）[26] 表达了尊敬。居鲁士大帝在《圣经》中被称作弥赛亚（Messiah）*。据《以赛亚书》称 [27]，他是耶和华的受膏者（这是对他把流亡到巴比伦的犹太人遣返表达的感谢）。

此后，阿契美尼德王朝的国王们把自己称作阿胡拉·玛兹达（字面意思是"肉身和心灵"）的崇拜者。阿胡拉·玛兹达是一个完美的、仁慈的、非受造的神灵，他创造了宇宙。对他的敬拜通常在露天里举行，在有围墙的花园（在希腊语中称为 *paradeisos*，英语中的 paradise，"天堂"一词即源于此）举行，甚至是在山顶举行。居鲁士是个例外。国王们通常被埋葬于建在高高悬崖上的墓穴中，离皇城波斯波利斯不远。

跟阿胡拉·玛兹达相对的是破坏之神阿利曼（Ahri-man）。正如琐罗亚斯德教［Zoroastrianism，这门宗教似乎与阿契美尼德王朝有关，它由先知查拉图斯特拉（Zarathustra）创立，希腊人称他为琐罗亚斯德（Zoroaster），他生活在公元前 1000 年左右］中提到的 [28]，宇宙的根本矛盾存在于"真理"和"谎言"之间。对阿契美尼德的国王而言，"谎言"指的是威胁波斯帝国的一直存在的危险。相比之下，他们认为，"遵守阿胡拉·玛兹达创建的法律，并虔诚崇拜阿胡拉·玛兹达和阿沙（Arta，万神殿中的另一位神）** 的人，在世时会幸福快乐，死后会获得庇佑"。[29]

阿契美尼德王朝崇尚扩张。居鲁士的儿子冈比西斯二世继承王位，

* "弥赛亚"一词在希伯来语中最初的意思是受膏者，是被上帝选中的、具有特殊权力的人。——编者注

** 阿沙在阿维斯陀语中全名为阿沙·瓦希什塔（Aša Vahišta），意为"天则"、"真理"。——编者注

公元前 525 年，他对法老统治下的埃及发动进攻。埃及文明已经持续数千年。冈比西斯二世在培琉喜阿姆（Pelusium）战役中击败了埃及人，培琉喜阿姆要塞是从东部进军埃及的门户。他宣布自己为法老，接管了原先统治者的头衔、王权和服饰。

然后，公元前 522 年发生的一件事使他匆匆返回波斯。他在埃及的长期驻留及其专横的统治风格引发了一场暴乱。冈比西斯二世有一个同父异母的弟弟，名叫巴尔迪亚［ Bardiya，希腊人称他为司美尔迪斯（Smerdis）］，他起兵反抗，自封大帝。他在帝国的中心地区波斯和米底极具威望。冈比西斯二世必须要迎接这个挑战，但是他从埃及回师途中突然身亡，死因蹊跷，没有留下子嗣。

对于此事，众说纷纭。希罗多德说，在公元前 522 年 3 月，冈比西斯二世由于剑鞘跌落而被里面的剑刃刺中[30]。伤口恶化，11 天之后，他便死了。另一种说法来自一个为他扛矛的叫大流士（Darius）的贵族，他说波斯大帝“是自己导致了自己的死亡”[31]——这一说法十分深奥，有人理解为冈比西斯二世是自杀而亡的。

无论事实究竟如何，冈比西斯二世的死还是让巴尔迪亚获得了王位，但只持续了七个月。大流士不仅是王室成员，也是总督之子，他与六名贵族联手，成功地策划了一次暗杀，干掉了这个冒牌的国王。大流士随后即位。

根据刻在波斯一处岩壁上的大幅铭文，大流士对这些事给出了不同的描述。他声称，冈比西斯二世在去世之前就派人杀掉了自己的弟弟。大流士写道：“冈比西斯二世谋杀巴尔迪亚时，人民完全不知情，并不知道巴尔迪亚已经死了。”[32] 后来，一个来自米底的祭司，名叫高墨达（Gaumata），他发现政府不得人心，就假冒巴尔迪亚[33]，并篡夺了王位。

大流士继续说道："人们非常害怕他，因为他杀死了许多认识真的巴尔迪亚的人。他杀了他们并且说：'这样他们就不会知道我不是居鲁士之子巴尔迪亚了。'没有人敢于反抗高墨达这个巫师，直到我到来。"[34]

大流士处死了高墨达，但他要维持权威并不是件容易的事。在他掌权的第一年，他声称自己打了19场战役，俘虏了九位国王。他以严苛恐怖的手段惩罚这些国王。在描写一个反叛者时，他骄傲地说：

> 弗拉欧尔特斯（Phraortes）被抓获，然后被带到我面前。我割下了他的鼻子、耳朵和舌头，挖出了他的一只眼睛。他被绑在宫殿的入口处，所有人都看得见他。随后，我在埃克巴坦那把他刺穿。至于他的那些最忠实的追随者，那些躲在埃克巴坦那堡垒里的人，我剥下他们的皮（在他们的皮里填满稻草），并把他们高高挂起来。[35]

那么我们应该相信哪一种说法呢？没有多少人能看到大流士镌刻在岩壁上的铭文，但铭文的誊写本已在整个帝国传播。他意欲让自己的叙述永久流传下去，为后人传诵。但是，他的描述中存在自相矛盾之处。

帝国王室的一个重要成员依照冈比西斯二世的命令被杀死，却没有任何人注意到，这种可能性有多大呢？而且，很多人都亲眼见过巴尔迪亚王子，不可能都被这个米底的祭司蒙骗。见过王子的人应当不可能全被杀死。虽然没有任何证据，但很可能大流士才是篡位者，他在冈比西斯二世已死的情况下杀死了一个真正的国王，并以厚颜无耻、不加掩饰的方式取而代之。大流士永远不会承认这种猜测，但是他编造的托词也实在不足为信，可以说是在侮辱常人的智商。人们会好奇，阿胡拉·玛兹达会如何看待这个弥天大谎。

结果，大流士被证明是一个强力而高效的统治者，他赢得了“大帝”的称号，但是他即位的方式暴露了波斯这个国家的主要弱点。政府仅仅是一座宫殿，在整个事件中没有起到重要作用。密谋篡位是那个时代常有的，王位继承常常充满欺诈和血腥。

与雅典和斯巴达等独立小国相比，波斯帝国如同患有象皮病的病人。希腊人则完全不同，对于他们来说，无论是在希腊大陆，还是在意大利、西西里岛或爱奥尼亚的希腊殖民地，最好的政治结构是城邦，即拥有独立国家所有职能的小型自治城市。市民都高效地参与管理，是利益相关者。他们觉得自己要比受到专制君主压迫的人更有优越感。希腊人认为不关心政治的人不配做城邦的公民（*politēs*）。

哲学家、社会学家、政治理论家亚里士多德在公元前 4 世纪写道：“人类天生是城邦动物。”[36]任何一个“因其天性而非偶然”不归属于任何城邦的人，他如果不是一个鄙夫，那就是一位超人。他就像“出族、法外、失去坛火（无家无邦）的人”[37]*，荷马曾在《伊利亚特》中对这些人予以谴责。这样的人往往被认为是好战者。

一个城市不能太小，否则无法自给自足；也不能太大，否则无法有效管理。亚里士多德认为，当全部公民在一个地方集会时，应该能够看到所有的人（必须记住，妇女、奴隶和外来居民被排除在外，没有选举权）。哲学家柏拉图说得更具体。他建议，一个公民组织应该包括

* 译文节选自吴寿彭译《政治学》（商务印书馆，1997 年）。——译者注

5 000 人左右。[38]

有个很恰当的理由可以说明人口规模问题非常重要。希腊人没有代议制民主的概念。在公元前 6 世纪，民治引入雅典时（参见第 7 章），所有的决定都是由公民会议公开直接表决的。在公元前 6 世纪中叶，一位名叫福西尼德（Phocylides）的诗人写道：

> ……一个小城邦，秩序井然，各归各位，
> 坐落在高处，胜过愚蠢的尼尼微。[39]

不是所有的城邦都实行民主制。在爱奥尼亚人的城邦中，国王喜欢搞一言堂或者寡头统治。但是他们保留了公民集会，即便他们的权力十分有限，或者只有少数公民有投票权。

不论柏拉图和亚里士多德的建议如何，城邦中的民主派和寡头派之间很容易发生激烈甚至凶残的争吵。内战是家常便饭。敌对者总是被当作不忠诚的，他们要么被除掉，要么被流放到异乡。在流放之地，他们谋划着有朝一日可以卷土重来，再驱逐或者处决当时掌权之人。

然而，一个希腊人除非是生活在城邦中的自由民，否则他将被认为是可耻的。他还比不上野蛮人——不仅被当成异类，而且算不上个男人，懦弱阴柔，奴性十足，凶残危险，容易向骄奢淫逸屈服。

波斯帝国的扩张还在继续。为了巩固西北部边境，大流士在公元前 513 年发动进攻，征服了野蛮部族居住的马其顿和色雷斯（今天的保加利亚东南部、希腊东北部，以及土耳其的欧洲部分）。此举给希腊本土的人们一个警告，他们可以预见，总有一天，波斯大帝会朝他们的方向投去贪婪的目光。

波斯已经控制了亚洲沿海的众多城邦，将它们和吕底亚一起从克罗伊斯手中夺了过来。像所有的希腊人一样，爱奥尼亚人热爱自由，反对外来势力的控制。他们厌倦了波斯的统治。反抗的种子已经在米利都的港口种下，港口位于总督辖地卡里亚（Caria）境内靠近门德雷斯河（Maeander River）河口的地方。

米利都的首领阿里斯塔格拉斯（Aristagoras）是波斯人的副总督，他做了叛徒，说服这些城邦与卡里亚和塞浦路斯（Cyprus）结成反波斯联盟。他渡海来到希腊，想获得更多的支持。他告诉斯巴达国王克莱奥梅尼（Cleomenes）："爱奥尼亚人成了奴隶，而不是自由的人，这是一个耻辱。"[40] 但他没有把斯巴达国王争取过来，因为在后者看来，波斯帝国太遥远了，没必要放在心上。

阿里斯塔格拉斯在雅典却收获颇丰，他在那里鼓吹战争会轻而易举地获胜，从而赢得了公民大会的支持。经投票表决，雅典将派出 20 艘战船帮助爱奥尼亚人。这个承诺算不上慷慨，但这个消息激怒了大流士。希罗多德有一句著名的评论说："这些船对于希腊人和野蛮人来说，都是不幸的开端。"[41]

公元前 499 年，叛军和雅典人一道从米利都出发，途经以弗所（Ephesus）向北行进。他们转入内陆，抵达萨迪斯，未遭遇抵抗。他们虽然占领了这座城市，却无法洗劫它。许多房子都是用芦苇建造的，一名士兵点燃了其中的一间，大火立即蔓延到整个萨迪斯。很受尊敬的母亲女神库柏勒（Cybele）的神庙被点燃，化为灰烬。这是亵渎，波斯人大为震惊。如前所述，他们的政策是推崇和保护所有宗教。让人们痛心萨迪斯的另一个理由是，吕底亚王国在技术上十分先进，萨迪斯是其制造业中心。呢绒和地毯的制作与印染是当地的重要产业。帕克托勒斯河（Pactolus）从城中的市场流过，水里的泥土中携带着金沙。在克罗伊斯统治的时代，人们发现了分离金与银的方法，从而能以前所未有的纯度提炼这两种金属。

这时候，雅典人从战争中撤出，扬帆返回雅典。我们不知道原因，不过很可能是他们意识到反抗注定会失败。因为战争的胜负在海上已见分晓。参战的绝大多数城邦虽都是海上强国，但是波斯舰队拥有最先进的腓尼基战船，雇用了训练有素的船员。在海上无论怎么打，形势都对叛军不利。

随着时间的流逝，爱奥尼亚联盟开始分崩离析。联盟的成员最初是盟友，但是他们无法长时间保持行动一致。公元前494年，一名爱奥尼亚指挥官，即来自福西亚（Phocaea）这个亚洲海岸的希腊城邦的狄奥尼修斯（Dionysius），率舰队集结在拉德岛（Lade），这里距离被困的米利都不远。他对形势感到沮丧。从理论上说，他有一支强大的军事力量，有350多艘战船，但是军纪涣散，士气低落。狄奥尼修斯试图通过严格的训练来让舰队做好与波斯人战斗的准备，但是未能成功。

结果是可想而知的。来自爱琴海诸岛的一些小型舰队纷纷开船离去，波斯人赢得了决定性的胜利。眼看大势已去，希腊海军统帅逃跑了。狄奥尼修斯没有回自己的家乡福西亚，他觉得获胜的波斯人会对他的同胞实施报复。他向南航行，袭击了腓尼基的商船队。掠夺了价值可观的财物之后，他调整航向，向西西里岛进发。他在那里过起了海盗生活，不时劫掠迦太基人（Carthaginian）和伊特鲁里亚人（Etruscan）的运输船只。他为爱奥尼亚人尽了最大的努力，但他清楚自己是如何被击溃的。击溃他的不是敌人，而是他易怒烦躁的爱奥尼亚盟友。

米利都沦陷了，被洗劫一空。大多数男人都被杀死了，妇女和儿童被卖作奴隶。这是对爱奥尼亚人自豪感的一个沉痛打击。现代考古学家发现了该城部分地区遭到破坏和遗弃的证据。

起义的失败给了所有希腊人一个教训：除非他们学会合作，否则即使他们拥有巨大的财富和人力资源，也难以打败波斯人。

雅典人感到惊恐哀伤。文明社会失去了自由，受制于野蛮的君主，这是非常可耻的。著名的悲剧作家普律尼科司（Phrynichus）把关于米利都陷落的戏剧搬上舞台。演出引起了轰动，重现了扣人心弦的战争场面，让无数观众落泪，但这没有给普律尼科司带来任何好处。他让人们的情感暴露无遗，他们对此非常愤怒。人们让他付出巨额的罚金，因为他使大家回想起现实生活中的悲剧，重温熟悉的痛苦。他们宣布，关于这个主题的任何一部戏剧都不能再上演。

大流士念念不忘萨迪斯灰飞烟灭的悲惨命运。他对宗教的宽容为他赢得了美誉。他给一名官员的信存留下来，信的开头一句充满怨气："我明白，你没有完全听从我的命令。"[42] 我们可以想象收信人阅读时的恐慌。大流士解释了他的愤怒。"你们向信奉阿波罗的子民征收贡品，你们命令他们耕种被玷污的土地，无视我的祖先对神的敬意。"[43] 他补充说，阿波罗总是通过德尔斐神谕向波斯人说真话。

历史没有记录那个官员的回复，我们也不知道他身上发生了什么。但我们有其他证据表明，大流士并不是一个仁慈的人。爱奥尼亚已经回到他的统治之下，但到目前为止，雅典人尚未受到惩罚，他们如今仍逍遥法外，尽管他们火烧了吕底亚的首都，损毁了母亲女神的神庙。

在他眼中，他们丝毫不像自己标榜的那样文明，他们并不比海盗更好，那些海盗曾一度滋扰东地中海地区，直到大流士将其平定。他对自己发誓，有一天，他一定会让熊熊烈火吞噬希腊人的神灵。

他开始计划入侵希腊。

民主诞生

THE INVENTION OF

DEMOCRACY

第 4 章

摆脱负担

这是他生命中最伟大的时刻。

这个年轻的雅典贵族在公元前 640 年的奥运会上赢得了折返跑（*diaulos*）比赛的胜利。他就是库伦（Cylon）。“*diaulos*”在希腊语中的字面意思是“双笛”，指的是一个约 400 米的跑步竞赛。赛跑的距离以体育场的长度为准。参赛者脱得一丝不挂，在泥土跑道上（后来跑道两侧被改造成可以容纳观众的高台）跑完体育场的距离后，折返回来继续跑。

库伦头戴一顶橄榄枝叶做成的花冠，它不怎么值钱，但正如我们前面看到的，真正的奖励是冠军所获得的荣耀。一个多世纪以后，擅长为优胜者撰写赞美诗的伟大诗人品达，在一首诗中总结了在比赛中取胜的重要性。生命充满痛苦，最后归于死亡，但是一个运动员的胜利如鲜花绽放，永不凋零。

> 人的一生是一天！他是什么？
>
> 他不是什么？幽灵的梦想，

是做我们凡人。而当我们谈到人，
天堂闪现出灿烂的光芒，
世间闪耀的人生，
如蜂蜜般甜美芳香。[1]

库伦打算用另一个了不起的举动来增加他的荣耀。公元前 632 年，他策划了一场阴谋以推翻现在的政制，并让自己成为雅典的僭主或唯一的统治者。他了解僭主的统治方式，因为他娶了梅加腊（Megara）的僭主塞阿戈奈斯（Theagenes）的女儿。梅加腊是科林斯地峡北部的一个小城邦，声称对具有战略意义的萨拉米斯岛拥有主权，这一点遭到雅典的强烈抗议。僭主塞阿戈奈斯处理权力问题的方式简单而直接。他屠杀了富人的牲口，因为这些牲口大肆啃食其他人肥沃土地上的庄稼。此举赢得了穷人的认可和好评。他明白，他需要人民对他有信心。正如极具洞察力的哲学家亚里士多德所说的那样，“人民的信赖源于对富人的敌意”。[2]

雅典当时是由贵族统治的，即所谓的世袭贵族（*eupatridae*，字面意思是“有好父亲的人”）。虽然库伦是贵族，但是他知道他的同僚没有兴趣支持自己。他需要得到民众广泛的拥护，他一定看到了某些迹象，知道这一刻即将到来。

他采取了明智的预防措施。他征询了德尔斐神谕，神谕建议他在“宙斯最伟大的节日”[3]期间占领城市的堡垒，即雅典卫城。所以，他在那年的奥运会上做了尝试。毫无疑问，这是希腊“最伟大”的庆祝活动。他的岳父给他提供了军队。

当他出现在人民面前的时候，他精心策划的一切却未能得逞。他占领的是卫城，而不是整个城市。雅典的普通人并没有为他欢呼。事实上，当意识到发生了什么时，他们放下田地里的活儿，赶到城中，把库伦团团围住。

其实是库伦把神谕弄错了。阿波罗指的并不是奥运会，而是第阿西亚节（the Diasia，宙斯节之一）。人们在城外庆祝这个伟大的节日，所有的公民都会参加。到时候城内空空如也，库伦和他的士兵基本不会遇到什么抵抗。

剩下的事情只是决定如何处理失败的革命者。库伦本人和他的弟弟悄悄溜走了，其他人则跑到雅典卫城的旧神庙[4]中寻求庇护。只要寻求庇护的人一直留在神庙里，就会受到女神的保护。

然而，执政的贵族想在遵守法律的情况下给叛徒一个教训。当年的执政官，即名年执政官（Eponymous Archon），是麦加克勒斯（Megacles）。他是一个非常了不起的人，是阿尔克迈翁家族（Alcmeonidae）的重要成员，这是一个丰常有影响力的富裕家族。

他说服了忍饥挨饿的库伦的士兵，让他们下来接受审判。严格说来，他们还是在神庙的范围里，因为他们手上系着长长的绳子，另一端绑在神庙中女神的雕像上。麦加克勒斯郑重承诺，他们不会受到伤害。

他们走过战神山和厄里尼厄斯（Erinyes）* 的神庙。这三位复仇女神对背弃誓言的人毫不宽恕，严酷惩罚。她们比宙斯和奥林匹斯山上

---

* 厄里尼厄斯是希腊神话中三位复仇女神的统称，即阿勒克图（Alecto，不安女神）、墨纪拉（Megaera，妒忌女神）和底西福涅（Tisiphone，报仇女神），该词在希腊语中意为“愤怒的人”。——译者注

的众神年长，通常被想象成丑陋无比的女巫。她们多被描述为有煤炭一样黑的身体，长着蝙蝠的翅膀和狗的头，而且头上盘着蛇。她们残酷地挥舞着配有黄铜钉的鞭子。就在这个时候，由于一个恶意的巧合，绳子断了，所以麦加克勒斯也打破了自己的誓言。

他和其他执政官都对这一恰逢其时的事件感到兴奋。雅典娜明确收回了她的庇护。他宣称，这让他的下一步行动有了正当的理由。那些在神庙之外的人被石头砸死，即使是那些坐在“威严女神”（这是对复仇女神委婉的称呼）祭坛上的人也无法拯救自己，都被屠杀了。有些人向执政官的妻子求饶，最终获得了宽恕。

如果说库伦判断失误，但与麦加克勒斯仓促的决定相比也算不得什么。麦加克勒斯用诡计玷污了自己。当一个人与神灵建立关系的时候，没有什么比他的纯洁更重要了。荷马写道：“他绝对不能用满是鲜血和污秽的双手向宙斯祈祷。”[5]在祭祀仪式上，手必须清洗干净，有时还要穿上白色的衣服。当进入圣所时，祭拜者应从圣水盂中取水洒在身上。性交、出生和死亡，特别是谋杀，都会让所有祭拜的人变得污秽。

雅典一直防止出现专制君主，但在发展过程中滋生了最严重的腐败。谋杀在神庇护下的任何人都是对神的侮辱。人们无法骗过奥林匹斯山的众神。

那么，城市如何才能自我净化？

库伦、他的兄弟和他们的后裔被判永久放逐。但是，麦加克勒斯和整个阿尔克迈翁家族都遭到审判，并被判犯有亵渎罪。他们也被永久放逐了。甚至连在亵渎日与审判日之间死去的人也被掘出尸首，遗体被丢弃。这样做不光是为了惩处有罪之人，也是为了消除因触怒神灵而招致的威胁。

厄庇墨得斯（Epimedes）看上去像一位神秘的萨满法师，他作为克里特岛的先知、哲学家和诗人被请来净化城市。据说他在供奉宙斯的一个神洞中睡了 57 年，去世时年纪非常大了。人们发现他的尸体上有刺青，因此将他的皮肤保存在斯巴达五监察官的府邸中，他曾向监察官们说过军事方面的预言。

厄庇墨得斯接受了雅典的委任，并举行了必要的仪式。作为报酬，他只要求得到一根橄榄枝，并希望净化后的雅典和他祖国的首都克诺索斯（Knossos）建立友好的同盟关系。

公元前 7 世纪，我们终于进入了看起来像历史的一个时代。如前所述，在迈锡尼文明中，大多数国家都是君主制，但在“黑暗时代”结束时，光明再次出现，像忒修斯这样世袭的统治者大都消失了。

在有国王的地方，掌权的贵族和贫困的农民之间总是不断发生冲突与纷争。库伦的故事很好地说明了雅典政治中存在很多不确定的因素，希腊的其他城邦也是如此。畜牧业转变为农耕，人们从农村迁移到城市。公元前 1000 年到公元前 800 年之间，希腊人口的总体数量几乎保持不变[6]，但随着经济和社会的全面复苏，迅速增长的人口成了主要的不稳定因素。人口过多，只能派人到海外建立殖民地，但这一做法并不能完全解决问题。因此，国内的土地所有权和粮食生产难免受到波及。

贵族阶级把“好处”（*agathos*）据为己有，这个古希腊词语意为“出身高贵”。在雅典，这些世袭贵族通过婚姻和亲属关系走到一起。他们加强了同国外的联系，经常在希腊和地中海各地旅行，相互之间赠送礼物并热情款待对方。他们对自己的家族深感骄傲，同时家族之间的竞争也异常激烈。回顾过去时，他们也会对逝去的英雄感到惋惜。

毫无疑问，拥有这种思想的人对新贵不以为然，他们抵制暴富者进入上层社会。最糟糕的事情就是迎娶没有背景的富家女孩为妻。泰奥格尼斯（Theognis）是来自梅加腊的古希腊诗人，他在公元前6世纪中期非常有名。他尖酸刻薄地写道："财富已经和身世混为一谈。"[7]

荷马史诗中的贵族男女是后来贵族生活方式的典范。泰奥格尼斯的话语中充满了反对社会变革的保守思想，古往今来的特权维护者不断重复着这种言论：

> 城市还是那个城市，但人民不一样了。
> 从前，他们根本不知道什么是正义和法律，
> 只是穿着老山羊皮，
> 像动物一样住在城外。
> 而现在他们却是"高贵的"，
> 而那些曾经高贵的人却一文不值。[8]

世袭贵族对现状感到满意，而农民有不同的看法。对他们来说，现状已经变得不可接受。亚里士多德总结了他们的情况：

> 穷人被富人奴役——他们自己，他们的孩子和妻子。穷人被称为从属者和"六分之一伙伴"，因为他们在富人的田地里劳动，只能获得所创造价值的六分之一作为报酬。所有土地都掌握在少数人手中，如果穷人没有缴纳租金，他们和他们的子女都将遭到

扣押。所有贷款都是以人身自由作为担保的。[9]

许多普通民众负债累累。他们以人身作为担保，可能会遭到债权人的扣押。他们中有些人在国内做奴隶，其他人则被卖到国外。

与债务问题相比有过之而无不及的是，普通雅典人对自己的地位日益不满，他们对自己从属并依附于富人的状况感到愤怒。他们只是想摆脱他们的主人。

从公元前7世纪到公元前6世纪，有两种方式可以解决这种阶级矛盾。第一种是采取个人统治，换句话说，就是专制暴政。第二种是邀请一个有经验的政治家提出彻底的制度改革，也就是说，把这个问题交给一个明智的、无所不知的立法者。

专制君主或僭主要依赖人民的支持。亚里士多德写道：

> 僭主是在反对贵族的民众支持下产生的。这样，民众就不会遭到贵族的迫害。从历史事实看，这是清楚无误的。[10]

僭主具有感召力，心狠手辣，通常是一个持不同政见的贵族，通过政变夺取权力。僭主的统治往往只持续两三代人的时间，比这再长的统治并不多见。在主要的希腊城邦国家中，只有斯巴达和埃伊那岛未受过僭主的统治。"僭主"一词在公元前5世纪之前并不含贬义。很多僭主并不比之前的贵族更糟，有一些僭主甚至明显更进步。最重要的是，他们会用武力来平息阶级之间的斗争。

库伦事件只会让雅典的社会和政治局势变得更加紧张。很显然，暴政不会得到人们的支持，所以在公元前622年（或公元前621年），一位值得信任的立法者德拉古（Dracon）受命撰写一部法典，这是雅典有史以来第一次通过文字来记录法典的内容。除了解决其他事情，撰写这部法典的目的可能是为了平息阿尔克迈翁家族遭惩处后产生的余波。法典的内容几乎没有保留下来，但它反映了一个充满血腥积怨的世界，以及社会净化的礼仪规则。人们认为德拉古过于严苛。据说，死刑也适用于懒惰之人，事实上它几乎可以被用于惩罚所有违规行为[11]。公元前4世纪的雅典演说家和政治家狄马德斯（Demades）曾说，德拉古“不是用墨水，而是用鲜血撰写法律条文”[12]。

这种批评似乎有失公允，因为我们可以看到，他唯一流传下来的对过失杀人罪的裁定是谨慎、仁慈的。过失杀人者被判流亡，死者的亲属有权赦免罪犯。如果一个人面临“有人用暴力实施非法抢夺”（即遇到一个盗贼）[13]，他为保护自己而将盗贼杀死，那么“这个盗贼无须先被裁定有罪就可以被处死”。

不管德拉古立法的真相如何，这对于平息雅典国内的政治积怨几乎没有任何作用。

大约公元前638年，梭伦出生于一个富裕的家庭，后来他的家族在艰难的时期开始没落。这个家族自称是科德鲁斯（Codrus）的后裔[14]，科德鲁斯是古代雅典最后一个传说中的国王，在公元前2000年末期声名显赫。

那时正值多利亚人入侵希腊大陆。雅典人决心抗击入侵者，他们自豪地宣称自己是土生土长的本地人，不是从某个地方迁移来的，也不会到其他地方去。

德尔斐神谕曾预言，只有在雅典国王不受伤害的情况下，多利亚人对阿提卡的进攻才能取胜。所以科德鲁斯决定为自己的国家献出生命。他把自己伪装成农民，混进多利亚人的营地，与士兵发生争吵并诱导他们杀死了自己。当多利亚人意识到发生了什么之后，出于对神灵的敬畏，他们从阿提卡撤军，雅典人获得了和平。

科德鲁斯去世后不久，君主制被废除，转而由每年选出的三名执政官来掌管国家。巴赛勒斯（Basileus，即国王）保留了其原有的头衔，但其职责范围仅限于重要的宗教活动。我们知道，名年执政官（执政官的名字被用作他执政当年的年号）是国家和政府的文官领袖，军事执政官（polemarch，即“战时首领”）是军队的总司令。这三位拥有行政权力的官员后来得到另外六人的支持，所以一共有九名执政官。任命执政官的标准是他的出身和财富。亚里士多德称，起初他们是终身执政的，但后来任期缩短为十年，到了公元前 7 世纪变成一年。

梭伦的父亲是伊克西斯泰德家族（Execestides）的成员，他保留了公共服务这项长期的传统。如果普鲁塔克所言属实，他慷慨的慈善捐赠让自己陷入了经济困难[15]。在他死后，他的儿子梭伦由于太过骄傲而不愿意找朋友借钱。他告诉自己，家人习惯的是向他人提供帮助，而不是索取。

尽管贵族不赞成从事商业活动，但因为缺钱，梭伦还是开始了经商。因为要经常到外地，这个年轻的商人可以有机会看到希腊不同类型的政府管理模式。一旦赚足了钱，他就沉浸在无忧无虑的生活中。不过，他还是坚持自己的原则：“我不会以不义的方式让自己变得富有，因为那样会遭到报应。”[16]

梭伦是一位多产的诗人。来自莱斯博斯岛的萨福（Sappho）是与他同时代的伟大诗人，她创作的爱情诗歌富有激情。不同于萨福，梭伦写诗，是因为当时没有散文这一文体，他没有别的选择。大约一个世纪之后，“历史之父”希罗多德这样的作家理所当然地开始从事散文写作。

梭伦的很多作品都流传了下来。一开始，他的写作并没有特别明确的目的，但逐渐地，他开始用诗歌来表达他的政治观点。矛盾的是，随着他的家庭财富越发积累，他却越来越同情穷人。他曾经比较了两名男子的不同命运。一个“拥有很多银子和黄金，还有大片的土地”[17]，另一个仅仅能保证家人的吃饭穿衣，但他还有“一个小孩和一个妙龄的妻子……对于普通人来说，这些是真正的财富”。

尽管梭伦在写作时成为穷人的捍卫者，但雅典的政治局势每况愈下，法律和秩序似乎已经崩溃。亚里士多德引用了梭伦写于这一时期的一首重要诗歌，其主题是雅典这片最早属于爱奥尼亚人的土地。

看到爱奥尼亚最古老的土地充满动荡，
我体会到内心深处的
痛苦与彷徨。[18]

梭伦以善于调解矛盾而声名远扬。应雅典各个政治派别的要求，他在公元前594年到公元前593年间当选名年执政官[19]。他被赋予巨大的权力，可以对国家进行改革。大家一致同意，凡是他提议的事情都会付诸实施。梭伦自称他很不情愿接受这个委任，但暗地里，他提前向各方做了保证。

此举给他带来了许多麻烦。他轻率地向一些不可靠的朋友透露他不会没收土地，但已经决定取消债务。那些人听到这个消息后，便立即借了大笔的钱来购买地产。等梭伦像他曾保证的那样宣布取消债务时，那些人便拒绝向债权人还钱。直到梭伦依照法律条款免除了别人欠他的债务，他的尴尬处境才有所缓解。

作为新任立法者，梭伦采取了快速行动。执政官在上任时通常会按照惯例宣布自己要保护公民的财产权。但是，梭伦显然认识到，他的改革会遭到强烈的反对。如果他坚持改革并让公众默许，他需要从一开始就建立强劲的势头。

他宣布，那些在违约事件中以债务人的人身作为担保的抵押贷款和债务全部无效。每一个因为不能偿还欠款而沦为奴隶的人又恢复了自由。那些被卖往国外的奴隶会由国家出资将其赎回，让他们回到雅典，恢复公民的身份。人们把这一重大的事件称为“解负令”（*seisachtheia*），即“摆脱负担”。

梭伦通过了一项法律，禁止以后的债务奴役，并确定了个人拥有土地的最大数量。但是，如上所述，他拒绝没收土地并重新分配大块地产。结果，他得罪了所有人，使得大家怨声载道。富有的债权人因为无法收回债务而懊恼。穷人一直期待能终身拥有分到的土地，却失望地发现，他们仍然要支付租金。梭伦受到来自各方的指责，他如同一匹困顿的狼，遭到群狗的围攻[20]。

梭伦内心深处是同情穷人的，这可以在他的诗歌中明确体现出来。事实上，他把自己描述成穷人的一员，这种说法虽不准确，但也算不上难堪。他写道：

很多坏人富有，很多好人却清贫，
但我们不会用自己的美德去换财富，
因为美德万古长存，
而财富时而属于你，时而又属于他人。[21]

然而，立法者的角色就是利益冲突双方的仲裁者，梭伦努力让他的同胞们相信，他会公正无私，不偏不倚。他的确也是如此。尽管他一开始非常激进，但最终变得温和稳健了。

梭伦不是一个民主主义者，他只是希望所有的阶级在这个国家中都有良好的信誉。他是这么说的：

我给平民足够的特权，
他们既不失尊严，也无须得意。
那些有权和有钱之人，
我会保证他们毫发无损。
我手持盾牌，勇敢站中间，
不许双方不义相残。[22]

尽管如此，梭伦的政治改革还是从贵族管理向民主政治迈出了一大步，即便当时他并未意识到这一点。

他的首要任务是建立一个新的贵族阶层——用财富取代出身作为衡量贵族的标准。他将阿提卡的人口分为四个经济群体[23]，按照他们的土地每年出产的粮食、酒和油来评估身价。

最富有的是五百桶户阶层（*pentacosiomedimni*），这些人是土地的所有者，他们每年的收入有 500“模底”（*medimni*），相当于 500 蒲式耳粮食的价值。衡量标准可以是粮食，也可以是粮食加上以相同方法计量的酒和油。只有这些人才有资格做执政官，以及雅典娜司库（Treasurer of Athena）这一重要的财务职位。当然，很多贵族有足够多的钱成为五百桶户阶层。不过现在的重点是，梭伦只根据财富的多少来判断人们是否有资格获得高位，与他们的出身无关。不少富有的“普通人”很愿意同贵族展开竞争。

接下来是骑士阶层（*hippeis*），他们财产的总值介于 300 到 500 蒲式耳的粮食之间。“*Hippeis*”的意思是“骑兵”，因为他们有足够的钱喂养一匹马，这样在作战时他们就可以充当骑兵。第三类人是有轭牲户阶层（*zeugitai*，这个阶层的收入能够供养一对或两头牛），他们每年的财富总值需要达到 200 蒲式耳粮食的价值。这两个阶层可担任许多种官职。

身处最底层的是雇工阶层（*thetes*，意为农奴），他们是手工业者，财产总值不足 150 蒲式耳粮食的价值。他们不能担任公职，在战时充当轻装步兵或在舰船上做桨手。

在雅典这样的城邦，公民有权参加公民大会。公民大会的权力职能和它的成员资格一直在变，这取决于当时掌权者的阶层。公民大会至少能够决定是否要发动战争，正式选举地方行政官。穷人经常被排除在外，往好一点说就是，富人们不指望他们在决策过程中发挥积极作用。反正他们几乎没有空闲时间出席会议。梭伦采取了开创性的做法，允许雇工阶层全程参加公民大会，行使权力。

他还创建了一个新的委员会，即四百人议事会（*boulē*）。这个委员会由四个部落中选出的400人组成，定期举行会议，为公民大会做准备工作。在此之前曾有一个处理各种事务的战神山（雅典卫城附近的一座小山，以战神阿瑞斯的名字命名）议事会，一直被贵族掌控，现在其权力仅限于维护宪法以及进行刑事审判。

梭伦仍然不相信自己已经撬动了贵族手中的权力。所以，他引入了一个创新的方法来选举九位执政官。这就是随机的原则[24]。雅典的四个部落（即整个公民群体的分支）分别选出十名男子作为候选人，总共40人。然后从这40个人中通过抓阄产生九名执政官。

抓阄［专门术语是抽签（sortition）］这种富有创造力的方法显然是出自希腊人之手。它有两个目的，一个是宗教目的，另一个是政治目的。首先，这是一个恭敬的邀请，让众神在选举中发挥作用，可以说是让他们做出最终决定。其次，这样也确保了人人享有公平的机会，阻止了破坏选举的腐败行为。对梭伦来说，这样一种机制可以削弱过于强大的派别所产生的影响力。贵族们会发现，把九名执政官全部拉拢到自己这边会变得难上加难。

在现代人看来，随机选择是荒谬的。但是抽签减少了竞争带来的麻烦。或许最为重要的一点是，它鼓励了公民（至少是富有的公民）时刻关注当下的重要问题，因为很可能在某个时候，他们就会积极地参与到公共生活中。只要加强审查，确定初步的大名单，就能够在一定程度上防止完全不合适或能力不足的人得到任命。

这是梭伦所采取的最不同寻常的举措，它表明他是真心希望雅典人更多地参与政治。他规定，在不同的派别进行辩论或讨论重要政策时，犹豫不决、置身事外或者不表达立场的公民[25]就会失去公民的权利，不能参与城邦的治理。

这仅仅是梭伦做的一部分事情。作为一个成功的商人，他非常了解经济增长对于社会和谐和减轻贫困的重要意义。因为国外市场价格更高，雅典的很多东西都出口了，导致国内市场得不到供应。鉴于此，梭伦禁止农产品出口，但是橄榄油除外，可能是橄榄油的产量有盈余。为了鼓励制造业，政府给带着家人在雅典定居的手工业者（例如加工金属制品和生产陶瓷的人）授予公民身份。父亲们如果想在年老时得到帮助，就有义务教儿子一门手艺。大约在这一时期，饰有图案的阿提卡陶器在生产和传播方面都有了很大提升，这可能并非偶然。

雅典的陶瓷在整个希腊世界都深受欢迎。科林斯生产的陶器大量出口，其陶器突出的特色是在红色的背景上饰有黑色线条描绘的人物。雅典陶器模仿了这种风格，从大约公元前 570 年开始，逐渐达到了非常高的艺术水平。到公元前 530 年左右，雅典陶工发明了一种新的、更逼真的绘画技术，即在黑色的背景上用红色画笔来勾画人物。现代学者根据风格确定，当时有一千多名陶艺家。

花瓶、杯子和盘子上的图案描绘了广泛的社会活动和各种生活场景——体育馆里运动员的训练、酒会或研讨会上的就餐、战斗的场面、海上航行的船只、宗教仪式、漂亮的年轻人（通常伴随着深情的祝酒词——如“敬可爱的亚历克西斯”）、神话场景（有时是相当残忍的，如美狄亚杀害她的孩子）、正在做爱的人、在妓女陪伴下饮酒狂欢的人、在家创作音乐的女人，还有很多其他的人。在小花瓶（*lecythoi*）的白底上也绘有人物形象：人们拿着橄榄油，油会被涂在年轻未婚男子的尸体上。雅典陶器不仅会让人产生审美愉悦感，而且弥补了文学对日常生活记录的不足。

雅典第一次开始铸造自己的硬币。在此之前，它一直使用邻近的商业对手埃伊那岛的钱币。这样做的目的是正式宣告雅典已经成为一股不可忽视的经济力量。

除了社会经济政策及宪法的改变外，梭伦还解决了雅典法律体系方面的一些问题，废除了德拉古制定的法典，仅保留了与过失杀人罪有关的法律条款。

他采取了两项激进的法律措施。在雅典，没有警察或检察机关。犯罪发生后，应由受害者亲自起诉被指控的罪犯。但很少有穷人接受过相应的教育或者有胆量将贵族告到法庭。因此梭伦规定，不仅仅是受害者，任何公民都可以提起诉讼。经验丰富的演说家可以替受害者说话，从而提高了赢得诉讼的可能。

梭伦的改革措施中影响最为深远的是成立了上诉法院的陪审团，以应对选举产生的官员——特别是执政官——做出的判决。这就是陪审法庭（*heliaea*）。任何人，甚至包括雇工阶层，都有资格成为陪审员。这个最高司法机关其实承担了公民大会在法律上的职能。

此后，年度陪审团的名单由 6 000 名 30 岁以上的公民通过抽签确定。这些人有时会在全体会议上碰面，或者根据需要细分（也是通过抽签）为数百人组成的专门小组，在不同的法庭工作。在露天的集会广场有一个专门的区域进行庭审。人数众多的陪审员不仅鼓励了公民参与公共事务，而且让行贿受贿难以奏效。正如我们将会看到的那样，执政官的司法权力最终被陪审法庭接管，执政官只是将案件准备好，交由陪审法庭审理。

无论梭伦是否了解他所做的事情产生的全部后果，设立陪审法庭是雅典民主政治的基础，因为陪审法庭赋予了公民对政府执行机构的控制权。

梭伦的法律条文被刻在木板上，木板镶在一个可旋转的木框里，公之于众，人们可以很方便地查阅。这些木板直到公元前 3 世纪时仍然存在，一些碎片一直保留到普鲁塔克生活的公元 1 世纪。当时木板已相当残破，留下了一些或多或少难以理解的文字，看起来“就像牛在犁地”——一行文字从左往右写，下一行文字则从右往左写，如此交替。但它们是代表雅典悠久历史的宝贵财富。

梭伦完成了立法工作，接下来他要做什么？而且就算有各种保证，他怎么能肯定改革措施可以得到妥善执行呢？雅典似乎一直处于动荡中。虽然相关记录所剩无几，但我们还是知道这位立法者为此失去了一只眼睛[26]，我们可以想象改革遭遇了强烈的反抗，甚至是暴动。此外，人们不断给他提出建议以修改他所立下的条例，并询问法律条款的确切含义。

梭伦本可以让自己变成僭主，通过政令进行管理。但这样做与他所主张的一切——法治、宪政以及与社会和解完全相悖。他永远不会成为第二个库伦。他写道：

> 如果我使祖国免于暴政，
> 拒绝把手伸向暴君的王座，
> 并拒绝使用野蛮的武力，因为那样会玷污我的好名声，
> 我不会为自己的选择感到羞愧。
> 我相信，借此我将超越众人。[27]

他曾经评论说，僭主政治让人沉迷，却没有任何出路。

所以，他回忆起当年经商的日子，并再次动身远行。他获得了10年的休假时间。他建议同胞们按照他所立下的法规行事，不要做任何改变。他自己无怨无悔，非常满足地坦言："我上了年纪，一直坚持学习，学到了很多东西。"[28]

据说，他访问过埃及。在那里，他遇到了法老阿摩西斯二世（Amasis II）。阿摩西斯二世出身卑微，在一场军事暴动中夺取了王位。梭伦和祭司们一起学习。他从他们那里听说了失落的亚特兰蒂斯岛（Atlantis，后来柏拉图对此做了描绘）的故事[29]。传说该岛因为冒犯了众神而被大西洋吞没。据说，梭伦航行到了塞浦路斯，塞浦路斯岛上有许多小王国，其中一个小国的国王是他的朋友。为了向梭伦表示敬意，这位国王用他的名字命名了一座新的城镇，就是梭利（Soli）。

根据传说，在多年以后的某个时候，已经具有国际声望的智慧之人梭伦去了吕底亚。在吕底亚的首都萨迪斯，他见到了正处于权力巅峰的克罗伊斯国王。作为梭伦的传记作家，普鲁塔克对这个故事的真实性表示怀疑。日期存在问题（尽管也有一定的可能性），因为梭伦做执政官是在公元前594年，而克罗伊斯在公元前560年才登上王位。但是，普鲁塔克永远不会拒绝一个好故事。他评论道："这非常符合梭伦的性格，我不打算以时间存疑为由拒绝这个故事。"[30]

梭伦对吕底亚宫廷的粗鄙感到沮丧，但尽可能地不表现出来。克罗伊斯问梭伦，在他眼里谁是最幸福的人。克罗伊斯很自信地以为眼前这位圣人会说出他的名字。但梭伦不准备恭维国王，他说出的是一位在战斗中光荣牺牲的雅典人。

那么谁是第二快乐的人呢？国王生气地问道。不识时务的梭伦说，克琉比斯（Cleobis）和比同（Biton）是他的下一个选择。这两个年轻人为了让母亲能参加一个宗教节庆活动，就让她坐在车里，然后拉着车跑了 8 千米，最后倒下死去了。梭伦的观点是，生活是不确定的，任何人都算不上幸福，直到他去世的那一天。

在克罗伊斯被波斯人击败之后，据说居鲁士大帝打算将他烧死，结果一阵及时的暴雨浇灭了燃烧的柴堆。这个故事后来又被添油加醋。当火焰烧到克罗伊斯身上时，他小声念了三遍“梭伦”。当被问及他说的是谁时，他回答说：“（他是）一个让我愿意拿出全部财富，只要他能与世上所有暴君交谈的人。”[31]

然后他谈到了自己与梭伦的相遇。希罗多德写道：

> 居鲁士通过翻译，明白了克罗伊斯所说的话。他意识到克罗伊斯也是一个活生生的人。他改变了主意，不再将一个和自己一样有权获得幸福的活人烧死。而且，他开始害怕报应，并意识到这样一个事实：对于人来说，没有什么是绝对安全和确定的。[32]

居鲁士对克罗伊斯的敌对行为予以宽恕，存留了他的性命，并任命他担任高级决策顾问。

这则逸事是精心虚构的，但它仍旧反映了一个关于希腊思想的深刻真理。它体现了阿波罗在德尔斐的箴言，即“凡事不可过度”和“认识你自己”，并且悲观地显示出人类的命运并不掌握在自己手中，人类（正如荷马所说）“只能接受神的旨意”[33]。吕底亚国王因为他的放肆而冒犯了众神。他为此付出了代价。

梭伦成功了，还是失败了？他知道自己所取得的成就是不完美的。

曾有人问他："你为雅典人制定了最好的法律吗？""是他们能接受的最好的法律，"[34]他给出了一个发人深省的回答。

他在社会、法律和经济方面的改革无疑是非常有益的。正是因为他，雅典成了一个日益繁荣、不断进步、秩序井然、重视社会正义的城邦国家。但是他想要缓和政治对立的意图并没有实现。世袭贵族感到无比愤怒，因为他们失去了许多财富、声望和权力。他们正全力反击，力求回归那个贵族享有特权的旧世界。

梭伦执政的五年内，法律和秩序崩溃了。有一年，没有任何执政官当选，而在公元前 582 年，一位名叫达玛修斯（Damasias）的名年执政官试图永久担任这一职位，并实际建立了一个僭主政权。执政两年后，他被驱逐了。

各个利益集团之间爆发冲突，出现了三个相互敌对的派别。海岸线附近的人在阿尔克迈翁家族成员麦加克勒斯的领导下（梭伦曾对流亡家族实行特赦）提倡温和的政策，而平原地区的人则主张回归被废除的贵族制度。"生活在山地"的人则关注社会底层人的利益。令人难以接受的事实依然存在，尽管穷人们"摆脱了负担"，但仍然过着贫困的生活，因而怨气重重。穷人的人口远多于贵族。一个雄心勃勃的年轻政治家庇西特拉图（Pisistratus）成为他们的领导者。当机会出现时，他一下就看到了。

他对权力充满渴望，并下决心避免重蹈库伦的覆辙。

第 5 章

穷人之友

萨拉米斯岛，丘陵遍地，气候干燥，距离阿提卡海岸不到 3 千米。方圆 90 平方千米，是一个岩石遍布、水湾众多的新月形地带，极少有肥沃的土地。虽然土地贫瘠，人们还是能够从雅典卫城看到它黝黑、崎岖的轮廓。此地对雅典商船的自由航行产生了威胁。

在梭伦的支持下，橄榄油的出口贸易蓬勃发展，城市显现出繁荣昌盛的景象。但在雅典人控制这个岛屿之前，他们的商船时常面临被封锁的威胁。公元前 6 世纪时，萨拉米斯由梅加腊管辖，梅加腊在萨拉米斯西边，位于希腊大陆，是一个规模很小但充满活力的城邦，却并不总是友善的。

在库伦的岳父塞阿戈奈斯做僭主期间，梅加腊成了一个难以解决的麻烦。雅典公民大会通过了一项法律，禁止任何人提交强行吞并该岛的议案，违者以死刑论处。在公元前 560 年的某个时候，年迈的梭伦决定绕过这个禁令。

据普鲁塔克记载，梭伦选择了一个奇怪的方式来实施他的计划。他的家人放话说，他已经精神错乱了。他在自己家里秘密地写了一首关于萨拉米斯的百行诗。他把诗背诵下来以后，便出门来到市场，并当众背诵起来。开头是这么说的：

> 我是来自可爱的萨拉米斯的使者，
> 带来一首我写的美丽诗歌，它不是政治演说。[1]

梭伦的观点处理得恰到好处，他的诗歌算不上正式的提议，但传达的信息却再清楚不过了。

> 让我们去萨拉米斯，为美丽的岛屿而战，
> 一洗苦涩的耻辱和悲惨。[2]

在一次预先计划的行动中，梭伦的朋友们，尤其是农民派的领袖庇西特拉图，对这首诗大加赞美，并建议人们照诗中所说的那样采取行动。之前的禁令被废除，雅典人开始对梅加腊宣战。梭伦率领一支远征部队，带上庇西特拉图作为幕僚，一起去征服这个岛屿。

他们穿过阿提卡南部海岸的岬角，看到许多雅典妇女在向丰收女神得墨忒耳（Demeter）献祭。梭伦派出一个手下，伪装成逃兵前往梅加腊。他告诉当地人，如果他们迅速行动，就能抓到许多希腊领导人的妻子和女儿。梅加腊人果然中了计，他们派出一队士兵前去绑架她们。与此同时，那些妇女被送走，代之以身穿女裙、年轻帅气的雅典士兵，他们不需要剃掉自己的胡须。他们对梅加腊的士兵发动突袭，将其抓获，随后全部处死。

希腊人非常欣赏此类花招。他们把善于使用计谋看作是一种优点，

奥德修斯就是典型代表。他在特洛伊设计了木马，在攻陷特洛伊返乡的途中，他狐狸一般的狡猾让他多次逢凶化吉。

但这次伏击没有赢得这场战争，血腥的战斗持续了很长时间。双方都感到精疲力竭，同意让斯巴达主持公道。斯巴达当时是公认的希腊世界中最强大的城邦。显然，梭伦想到了另一个办法来实现目的。在公元前6世纪，《荷马史诗》并没有一个统一的版本。于是在描述希腊著名的舰队穿越爱琴海到达特洛伊的时候，受人尊敬的梭伦偷偷地在诗中加了两句。这两句说的是萨拉米斯国王小埃阿斯（Ajax）的小型舰队。

> 小埃阿斯从萨拉米斯带来十二艘战舰，
> 把它们停靠在离雅典军队不远的岸边。[3]

这两句诗很恰当地强调了萨拉米斯与雅典之间的密切关系。所以经过再三考虑，斯巴达还是把萨拉米斯判给了雅典。

梭伦和庇西特拉图非常喜欢彼此。有一种说法，当庇西特拉图还是十几岁的漂亮小伙子时，他们之间就发生了恋情。尽管他们的年龄相差30岁，但这并非不可接受的[4]。我们可以从他的诗歌中做一些判断，会发现梭伦性欲旺盛，他在诗歌中表达了与一个男孩相爱的喜悦，“与一个像花朵一样年轻的男孩在一起，渴望他的大腿和甜蜜的唇”[5]。

但是，如果我们认为两人中必定有一个是现代意义上的同性恋者，这可能是错误的。这是因为自公元前8世纪起，希腊的上层阶级建立并维系了一种男色关系，将其作为一种高等的教育方式。一个成年男性，通常在 20 多岁的时候，会寻找一个十几岁的男孩，并成为他的保护者和指导者。他的任务是作为一名道德导师，帮他度过从青春期到成年的时光。

性爱并不一定发生，但是在某些严格限定的条件下，是被允许的。年长的男人是主动的爱者（*erastes*），十几岁少年是被爱者（*eromenos*）。鸡奸绝对超出了界限，会给任何允许对他这样做的男孩带来耻辱。这会招致非常严重的后果，佩里安德（Periander）的命运就是一例。公元前 7 世纪时这个著名的科林斯僭主非常不明智地在众人面前调戏他的"被爱者"："你怎么还没怀孕呢？"[6] 这个男孩无法忍受这一侮辱，杀死了他。

获取性高潮的一个常用的、可接受的方式是股间性爱：两个参与者站起来，爱者将他勃起的阳具插入被爱者的两股中间，来回摩擦。年轻的被爱者不是为了享受他情人的关注或表现出性欲；相反，他把自己当作一个无私的礼物送给他爱慕的人。

伟大的雅典悲剧作家埃斯库罗斯写过一出戏，内容是关于希腊英雄阿喀琉斯和帕特洛克罗斯之间的爱情。这部戏剧叫作《迈尔弥顿人》（*The Myrmidons*），名字取自特洛伊战争中阿喀琉斯指挥的勇士们。阿喀琉斯被描述为"爱者"[7]，以相当委婉的方式责备了他的爱人，因为后者拒绝了他的股间求欢。

> 你拒绝了我对你两股的崇敬，
> 让我们的亲吻变得冰冷。[8]

同性的结合是完全得到尊重的，只要他们遵守惯例并使少年成长为一个善良的人，不使他的爱者丢脸，就算有些麻烦也是值得的。父亲会向同性伴侣表达祝福。在阿提卡北部邻近的彼奥提亚，男人和男孩一起生活[9]，就像结婚了一样。在战争时期，恋人可能并肩作战。雅典城外的乡村发现了流传下来的纪念碑，其中一个被爱者悲伤地记录了他情人的死亡。

> 在这里，一个男人庄严地发誓爱上一个男孩，
> 男人要去参加残酷的惹人悲伤的战争。
> 我（即纪念碑）献给内西欧斯（Gnathios），
> 他在战争中失去了生命。[10]

同性之恋的浪漫阶段无法持续很长时间，一旦被爱者开始剃须，性关系就会成为一种不正当的行为。

众神都对男性伴侣给予祝福。他们经常与有魅力的年轻人产生瓜葛，他们常常会因为漂亮的男孩而眼前一亮。来自梅加腊的抒情诗人泰奥格尼斯，在公元前6世纪时非常出名。他认为，众神之首宙斯和许多的英俊少年有染，这表明宙斯是认可同性恋的。

事实上，宙斯不反对强奸，伽倪墨得斯（Ganymede，宙斯带去为众神司酒的美少年）的情况就能够说明这一点。他本是特洛伊的一个牧羊人，随后宙斯爱上了他。宙斯化作一只老鹰，从天空中猛扑下来将其抓住，并带回奥林匹斯山的宫殿里，然后把他封为斟酒人，事实上，就是充当酒侍。

爱上一个男孩一定有其乐趣，因为即使是宙斯，
克洛诺斯之子，众神之首，也爱上了伽倪墨得斯。
将他一把抓起来，带到奥林匹斯山，让他成了神，
如鲜花绽放，永葆青春。[11]

在人们看来，爱侣应该慢慢过渡到婚姻并养育孩子。毫无疑问，那些没有同性恋倾向的人松了一口气。事实上，大多情侣本应该是异性恋，只有为数不多的人想要跟同性伴侣发生性关系。保持这些男色关系基本上是文化使然。通常，他们之间的关系会演变成终身的友谊，像婚姻一样，使得家庭之间建立联系，结成同盟。

当然，同性恋关系还是有规律地蔓延了，同性性行为的证据也留存下来，虽然这与“爱者-被爱者”的思想理念没什么关系。锡拉岛（Thera）是一座位于爱琴海南部的火山岛，岛上的一处岩石海岬上留存了一些令人感兴趣的铭文，其时代大约可以追溯到公元前 7 世纪早期到中期。这些铭文大多刻在山腰上，刻痕很深。这个地方似乎曾是古代人约会做爱的地方。文字信息唤起了一个遥远的充满情色的过去，让人身临其境。其中一处铭文写道：“我以德尔斐的阿波罗的名义发誓，就在这里，依克瑞蒙与……发生了关系，后者是贝赛克莱斯的儿子。”[12]另一个男孩称赞他的伴侣：“巴尔巴克斯舞跳得很好，他给了我快感。”[13]

希腊人不会理解现代心理学的说法。就性而言，他们想到的是一个人的行为，而不是他的本质，他们关心他做了什么，而非他是怎样一个人。他可能与另一个男人发生性关系，但那并不会使他成为同性恋者，因为“同性恋”这个词及其概念在那时都还没有出现。然而，只跟某一个同性的人发生关系会招致严厉的批评。他理应让更多的人获

得青睐。

人们特别不能容忍的是具有女人气的男人，还给这类人起了一个名字叫“被鸡奸者”（*cinaedus*）。这样的男人非常女性化，软弱、邪恶、堕落。他们允许别人同自己进行肛交，更糟的是，还享受这种过程。他们跟男妓没有什么两样。

梭伦与庇西特拉图在激情淡化以后很长时间里仍一直怀念这段感情，即使他们在政治问题上产生了严重的分歧，这是很难得的。显然，梭伦的改革并没有消除雅典日常生活中的混乱，有头脑的人转而希望拥有一位僭主。庇西特拉图因为在与梅加腊的战争中获胜而取得了重要的资本，作为一个重大政治运动的领导者，他相信自己就是最佳人选。

庇西特拉图处处表现出自己是“穷人的好朋友”[14]。雇工阶层是梭伦划分的四个等级中地位最低且人数最多的阶层，他们把庇西特拉图看作救世主。有一天，他驾着一辆战车冲进广场，显然是受了伤，好像他刚刚逃脱一场暗杀，他还抱怨这是一场针对他的阴谋，因为他的政策帮助了弱势群体。然而，年迈的梭伦来到现场[15]，声称整件事情是个鬼把戏。他指责人们头脑过于简单：“你听一个狡猾的人说的话，却不知他做了什么。”[16]这件事情在公民大会上提了出来。

山地派的支持者挤满了会场。他们无视梭伦的反对意见，决定让50名手持大棒的男子组成卫队，保卫庇西特拉图的安全。在他们的帮助下，企图成为僭主的庇西特拉图夺取了卫城，做了雅典的主人。

他没有采取任何措施让向来都敢于表达意见的梭伦保持沉默；或许是他们共同度过的甜蜜时光保护了这位老人。梭伦保持了他的诚信，但如果回头看，他一定会认为自己是一个失败者，改革也是失败的。但他没有抱怨，而是沉湎于性、美酒和艺术的欢乐之中。他把在埃及听到的关于沉没的亚特兰蒂斯的故事写了下来。专制开始大约一年之后，梭伦去世了。

麦加克勒斯和他家族的人看到大势已去，就又开始流亡，以此保全自己。5 年过去了，平原和沿海的另外两个派别暂时搁置了分歧，并组成联盟，轻松战胜并驱逐了庇西特拉图。僭主被赶出了阿提卡。但胜利的一方很快就出现了内讧。

阿尔克迈翁家族的成员不是傻瓜。他们一定已经意识到，自己和其他大的部族缺乏民众的支持。如果得不到支持，他们就很难抓住曾经的垄断权力。他们最好的选择是恢复庇西特拉图的身份，让他执政，而他们集体在幕后操纵。所以，尽管阿尔克迈翁家族对僭主政治存在敌意，他们仍旧和庇西特拉图做了一桩交易。屠杀过库伦追随者的麦加克勒斯有个孙子也叫麦加克勒斯，他表示可以帮助庇西特拉图重新掌权，条件是庇西特拉图要娶他的女儿。这位有野心的僭主同意了，虽然他已经有一个好妻子和两个健康的儿子，即希庇亚斯（Hippias）和希巴克斯（Hipparchus）。

庇西特拉图了解宣传的重要性，知道如何利用一些具有象征性的东西。他在进入雅典时举行了盛大的仪式。他发现一个身材奇高的年轻乡下女子，便给她穿上盔甲，教她如何举止得体，让她看上去像一位女神，并把她带到进城的游行队伍中。街头公告员开始大喊："雅典人，热烈欢迎庇西特拉图吧，雅典娜正把他带回自己的城堡。雅典娜给予了他至高无上的荣耀。"[17] 还有什么更好的方式能表明庇西特拉图享有神的嘉许，合理合法地成为统治者呢？

希罗多德将这一花招称为“我所听说过的最愚蠢的主意”[18]，并声称有些人被假冒的雅典娜给欺骗了。也许是这样的。但是在戏剧刚刚诞生的时代，大多数雅典人看到这富有戏剧性的场面都被逗乐了，最终接受了庇西特拉图的政治观点。

但不久之后，庇西特拉图再度失宠。问题出在他和麦加克勒斯之间的约定上。庇西特拉图不想让后来的孩子危及他两个儿子的王位继承权，所以，为了避免新妻子怀孕，他没有采取通常的性交方式，而是与她进行肛交。这是一个严重的侮辱，麦加克勒斯发现后非常愤怒。他收回了对庇西特拉图的支持，并开始组建一个强大的联盟公开反抗。僭主不战而降，逃离了这个国家。

第二次流亡持续了 10 年，生活沉闷乏味。庇西特拉图和他的儿子们讨论了这个问题，他们一致认为，不管花多长时间都要设法重获雅典的统治权。他们流亡到了色雷斯，此地位于希腊和达达尼尔海峡（Hellespont）之间。色雷斯面积广大，一些粗俗、半开化的部族聚居于此，谈不上有什么管理。显然庇西特拉图既不缺钱，也不缺少同国外的联系，更不缺组织管理的热情和能力。

首先，他定居在希腊东北角离塞尔迈湾不远的地方。以粗鄙闻名的马其顿国王或许已经把土地赐给他了。总之，他在那里建立了防御性的前哨基地或城镇。这是一个了不起的成就，尽管有利可图，但该地区还是很危险。25 年以前，雅典的殖民地曾被当地人彻底摧毁。后来，庇西特拉图沿着海岸转移到萨索斯岛（Thasos）北部的潘盖翁山（Pangaeum），在那里他开采了大量的银矿和金矿。

庇西特拉图变得非常富有。公元前 546 年到公元前 545 年间，他招募了一支小型的雇佣军。许多城邦支持他的计划，其中包括伯罗奔尼撒半岛的重要城邦阿尔戈斯、阿提卡的邻国底比斯。纳克索斯岛的僭主对他也非常友好，该岛是基克拉迪群岛（Cyclades）中最大的一个岛屿。他感觉扬眉吐气的时刻终于到来了。他搬到了埃维厄岛（Euboea）上的埃雷特里亚（Eretria）。阿提卡就在海对面。接下来要发生的事情已经变得相当明显，雅典的民众群情激昂，支持曾经的僭主。一旦确认自己会受到热情的迎接，庇西特拉图便采取了行动。他穿过狭窄的海峡，在马拉松的海滩登陆。

来自城镇和乡村的人们蜂拥而至，一起迎接、欢迎他。希罗多德讥讽地评论道："这些人认为暴政比自由更受欢迎。"[19]庇西特拉图不在的10年间，雅典政府所做的事情我们知之甚少，但可以猜测十之八九是贵族在施行暴政。一批自认为是贵族的人联合起来阻止入侵者。

生活中经历的沧桑和坎坷给了庇西特拉图一个教训。他知道，要想让自己的统治获得成功，就不能搞阴谋诡计，不能让女人装扮成女神，使用武力或与曾经的敌人媾和。如果他不想重蹈覆辙，就必须征得人民的同意。在战斗即将来临之际，他把这一点牢记在心。他想要尽可能地避免流血。

交战双方在雅典娜的一个神庙碰面，此地靠近蜜蜂成群的伊米托斯山[20]。先知给庇西特拉图一个预言，说的是：

> 网已经撒下，陷阱已打开；
> 金枪鱼会在月夜中成群游来。[21]

虽然模糊晦涩，但信息中传递出的语气是积极的，庇西特拉图乐于接受。

他注意到，一大群乐观的雅典人吃过午饭，要么睡着了，要么在玩掷骰子游戏。他带领手下的士兵发动突袭，在他们午睡时杀人，击溃了对手。他派两个儿子骑马追赶逃跑的敌人。他们赶上敌人时，承诺不会有报复行为。他们告诉敌人不必害怕，可以径直回家。

这是庇西特拉图第三次也是最后一次掌权，他想从一开始就展现出包容忍耐的执政特点。任何人都不需要担心自己会受到惩罚或迫害，但阿尔克迈翁家族除外。

第 6 章

灵魂驭手

庇西特拉图有很多事情要处理。

没有财产的穷人属于第四阶层，即雇工阶层。作为他们的领袖，庇西特拉图知道这些人对政府有很大的期望。如果想持续掌握权力，他必须真正改变他们的生活。幸运的是，他还是有办法做到的。

恢复专制之后，大多数贵族逃离了这个国家，丢弃了他们的财产。当年梭伦不敢，也不希望威胁到他们的所有权，但现在是进一步施加压力的时候了。

如果有一类人庇西特拉图不能赦免，那就是流亡的阿尔克迈翁家族和其他相关的家族。所以他没收了闲置的土地，分割成许多小块儿，分配给那些最需要的人——没有土地的农民和城市中的失业者。他提供初期的贷款，让土地的新主人能充分利用这一机会。庇西特拉图的目标不仅是发展农业，他还意在鼓励公民经营私人企业（而不是去参加政治活动）。

国家并没有因为这些安排而蒙受损失，因为小块儿土地的所有者有义务缴纳土地税，税款相当于收入的十分之一。这项税收政策可能是庇西特拉图最先引入的，它适用于各种财产，构成了公共收入的很大一部分。在此基础上，还有来自位于阿提卡的劳里昂银矿的收入。现在银矿的开采效率要远远高于过去。银子主要用于铸币，大量的银币增加了雅典财富的流动性，放宽了贸易限制。

土地改革本身不足以改变农村衰败的困境。政府力求提高农业生产的效率，并且借着梭伦鼓励橄榄油出口的时机，鼓励农民更广泛地种植橄榄树。

自耕农的出现意义重大，至少在一定程度上消除了穷人的不满。穷人问题一直困扰着雅典。许多雅典人认为，用公民自由来换取社会和谐与经济发展是值得的。没有多少人怀念麦加克勒斯和他的朋友们。

城邦的中心是集会广场。人们可以在这里购物、闲逛、做生意和获知新闻，最重要的是可以谈论政治。一个集会广场的热闹程度体现着全体公民参与政治的热情，所以我们不用惊讶为什么庇西特拉图要规划著名的雅典集会广场[1]。

当然，庇西特拉图采取了一切必要的预防措施来维护政权，而且招募了一支常备雇佣军，其中包括塞西亚弓箭手（Scythian archers）。塞西亚人是欧洲东北部一个凶猛的游牧民族。一旦庇西特拉图确保了自己的人身安全，并避免了政变发生的风险，他就放松下来，开始信任人民。

庇西特拉图设计的集会广场大致是个三角形。在它的边缘是通往城市的主干道，被称为“雅典娜节日大道”（the Panathenaic Way）。政府夷平了私人的房屋，清理了老旧的墓地，填埋了水井。一间喷泉房建成，向公众开放。水在一条陶瓦管道中流淌，管道穿过柱廊进入喷泉房的前厅，然后就看到了喷泉的水池和喷水口（因此喷泉房被称作“九眼泉”）。

在广场的西南角，一座大型建筑物拔地而起，比同时期雅典的其他房子都大很多。许多房屋围成一个庭院。现代考古学家发现了烹饪的痕迹，有证据表明，这里是庇西特拉图居住的地方，也是专制政府的总部。

建立集会广场可能只是为了赋予人民权利而做的表面文章。但事实上，正如《雅典政制》（*The Athenian Constitution*）的作者所说，庇西特拉图“人道，温和，宽恕罪犯”，统治风格“更像一个公民，而不是一个僭主”[2]。他保留了梭伦的政制和管理机构[3]。每年，执政官们都像往常一样上任，尽管他的家人或可靠盟友的名字定期也会出现在名单上。我们不确定他们是由选举产生的，还是由庇西特拉图任命的，但不管怎样，他总是能够如愿以偿。政治动荡就这样逐渐平息了。

在某种程度上，庇西特拉图或他的继任者——他的儿子希庇亚斯——与贵族阶层达成了和解。一些主要的贵族返回雅典，参与政府工作。一块石碑的残片上记载了名年执政官的名字，借此我们可以了解专制政府是如何组织权力并让其有效务实地运转的。

奥托里德斯（Onetorides）

希庇亚斯（Hippias）

克里斯提尼（Cleisthenes）

小米太亚德（Miltiades）

卡利亚德斯（Calliades）

庇西特拉图（Pisistratus）[4]

庇西特拉图在公元前528年（或公元前527年）去世，终年约75岁。关于奥托里德斯，我们几乎一无所知（他可能是个漂亮的年轻人，他的名字出现在公元前6世纪中叶的彩绘花瓶上）。他是庇西特拉图还活着的时候任命的。我们可以猜测，碑文上的希庇亚斯是庇西特拉图的儿子。阿尔克迈翁家族喜欢声称他们在僭主统治期间一直流亡在外。我们十分清楚他们在说谎，因为克里斯提尼是这个家族的成员。小米太亚德属于势力强大、非常富有的腓拉埃德（Philaid）家族。卡利亚德斯是一个常见的名字，身份不明，但是最后一个庇西特拉图一定是僭主庇西特拉图的孙子。

小米太亚德的名字出现在碑文上，他的继叔父也叫小米太亚德[5]，后者虽是庇西特拉图公开的政敌，但是他与庇西特拉图却因为一项重要的对外贸易而展开合作。

有一条主路从雅典通往厄琉息斯（Eleusis），小米太亚德乡下的房子就挨着这条路。一天，他正坐在房子的门廊上，看到一群人从这里经过。他们的穿着不像本国人，而且手里都拿着长矛。出于好奇，他请他们到家里来，给他们安排食宿，以前从来没有人这样做过。他了解到，他们是属于克森尼索（Chersonese，今天的加利波利）的色雷斯部落，从德尔斐返回。他们正在与嚣张的邻国交战并处于下风，因此去德尔斐咨询神谕，预测战事的结果。彼提娅告诉他们，要将第一个热情款待他们的人推举为首领。所以他们便邀请小米太亚德负责领导这场战争。他到德尔斐去核实了一下，以便确认他是否应该接受这一任务。在得到明确的神谕后，他动身前往克森尼索。

这是一个很有意思的故事。但是这件事的真相是，这个部落恳求雅典人在他们的领土上建立一个定居点或殖民地，这样能够加强他们自卫的能力。庇西特拉图一直热衷于支持雅典的对外贸易，他非常高兴能够在黑海的贸易路线上获得战略立足点。这种安排还有一个好处，就是清除了一个危险的潜在王位争夺者。

虽然小米太亚德不赞成庇西特拉图的决定（尽管他也参与其中），但是成为克森尼索的专制统治者并未让他感到任何不安。后来，克森尼索实际上为腓拉埃德家族所拥有。

庇西特拉图代表的不仅仅是一种执政风格——他的统治极具目的性。他想把雅典变成一个国际性的宗教与文化中心，继而让它成为爱奥尼亚人的祖国和道德领袖。

庇西特拉图政府大兴土木。厄琉息斯是一座小镇，距离雅典 19 千米，靠近梅加腊的边界线，人们在此举行了一年一度的纪念活动，纪念农业女神得墨忒耳和她的女儿冥后珀尔塞福涅。庇西特拉图让人建立高高的大厅，信众在这里举行壮观而秘密的仪式，希望来世过上幸福生活。

再回到雅典，雅典娜的新神庙如期出现在雅典卫城高低不平的地面上。在城南不远处，为奥林匹斯山主神宙斯修建的巨大神庙开始动工。这次，庇西特拉图高估了自己的实力，这座建筑完工是好几个世纪之后的事情了[6]。

提洛岛（Delos）属于基克拉迪群岛，这个小岛是虔诚的爱奥尼亚人的朝圣中心。就是在这里，勒托（Leto）生下了太阳神阿波罗和他的孪生姐姐阿耳忒弥斯。勒托是泰坦神（Titans）之一，泰坦神是宙斯和奥林匹斯众神的前一代天神。一首给阿波罗的赞美诗写道，“穿着长袍的爱奥尼亚人与他们的妻子和孩子们聚集在一起”，参加提洛岛一年一度的节日庆祝，载歌载舞，参加体育活动。勒托会向提洛岛发表演说，仿佛提洛岛是一个有感情的人。她呼吁岛上的居民建立一座神庙，献给“搭弓远射”的阿波罗[7]。如果人们这样做，她承诺说：“所有人都将给你们带来百牲祭并聚集在这里，祭品的香味将一直弥漫在空气里。”为了确保提洛岛明白了她的意思，她预言前来的游客一定会刺激经济增长，“因为你们不得不承认你们的土地不是那么肥沃”。岛民听从了她的建议。一座神庙拔地而起，并且竖起了一座高 8 米的阿波罗的大理石雕像。

庇西特拉图通过对提洛岛的净化来表明他对爱奥尼亚的控制权。他下令，在看得见神庙的地方掘开所有坟墓，把腐烂的尸体移到别处重新埋葬。有证据表明，这里出现过雅典工匠，这说明庇西特拉图在某种程度上对神庙做了修缮。

庇西特拉图希望雅典成为一个热闹的旅游胜地。他完善（也许是创立）了两个盛大的节日。泛雅典娜节（the Panathenaea）本质上是一场盛大的游行，大多数人都走进雅典卫城，并向雅典娜奉献由少女亲手织的长袍。这个节日每四年举行一次，节日期间会有体育比赛和音乐比赛。

狄俄尼索斯是酒神和狂欢之神，为了纪念他，庇西特拉图命人在雅典卫城南部的斜坡上建了一座新寺庙，大酒神节（the Great Dionysia）或城市酒神节（the City Dionysia）便由此而来。在这里，每个春季都举行纪念他的庆祝活动。

合唱团歌唱传奇故事，合唱团的带领人也是音乐和歌词的作者，他在故事中扮演主角，并与其他表演者对话。在公元前536年到公元前533年之间，相传有一名叫泰斯庇斯（Thespis）的男子在当时的合唱表演中添加了开场白和谈话。这是希腊戏剧的滥觞。

庇西特拉图是一个善于宣传的人，他借助传说中的雅典国王忒修斯来赢得支持。在他做僭主的那些年，雅典的陶器上经常出现忒修斯的形象，描绘他斩杀克里特岛上的人身牛头怪的情景。人们认为忒修斯代表了普通雅典人的权利，并象征着政权的长久不衰。如前所述，忒修斯把阿提卡散落的村庄建成一个独立的城邦国家。人民称赞他创立了泛雅典娜节，并允许外国人进入雅典。全新的雅典秩序井然，忒修斯成为这座城市的代表人物是众望所归的。

荷马是史诗之父，是无与伦比的希腊精神传播者[8]。庇西特拉图也利用荷马的诗歌来凸显他的政绩。庇西特拉图确保在泛雅典娜节期间，所有诗人中，唯有荷马的作品让人们诵读。当时并没有荷马史诗的权威版本，随着时间的推移，版本越来越多，据说庇西特拉图专门为此设立了一个委员会来收集和研究这些不同的版本。有证据表明，出于政治原因，里面添加了一些虚假的内容（例如，关于雅典和梅加腊关系的诗句涉嫌编造，梭伦应该对此负责）。事实上，委员会中有一名成员本人就犯有伪造罪：他受希庇亚斯邀请编辑神谕文集时，把自己捏造的预言加了进去，让人逮了个正着。

据现代学者推测，如果这个委员会确实存在过，那就证明这已经不是第一次将《伊利亚特》和《奥德赛》用文字记录下来了。但很有可能，在史诗创作完成两个多世纪以后，有必要删除一些存在错误的段落，以产生准确、权威的版本，这种推测也很合理。

一个人在雅典的任何地方都会看到专制留下的痕迹。虽然庇西特拉图的本意是好的，但也免不了摆出一副高高在上的样子。整个城市到处都是赫尔墨斯（Hermes）的雕像。赫尔墨斯是众神的信使，也是旅行者的保护神。人们用老式的手法雕刻他的半身像，而且给他加上了山羊胡。雕像位于正方形的石柱之上，正面能看到阳具，通常处于勃起的状态，睾丸也恰当地凸出出来。赫尔墨斯的雕像可以驱害辟邪，保佑人们生意兴隆。

很多雕像上刻有简短的道德警言，这些话语全都来自庇西特拉图的二儿子希巴克斯。

> 希巴克斯的提醒——外出散步时，只做思考。
>
> 希巴克斯的提醒——不要向朋友撒谎。[9]

庇西特拉图去世后，希庇亚斯和希巴克斯掌权。他们二人的性格截然不同[10]。希庇亚斯是一个热心公益的政治家，负责管理政府，他聪明果敢，很适合做这些事情。希巴克斯更年轻，为人处世也更轻浮[11]。他是个花花公子，四处寻欢作乐。他热爱艺术，还把大量的时间用在了恋爱上。他鼓励希腊最著名的诗人来雅典生活。他派了一艘雅典的战船，去爱奥尼亚海岸的忒欧斯岛接抒情诗人阿那克里翁（Anacreon）[12]，那里是阿那克里翁的故乡。他还用大量的金钱和昂贵的礼物吸引凯奥斯岛上的西莫尼季斯（Simonides）去雅典。

阿那克里翁与他的赞助人臭味相投，都喜欢沉湎于酒色。他以追求男孩子而闻名，而男孩子们并非总是对他百依百顺。

你有女孩般的美丽容颜，
我想要你，但你无动于衷，
你不知道，你是我的灵魂驭手。[13]

西莫尼季斯一定更符合希庇亚斯的口味。他是公众诗人，为各个城邦服务，他的作品经常出现在纪念碑上。他对人性不再抱有任何希望："顺境时人人为善，逆境中人人皆恶。"[14]

即使像拉苏斯（Lasus of Hermione）这样的怪人也受到欢迎。他成名的原因之一是一首特别的"赞美诗"[15]，这首诗里一个字母"s"都没有。

·

阿里斯托革顿（Aristogeiton）正失去他的耐心[16]。他是个20来岁的雅典人，作为爱者与英俊少年哈尔摩狄奥斯（Harmodius）坠入爱河。不同寻常的是他并非贵族，而是来自中产阶级。二人的关系进展得十分顺利，彼此都很开心。两人的关系似乎充满激情，但或许不是性爱方面的，因为阿里斯托革顿还有一个名叫利昂娜（Leaena）的情妇。

然而，他还有一个强力的竞争对手与他争夺哈尔摩狄奥斯，这个对手不会主动退出，并且不达目的誓不罢休。这人就是希巴克斯。希巴克斯向哈尔摩狄奥斯求欢，哈尔摩狄奥斯拒绝了他，并立即告诉了阿里斯托革顿。

阿里斯托革顿感到不安，但他能做什么呢？他担心希巴克斯会强行对哈尔摩狄奥斯为所欲为。他决定密谋杀死希庇亚斯和希巴克斯兄弟，推翻他们的政权。与此同时，希巴克斯又一次试图勾引年轻的哈尔摩狄奥斯，但再一次遭到拒绝。他意识到被冷落的结局已经无法改变。

尽管阿里斯托革顿忧心忡忡，但希巴克斯并无意采取暴力手段。希巴克斯想方设法要侮辱哈尔摩狄奥斯，并小心翼翼地掩饰这样的企图。在他的安排下，哈尔摩狄奥斯的妹妹被邀请在公民游行时拎花篮，但当她按时到达时，却被告知可以回家了，因为她不适合参加这个仪式。这样做就是要影射她不是处女。哈尔摩狄奥斯对妹妹受到的公开侮辱怒不可遏，这让阿里斯托革顿更为恼火。

这对情人决定继续谋划暗杀希庇亚斯和希巴克斯的行动。日期定在公元前514年的泛雅典娜节当天。之所以选择这一天，是因为公民一年当中只有这一天才可以携带武器。为了确保行动能秘密进行，他们只招募了几个同谋者，但希望一旦他们动了手，其他人会自发地加入。这是一个非常冒险的计划，很可能会失败，无异于自杀。

在城墙及双拱形的迪皮隆城门（Dipylon Gate）外，希庇亚斯正在组织泛雅典娜节的游行。他的护卫伴其左右。这是一个全国性的重要活动，一切必须确保正常。

这对恋人出现了，他们静静地等待时机的到来。突然间，他们注意到一个同谋者[17]走上去跟希庇亚斯攀谈，面带笑容。阴谋就要败露了吗？惊慌之中，两名刺客冲进城里，碰巧遇到了希巴克斯——一切麻烦的源头。他们没做任何考虑，立即扑向他，当场把他杀死了。僭主的护卫杀死了哈尔摩狄奥斯，而阿里斯托革顿则设法在混乱中溜走了。据修昔底德记载，他后来被抓住了，“死得相当痛苦”[18]。

一种传说是希庇亚斯亲自下令对他实施酷刑，希望他说出同谋者的名字。阿里斯托革顿似乎有一种尖酸的幽默感，因为他只是说出了他知道的几个支持僭主的人。他答应说出更多人的名字，但要求希庇亚斯跟他握手以保证他的安全。当僭主握住他的手时，阿里斯托革顿嘲笑他正在与杀死他兄弟的凶手握手。希庇亚斯大怒，亲手将他杀死。

这件事的主要后果是让当权者变得更加残酷。这是可以理解的，但是不明智。希庇亚斯在他兄弟死后，为了扫清统治上的障碍，他处死了已知的和潜在的敌人。他派人把利昂娜折磨致死，因为她曾是阿里斯托革顿的情妇。

整个雅典一时阴云密布。希庇亚斯看得出自己正在失去民心。这样的错误他父亲从来没有犯过，但他已经无力扭转局面。他觉得到处都是背叛。他开始考虑一旦自己被驱逐出雅典，就要找一个藏身之处。但去哪里安全呢？或许是波斯帝国？希巴克斯去世四年后，他在比雷埃夫斯（Piraeus）海岸附近的一座小山上构筑了防御工事，叫作慕尼契亚（Munychia）。如果出现了最糟糕的情况，他可以逃到那里，登上一艘已经准备好的船，扬帆离开。

同时，再次流亡的阿尔克迈翁家族一次又一次地采取行动，试图将僭主赶下台。有人回忆起，庇西特拉图在若干年前就没收了他们在阿提卡的财产，而他们仍然有如此多的财富，这的确是一个谜。但其实在荷马时代，就已经有希腊贵族在其他国家扶植自己的同伴了。政治上的不稳定很普遍，我们有理由猜测，许多贵族都向国外转移了自己的资源财富。庇西特拉图在色雷斯所做的和小米太亚德在克森尼索所做的表明，对未开发的领土进行投资将是非常有利可图的。所以，梭伦不太可能是他那个阶层中唯一一个通过做生意谋取私利的人。

阿尔克迈翁家族在里普叙德里昂（Lipsydrium）建立了他们的堡垒。里普叙德里昂是一条山脊，位于雅典北部的帕尼斯（Parnes）山脉，那里森林茂密。希庇亚斯将这个地方团团围住，把那些叛乱分子赶了出去。他们一个个都表现得毫无畏惧。有一首饮酒歌表达了他们视死如归的精神。他们唱道，那些牺牲的战友：

> 出身不凡，都是勇敢的士兵，
> 高贵的血统得以证明。[19]

叛乱没能取得进展，这不是因为希庇亚斯指挥有方，而是有一个更为深层的原因，即普通的雅典人认为，推翻了僭主又会迎来一个名声扫地的贵族，并无多少益处可言。雅典人如何才能绕开这个障碍呢？

阿尔克迈翁家族没有被打倒。他们有一个秘密武器——德尔斐神谕。阿波罗的神庙在公元前548年被烧毁，也许是烧烤献祭的牲畜时不小心引燃的大火所致，或者是神龛下的裂缝中冒出的气体发生爆炸而引起的。建造新的神庙需要花费300塔兰特。整个希腊范围内的募款募集到了所需金额的四分之一，剩下的部分由德尔斐提供。

最初的承包商未能建好神庙[20]。阿尔克迈翁家族似乎充当了一家“跨国公司”，他们接管了这个项目。为了表达善意，他们自己出钱，用帕罗斯岛产的优质大理石建造了神庙的正面。新的神庙看起来已经非常壮观了。根据欧里庇得斯的描述，它的一对三角楣饰“很像笑脸上的眉毛”[21]。精美的雕塑装饰描绘的是英雄们杀死怪兽，其中一个三角楣饰表现的则是奥林匹斯众神消灭巨人族。

此时阿尔克迈翁家族的首领是克里斯提尼。尽管他的首次出场并没有给他增光添彩，但他仍是这段历史上最引人瞩目的政治家。遗憾的是，关于他性格的记录已经无法找到，我们只能通过他所做的事情来认识他，但这些就足够了。

克里斯提尼和他的家族意识到，推翻僭主是一项艰巨的任务，单凭他们自己的力量难以完成，他们需要外界的帮助。在希腊各城邦中，斯巴达是唯一一个具有威望且有军队可以驱逐希庇亚斯的。现在，很显然，阿尔克迈翁家族与德尔斐的官员关系亲密。新的神庙“比想象中的更美”[22]，从成本的角度来说，宣示神谕的祭司十分缺钱。据说，克里斯提尼贿赂了祭司，让其建议斯巴达人废黜希庇亚斯。所以每当斯巴达祈请神谕时，祭司总是回答说：“首先是解放雅典。”[23]

斯巴达在其有限的疆域内，崇尚纪律，激进好斗，是一个强权国家。如同历史上的其他强权一样，它也喜欢干涉别国的政策和规划。大约在公元前6世纪中叶，它巩固了对伯罗奔尼撒半岛的控制。它打败了忒革亚（Tegea）城邦。忒革亚位于伯罗奔尼撒半岛中部的高地，是阿卡迪亚一个重要的宗教中心。半岛东北部的阿尔戈斯是斯巴达的宿敌，但是也受到了斯巴达的影响。

当时，斯巴达的两位国王其中一位是克莱奥梅尼，他是一位精力充沛、能力卓著的将军，也很另类，是一个对外界真正感兴趣的斯巴达人。他的同胞都认为他精神有问题。

克莱奥梅尼的经历很独特[24]。他父亲娶了自己的侄女，但她却一直没有生育。斯巴达的五位监察官负责监督国王的行为，建议他父亲再婚，让第二任妻子生孩子，以延续家族的血脉。他父亲采纳了这个建议，于是就有了克莱奥梅尼。然后，令大家惊奇的是，他父亲的第一任妻子也生下了一个儿子，名叫多里乌斯（Dorieus）。谁应该是继承人？是长子，还是第一任妻子生的儿子？老国王死后，大家决定让克莱奥梅尼继承王位。倒霉的多里乌斯离开了斯巴达，成了一名冒险家。他计划在西西里岛建立一个新城市，却在战斗中丢了性命。

克莱奥梅尼在巩固斯巴达对伯罗奔尼撒半岛的统治地位方面发挥了主导作用，他也希望自己的国家成为希腊公认的领导力量。但他知道自己的局限性：当爱奥尼亚人起来反抗波斯国王时，他也忍不住想要提供援助。然而，当他得知从海上向内陆进发，到达波斯首都需要三个月时，他决定还是不帮忙了，尽管鲁莽的雅典人派遣了 20 艘军舰支援反叛分子。

最终，斯巴达人同意入侵阿提卡并废黜希庇亚斯。我们很难看出其中的原因。庇西特拉图和他的儿子们始终竭力与斯巴达保持良好的关系，不过他们也与斯巴达的宿敌阿尔戈斯建立了友好关系。斯巴达出兵一定是受到了来自德尔斐的压力，另外热衷于领土扩张的克莱奥梅尼也起了作用。最重要的是，斯巴达喜欢与贵族寡头们做交易。

斯巴达对雅典的第一次远征失败了。其步兵完败于塞萨利的骑兵。塞萨利位于希腊北部，当地人普遍养马，它的一些有主见的部落前去协助希庇亚斯。公元前 510 年，克莱奥梅尼国王奉命率领一支规模更大的远征军以挽回败局。这次塞萨利人被打败，逃回本邦。希庇亚斯在雅典卫城避难。他还是有很大的希望坚持下去的，因为他有充足的粮食供给，斯巴达人也没有准备进行长期的封锁，他们的装备不足以支撑他们这样做。

但就在这时，厄运临到了希庇亚斯。他想把五个孩子送到国外更安全的地方，但结果他们还是被俘获了。这摧毁了他的意志。他同意只要归还他的儿子，他就带上全部财产，在五天之内离开阿提卡。雅典公民大会通过了一项法律，永久取消了庇西特拉图所有家族成员的公民身份——这是一项永远不会被撤销的判决。一根柱子立在了雅典卫城里[25]，上面历数了他们的罪行，并记下了所有家族成员的名字。

希庇亚斯带着一些亲戚和随从到了息基昂（Sigeum）城邦，他们在那里定居下来。息基昂位于小亚细亚的海岸线上，离特洛伊不远。这个名字的意思是“沉默的地方”，但很可能是一个反语。据说，这座城市的周边天气很恶劣，经常狂风肆虐，暴雨倾盆。即便如此，这个目的地还是一个不错的选择，因为庇西特拉图已经在公元前 6 世纪 40 年代吞并了这个地方，并安排他的私生子海吉斯特拉图（Hegistratus）做了僭主。

在僭主制度被推翻后的几个世纪里，庇西特拉图对雅典做出的贡献被低估了。僭主们风光不再，也没人愿意再称颂庇西特拉图的功绩。事实上，他治理有方，大大提升了雅典在希腊的形象。在他长久的统治期内，社会秩序稳定，社会矛盾缓和。

最重要的是，他意识到在统治过程中，关键是要赢得人心。他坚持了梭伦的改革政策，鼓励经济困难的普通公民参与政治，让他们相信自己与社会的发展休戚相关。

修昔底德承认，长期以来，庇西特拉图和他的儿子们都“在他们的政策中表现得十分具有原则性和理性”[26]。雅典税负较轻，城市面貌有了很大的改善，宗教活动进行得也很顺利。他还说道：

> （雅典）以前存在的法律仍然起作用，除了（庇西特拉图和希庇亚斯）想方设法让自己家里的人执掌权力。[27]

如果雅典必须让僭主来统治，庇西特拉图显然是最佳的人选。他为雅典历史上的下一次开拓奠定了基础。正如希罗多德所说，“过去伟大的雅典，现在从僭主手中解脱出来了，变得更为强大”[28]。

第7章

创造民主

雅典人民终于迎来了光明，

阿里斯托革顿和哈尔摩狄奥斯杀死了希巴克斯；

二人让祖国实现了法律面前人人平等。[1]

阿尔克迈翁家族的领袖克里斯提尼委托雕塑家铸造了阿里斯托革顿和哈尔摩狄奥斯这对不幸恋人的青铜雕像。雕像的大理石基座上就刻着上面那句铭文[2]。铭文出自著名诗人西莫尼季斯之手，他曾在希巴克斯手下任职，对僭主统治称颂有加。当时颇有名气的雕塑家安忒诺耳（Antenor）铸造了两人的雕像。他们昂首伫立，义愤填膺，充满自豪。他们是英雄，让公民重新享有了法律面前的平等权利——法律终结了僭主统治。

热血的年轻人们在宴会上一边饮酒，一边齐声歌唱。他们所唱的歌曲流传到后世。

亲爱的哈尔摩狄奥斯，我们知道你并没有死。

人们说你住在幸福岛上，
岛上还住着身手敏捷的阿喀琉斯。[3]

歌曲里所说的事情是一个谜。公元前514年，刺杀希巴克斯的行动是在恐慌中实施的，缺乏理性的动机，手法拙劣，搞得一团糟。雅典的僭主政权经过这次打击后又保留了数年，并没有因为国内的暴动而瓦解。是一位斯巴达国王在流亡的阿尔克迈翁家族的敦促下，给雅典人带来了自由。但这徒有其名的慷慨举动一直让雅典人难以释怀。

因此，这促成了哈尔摩狄奥斯和阿里斯托革顿国家英雄的地位。他们的后代被准许可以永不交税，而且享有一些似乎只有杰出公民才拥有的特权，比如在市政厅公费就餐，免于履行部分宗教职责，以及在剧院观看戏剧时在前排就座等。

克里斯提尼和阿尔克迈翁家族最终获得胜利。专制统治就此终结，阿尔克迈翁家族回到了阔别多年的家乡。他们及其他世袭贵族都有足够的理由相信，他们可以重回权力巅峰，仿佛梭伦的改革和50年的僭主统治从未存在过一样。但是，普通民众是否会接受这样的权力回归尚未可知，他们中的很多人曾拥护庇西特拉图的政治主张。

谁能掌握权力总有水落石出的一天。接下来如何发展不得而知，但克里斯提尼和他的家族在雅典苦心经营了这么多年，他希望先前投入的财力和人力能够换来应有的回报。他理应成为城邦的领导者，但现在他发现有人要与他一较高下，于是十分恼火。此人就是伊萨哥拉斯（Isagoras）。这个狡猾的贵族在庇西特拉图和希庇亚斯统治时期过着安稳舒适的生活。他与秘密支持僭主统治的人串通一气。公元前508

年，伊萨哥拉斯当选执政官，但是克里斯提尼发动穷人和失去产业的人走上街头表示抗议。

作为反击，执政官伊萨哥拉斯向斯巴达国王克莱奥梅尼求援。克莱奥梅尼率领一支小部队趁势进军阿提卡半岛，驱逐了700个家族，这些家族都反对伊萨哥拉斯的政策，并试图废除由梭伦建立的议事会。形势看起来对克里斯提尼不利，他只得暂时离开阿提卡。

然而，愤怒的民众发动了武装起义，把那些斯巴达人和伊萨哥拉斯困在卫城中。斯巴达国王逃进雅典娜神庙，却遭到了女祭司的冷眼相待。她从椅子上站起来说道："外来的斯巴达人，回去吧。不要进入这个圣地。"[4]三天后，饥饿的克莱奥梅尼屈服了。双方达成休战协议，他和他的军队，以及他要保护的人得以撤离。这一不光彩的事件严重影响了克莱奥梅尼的声望，于是他计划复仇。

克里斯提尼确信，只要雅典人无法解决国内矛盾，就会继续面临动乱的危险，遭受外部的威胁。他当前迫切需要采取果断的措施。

但应该怎么做呢？克里斯提尼的思考并没有文字记载，但是我们能够从结果中看出他的分析颇具革新性[5]。他意识到时间无法倒流，贵族的专制统治已经成为过去。按目前的形势，对以阿尔克迈翁家族为代表的贵族们来说，兴旺发达已是奢望，要想生存下来，只有采取最激进的方式。

出于最为利己的动机，克里斯提尼创造了民主制度。[6]

他设计了一套十分复杂的政治制度。这些制度本身并不是很可行，但雅典人民接受了，并使其生效。这是世界上首个全面民主制度的样板，在随后两个世纪的大部分时间里蓬勃发展，十分盛行。

正如希罗多德所说，克里斯提尼"让民众加入了他的支持者阵营”[7]。他所做的不限于此。他认识到，普通民众再也不能容忍任何一种自上而下的政府体制。虽然这样做似乎是在妥协，但这是让阿尔克迈翁家族不被遗忘的最好机会，即打出让人民掌握权力的旗号（*democratia*，即民主，该词由两部分组成，*demos* 我们已经知道它的意思是“人民”，另一个是 *krato*s，意思是“权力”）。如果一切顺利，阿尔克迈翁家族可以继续在雅典的事务中发挥主导作用。

我们需要对克里斯提尼及那时公民眼中的民主有一个清醒的认识。当时的民主并不是现代社会的那种代议制民主。以我们现在的标准衡量，古代雅典和其他希腊城邦的人口少得可怜。所以比较容易把绝大多数公民或至少大部分公民召集到一个地方，通过辩论的方式来批准立法。

这是一种直接的、极端的民主思想，不过还有一些例外需要强调。正如前面提过的，只有成年的雅典男子拥有在公民大会投票的权利。女人禁止参加政治活动。还有其他两个重要人群也无法参与。其中一类是客籍民（*metic*）。雅典吸引了不少外国人来到阿提卡，他们一般是手工艺人和商人，过着殷实的生活。另外一类是雅典的奴隶，他们有的是战俘，有的是露天市场上的“商品”，并不享有公民权利。总而言之，这些人的数量远远超过了总人口的一半。

人民得以作为一股新的政治力量出现，原因之一便是军事的需要。公元前 700 年到公元前 650 年这段时间，希腊战争史上出现了一项重大变革，在随后的数百年里，它对希腊政治产生了重要的影响。这决定了雅典在权力上的平衡，贵族夺回实权的希望彻底破灭了。

我们对在远古时代人们如何作战知之甚少，他们所采用的军事策略似乎就是英勇的将领率领一大群男人，跟临时由公民充当的民兵凑在一起，组成军队。如果我们相信荷马的描述，阿喀琉斯和其他勇士都是先与旗鼓相当的对手进行一对一的决斗，然后才开始常规的战斗。我们很少听说有谁在战场上要花招，听到的大多是关于勇气和荣耀的故事。

贵族谢幕，公民登场，全新的、训练有素的、身着重甲的士兵逐渐取代了旧式的英雄。这些士兵叫作“重装步兵”（hoplite）。他们装备有青铜头盔、青铜胫甲和青铜胸甲。青铜胸甲由两片用铰链连接的青铜板组成，用来保护上半身。他们左臂持有外凸的圆形木制盾牌，又称“圆盾”（*hoplon*，“ hoplite”就来源于此）。重装步兵还配有一把短剑和一把长度为士兵身高 1.5 倍的长矛。

这些金属装备虽然提高了士兵的防御能力，但也妨碍了他们的视线，影响了机动性。不过，重装步兵绝不单打独斗，而是作为一个团结的整体进行战斗。这就是著名的希腊方阵。每排士兵队列紧凑，整个方阵纵向排列四到八排士兵。只要队形不乱，方阵就极难攻破。

公元前 7 世纪的斯巴达诗人提尔泰奥斯总结了重装步兵的特点：

让每个士兵紧挨彼此，奋勇杀敌，
长矛在手，利剑在腰间。让每个士兵
脚挨着脚，盾牌压着盾牌，
盔冠叠着盔冠，头盔抵着头盔，
胸膛靠着胸膛。[8]

实际上，这种作战理念存在两个缺陷。第一，重装步兵方阵只能在平地上作战，否则士兵很难保持一致，而且他们会被逐个射中。有点奇怪的是，重装步兵方阵最开始出现在多山的希腊，那里几乎没有真正适合大规模作战的地方，这限制了重装步兵的发挥。

第二，重装步兵左手持盾，这样既保护了自己，也保护了自己左边战友的右半身。他们靠得越近就越容易抵挡敌军武器的攻击，不会受伤或阵亡。但是位于方阵最右侧的士兵无法进行全面防御。如果发现敌人从方阵右侧迂回包抄，他们会不由自主地向右转，而他们左侧的战友也会跟着他们走，以此来避免自己的右侧失去防护。这样做的危险是阵线会被拉扯变薄，出现缺口，从而让敌人找到可乘之机，把缺口越拉越大。因此，方阵既有可能遭到侧翼的包抄，又有可能让敌人渗入，从而导致战斗的失败。

虽然重装步兵存在上述问题，但是如果经过充分的训练和指导，他们几乎是不可战胜的。这一点是整个地中海地区所公认的。受过训练的希腊士兵发现，不论他们因为什么离开自己的祖国，都可以靠当雇佣兵来过上好日子。斯巴达人终身接受军事训练，他们在战场上的表现尤为突出。

重装步兵的机动性差，但好处是减少了战斗中的人员伤亡，因为他们担心会破坏队形而不轻易追击敌军。他们跑不远，也跑不快。获胜的重装步兵总会让失败者轻松地逃跑，他们仅在阵亡者身上夺取一些战利品。

骑兵在战斗中的作用相对较小。一方面，喂养战马的成本很高，而且马镫和马蹄铁在当时都还没有发明出来。另一方面，骑兵通常来自上层社会，他们在政治上并不可靠，对人民也算不上忠诚。

重装步兵也具有公民身份。一旦国家需要，他们便从平民转变为军人。他们处于社会中层，有足够的财力为自己购买盔甲和武器。他们与自己的部落休戚与共，与城邦的胜利息息相关。重装步兵登上历史舞台，在公共领域的影响力逐渐扩大。这意味着无论政权的本质到底是什么，他们的利益都必须受到重视。他们也的确希望参与政治决策。

政治活跃的城邦少不了重装步兵的身影。

在靠近市政厅的集会广场上，竖立着一座宏伟的纪念碑。它的大理石基座约有 16 米长，2 米宽，上面安放了十尊真人大小的青铜雕像[9]，两端各有两个金属三脚凳，就像女祭司在传达德尔斐神谕时坐的那个凳子。纪念碑周围矗立着石柱支撑的木质栏杆。各种公告张贴于此——军队官兵的花名册、诉讼告示、法律草案、刚成年男子（*ephebe*）的名单。这个地方当时一定十分繁忙，来来往往的人们在这里寻找着各种信息和指示。

十尊雕像刻画了雅典的十位传奇英雄。他们主要是早期的国王，还有英雄或半人半神。这组雕像被统称为“齐名英雄纪念碑”（Monument of the Eponymous Heroes）。克里斯提尼把全体公民分到十个新的部落中，取代了原有的四个部落，并用这十个英雄的名字来命名。这些雕像是雅典的守护者，因此备受敬仰。

克里斯提尼建立新部落的目的是消除或至少是削弱主要的政治派系（即海岸派、平原派和山地派）的影响，这三派不断制造麻烦，引发冲突和动荡。他也希望借此削弱胞族（*phratry*）的权力，这些胞族都是四个旧部落沿袭下来的分支。每个公民必须归属于其中的一个胞族。贵族宗族可能曾经为施加政治影响力而对他们进行压迫。

克里斯提尼采取了一种特殊的方式实现了他的目标。十个部落必须从阿提卡三个不同的地区招募自己的成员，这三个地区分别是沿海地区、内陆地区和雅典。它们被称为“特里提斯”（*trittys*，即三一区），三个区通常并不相邻。这意味着同一部落的成员来自国家的不同地方，人们过去那种对乡土的眷恋和对领地的忠诚便不复存在了。

雅典政治的基本单位是德莫区（*demos*）：这个词不仅指全体民众（前文已经做了解释），还代表了乡村或城市的分区。克里斯提尼把阿提卡分成了 139 个德莫区（英语中通常使用“demes”这个词）。每一个德莫区归到一个特里提斯下，也就隶属于一个部落。克里斯提尼明白，要想实现国家层面的民主，必须在国内推行民主政策，并且将权力下放至地方。

德莫区便是微缩的雅典。它拥有自己的议会，可以颁布地方事务法令，并选出官员和地方长官。它还负责举办众多的当地节日活动和宗教仪式。德莫区还从胞族统治者那里接管了一些事务，包括更新公民人员名单和确认成年男子成为公民。官方文件中按照不同的德莫区区分公民，而不像以前那样按照他们父亲的姓氏区分。如果按照这种区分法，一个男子所属的德莫区就是他的居住地，即使他和他的后代移居到阿提卡的其他地方，他们也永远是最初那个德莫区的成员。

管理德莫区并非易事，但积累的经验十分有用，因为克里斯提尼对参与国家事务的普通雅典公民有很高的要求。

雅典的政治活动主要是在集会广场举行。在实行民主统治的第一年，这里就召开过公民大会。市场摊位收拾一空，人们聚集到满是尘土的广场上参与辩论，批准法律，征收税款。

十几年后，雅典公民大会转移到了普尼克斯（Pnyx）[10]，该地是一处岩石裸露的山坡，从上面可以俯瞰集会广场。到公元前 5 世纪末，雅典人专门在普尼克斯的山顶设计了一个贝壳型平台，公民大会便转到此处召开。这里可以容纳 8 000 到 13 000 人（公元前 4 世纪时，平台又进行了扩建）。当时，城邦公民的总数在几万之间，虽然数字庞大，但只有少数公民愿意或有空定期参加会议。当然，无论会议何时举行，总有不少公民忙于田间劳作或从事手工业生产；至于其他公民，不是出国经商，便是随军出征，参加雅典频繁的对外战争。

公民大会是雅典的最高权力机构，它所做出的决定不得更改，除非（如果你非常幸运）另外再举行一次会议进行讨论。正如亚里士多德所说，“穷人比富人拥有更多的权力，因为他们的人数更多，而且少数服从多数是至高无上的法则”[11]。

公民大会平均每九天举行一次，如果有必要，额外的紧急会议也会临时举行。会议正式生效需要达到 6 000 人的法定参会人数。由于公民大会并不完全强制公民出席会议，所以要确保参会人数符合法定要求还须费一番周折。与会人员须自带口粮和坐垫——这并不奇怪，因为会议通常会从早开到晚。

从公元前 5 世纪 80 年代开始，300 名被称作“塞西亚弓箭手”的共有奴隶组成了雅典的警察部队。在公民大会召开的日子，他们拿着涂有赭石粉的“赶人索”扫过市场，把市场上闲聊或闲逛的人赶至会场。任何公民缺席会议或衣服上留有红色标记都可能受到惩罚。发言者站在一个特殊的讲坛（*bema*）上向公民演讲。任何公民都有权打断并参与辩论。投票方式并不是无记名的，而是举手表决。

距离齐名英雄纪念碑不远，有一座约 25 米见方的大型建筑，它就是议事厅（*bouleuterion*）[12]。五百人议事会就在此会面。梭伦创立的四百人议事会以四大旧部落为基础，克里斯提尼将其废除后，又设立了一个全新的、有影响力的议会机构，这便是五百人议事会。德莫区通过提名的方式准备一份长长的人员名单，十个新部落每年以抽签的方式从中各选出 50 人。即将离任的议事会成员审查那些中签的人。每个公民在一生之中最多可以担任两次议事会成员，而且在十年之内最多只能担任一次。

同梭伦一样，克里斯提尼也认为抽签法很实用，可以确保每个人享有平等的机会，遏制腐败，并且能让神灵来做决定。或许抽签最重要的意义是鼓励公民密切关注时政，因为说不准什么时候就轮到他们在公共生活中发挥积极的作用。

五百人议事会是雅典的最高行政机构，与各部门官员一起处理全部的公共事务。其最重要的任务是为公民大会拟定议程，公民大会只能讨论五百人议事会已经通过的议题。

但是，500 个人组成的委员会因人数太过庞大而缺乏效率。人们把一年（360 天，必要的时候加上闰月）分为十个部分。十个部落各选 50 名议员组成下属委员会，轮流执政，任期为一年的十分之一，即 36 天。在任职期间，委员需要承担五百人议事会的日常工作。他们在集会广场的圆形会场（Tholos）办公，在那里吃住，费用由公款承担。他们采取 24 小时三班倒的工作制度，保证至少有 17 人一直在工作岗位，以便处理紧急事件。他们通过抽签来选出当天的委员会主席或委员长。

在军事方面，每个部落需要提供一个重装步兵团和一个骑兵中队的兵力，由一位将军（*strategos*）统领。如有形势需要，十位将军也会成为海军舰队的指挥官。公元前 5 世纪的大部分时间里，将军们在国内政治中发挥了主导作用。雅典人懂得常识，他们知道，要想在陆战和海战中取胜，需要军事经验和才能。对于十将军的职位，他们尽量避免使用随机选择的方式来任命，并且根据具体情况允许骁勇善战的将军保有长期的指挥权。

这让我们想起梭伦，他曾用抽签的方式任命九名执政官来管理城邦。九名执政官中包括军队总司令（*polemarch*，字面意思是“战争领袖”）。后来，梭伦的行政权力逐渐减弱。几年之后，将军取代他成了执政官，获得了海陆军队和公民大会的最高行政权。

克里斯提尼创立的另一项制度便是陶片放逐法（ostracism）[13]。如有需要，公民大会每年投票一次，流放一位政界要员，流放期限为十年。公民可以凭自己的意愿提名流放之人。这样做的目的不是为了惩罚犯罪，而是表达人们的意愿。用普鲁塔克的话来说，是为了“打击和削弱政治家们压迫性的威望和权力”[14]。毕竟，作为受人欢迎的领袖和军事指挥官，庇西特拉图曾经利用自己的职位当上了僭主。克里斯提尼必须防止这种情况再度出现。

在公民大会举行的专门会议上，全体公民都可以进行无记名投票。人们可以把任何一个人的名字刻到陶片（*ostracon*，“ostracism”就源于此）上，然后放入瓮中，用这种方式推举出自己期望放逐的人选。参与投票的公民必须达到 6 000 人的法定人数，投票才算生效。得票最多者必须在十天之内离开雅典。如果他试图回国，就会被处以死刑。但是如果他遵守规定，国家会在他流放期满后准许其返回雅典，归还其财产，恢复其公民权。如果他愿意，还可以恢复公职。

奇怪的是，陶片放逐法真正实行了总共不到 20 年的时间。只有当每年 1 月或 2 月公民大会的议员确定了要放逐某人时，陶片放逐才会实行。年复一年，议员们都对是否要放逐某人提出异议。我们很难解释这种有意拖延的做法。最有可能的原因是政客们都害怕自己会惹祸上身，担心如果自己第一个提议放逐别人，到第二年有可能自食其果，成为被放逐的对象。

众所周知，斯巴达偏爱寡头政治。它迫切地想要再次插手雅典的国家事务，终止这种危险的民主实践。对于曾经受过羞辱的国王克莱奥梅尼来说，复仇的时刻终于来临。公元前 506 年，他率领一支由斯巴达人及其盟友组成的军队，从伯罗奔尼撒半岛出发，大举进攻雅典。与此同时，彼奥提亚人从北方向雅典发动进攻，另一支军队从埃维厄岛的卡尔息狄斯（Chalcidice）跨越狭窄的海峡，进入阿提卡。雅典的新兴民主政治前途暗淡。

但是斯巴达的一个盟友对这次远征的正义性做了重新思考，最后决定撤回军队。克莱奥梅尼同另一位斯巴达国王德玛拉托斯（Demaratus）发生了争执。斯巴达人别无选择，只能忍气吞声，悄悄地溜回国内。随后，雅典军队在同一天的两场战斗中重创了彼奥提亚人和卡尔息狄斯人，甚至还吞并了卡尔息狄斯人的部分领土。总之，对雅典人民来说，这是一个相当好的结果。克里斯提尼和他的民主革命也安全地躲过了这一劫。

克里斯提尼进行改革，在雅典建立了民主制度。这一过程的惊人之处在于其逻辑纯粹，乐观激进，事在人为。他们在改革和建立民主的过程中没有任何妥协，因此改革本质上与政治手段无关。各方之间也未讨价还价。改革体现了当代学者所说的“古典理性”（archaic rationality）[15]，它指的是一种能力，即勇于面对困难，从根源上重新思考问题，即便牵强附会，也要坚持找到符合逻辑的解决方案。

克里斯提尼所取得的非凡成就离不开雅典人民对于革新的热切期

盼。他所创建的民主政体延续了两个世纪，期间很少有中断。

民主的运作离不开每一位公民的积极参与。亚里士多德曾指出，民主的一个关键原则是“每个人都轮流被人统治和统治他人”[16]，但对于这一点，亚里士多德并不认同，虽然他没有明确言明。这样的民主形式对富人来说或许并不是什么麻烦事，因为他们可以自由支配时间，对普通雇工来说却要难得多。失业者和无固定工作的穷人虽然看似空闲，但并不愿意闲着，他们需要花费大量时间以维持生计。

几十年之后，国家开始给陪审团和五百人议事会的成员发薪水。这一举措保证了一些公民的收入，他们可以在克里斯提尼所构想的城邦蓝图中充分发挥自己的作用。

这一最为完善、最为健全的直接民主制产生了意想不到的结果。有人可能会认为，民主的实施需要每个人的努力，而这会导致疲惫和沮丧。但雅典人恰恰相反，民主似乎激发了他们的热情。随之而来的文明的繁荣的确是多种因素促成的，但是克里斯提尼创造的民主制度无疑也给雅典打了一针强心剂。

在军事方面，雅典的重装步兵似乎也受到了民主制度的激励。希罗多德说过，平等的好处体现在公民生活的各个方面。“目前，雅典正变得越发强大。这不只是体现在一处两处，到处都有证据表明，法律面前的平等是一样好东西。在僭主的统治下，军队并不比邻国更强。但是，当僭主下了台，雅典的军队无疑实力大增，远胜邻邦。”[17]斯巴达人一定会说，这言过其实，也的确如此。但毋庸置疑的是，雅典军队的士气得到了提升。

尽管阿尔克迈翁家族对雅典的规划十分完美，但是他们几乎没有从自己推行的新特许政策中获益。克里斯提尼很快就不见踪影，彻底消失了，没有留下任何说明。他或许死了，或许出于某种原因而被迫销声匿迹。对此我们将永远无从得知。

据说仅过了一代人，阿尔克迈翁家族就失去了权势，分崩离析。公元前 486 年，阿尔克迈翁家族的亲戚麦加克勒斯遭到放逐。两年后，与阿尔克迈翁家族联姻的科桑西普斯（Xanthippus）也遭此厄运。保留下来的陶片上刻有两行诗句，上面记载了阿尔克迈翁家族在库伦事件中的罪行。

> 这块陶片上说阿里化朗（Arrhiphron）的儿子科桑西普斯，
> 是这可恶的曾经领导雅典的家族中最坏的一个。[18]

雅典人拒不承认克里斯提尼为驱逐僭主所做出的贡献。原因之一是人们过度美化了空有其表却无才干的哈尔摩狄奥斯和阿里斯托革顿，这荒诞至极。每当雅典人凑到一起饮酒作乐，似乎都要歌颂他们一番。难怪克里斯提尼要借故退出历史舞台。

然而，优秀的家族很难被击垮，没过多久，阿尔克迈翁家族便重新回归。正如我们所见，雅典虽然用民主取代了贵族的统治，但民众还是对贵族表达了充分的信任。这一定也是克里斯提尼希望看到的。这或许是因为贵族的适应能力较强，另外可能还有一点无法明说，即人民本身缺乏一定的自信。不管怎样，科桑西普斯在流放归来后被任命为海军上将。而且我们会看到，在接下来的一个世纪中，雅典迎来了两位杰出的领导者，其中之一就是科桑西普斯的儿子，即阿尔克迈翁家族的伯里克利。

波斯的威胁

THE PERSIAN

THREAT

第8章

东方入侵者

那个年轻人精疲力竭了。他叫斐迪庇第斯（Pheidippides）[1]，善于长跑，在希腊军中担任信使。他有一条紧急的消息要从雅典传递到斯巴达。他独自奔跑了整整一个晚上了。这条长达225千米的道路崎岖不平，有的地方甚至没有路。他带来一个坏消息：一支波斯大军已经在阿提卡登陆。情况十万火急，雅典迫切需要斯巴达支援。如果能击退敌人，斐迪庇第斯所在的城邦就能免遭毁灭。

公元前490年8月5日[2]，一个炎热的晚上，斐迪庇第斯一路向西，经过厄琉息斯，到达梅加腊，他继续向前行进，到了希腊北部地区与伯罗奔尼撒半岛之间的地峡。路上影影绰绰，地面凹凸不平，他得格外当心，以防跌倒。他绕过商业城市科林斯，转身向南朝着阿尔戈斯进发。接着，他沿着一条小路，穿过帕尔铁尼昂山（Mount Parthenium）[3]——或叫圣母马利亚山（Mountain of the Virgin）——来到了古老又树木丛生的阿卡迪亚高原地带。

说阿卡迪亚是贞洁之地并不完全恰当，因为这地供奉着牧神潘（Pan），而他或许是希腊诸神中最好色的一个（与其他诸神相比而言）。

他是田野、森林和峡谷的守护者，是荒蛮的代表。他有人类的躯干和膀臂，却长着山羊的腿、耳朵和角。山上生活着不少乌龟，它们的壳很适合制作高质量的竖琴，但当地人小心翼翼地不去碰它们，他们相信这些乌龟有牧神潘的保护。

现在，太阳在天空中升起，在牧神潘的神殿里歇息的斐迪庇第斯居然真的看到了神的显灵。牧神潘在这个筋疲力尽的信使面前现身，他对潘充满了敬畏。一位当代学者认为，可能是极度疲惫和睡眠不足让斐迪庇第斯产生了幻觉[4]，希腊人却不这么认为。在他们看来，自然与超自然有时很容易融合在一起。

这个头发蓬乱的神对他说："斐迪庇第斯，请你问一问雅典人，为何他们不把我放在眼里？我是这么喜欢他们，更何况我过去帮助过他们，将来也一样会帮助他们。"[5]

斐迪庇第斯答应牧神潘，等他回到雅典，一定会把这些话转达给当政者。他继续赶路，当晚就到了斯巴达。他整整跑了两天。在如此短的时间里能够跑这么长的距离，实在是了不起的运动壮举。

他发现当时斯巴达人正在举行祭祀活动。他们正在筹备卡尼亚节（the Carneia），这是一个纪念阿波罗·卡尼奥斯（Apollo Carneus，这个词可能是指古时候看护牛羊的神灵，阿波罗将其作为自己的别名）的祭祀活动。卡尼亚节从卡尼奥斯月（Carneus，大概是在 8 月）的 7 日一直持续到 15 日。节日期间，禁止一切军事行动。

节日庆祝的高潮是一个典礼，它由四个年轻的单身汉主持。每四年斯巴达的各族都会抽签，产生这样四个主持人。仪式开始时，一个戴着花冠的男子率先跑开。一大群青少年手里拿着一串串葡萄追赶他。如果他们抓住了他，这对于一个国家来说就是个好兆头。

然后，人们在乡下搭建九个叫作“遮阳篷”的帐篷[6]。每个帐篷中都有九个公民，代表着斯巴达的各个胞族、宗派，以及不同的小群体。他们会以神的名义一起进餐。就在这时，斐迪庇第斯送来了消息。根据希罗多德的描述，斐迪庇第斯说道：“斯巴达的男人们啊，雅典人需要你们的帮助，请不要袖手旁观，这个最古老的希腊城市正在被外来入侵者摧残和奴役。”[7]

很显然，斐迪庇第斯的恳求感动了斯巴达的五位监察官，他们回应说，原则上，斯巴达是愿意出兵支援的，但不是现在。因为他们在庆祝卡尼亚节，他们只能延迟出兵。节日之后，月圆之时，也就是8月11日到12日，他们就会行动。

但斯巴达的五位监察官是真心的吗？一方面，斯巴达人笃信宗教，特别重视要按照神谕行事的传统；另一方面，他们总能找到不出兵的借口。五位监察官懒散傲慢，也许他们不会因为无法去救雅典人而感到不快。况且在国王克莱奥梅尼试图插手阿提卡地区的战争时，雅典人羞辱过斯巴达人。或许他们应该借此事杀杀雅典人的威风。

不论真相是什么，斐迪庇第斯都别无选择，只能两手空空，满怀悲伤地踏上归途。他一定想知道，雅典怎么才能幸免于难，古老的牧神会来拯救他们吗？

大流士一世还未放下对雅典人的怒气，因为雅典人曾派遣20艘船加入爱奥尼亚叛军。大流士一世既不可能原谅雅典人，也不可能原谅埃雷特里亚人。埃雷特里亚是埃维厄岛的一个城邦，当地人很早就开始从事海上贸易，曾派出一支军队将吕底亚的首都付之一炬，那里是克罗伊斯的旧都，犹如阿契美尼德王冠上的一颗明珠。他把这件事当成个人的羞耻。为了让自己铭记此事，他叮嘱一个仆人，每天晚饭前提醒他三次："陛下，请记住雅典人。"[8]

但他并不急着灭掉雅典人，解决这件事之前他需要做好充分的准备。正如我们所知，最重要的是制定一个战略性的计划，重新控制色雷斯。波斯人在大约公元前 512 年征服过色雷斯。

虽然我们不知道计划的细节，但是可以判断出大流士一世的初衷可能是想把波斯帝国的疆土扩展到多瑙河沿岸，控制难以驾驭的马其顿王国，或至少对其施加影响。这样做的理想结果是阻止乌克兰人向希腊，特别是向雅典出售粮食[9]，因为雅典日益依赖对粮食的进口。但这场战役远比大流士一世想象的艰难。在离多瑙河较远的一带分布着那些不安分的色雷斯邻邦，他不得不与其展开交锋。后来，他动身回国，把指挥权交给了他的一位将军，最后是这位将军征服了色雷斯。

这场战争中最引人注目的一项成就是一座横跨博斯普鲁斯海峡（Bosphorus，即伊斯坦布尔海峡）的浮桥，大流士一世的军队跨过此桥，就从亚洲到了欧洲。浮桥被拆除很久之后，人们在欧洲一侧竖起了两根柱子，上面记载了波斯军队中所有族群的名字。

设计此桥的人叫作芒德罗克列斯（Mandrocles），是来自萨摩斯岛（Samos）的希腊人。他自己花钱，请人将他的得意之作画成一幅画。这幅画陈列在赫拉的神殿里。题词写道：

> 在鱼群丰富的博斯普鲁斯海峡上架起了桥，
> 芒德罗克列斯将它献给赫拉，
> 以纪念他的浮桥。
> 他为自己赢得桂冠，是萨摩斯人的荣耀，

他的成就让国王大流士深感骄傲。[10]

第二座桥的建设是为了确保大流士一世的大军能驰骋到多瑙河更远的地方。

过了大约 15 年，爱奥尼亚的动乱刚刚平息，不服输的色雷斯人又爆发了起义。公元前 492 年，大流士一世派遣了他最看重的大臣马铎尼斯（Mardonius）前去镇压，以显示波斯的统治地位。马铎尼斯是一名贵族，曾帮助大流士一世夺取王位，同时也是他的侄子和女婿。大流士一世对取胜信心满满，计划打了胜仗之后经由马其顿进军希腊。他要在那里狠狠地教训埃雷特里亚人和雅典人。

起初，一切都很顺利。色雷斯被迫屈服，马其顿国王亚历山大投降，这一耻辱让亚历山大的继任者一直铭记在心。但随后，一场大风暴让波斯舰队的大部分舰船在凶险的阿索斯（Athos）海岬附近沉没。马铎尼斯受了伤。这次远征的失败使其名声扫地。为了让马铎尼斯恢复健康和挽回名誉，大流士一世解除了他的指挥权。

不死心的大流士一世决定组建新军，远征希腊。他这样做是受到了雅典前任僭主希庇亚斯的怂恿。希庇亚斯上了年纪，但仍然心怀故乡。他不仅想重新掌权，也希望能在家乡终老、安葬。息基昂不是一个理想的安身之处，因为莱斯博斯岛上的人反对雅典的移居者来到他们中间。所以希庇亚斯逃到波斯宫廷里，极力劝说国王尽快讨伐雅典人，并使其重新统治雅典。

公元前 491 年，大流士一世决意要试验一下，看看有哪些希腊城邦拥护他，或者用一个术语来说，哪些会“米底化”（即支持波斯人，希腊人有时候把波斯人称作米底人）。他派使者到希腊各城邦索要“土地和水”，众所周知，给了这两样东西就意味着臣服。在有些地方，他们得到了含糊的答案：雅典人像对待普通罪犯一样把波斯使者扔进坑里，而斯巴达人把使者丢进井里。如果他们想要土地和水，那就自己去取吧。这些做法严重违反了国际惯例与规则，毕竟他国的使者是不容侵犯的。

这一次，大流士一世派出了满载军队的舰船直接穿过地中海，而没有像马铎尼斯那样，让舰队贴着北部的海岸线航行并让士兵们沿着海岸线行进。波斯国王宣布，神圣的提洛岛不会因为他的愤怒而受到牵连，但波斯舰队过去不久之后，这座岛屿就经历了一场地震。许多人都认为这场地震是未来灾难的预兆。

波斯人在东边面临的威胁迫在眉睫，这导致了当地危机的爆发。在那场危机中，我们会再次见到野心勃勃又脾气古怪的斯巴达国王克莱奥梅尼，并见证他最后的胜利。

与雅典相邻的埃伊那岛虽然面积小，人口少，但贸易发达，因而十分富裕。这两个城邦的关系一直都很糟糕。雅典与埃伊那岛相隔只有几千米海域，两地的居民做着同样的生意，相互竞争，其中一方迟早要做出让步。公元前498年，埃伊那岛进入了“持久战”状态。埃伊那岛的舰队沿着雅典的海岸线航行，制造事端，并袭击了法勒隆（Phaleron）。法勒隆原先是雅典的出海港，尽管它看起来更像是无人保护的沙滩，而不是严格意义上的港口。所以，这里非常容易受到敌人的攻击，不仅如此，坏天气也时常作祟。

波斯的舰队和大军到来时，埃伊那城邦看上去很可能会投靠波斯。事实上，当初它没有丝毫犹豫，就把“土地和水”交给了大流士一世的使者。还有什么比老对手遭到羞辱更合意的呢？

斯巴达人的声望逐渐提高，被普遍认为是非正式的国际巡查员。所以，雅典人向他们提出申诉，称埃伊那岛正在“米底化”。他们说，因为跟雅典有争吵，埃伊那岛想要背叛希腊。岛上的居民打算与波斯侵略者为伍。

显然，是克莱奥梅尼国王主动要去埃伊那岛的[11]，他想抓几个领头的埃伊那人，但没有成功。他赞同雅典的民主制度，这一点并不为人知晓。人民都在私底下议论，说他是收了贿赂，所以去帮雅典的。回到斯巴达，他遭到与他一起执政的国王德玛拉托斯的攻击和诋毁。两人的关系一直不好。

面对德玛拉托斯的不断发难，克莱奥梅尼做了一个了断。他提出罢黜德玛拉托斯，理由是德玛拉托斯是个私生子。他们去求问德尔斐神谕，女祭司看上去已被秘密地说服，做出了对德玛拉托斯不利的裁决。德玛拉托斯逃离自己的家乡，就像之前的希庇亚斯一样，他也踏上了去往波斯王宫的路，波斯国王热情地迎接他，赐给他土地和城池，并任命他做了一名总督。

与此同时，克莱奥梅尼得到了他想要的人质，十名埃伊那人被送到雅典保护起来。然而，他的麻烦才刚刚开始。有丑闻爆出，他曾贿赂德尔斐的彼提娅篡改神谕。为了躲避惩罚，他逃往阿卡迪亚。在那里，他鼓励持不同政见者起来反抗斯巴达人在伯罗奔尼撒的统治。斯巴达的当权者很害怕，怕他任意妄为，对斯巴达人的利益构成威胁，他们认为最明智的选择就是忘记和宽恕。于是，克莱奥梅尼被召回，继续行使国王的权力。

根据希罗多德的描述，约在公元前 490 年，克莱奥梅尼发了疯。

用现代的话来说，那段时间他可能患上了妄想症。为了他和其他人的安全，他的家人把他锁在一个木枷里。但是他说服一个粗心的警卫给了他一把刀子。

> 他开始自残，一刀一刀地切自己的肉，从小腿开始，一直向上，切到大腿和臀部，最后到腹部，体无完肤。[12]

就这样，一位富有传奇色彩的斯巴达政治家死去了。克莱奥梅尼魅力十足，富有感召力，性格外向，但是也缺少耐心，容易冲动。他的政策是趁着斯巴达的声望日益增长，在国际上为自己的国家争取更重要的地位，尽管他的同胞对此存有疑虑。如果他能活得更长，他应该可以领导斯巴达对抗波斯人的侵略。

马拉松（Marathon）是停靠船只的好地方[13]。士兵们可以跳下运兵船，沿着海滩安营扎寨。这是希庇亚斯给两位波斯指挥官的建议。这两位指挥官，一位是国王大流士一世的哥哥阿塔斐尼（Artaphernes），另一位是来自米底的海军上将达提斯（Datis）。年老的僭主正跟随舰队一起航行，他希望他的新朋友能把雅典交还给他。

"马拉松"一词的意思是"种满茴香之地"。马拉松平原地势平坦，长约 8 千米，外形似镰刀。在郁郁葱葱的树林和灌木丛之间，黄色的花儿竞相绽放，枝叶轻软如羽，整个平原熠熠生辉。马拉松位于崎岖陡峭的群山和阿提卡东北部的海岸线之间。平原的北端是不到 2 千米的海角，伸向大海，名为辛诺苏拉，意思是"狗尾巴"。每年洪水定期泛滥，将平原一分为二，其中一半都是沼泽。往内陆不到 2 千米的高地上坐落着一个小村庄。从一个叫作姆诺斯（Rhamnus）的小港口延伸出一条路，向北数千米，穿过平原，一直延伸到雅典。

公元前490年8月初[14]，波斯人安全地渡过爱琴海，抵达马拉松。这里没有任何防御准备。登陆之前，他们在附近的埃维厄岛停留了一个星期，围攻了埃雷特里亚城。最终，几位领头人物背叛了埃雷特里亚。为报萨迪斯之仇，大流士下令焚毁神庙，俘虏其居民[15]。这些俘虏被安置在波斯帝国东部，住在距离苏萨不远的地方。此处有一个油井，用于提炼沥青、盐和石油。（多年后，希罗多德发现了这些俘虏，他们还是讲希腊语。）波斯远征军等了几天，没有采取行动。这是给雅典人时间考虑该站在哪一边。

据估计，达提斯和阿塔斐尼率领的大军约有25 000名士兵[16]。而军队的总人数，包括桨手和后勤人员，可能达到约80 000人。运送军队的商船共有400艘。腓尼基人是当时最好的水手，他们给大流士提供了大部分的战舰。

白天[17]，波斯的舰船停靠在大沼泽地和辛诺苏拉海角之间相对安全的海滩。他们上岸，沿着从姆诺斯延伸过来的道路安营扎寨。姆诺斯有一个水量充足的水泉[18]。这里的位置比较安全，每个方向都有小出口，他们向大海撤退也比较容易。

达提斯和阿塔斐尼完全可以对自己满意。他们不仅实现了第一个目标，即摧毁了埃雷特里亚，而且马上就要顺利实现第二个目标。他们已经用武力在阿提卡这片土地上建立了自己的地盘。那么下一个目标，也是最终的目标，就是雅典。此时雅典距离他们差不多42千米，即一天的行军路程。消灭路上可能遇到的武装抵抗对他们来说是轻而易举的事情。然后，他们就能洗劫雅典，让雅典卫城上的神庙化为灰烬。

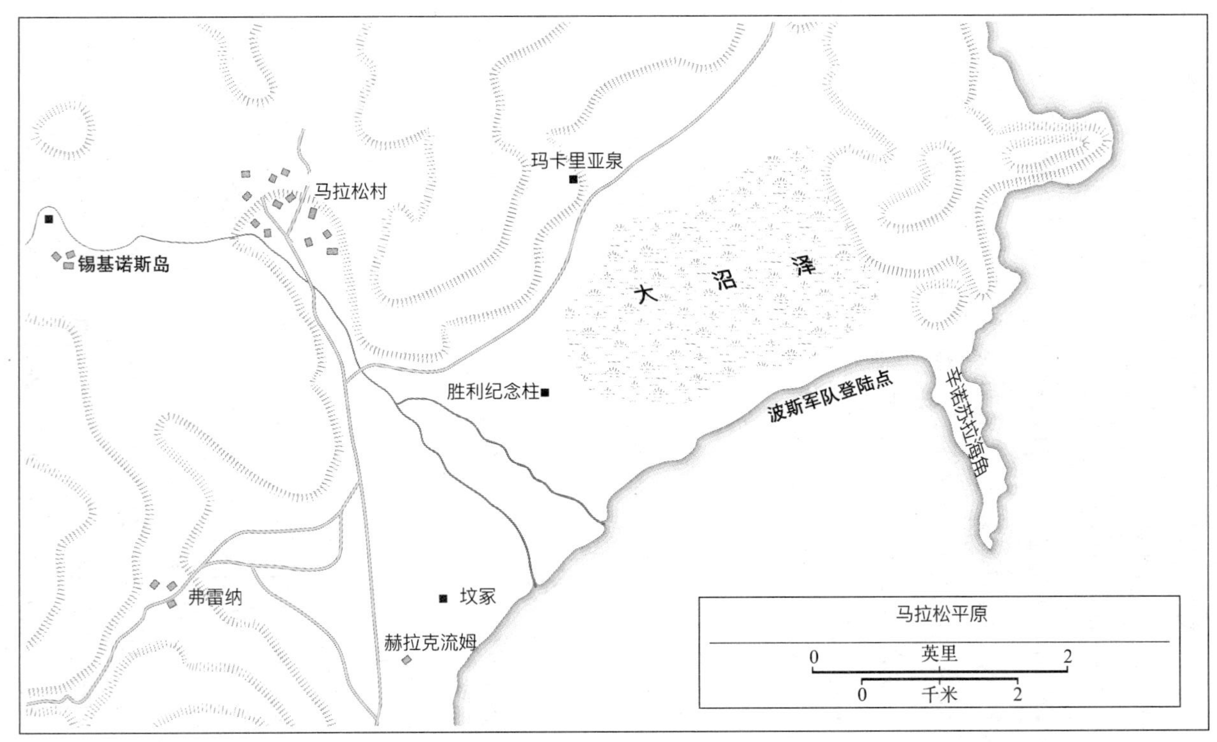
马拉松村
玛卡里亚泉
锡基诺斯岛
大沼泽
胜利纪念柱
波斯军队登陆点
辛诺苏拉海角
弗雷纳
坟冢
赫拉克流姆
马拉松平原
0
英里
2
0
千米
2

夜幕降临，有人从山腰高处俯瞰马拉松平原，点燃了烽火。这给雅典人带来了让人惊恐的消息，波斯人已经登陆了。

雅典该如何应对呢？很显然，雅典处于劣势，他们需要想方设法来扭转局面。雅典此时只能集结 9 000 名重装步兵，数量还不足入侵者的一半。此外，雅典既没有骑兵，也没有弓箭手，而据估计，波斯人带来了约 1 000 名骑兵和一支弓箭手部队。雅典训练骑兵主要是为了与敌人的骑兵作战，骑兵也能对步兵方队的侧翼产生很大的杀伤力。在希腊，只有富人才买得起马，因此，骑兵就只能由贵族担任。如果新的民主政体完全寄希望于由市民充当的重装步兵，虽然有些不明智，但也在情理之中。

经克里斯提尼任命，军事指挥权掌握在十位职权平等的将军手中，此外还有卡利马科斯（Callimachus）任军事执政官。一个团队来领导战争是不被看好的。在所有的指挥官中，作战经验最丰富的是小米太亚德[19]，他是腓拉埃德家族的子弟。腓拉埃德是名门望族，势力强大。

应当地部落的邀请，在庇西特拉图做僭主时，小米太亚德的继叔父（与他同名）带着一些雅典居民到了色雷斯的克森尼索半岛，并建立专制统治。小米太亚德的父亲塞蒙（Cimon）曾在奥运会上连续三次赢得了战车比赛的冠军，这样的成就只有另一个发起人获得过。塞蒙把其中的一场胜利献给了庇西特拉图。出于感谢，庇西特拉图允许塞蒙结束流亡，回到雅典。但是，庇西特拉图的儿子希庇亚斯和希巴克斯，显然既不喜欢也不信任塞蒙，就派人把他杀了。一天晚上，刺客潜伏在议事厅附近，等他出现时就袭击了他。塞蒙被埋葬在某个城门的外面，旁边的坟墓里埋葬的是曾为他带来胜利的战马。

大约公元前524年，小米太亚德恢复了曾经落入色雷斯人之手的家族的势力范围。他成了大流士的重臣，并参与了大流士对色雷斯人发动的战争。然而，他的忠诚只是表面现象。据说，他参加了爱奥尼亚起义，对抗波斯，在此期间，他控制了火山岛勒姆诺斯岛（Lemnos，俗称“赫菲斯托斯的铁匠铺”，赫菲斯托斯是火神和工匠之神）。他让一些雅典移民在岛上定居，实际上等于把勒姆诺斯岛和附近的小岛伊姆罗兹岛（Imbros）变成雅典的殖民地。

叛乱平息之后，小米太亚德觉得，避开大流士的怒火回到雅典才是明智之举。凭借他的军事经验和对波斯军队的了解，他在紧急战况中绝对是高层军事指挥官的不二人选。但是他是一个贵族，在实行民主制的雅典有不少政敌。他们起诉小米太亚德，称其对克森尼索半岛的雅典公民施行暴政。但幸运的是，他最终被判无罪。他确实是有罪的，但当时如果被定了罪，他后来就不可能当选为将军了。

卡利马科斯明白，单靠11位决策者的领导无法赢得战争，他深知自己能力有限。毕竟，作为执政官之一，他的任命是通过抽签决定的[20]。在他的建议下，其他指挥官同意把自己当天的指挥权移交给小米太亚德[21]，那时的指挥官是轮流掌握兵权的。

但雅典应该采取何种战略应对敌人呢？得知埃雷特里亚沦陷的坏消息之后，公民大会可能不止一次地讨论过这个问题。一种方案是雅典人躲在城墙内固守，以抵御敌人的围攻。另一种方案是重装步兵静待敌人到来，在城外迎敌。但人们对两种方案都持悲观的态度，认为无论采取哪种方案都必定会失败。还有第三个大胆的选择，就是主动出击，寻找敌军作战。不管波斯人在哪里登陆，最主要的目标应当是控制滩头阵地，这是小米太亚德的计策。他说服了公民大会，让人们相信他是对的。在公民大会的一次重要会议上，他提出，雅典的重装步兵应该“自带口粮出发，立刻迎击敌人”[22]。大家也同意，一些奴隶应该得到自由，以便他们能与波斯人作战。

公元前490年8月的那个晚上，当雅典人收到烽火传来的信号时，将军们随即派斐迪庇第斯去斯巴达求援，但他最终无果而归，同时他们把波斯入侵的消息送给彼奥提亚的一个小城邦普拉蒂亚（Plataea)。普拉蒂亚位于阿提卡北部，并不情愿加入彼奥提亚同盟，但对雅典非常友好。重装步兵准备沿着海岸行进，迎接即将到来的命运，他们要么趁着夜色离开雅典，要么静待初夏的黎明。每个士兵都有一头驴和一个奴隶，帮他携带盔甲、武器和宿营所需的军备。

重装步兵进入马拉松平原[23]，并在赫拉克勒斯的神庙附近扎营。这是一个很有利的位置，离山泉和马拉松村庄里的水源都很近，便于取水。他们砍倒树木，堆在军队的两翼，作为抵挡波斯战马的防护屏障。通往雅典的沿海道路已经设防，波斯人被阻挡在滩头阵地上，战役已经取得第一阶段的胜利。除非波斯人在战斗中击败雅典人，否则他们无法前进，只能撤离。

普拉蒂亚人对雅典人之前的求助做出了及时的回应，他们派出的一支600到1 000人的援军抵达雅典人的军营。但也有一些坏消息。斐迪庇第斯已经回到雅典。此时大家都十分清楚，即使再等六七天，斯巴达的援军也不可能到来。

在这个时候，双方都有充分的理由拖延时间，避免进一步采取全面又严密的行动。雅典人正在等待斯巴达人过完节日，然后派兵支援自己。此外，雅典将领们对马上开战也显得焦虑不安，因为波斯骑兵和弓箭手可以轻而易举地从侧翼和后方攻击他们的步兵。

而达提斯和阿塔斐尼也十分担心，因为作战能力占下风的波斯步兵难以对抗全副武装的重装步兵——他们绰号“铜人”[24]，据说刀枪不入。同时，他们正与某些雅典人联络。这些人支持恢复僭主政治，愿意背叛自己的城邦，在时机成熟的时候会给波斯人打开城门。

但没有人知道这些藏在暗处的叛徒到底是谁。当时，很多人认为叛徒是阿尔克迈翁家族的人，但这似乎不太可能。正如希罗多德指出的那样，多年来，这个家族一直反对僭主[25]。家族的领袖克里斯提尼把民主制度引入雅典，并且一直让阿尔克迈翁家族活跃在雅典的公共生活中。这个家族的一些成员后来的确成了陶片放逐的受害者，但此时变节肯定是目光短浅的。

所以，一连几天都没有发生什么事。两军对峙，相隔三四千米，都在等待时机。虽然斯巴达人那里没有任何消息，但我们可以假定，达提斯和阿塔斐尼知道斯巴达援军会很快赶来，这会改变力量的对比，让波斯军队失掉人数多的优势。与此同时，波斯人安插在雅典的线人没有任何消息。

波斯的将军们决定采取行动了。实际上，雅典城此时没有任何防御。很显然，所有士兵都被调到马拉松去了。8 月 11 日或 12 日夜间，达提斯集结了一些步兵和大量的骑兵，组成了一个特遣分队，起航前往雅典的法勒隆港。他打算出其不意地拿下雅典城。幸运的是，监视波斯军队的爱奥尼亚侦察兵黎明前悄悄离开哨所，把这个紧急消息送到了雅典军营，“骑兵已经撤走了”[26]。

一下子，卡利马科斯和小米太亚德感到时间紧迫。波斯的骑兵不在，雅典的重装步兵离胜利又进了一步。达提斯和他的舰队需要在白天航行 12 小时才能到达法勒隆，另外需要大约一个小时的时间上岸。雅典人是否有可能在早上打响战斗并快速赢得胜利，然后在晚上赶回去保卫雅典城呢？对此，小米太亚德毫不怀疑，他十分确信此计可行。但十位将军的意见却是一半赞成，一半反对。卡利马科斯作为军事执政官，鼓足勇气投出了决定性的一票——进攻。

早上五点半左右，希腊军队在平原上列好队伍，准备迎击波斯人。波斯人离开了军营和身后的大沼泽。如果小米太亚德的作战计划行之有效，大约九点钟之前就能结束战斗并取得胜利。他猜测，按照波斯人的习惯，阿塔斐尼会把军队中的精锐力量安置在中线，较弱的编队放在两翼。事情果真如小米太亚德猜测的那样。

重装步兵通常集结成八排，但人数占优的波斯军队的前锋比雅典军队长很多。所以，为了避免被敌军包抄，作为指挥官的小米太亚德在加强两翼的同时，把中线上的队伍缩减到三四排。

他决定将计就计，给敌人设一个陷阱。让波斯的中军向前推进，而雅典的重装步兵则不断后退。同时，希腊军队的两翼，其中一侧包括勇敢的普拉蒂亚人，将从正面攻击敌人，随后突然转向，从两侧和后方进攻波斯的中军。

起初，在战斗号角吹响的时候，希腊军队只是步履轻快地前进。当他们进入弓箭手的射程范围时，突然跑了起来。战斗的过程跟小米太亚德预想的一模一样。他的中央方阵在波斯人的重压之下后退。两翼的军队击溃了波斯军队。对此，希罗多德写道：

雅典人和普拉蒂亚人占了上风，被击败的波斯军已呈溃逃之势，随后雅典两翼的军队向中央合拢，兵力转向已经突破中央包围圈的敌军。[27]

战斗的最后阶段是血腥的厮杀。希腊人一直追到敌人的营地和舰船，敌人的船只已经做好准备撤退。卡利马科斯战死了，悲剧诗人埃斯库罗斯的兄弟也在战斗现场，当他试图抓住敌人的船尾时，手被砍断了。许多波斯人被杀，鲜血染红了海水。我们得知，6 400 人在战斗中丧生，不过其中只有 192 个是希腊人。

战败的波斯将军带着他的伤员扬帆而逃。在此之前，他一直在等雅典的叛徒发出信号。终于，有人用青铜盾牌从山顶上反射出亮眼的光。这大概是预先商定的信号，表明雅典的反民主人士现在可以把城市交给年迈的希庇亚斯了。而他们得到的回应却是，阿塔斐尼带着他伤痕累累的舰队向南驶去。强烈的海风和海浪把他们驱赶至苏尼昂海角（Cape Sunium）。他希望，不要再有什么意外了。

早上九点之后，情况就不妙了。希腊指挥官派了一名信使跑回雅典报捷（也许他再次派遣了斐迪庇第斯[28]），筋疲力尽的雅典大军以最快的速度紧随其后。

那天晚些时候，当达提斯带着他的舰队顶风停在法勒隆港时，发现了经过血腥战斗和长途跋涉的雅典重装步兵，惊恐万分。在雅典城外，坐落着名为赛诺萨吉斯（Cynosarges）的露天体育场和赫拉克勒斯的神庙。从这里向南望去，能够看见大海和敌人。达提斯这个米底的指挥官知道在争取时间的比赛中他已经输了。当然，他现在明白，这场战争也输了。对于他和率领舰队前来的阿塔斐尼而言，没有比制定回国路线更为重要的事情了。希庇亚斯也跟随他们一起回到波斯，他重新掌握雅典政权的希望已经彻底破灭。叛徒们都噤若寒蝉，不管他们是谁。此后很多年，雅典都没再有僭主。

庆祝完节日，月圆之后，斯巴达人派出 2 000 人的援军帮助雅典人，但他们来得太迟了。他们对雅典人的获胜表示祝贺，并心情沉重地巡视了战场。对他们来说，这是令人羞愧的经历。

马拉松战役是一场著名的胜利。更重要的是，这是鼓舞和激励，因为它证明了雅典的新制度可以为公民注入活力，民主的进程不像批评家预言的那样步履蹒跚。公民可以做出决策，坚持选择，赢得战争。而且，大流士一世令人生畏的军队只不过是泥足巨人，完全可以被击败。自由的民众战胜了东方暴君的乌合之众。

相比之下，对大流士而言，这次战败几乎没有什么战略性的影响[29]，只是给他的名誉、自尊，以及他的帝国制造了一点小麻烦，并未造成重创。尽管如此，这次失败还是令他懊恼不已。他发誓，等时机允许，他还会卷土重来。

希腊人充分表达了对战争胜利的纪念。雕像和颂歌是常见的形式。他们为阵亡的卡利马科斯竖起一根纪念柱。一些死去的希腊人被火化，被埋葬在一个巨大的坟墓中，我们今天仍然可以见到。希腊人每年都举行活动，以纪念“那些为自由的事业而牺牲的人”[30]。数千战死的波斯人却没有得到足够的尊重。雅典人声称他们安葬了波斯死者[31]，却不见波斯人的集体坟茔。战死的波斯人被草草地扔到马拉松平原北端的一条沟渠里（19 世纪的一个德国游客[32]说，他在那里发现了散落的人类骨骼）。

正如奥林匹斯诸神加入了希腊人和特洛伊人之间的战争，在狂风劲吹的特洛伊平原的天上地下展开厮杀那样，诸神也在马拉松这块神圣的土地上参与了希腊人与野蛮人的斗争。这些神包括雅典娜、半神半人的赫拉克勒斯，以及这座城市的创建者忒修斯。希腊人以不同的方式对帮助他们的诸神及其他神明表达了敬意：他们在雅典卫城给雅典娜塑了一座铜像，还在德尔斐建造了一座宝库，宝库的献词是“来自马拉松米底人的首次硕果献给阿波罗”[33]。

大约25年之后，或许更晚，有关马拉松战役的壁画出现在了集会广场的一个彩绘柱廊上。它采用了复合的叙事手法，把战争的不同阶段浓缩在一幅画中。在十位将军中，小米太亚德被置于最显著的位置[34]。公元2世纪，旅行作家保萨尼阿斯看过这幅壁画，并把他的所见记录了下来。

> （普拉蒂亚人和雅典人）正面临与野蛮的波斯人的纠缠：战争暂时还分不出胜负。但到了战斗最激烈的时候，波斯人四散奔逃。你拥我挤，落入沼泽。这幅壁画的结尾是腓尼基人的战船驶来，希腊人冲进波斯人的队伍，大肆屠戮。英雄马拉松（与地名同）……站在那里，忒修斯、雅典娜和赫拉克勒斯一同从地上升起。[35]

战斗胜利之后，雅典人没有忘记斐迪庇第斯所经历的牧神潘的显现，据说伟大的牧神潘也参与了战争，共同反抗侵略者。重要的是，这是他在阿提卡第一次受到人们的夸奖和欢迎。

人们在马拉松村附近的一个洞穴祭拜他和宁芙（Nymphs），宁芙是这个村庄的神灵，也是牧神潘热情的伴侣。不知疲倦的保萨尼阿斯说，这个地方值得一看。

> 洞穴的入口很窄，当你进来时，你会发现“房间”和“浴室”，以及所谓的牧神潘的“山羊群”——许多形状酷似山羊的岩石。[36]

现代人重新发现了这个洞穴[37]，洞内有含水的孔穴和钟乳石，只要发挥一下想象力，就会发现钟乳石很像山羊。人们在这个洞穴里发现了牧神潘和一些女性的小雕像，以及雅典的红绘陶器和黄金首饰，这些东西可以追溯到公元前5世纪至罗马时代。

雅典卫城西北方向的斜坡上有一个较浅的洞，那里也是牧神潘的“家”。人们每年都会向他献祭，求其息怒，并举行火炬接力赛跑。人们在阿提卡的许多山上发现了其他供奉牧神潘的洞穴，其中最华丽的一个是在伊米托斯山上。一个叫作阿基德莫斯（Archedemos）的人把自己描述成一个迷乱之人，被宁芙深深吸引，如痴如狂。洞里的墙上布满了浮雕和题铭。

小米太亚德在战场上供奉了一座牧神潘的雕像，西莫尼季斯写了一段简短的铭文。

> 我是长着羊脚的来自阿卡迪亚的潘。我反对波斯侵略者，
> 并为雅典人而战。小米太亚德塑造了我。[38]

人们似乎可以在山间听见牧神潘欢快的声音。

第 9 章

刺猬与狐狸

一位父亲带着十几岁的儿子在法勒隆的沙滩上散步[1]，法勒隆是雅典的一个没有遮挡的港口。沙滩上有几艘退役的三层划桨战船，船体已经腐烂，船被拉上岸之后就被废弃了。他知道儿子正在做从政的打算，所以想告诫一下儿子。他指着那些船说道："看到了吧，这就是民众如何对待失去了利用价值的领导者的。"

但男孩没有听父亲的建议。男孩的名字叫塞米斯托克利斯（Themistocles）。他生于公元前 524 年，富有雄心壮志，但有两个明显的劣势。他是半个外国人，因为母亲是色雷斯人。虽然他的父亲尼奥克列斯跟一个名门沾亲带故，但也只是一个"极其普通的男人"[2]。民主政治刚刚兴起，最好的职位仍然是由贵族和纯正的雅典望族担任的。

塞米斯托克利斯只能投入更多的精力和才智来弥补自己出身低微的劣势。普鲁塔克在塞米斯托克利斯的传记里写道，他"性子冲动，天生聪慧，整天为公共事务忙碌"[3]。

他饱受歧视，因为别人都看不起母亲是外国人的混血儿，虽然他们也有雅典的公民身份，但被视为私生子。有人让他们去城门外的赛诺萨吉斯体育场进行身体训练。这个稍微低端的体育场所是奉献给赫拉克勒斯的，他有一半神的血统，父亲是宙斯，母亲则是一个凡人。为了减少这种不利的社会地位对自己的影响，塞米斯托克利斯说服了一些上层社会的朋友与他一起去赛诺萨吉斯训练。

在还是个学生的时候，他就非常喜欢进行模拟演讲，学习演说家的讲话艺术。任何人想在新生又充满喧嚣的民主政治中有所建树，这些都是必不可少的技能。意在塑造性格的课程或是教授“适合自由人的美好才能”[4]（如调整琴弦或演奏竖琴、唱歌、跳舞等）的地方对他几乎没有什么吸引力。结果，在他参加的一次上层社会的晚宴上，受邀的客人都被期待是业余的音乐家，能在餐后演奏或者高歌一曲，而他却未能展露光芒。有些人自认为比塞米斯托克利斯受过更好的教育，就嘲笑他的粗俗。

他早年的政绩并不是很理想，因为他有点太冲动了。后来他为自己辩白：“只要适应了新环境，最不听话的小马驹也能成为骏马。”[5]

如果塞米斯托克利斯需要一个例子来证明他父亲所预言的雅典政客的命运，那么这个人就在眼前。此人在马拉松战役中名声大噪，但胜利后不久就身败名裂了，他就是伟大的小米太亚德。

公元前490年，塞米斯托克利斯30岁出头，作为一个成年男子，他参加了马拉松战役。他很爱孩子，结过两次婚，生了十个孩子。他看起来是一个幸福的居家男人，而其他方面我们可以从他政敌的描述中获取一些信息。

塞米斯托克利斯从来不会错过任何挣钱的机会。他生活奢侈，大肆挥霍，热衷玩乐，给朋友送礼物出手大方。在奥林匹亚，他跟小米太亚德的儿子，即年轻的花花公子塞蒙（Cimon）斗富。他举行更为铺张奢侈的晚宴，布置更加富丽堂皇的帐篷和家具。但这给大家留下了不好的印象。如果他只是一个富有的年轻人，这种生活方式并无不妥，但他还是一个政治家。

我们有一座塞米斯托克利斯的石头雕像[6]。他脖颈粗壮，虽然那只是他的半身像，但给人的印象是他体形很敦实。他的头发短而卷曲，下巴上的胡须也是短而卷曲的，上唇的浓密长髭向下垂落。眼睛睁得大大的，嘴唇厚实而感性，嘴角上扬，微微笑着。他聪明，好学，有趣，这正是人们可能想象出来的经验丰富的政治家的形象，世事洞明，阅人无数。

塞米斯托克利斯成了公民大会中的杰出人物，受到民众爱戴。他于公元前 493 年任执政官，是雅典历史上第一个激进的民主主义者。正是在他任职期间或任职前后，人们依据反暴政法，审判了小米太亚德。小米太亚德最后被判无罪，塞米斯托克利斯很可能起到了重要作用，虽然他跟小米太亚德这样的老派贵族几乎没有任何共同之处。但小米太亚德是最优秀的将军，在波斯入侵的当口，他是不可或缺的。在塞米斯托克利斯看来，能击败敌人的人就是他的朋友。

但是马拉松战役打响并最终获胜之后，复杂的感情让塞米斯托克利斯苦恼不已。人人都在颂赞小米太亚德的才华，普鲁塔克写道，在大多数时间里：

> （塞米斯托克利斯）在沉思默想。他开始失眠，以前经常去酒会，现在有人邀请也不去了。人们看到他的变化很惊讶，问他怎么了，他回答说，在战场上为颂扬小米太亚德而立的纪念碑让他

无法入眠。[7]

塞米斯托克利斯并不只是妒忌小米太亚德。他还担心，像小米太亚德这样强有力的贵族一旦兴起，会对民主制度造成威胁。但幸运的是，小米太亚德自己害了自己。

因为小米太亚德成了知名人物，雅典民众很乐意地投票，决定给他 70 艘战船，这样他就可以“对曾经帮助野蛮人的那些岛国宣战”[8]，更确切的或许是，“给他们带来财富”[9]。小米太亚德盯上了基克拉迪群岛的帕罗斯岛，这个岛屿因盛产白色大理石而闻名，帕罗斯人曾轻率地献给波斯舰队一艘三层划桨战船。

不过，他先教训了其他一些岛屿，以此警告帕罗斯人将面临什么样的惩罚。但这样一来，帕罗斯人便有时间加强防御了。小米太亚德下了最后通牒，让他们拿出 100 塔兰特，否则将面临毁灭性的打击，但遭到了他们的断然拒绝。雅典人围攻了港口。

帕罗斯人出兵抵抗。一个月过去了，雅典人开始动摇。小米太亚德与当地的女祭司就如何攻占这个岛进行秘密商讨。城外的山上有一座丰收女神得墨忒耳的神庙，他们约在那里见面。一天晚上，他赶去赴约，但当他跳过神庙的墙时，伤了膝盖（也有人说是大腿受了伤），非常严重。

而此时，帕罗斯人误把邻岛上意外发生的森林火灾当成了烽火信号，以为波斯舰队的援军将至，所以士气大增，坚决不投降。

受伤的小米太亚德别无选择，只能两手空空地回到雅典。在其他贵族家族和民主领袖当中有不少他的死对头，他们对他步步紧逼，欲将其置于死地。于是，他第二次遭到审判。与阿尔克迈翁家族联姻的科桑西普斯指控小米太亚德背叛国家。

他的膝盖还没有愈合，生了坏疽。可怜的小米太亚德将军病得很厉害，所以不得不被人用担架抬到法庭。他手下的许多士兵和水手可能都没有得到报酬。如果真是这样，就可能导致公众对其态度的转变。英雄与反派人物之间只有一步之差。

公诉人要求判处他死刑，但这显然太过分了。不过，最终的判决是他要交纳 50 塔兰特的巨额罚款，但他在付清之前就死去了。他 20 岁的儿子塞蒙替他还清了这笔钱，还债的过程几乎使腓拉埃德家族倾家荡产。

小米太亚德最后的结局是不幸的。但在奥林匹亚的博物馆里，有一个头盔，上面刻着“小米太亚德专用”，这个头盔可能是他在马拉松战役中戴过的。这是十分有纪念意义的。

此时，距打败大流士一世还不到一年。

许多雅典人自我安慰地认为，击退波斯人就万事大吉了。他们觉得野蛮人被打得落花流水，不会再回来了。但塞米斯托克利斯强烈反对这种看法，他认为刚刚过去的入侵只是个前奏。普鲁塔克写道，就像一名运动员，在赛前他需要做一下热身[10]，然后进行角逐，目标是做希腊世界的冠军。为了应对日后更加残酷的战争，塞米斯托克利斯认为应该让整个城邦投入训练。雅典没有多少时间准备，也不能指望侵略者再多宽限几年。

塞米斯托克利斯是对的。因为雅典人参与了爱奥尼亚叛乱，大流士一世已被激怒。他一直在伺机报复雅典，但没想到自己的舰队轻而易举地就被击溃了。他现在已经变得更加怒不可遏。

不久，东方传来消息，波斯对希腊的第二次远征正在紧锣密鼓地准备，这次的规模比第一次大得多。大流士一世派遣使者到波斯帝国的主要城市，命令人们提供马匹、食物、战船和部队运输船。男人们被征入伍。波斯增加了税收，以支付远征的花销。希罗多德写道，“宣布了这些命令，亚细亚地区三年都不得安宁”[11]。

但命运不按常理地出了两张牌。首先，由于赋税加重，公元前486年，埃及爆发了大规模的叛乱，随后波及波斯的一个省。当时，大流士一世统治埃及，但他任命总督管理国家。毫无疑问，埃及人必须臣服于波斯。人们在苏萨发现了身着埃及盛装的大流士一世雕像的复制品，上面有楔形文字和象形文字的铭文。雕像原作可能竖立在赫里奥波里斯（Heliopolis）。上面的波斯文以法老王奥西曼提斯的口吻写道：“这是大流士国王命令在埃及完成的雕像，所以将来不论谁得到雕像，都可以知道这个波斯人统治过埃及。”[12]

哦，不，你才没有统治过埃及，埃及人回答说。既然侵略无法避免，他们就只有起来反抗了。叛乱还未平息，同年11月，大流士一世去世，享年64岁，在位36年。他的坟墓是在岩石上凿出来的洞，面向高山，下葬时，人们为他举行了体面的仪式。在一处铭文中，他展示了自己最光鲜的形象：

> 我的愿望就是追求真理。我不与撒谎者为友。我没有火暴脾气。因为有思想的力量，我才能控制住愤怒，不做傻事。我坚决遏制了自己的（冲动）。[13]

这不是饱受创伤的希腊人眼中那个满腔仇恨的君主。不过，这也能让我们想到，只要臣民顺服，波斯的国王们的确建立了秩序井然、有远见且仁慈的政府。

大流士一世的指定继承人是他 32 岁的儿子薛西斯，居鲁士大帝的外孙。薛西斯继位后要做的第一件事就是重新征服埃及。他做到了，不过也遇到了不少麻烦。他的统治跟他父亲相比更为严苛，而且他拒绝接受埃及法老的称号，这是十分傲慢无礼的。

公元前 484 年，薛西斯把注意力转向了希腊。

一个小男孩儿沿着幽闭的地下隧道爬行，其中一些隧道的直径只有 60 到 90 厘米，对大多数成年男子来说，这太窄了，没法通过。[14] 男孩儿是个奴隶矿工，还有数百名甚至数千名像他这样的奴隶矿工整日辛苦劳作，从阿提卡东南部的劳里昂银矿中开采银矿石。

矿石有三层结构，层与层之间由石灰岩隔开。采矿业的发展有几个世纪了（色诺芬说，“自古就有之”[15]），最初可能是露天开采。庇西特拉图做僭主时，雅典开始了对矿产资源的系统性开采。竖井伸至地下，矿坑中油灯摇曳，奴隶在这里工作，赤身裸体，身上尽是锁链留下来的烙印。无法计算这里面有多少小孩子。他们的处境很悲惨，充满危险，随时都有丧命的可能。

这些矿山是属于雅典城邦的，租给了富有的投机商。我们知道在公元前 5 世纪，一个有名的雅典政治家出租了大约 1 000 个奴隶给一个色雷斯矿主，矿主租用这些奴隶每人每天需要 1 欧布鲁斯。矿主可能买了这些奴隶，后来又把他们释放了。（1 欧布鲁斯可以买 3 升多葡萄酒；3 欧布鲁斯就可以嫖妓一次。）

这些矿山给城邦带来了可观的收入。公元前 484 年（或公元前 483

年)，一个竖井挖通了第二层石灰岩，矿井底部露了出来，这显然是一个取之不尽的新银矿。无尽的财富源源不断地流向雅典及其市民，就像宙斯化身成金雨去铜塔看望美丽的达娜厄（Danae）一样。仅仅经过一年的开采，劳里昂每年的额外收入就可能多达100塔兰特，折算成纯银约为2.5吨。

这是一个奇迹，塞米斯托克利斯打算好好利用这笔钱。他非常清楚该如何支配这笔意外之财。

来自帕罗斯岛的阿尔基洛科斯（Archilochus）是公元前7世纪的诗人，有人认为他可与荷马相媲美。他曾写道："狐狸知道很多事情，但是刺猬知道一件大事。"[16] 塞米斯托克利斯确实有狐狸的聪明和狡猾，但他实际上也是一只刺猬。他整个政治生涯都是为了一件最为重要的事情。

虽然雅典勉强有一支海军，但它更为自己的陆军——重装步兵——感到自豪。毕竟，就在不久以前，这些重装步兵刚刚打了胜仗，许多人认为那是希腊历史上最伟大的陆上战役。但塞米斯托克利斯认为，他有充分的理由证明雅典的未来在海上。

他的想法兼有战略和战术上的意义。雅典的人口还在增长，正如我们提过的，阿提卡山地众多，难以生产出足够的粮食。城邦对进口粮食的依赖日渐增加；这些粮食大部分来自黑海北部沿岸地区肥沃的耕地。而这样一条长长的海运供应线，重装步兵是没有办法保护的。因此需要一支更强大的海上舰队。

此外，需要做更多的事情来鼓励贸易的发展。梭伦已经采取行动，但这还不够。如果雅典战舰控制了爱琴海，就可以保证航行的安全，创造有利的海上环境，让雅典的商船从容地进行贸易。

当然，雅典还有波斯这个大麻烦。如果薛西斯卷土重来，雅典的重装步兵人数将处于明显劣势，可能无法阻止他入侵阿提卡，甚至夺取雅典。从马拉松一战来看，雅典人也不能依赖斯巴达等其他军事力量。万一出现最糟糕的情况，他们需要一支强大的雅典舰队将人们撤离到邻近的岛屿，比如萨拉米斯，甚至是航行至意大利，再建一个新雅典。如果爱琴海其他城邦的海军能加入进来，希腊人就能够集结足够的三层划桨战船来迎击薛西斯的舰队。

公元前 493 年，塞米斯托克利斯担任首席执政官，所以他有机会推进他的宏伟蓝图。第一步是建立一个新的可防御的港口来取代法勒隆。法勒隆作为港口的唯一优势就是在雅典人的视野之内。舰队不得不停靠在海滩上，因此很容易遭遇海浪或者敌方船只的威胁。15 年前，凶残的埃伊那岛人在那里放火焚烧了舰船。

在距离比雷埃夫斯海岸不远处，离雅典 8 千米的地方有三个紧挨着的天然岩石港。希庇亚斯早就看到了这个地方的优势，因为他正是在这里建了紧急避难的城堡。塞米斯托克利斯说服公民大会提供资金，建造比雷埃夫斯的防御工事，开发这三个港口。这是一个巨大的工程，历时 16 年才完成。砖石砌成的坚固墙壁拔地而起，墙壁之间的距离很宽，足够两辆马车并排行驶。

他提议如果城邦在陆地上遭遇威胁，政府就应该从雅典迁到新港口[17]。但提议没有得到认可，被搁置一边了。抛弃雅典卫城和众神的神庙几乎是对神的亵渎。

塞米斯托克利斯还制订了一项计划，来管理一支更庞大的舰队。这项计划不仅需要大笔的经费，在政治上也很敏感，因而未能获得支持。如果说耗资巨大的骑兵是贵族的特权，全副武装的重甲步兵由富裕的中产阶级充当，战舰则是留给穷人或雇工阶层的。他们是一群下等人，需要做的是划船这项苦差事。一个世纪以后，柏拉图用富人们埋怨的口吻表达了不满。他写道："塞米斯托克利斯夺走了雅典人的长矛和盾牌[18]，让他们坐在长凳上划桨。"公民大会既没准备给贪婪的穷人更多资助，也不愿把自己的未来交给波涛汹涌的大海。

不过十年之后，雅典人在劳里昂发现了新的银矿层，在这期间，雅典跟邻近的贸易上的竞争对手埃伊那岛龃龉不断，公民大会改变了主意。埃伊那岛在马拉松战役时支持波斯，这让雅典人极为不满，一直难以释怀。

对于劳里昂的财富，一个广受欢迎的提议是将它平均分配给雅典的所有公民，就像从非常成功的贸易中分红。但在公民大会上，塞米斯托克利斯坚持认为，这样做无异于浪费，绝不可行。悲剧之父埃斯库罗斯把这笔财富称作"银子的源泉"[19]。塞米斯托克利斯向参加集会的人们解释为什么更应该把这笔财富用在海军的建设上。埃伊那岛的确是麻烦的制造者，但那只是他的托词，塞米斯托克利斯真正担心的是波斯。他没有大肆渲染，一方面是因为他得从马其顿购买建造三层划桨战船所需的木头，而马其顿那时是波斯的领地；另一方面还因为他的同胞们并未把薛西斯的威胁当回事。

尽管反对的声音很强烈，但在公元前483年到公元前482年之间，公民大会最终同意建造200艘三层划桨战船[20]。雅典人认为，如果他们不能在海上击败埃伊那岛人，那么他们至少可以建造更多的舰船，以此来震慑对手。

据估计，雅典的造船工匠速度最快时一个月可以造6至8艘三层划桨战船。埃伊那岛没有财力与之竞争，只能沮丧地看着雅典组建规模是自己三倍的海军，并建立了能安全停靠船只的大港口。或许没有人告诉薛西斯这些事情，不过即使他知道了，也可能不予理会。他所拥有的舰船远远超过了雅典所能提供的最多的数量，船上配备的水手是地中海最厉害、最令人惧怕的腓尼基人。

三层划桨战船[21]虽然有两张方形的帆，但主要是靠划桨提供动力。它被形象地称为高级的八人赛艇[22]。需要高度专业的操作，而且船体轻，船速快，反应敏捷。

它由一种桨帆并用的战船发展而来，那是一种老式的船，每侧有25只桨，排成一排。这种船大约出现在公元前600年，据说是埃及人发明的。三层划桨战船专门设计用来对抗其他的战船，或可猛烈撞击敌船，或可让船员登上甲板。战船的主要武器是固定在船头吃水线上的青铜撞嘴，目的是刺穿敌军的船体。

一艘三层划桨战船长约37米，宽约5米。再长一点的话，船体太重，操作性能会下降；如果再短一点，承载的桨手则会减少，速度因此也会减慢。一艘船上通常配有170名桨手，大多数是下层的贫民，还有雇佣的外邦人、一些军官和舰船上的重装步兵。

桨手分坐三层，下面两层在船体内部，最上面的那层在舷外支架上。只有坐在舷外支架上的桨手能够看见船桨击水，他们指挥和管理下面两层的桨手。“三层划桨战船”因此得名。

战船的速度可以达到每小时13千米，时速是10千米时更为舒适，如果船员轮流休息，时速就是每小时6千米。一切都得看天气如状况。倘若桨手能划八个小时，那一天可航行80到100千米。如遇紧急情况，新的战船配上操作老练的船员，航行里程可能会增加一倍。

但三层划桨战船也有一些近乎致命的缺点。首先，它需要大量的人手，管理费用极其昂贵。一个船员每天可赚取 1 德拉克马[23]，所以，1 塔兰特只够一艘战船一个月的开销。如此算来，一支拥有 10 艘战船的小型舰队航行三个月将花费 30 塔兰特。一支 200 艘战船组成的舰队雇佣多达 40 000 人，会让大多数的希腊城邦迅速破产，同时耗尽他们的人力资源。严重的军事失败或者风暴造成的破坏可能会带来惨不忍睹的伤亡。

技术上的缺陷削弱了三层划桨战船的潜力。战船的保养维护不仅花费高，而且耗费时间。帆、方向舵、绳索、桨和桅杆等，有时在行军途中就得更换。如果船只在海上停留的时间太长，船舱就会进水。为了防止发生这种情况，每天晚上都必须把船拉上岸，使船保持干燥。若使用轻质木材，建造时不太困难，但难以抵御敌人的突袭。

船上的空间也非常狭窄，因各种需要，桨手不得不下船。只有储存水的空间是足够大的（每人每天 8 升水）。船员们在岸上吃饭、睡觉。三层划桨战船的当代复制品已经下过海。充当桨手的志愿者发现，他们所处的空间臭气熏天，热浪滚滚，几乎无法忍受（当然，比起两千多年前的人们，我们对可忍受的环境可能有更高的期待）。

三层划桨战船的设计注重速度，而不是耐用性。所以，与战斗中的损坏相比，它所遭受的更多是暴风雨带来的损毁和沉没。比如说，当下沉的冷空气以飓风的速度突然垂直刮下来时，会对船体造成致命的损坏。即便是现代的度假游艇，遇到这种情况也无法幸免。希腊舰队在冬季不会冒险出港。

实际上，三层划桨战船只适合在夏季的白天航行。

阿里斯提得斯（Aristides）是塞米斯托克利斯的政治对手，二人的个性并无多大差别，都足智多谋，富有想象力。阿里斯提得斯保守、廉洁，因而有一个绰号叫作“公正先生”。他是克里斯提尼的密友和追随者，当初他赞赏克里斯提尼的民主改革，但后来改变了主意。他最钦佩的人是（也许是）传说中斯巴达政制的制定者莱库古。他对民主政治不怎么认同。

他一直强调既不给别人好处，也不接受别人给的好处。有一次，他在法庭上起诉一个仇人。陪审团拒绝听被告的辩护，坚持立即做出裁决。阿里斯提得斯当场站出来支持给被告发表意见的机会。还有一次，他为双方担任仲裁员，其中一方指出，另一方严重伤害过阿里斯提得斯。[24]

“别拿那事烦我了，”他回答道，“你只需要告诉我他对你造成什么伤害了。我来这里要审理的是你的案子，而不是我的。”

阿里斯提得斯与塞米斯托克利斯的关系冷淡。很显然，他们年轻的时候，爱上了同一个男孩，他就是凯奥斯岛的司提西劳斯（Stesilaus）[25]，直到男孩容颜不再，他们还一直竞争过很长时间。

他们之间的分歧不只是表现在不能和睦相处上，在政见上他们也有争执，这一点在历史文献中并没有详细说明。两人的阶级立场不同，阿里斯提得斯捍卫贵族的利益，塞米斯托克利斯则支持社会下层阶级。很有可能，阿里斯提得斯会为富裕的重装步兵代言，并抨击塞米斯托克利斯推行的耗费钱财的新海军政策。

阿里斯提得斯并不是唯一的反对者。马拉松战役之后的10年里，雅典的国内政治一片乌烟瘴气，有人拿起了克里斯提尼在改革时发明的陶片放逐法作为武器[26]。陶片放逐已经有20年没使用过了。经过一轮又一轮的投票，民众对贵族政治领导人进行了无情的清理，通常的理由是他们是“僭主的朋友”。这有些奇怪，因为在被放逐的人中有一些是阿尔克迈翁家族的，要么有血缘关系，要么有婚姻关系。有人想知道，这个家族多年来一直反对庇西特拉图和他的儿子们，并因此被放逐或者迫害，但现在怎么会被以“僭主的朋友”之名而被清理呢？

我们只能猜测一下答案，但这种猜测也是合理的。风光不再的老希庇亚斯已经在波斯宫廷安顿下来，并希望达提斯和阿塔斐尼赢得马拉松战役之后，可以重新回到雅典掌权。由于这一事实，成为“僭主的朋友”意味着在情感上亲近同情波斯，而不是真的想让被抛弃的僭主体制回归希腊。这也是为什么有人会说，马拉松战役时阿尔克迈翁家族的人在山顶上用铜盾牌反射阳光，给敌人通风报信。尽管如此，阿尔克迈翁家族坚决反对塞米斯托克利斯对波斯国王的对抗态度，这是完全可信的。他们判断雅典无法击退波斯第二次规模更大的入侵，并且认为挑衅薛西斯是愚蠢的，但有这种想法并非叛国。事实上，大家都是这么认为的。

塞米斯托克利斯很可能在幕后支持陶片放逐，但他肯定知道自己是在冒险。他正在部署一种武器，这种武器很容易对使用它的人产生反作用。但他一定是觉得自己别无选择了：他知道自己要建立大型舰队的策略是对的，所以无论如何，他都要保证政策顺利实施。

现代考古学家在雅典的遗迹中发掘出 11 000 多块陶片[27]，上面写的都是要被放逐的人的名字。有一些碎片能够拼在一起。奇怪的是，政敌的名字出现在毗邻的碎片上。乍一看，会觉得这有些神秘；但很明显，在实行陶片放逐的时候，有商业头脑的雅典人制造了不少陶片，出售给市民。

有些陶片上除了名字之外还写了一些流言蜚语。阿尔克迈翁家族年轻的麦加克勒斯是克里斯提尼的侄子，他被指控通奸、贪财，过着令人生厌的奢侈生活。他背负污名，别人说他受到了神的“诅咒”（发生在很久之前的凶案，即库伦的追随者在神庙里被杀，仍然让大家义愤填膺）。他甚至因为养马而受到指责。这似乎是不公平的，因为公元前486年，在被放逐后不久，他在德尔斐举行的皮提亚运动会上赢得了马拉战车比赛，不仅为他自己，也为他的城邦赢得了荣誉。

桂冠诗人品达喜欢在诗中对运动员表达赞美。他使用雅典狂热的爱国者喜欢的语言称颂这一盛事。开篇说道：

> “雅典，伟大的城市！”
> 为阿尔克迈翁家族的家园
> 奠定基石。
> 我的战车颂歌
> 是最美的序曲。[28]

接着，品达暗示出他诗歌的主人公麦加克勒斯所遭遇的麻烦，他说道：“你的丰功伟绩得到的报答却是人们的妒忌。”但他的颂歌表明，麦加克勒斯既没有对流亡感到羞耻，也没有对自己的城邦心怀愤恨。

公元前482年，阿里斯提得斯被放逐了。他是塞米斯托克利斯的最后一位敌人，也是最大的敌人。这一次，在投票之前，一个目不识丁的农民[29]来到阿里斯提得斯跟前。他把陶片递过去，让阿里斯提得斯在上面写上一个名字——阿里斯提得斯。

阿里斯提得斯大为吃惊，就问那个人阿里斯提得斯给他带来过什么伤害。“什么伤害都没有，”他答道，“我甚至不认识他。人人都称他为‘公正先生’，我只是对这样的称呼觉得有些腻烦，不愿再听到了。”阿里斯提得斯把自己的名字刻在陶片上，还给了他，一句话也没说。

到目前为止，在已经出土的那个时代的陶片（超过 4 500 片）中，大多数写的都是塞米斯托克利斯的名字。只要有机会，公民就会投票反对他，虽然并不是多数票。他一定能猜到，他不会一直享有豁免权。终有一天，他的命运会像法勒隆海滩上朽坏的三层划桨战船一样。

但眼下，要把雅典海军训练成希腊各城邦中最强大的海上力量，他还有许多事情要做。因为从公元前 484 年开始，不断有消息从东方传来，波斯国王的确正在准备一场大规模的军事远征。

沿着小亚细亚的海岸线和黑海南岸，在塞浦路斯和埃及，以及腓尼基的大港口，波斯统治区域内的所有船坞里都在热火朝天地建造战船的龙骨。数百艘三层划桨战船和军队运输船已经下水。工程师和工人的先遣队正忙着挖掘一条穿越阿索斯半岛的、长约 2 500 米的运河。运河完工后，其宽度足够两艘三层划桨战船并排通过。十年前，大流士的海军在试图绕道阿索斯时遭遇失败，而这一次，波斯人不会允许历史重演。另外，他们还新建和修缮了从达达尼尔海峡到希腊的路，海峡上架了浮桥或者布置了渡船。

我们不需要问薛西斯心中的目的地是哪里。留给塞米斯托克利斯兑现诺言、建造战船的时间已经所剩无几。

第 10 章

波斯入侵

波斯大帝薛西斯有几分唯美主义倾向。他一开始并不打算再次入侵希腊。

像所有上流社会的波斯人一样，薛西斯喜欢园艺。

公元前 481 年 10 月，波斯军队要在萨迪斯集结备战。薛西斯在去萨迪斯的途中经过卡拉铁波司（Callatebus），这个镇因盛产用小麦和柽柳糖浆制作的甜点而闻名。在路上，薛西斯偶然发现了一棵高大的梧桐树[1]。他对这棵树很喜爱，于是用金饰、项链和手镯来装饰它。据说，他甚至给这棵树披上了自己的长袍。他将麾下的一支精英部队“长生军”（the Immortals）留下，守卫那棵树。

薛西斯对待这棵树的态度就像对待一个需要保护的漂亮女人，这种行为似乎有些荒诞。但波斯人喜欢融入自然，他们是充满热情的园丁。公元前 5 世纪后期的一个波斯王子曾夸耀说，只要他不在军中，通常都会在晚餐前做一些园艺活儿[2]。每座王宫都有一个带围墙的花园。窄窄的水渠里水汩汩而流，浇灌着花园。这是一片充满生机的绿洲，是干燥陆地上的一片阴凉儿。除了花园，还有一大片开阔地，饲养着各种动物。贵族们在此地训练，他们在专门建造的高架上投掷梭镖、射箭，或者就是骑马逛一逛，这些都是令人愉快的经历。

在上次入侵希腊的途中，马铎尼斯曾因舰队被暴风雨摧毁而遭解职，后来因为受到薛西斯的赏识而重回军队。他时常为薛西斯新一轮大规模远征希腊的计划出谋划策。马铎尼斯要报复雅典人。除了施行报复的惯常理由之外，他还补充道：

> 欧洲是非常美丽的地方，遍地是各种园林苗木。那里的土地就是它本来应有的样子。简而言之，除了薛西斯大帝，任何人都不配拥有这片土地。[3]

换句话说，马铎尼斯没有提及希腊的崎岖不平，而是向薛西斯大帝展示了即将到手的新天地的美好画面，借此怂恿其出兵。

通过希罗多德的转述，我们了解了他们君臣之间的这些交流，这也许只是一些意外的发现。我们对此的印象是，一个统治者把自己的帝国当成最大的娱乐场，国王决定一切，但自己从不费力做任何事。事情都留给了他的手下来做。

而这一次，情况不同了。在马拉松遭遇难堪的失败之后，波斯大帝做出了极不寻常的决定，他要亲自率军远征希腊。

薛西斯明确表示，平定埃及叛乱之后，他将在公元前 484 年前攻打希腊。随后开始的准备工作因巴比伦突发叛乱而中断。最终，到了公元前 480 年 3 月底，薛西斯和他的远征部队从萨迪斯出发，经过长时间的行军，他们到了达达尼尔海峡，穿过色雷斯，进入塞萨利和希腊。

远征队伍浩浩荡荡，气势如虹。王室的所有成年男性几乎都在远征军中担任指挥官或其他职务。任何想要申请免除兵役的人都会被无情拒绝。有一个大富豪曾为阿契美尼德王朝的事业慷慨解囊[4]，因此很受赏识。他告诉薛西斯，他的五个儿子全部参加了远征军。

“陛下，我老了，”他说，“恳请陛下准许我的长子解甲归田，照顾我的起居，打理家业。”

薛西斯觉得这是彻头彻尾的不忠，勃然大怒。他命令刽子手找到富豪的大儿子，将其拦腰斩断，然后把两半尸体分别置于路两边，让部队从中间走过。

排成一路纵队前进的士兵目睹了这一惨烈的场景[5]，全部的人通过这里用了好几个小时。最先经过的是辎重车队和工程兵，其次是各个民族的士兵混合成的兵团。这群人衣着多样，语言各异，人数占部队总人数的一半以上。后面隔了一段，才是国王和其他随从。

两队训练有素的骑兵和手持长矛的士兵在前面领路，长矛的末端镶着金石榴。紧随其后的是来自米底的十匹圣马，其中八匹灰色的马拉着宇宙之神阿胡拉·玛兹达的神圣战车。没有人可以乘坐这辆战车，战车驭手手里拉着缰绳，走在马车后面。随后是薛西斯乘坐的战车，驭手伴随左右。他想休息或者要处理私密事情时，就从战车上下来，坐进一驾有车篷的马车里。

在他之后，是另一队手持长矛的士兵，共计 1 000 人。他们长矛的手柄上没有镶嵌金石榴或者银石榴。后面跟着 1 000 名骑兵。国王的护卫任务由“长生军”[6]担任，这是 10 000 名全副武装的步兵。之所以被称为“长生军”，是因为他们的人数从来不会减少。如果有人因死亡或疾病而退出，立刻就会有新人补充进来。

“长生军”的待遇很好。制服华丽，配有金饰。因为他们的地位高，所以出征时可以用有篷的马车带着自己的妻妾们，还能雇用衣着体面的用人。骆驼和其他能负重的动物驮着“长生军”专门的给养。

相隔大约 400 米是部队的其余人马——大批战马和一列步兵殿后。

问题来了。规模如此庞大的军队一共有多少人？这个问题很难回答，因为没有官方记录保留下来，而古代史学家给出的数字十分夸张，不合情理[7]。希罗多德称，薛西斯集结了 170 万步兵和 8 万骑兵[8]。除此之外，还有 2 万骆驼和战车，以及途中招募的 30 万色雷斯人和希腊人。舰队由 1 207 艘三层划桨战船组成，每艘战船上有 200 名桨手，因此共计 241 400 名，另外还有 36 210 名水兵，平均每艘船上有 30 人。加上其他的军舰，一共需要 284 000 名船员。希罗多德将总数翻了一番，算上随军侍从和他们饲养的动物，以及一些吃闲饭的（据说，这其中包括太监、女厨师、妃嫔和印度犬[9]）。这样，总共是 5 283 220 条生命。

希罗多德一定是觉得自己的计算有误。他诧异道：“除了流量最大的河之外，还有哪条河可以供应薛西斯的军队而不枯竭？”[10] 从后勤保障的角度看，尤其是考虑到水的供应，人数如此众多是不符合逻辑的。与饮水相比，吃饭还不算是问题，因为在长期的备战过程中，从小亚细亚到希腊的路上设有大量的临时粮仓，每隔一段距离就有一个。

有一种说法是，希罗多德把波斯语中的“千夫长”（*chiliarch*）和“万夫长”（*myriarch*）搞混了，前者是统领 1 000 人的长官，后者管辖 10 000 人。从上面给出的总数中去掉一个零，得出的数字就更合理了。

步兵 170 000

骑兵 8 000

骆驼和战车 2 000

色雷斯人和希腊人 30 000

共计 210 000

根据不同的计算方法，现代学者估计出的数字与之相差不多。如果这些数字大致是准确的，那希罗多德提及的远征军在去往希腊的漫长行军途中仅经历过三次严重缺水的情况，就说得通了。

就舰队数量而言[11]，希罗多德提供的数字一方面看起来是真实的，从另一方面讲，这个数字又有些高了，希腊的狭窄水域容不下如此多的军舰。如上所述，希罗多德记录的军舰总数是 1 207 艘（不包括给养军需船和运输船），另外还有 120 艘是由色雷斯及其海岸沿线各岛的通敌卖国者提供的。但据我们所知，最终只有 600 多艘三层划桨战船到达了目的地。

这中间的差距很容易解释。舰队中大约一半的战船都投入到一项惊人的壮举中，肯定无法参战。毕竟，薛西斯和他的军队必须要渡过达达尼尔海峡，这条水域把亚洲与欧洲分隔开来。达达尼尔海峡上架起了两座浮桥，其中一座长约 3 840 米，另一座长约 3 200 米。浮桥是由两队战船搭建的，一队是 360 艘三层划桨战船和五十桨战船，另一队共有 314 艘三层划桨战船和五十桨战船，战船连接在一起，两头的船锚定在岸边。

船与船的间隙可供商船出入黑海。每座桥上都束有六条用纸莎草和芦苇草制成的悬索。这些悬索结实且柔韧性好，系在每排船上，并用绞盘收紧。悬索上铺了厚木板、树枝和土，两边安设木栅栏。这样，一条路就出来了。悬索被压到船上，分担了锚的重量和拉力。

第一次架桥以失败告终。风暴把桥吹散了。这让薛西斯出离愤怒[12]。如果希罗多德的说法可信，薛西斯下令把负责架桥的人斩首了。他还下令，达达尼尔海峡应该受到300鞭子的惩罚，并把一副镣铐投到了海里。工程师们再次尝试架桥，希望能保住自己的脑袋，这次他们成功了。偏执狂妄的国王所做的这件事看上去很荒唐。

公元前480年6月，薛西斯和他的军队抵达阿卑多斯（Abydus），这个小镇地处达达尼尔海岸，邻近两座浮桥。传奇般的人物——年轻的利安德（Leander）[13]——曾经每天晚上都游过海峡与他的女友海罗（Hero）约会，直到有一次迷失方向，溺水而亡。

薛西斯检阅了他的陆军和海军[14]，至少检阅了其中的一部分。我们还记得，淡水资源是比较有限的。他吩咐阿卑多斯人为他打造一个白色大理石宝座，置于一座小山上。他低头俯视时，发现战船几乎遮住了整个海面。他组织了一场比赛，最终，来自强大的西顿（Sidon）城邦的腓尼基人获得了胜利。海岸上和平原上人头攒动。

薛西斯因为自己如此幸运而庆贺[15]。但因为承受着巨大的压力，片刻之后，他便号啕大哭起来。

叔叔阿尔达班（Artabanus）问他怎么了。薛西斯回答说："我一直在思考，人的一生太过短暂，这是多么痛苦啊！100年以后，这里所有的人都不复存在了。"

国王话锋一转，问阿尔达班："你过去曾反对战争，现在有什么想法？"阿尔达班的回答有理有据，虽然这个谈话是希罗多德想象出来的。阿尔达班说："我害怕两个敌人。"

"你指的是谁？我的军队有什么问题吗？规模不够大吗？"

阿尔达班解释说，他所说的敌人是指陆地和海洋。他们要去的地方没有港口可以停泊如此庞大的舰队，而且波斯人在陆地上前进得越远，形势就越不利。如果希腊人迟迟不开战，过不了多久，波斯士兵就会挨饿，因为遍地岩石的希腊难以给波斯军队提供给养。

薛西斯大发雷霆，他把叔叔遣返回帝国的首都苏萨，以此作为对叔叔的羞辱。薛西斯下令进军欧洲。首先检验浮桥的队伍是头戴花冠的"长生军"。部队全部渡过海峡，到达对岸，一共用了七天七夜的时间。

一直被海军舰队保护着的军队开始了漫长的西行跋涉。

希腊人清楚地知道，东面有波斯的大军压境，但他们一直在磨磨蹭蹭，拖延时间。幸亏塞米斯托克利斯有先见之明，雅典在公元前481年就完成了造船计划，原本是要先攻打埃伊那岛，然后继续建造新的三层划桨战船的。

同年8月，雅典城邦就即将到来的危机求问德尔斐神谕。求问神谕的人进到神殿内坐下，一位名叫阿利司托尼斯（Aristonice）的彼提娅传递了一条来自神的可怕消息。根据希罗多德的记载：

> 你们就要灭亡了。为什么还坐在这里？逃去世界的尽头吧。
> 离开你们的家园和城市环绕的城堡。[16]

这则神谕是对波斯人有利的，听起来雅典抵抗薛西斯入侵的努力是徒劳的。神明用心听取情况后下达了这样的神谕，其实许多希腊人也是这样想的。

雅典人听到神谕后都很绝望，但还是保持镇定。他们拿着橄榄枝，第二次去求问。“神灵啊，给我们一个更好的神谕吧。”他们祈求道。

彼提娅再次尝试。这一次，她说，她的话会非常严肃（“坚定不移”）。虽然她的意思很难解释，但总算带来了一线希望。

> 洞察一切的宙斯终会给雅典娜一堵木墙。
> 墙不会倒塌，会保卫你们和你们的子孙。

她最后甩下了一句尖刻的话。

> 神圣的萨拉米斯啊，在播种或是收获谷物的时候，
> 你会把女人的儿子们毁灭。[17]

虽然第二个神谕与第一个神谕相比少了一些负面意义，但也更难以理解。“木墙”指的是什么？哪些妇女的儿子会死在萨拉米斯？求问神谕的特使返回雅典并向公民大会报告时，这些问题必须得弄清楚。

希腊人的战略位置面临严峻的挑战。波斯人从色雷斯攻过来，希腊人有三个地方可以对他们实施阻击。

第一，希腊北部和适宜养马的塞萨利平原有许多入口。其中最重要的一个入口是滕比河谷（Vale of Tempe），一个 8 千米长的峡谷，但这个地方难以阻止波斯人前进，因为只要他们从不远处的另一个入口通

过，防守的态势就很容易发生变化。毫不奇怪，这个地区的大多数城邦都不希望在自己的土地上打仗。他们打算向波斯投降并归顺他们。

第二，从塞萨利到希腊中部是一条夹在海和山之间的小路，十分狭窄，通向温泉关（Thermopylae，此地有温泉，故而得名）。埃维厄岛北部是阿提密喜安（Artemisium）海角，这里的水域也很狭窄。这两个地方距离很近（64 千米的水路），可以很快地通信联络，优势明显。

最后一道防线可以设置在希腊大陆和伯罗奔尼撒半岛之间的科林斯地峡。此处有 6 千米宽，可以修建防御工事。

任何一个指挥官要制订作战计划以打败波斯人，都应把积极因素和消极因素都考虑在内。薛西斯的士兵需要给养，当然，他们还不能在希腊境内建立临时粮仓。但是，只要薛西斯取得了制海权，波斯的运输船就可以定期运送补给。如果船队遭遇不测，军队就会陷入严重的困境。薛西斯想要尽快征服希腊，越快越好。如果希腊人能长时间拖住入侵的波斯人，那么他们就有机会逼迫波斯人撤退。

波斯的海上舰队与地面部队保持同样的行军速度。除非雅典人可以阻止波斯海军，否则波斯海军就会所向披靡，在希腊防御阵地的后方登陆。如果波斯人从南部海岸的基西拉岛的基地出发，乘船绕过科林斯地峡，在伯罗奔尼撒半岛开辟一个滩头阵地，那么成功守卫科林斯地峡就起不到任何作用。另一方面，半岛上几乎没有大的港口，波斯人也不熟悉地形。我们不能忘了，在那个时代，人们没有多少地理知识，出行缓慢、艰难，常会遇到危险。

最后一个考虑的因素是，装备一新的雅典舰队以及其他希腊城邦的战船，现在可以在对抗波斯的战争中大显身手。雅典拥有的 200 艘三层划桨战船大约需要配备 40 000 人。据估计，此时雅典的成年男性大约有 40 000 人到 60 000 人（可能这个时期的数字更接近前者）。桨手大都来自社会经济地位最低的雇工阶层。大约还有 25 000 名外邦人，或是长期居住的外国人，他们都可以被征召入伍。公民和外邦人都接受了强化训练。虽然雅典的人口足够为所有船只配备船员，但这还是给雅典的人力带来了巨大的压力。

然而，希腊人在人数上还是处于劣势，同腓尼基人的战船相比，希腊的战船更沉重，机动性更差[18]。这不利于在开阔的水域作战。希腊的战船只能在两个海域安全地战斗——前面提及的阿提密喜安海角，还有阿提卡海岸和萨拉米斯岛之间的狭窄水域。

雅典人心里害怕，很容易只想着防守。如果想要消除波斯的威胁，关键在于如何赢得战争，而不是怎样才能避免战败。当时雅典最有政治和军事头脑的人正在寻求问题的答案。这个人就是塞米斯托克利斯。

斯巴达在希腊是公认的实力派城邦，在战场上无人能与之匹敌。雅典则赢得过马拉松战役。他们在科林斯召集会议，即“联盟代表大会”。会议于公元前 481 年秋天召开，当时薛西斯正在萨迪斯训练军队。会议由斯巴达主持，共有 31 个城邦参加。会议的任务是决定采取何种措施来共同抵御波斯入侵者。这是一个非常特殊的时刻，因为几乎从未听说过希腊各城邦曾试图在某件事上寻求达成一致意见。但是现在，哪怕是缺少了表面上的团结，他们都没有获胜的希望。

结成同盟的各个城邦宣布结束内部的相互敌对。11 月，雅典和埃伊那岛停止了他们之间断断续续的小规模冲突。塞米斯托克利斯在促成各方基本实现和解方面发挥了重要作用。对此，普鲁塔克给了他公正的赞美：

他最大的功绩是制止了希腊人之间的战争，使希腊各城邦和解。他说服希腊各城邦，放下彼此之间的分歧，齐心应对波斯人的入侵。[19]

我们可以说，雅典公民大会宣布召回所有被陶片放逐的人这一决定，完全是塞米斯托克利斯的功劳。阿里斯提得斯和科桑西普斯都很爱国，他们会在即将到来的战斗中发挥重要作用。外部和解要与内部和谐相一致。

联盟代表大会派间谍去调查薛西斯在小亚细亚地区的备战工作。波斯人抓住了间谍，却没有杀掉他们。薛西斯很狡猾，让人带着这些间谍在军营四处转一转，这样他们就可以回去把远征军的庞大规模汇报给希腊人（显然他们没有见到波斯的舰队，这意味着希腊人对薛西斯的海军力量知之甚少）。

波斯使节竭力劝说希腊城邦尽早向波斯大帝投降。而作为回应，希腊联盟投票决定没收所有不参加生死保卫战的城邦的领土。他们派出特使去说服那些不愿加入反波斯联盟的城邦，其中包括塞萨利、斯巴达在伯罗奔尼撒半岛的眼中钉阿尔戈斯，还有底比斯以及彼奥提亚的其他城邦。

希望得到支援的请求送到了克里特岛和克基拉岛，以及富裕且实力强大的叙拉古（Syracuse），这些是西西里岛东部的主要城邦。希腊人的求助没有得到任何回应，薛西斯很可能与叙拉古的死敌迦太基有了约定，而迦太基正打算入侵西西里岛。波斯的计划是他们入侵希腊大陆的同时攻击叙拉古，因此叙拉古无法给雅典提供帮助。

次年春天，联盟代表大会再次召开。这一次是决定如何指挥联盟军队。大家都认为斯巴达应该拥有军队的最高指挥权，但雅典现在拥有希腊最强大的海军力量，他们希望获得海军的指挥权。然而，其他代表威胁说，如果要听从雅典人差遣，他们就退出联盟。雅典公民大会选举出来的将军塞米斯托克利斯（同往常一样，在2月份的选举中，他贿赂另一个有希望获胜的候选人退出了竞选），为了整个希腊的利益，他放弃了其城邦所期望得到的权力。他接受斯巴达人欧里比亚德斯（Eurybiades）作为盟军舰队的总司令。希罗多德写道，雅典人做出退让的动机是很好的。

> 他们认为，希腊的生存是最重要的事情，如果为了领导权的事情争吵，希腊就会面临灭顶之灾。他们的判断完全正确。就像战争比和平更糟，内部争斗远比联合作战更糟。[20]

斯巴达人认为自己擅长陆战，他们对海军的事务几乎一无所知。然而，正如历史学家西西里的狄奥多罗斯（Diodorus Siculus）所说，欧里比亚德斯是总司令[21]，而塞米斯托克利斯却是发号施令的人。

北部的城邦明确表示，他们只能被迫投降，除非斯巴达派军驻防滕比河谷。在波斯大帝薛西斯从亚洲进入欧洲之前，斯巴达派遣了一支10 000人的军队如期出动，但只停留了几天。当地人没有提供任何帮助。

此外，斯巴达军队很快意识到，从马其顿到塞萨利，波斯人可能从其他关口通过，而不经过滕比河谷。他们最不愿意冒险去做的一件事就是暴露自己的位置，然后发现敌人出现在了自己的后方。所以他们向南撤退到科林斯地峡，希腊北部的所有人以及彼奥提亚人随即向波斯投降，而当时薛西斯还在几百千米以外。

神蛇不见了[22]。它栖居在卫城雅典娜的神庙里。在往常，每天它都会从给雅典娜的第一批祭物中获得一部分祭品，通常是一块蜂蜜蛋糕。而突然有一天，祭司们发现食物原样未动。他们在四周察看，到处找不到神蛇。这是雅典将要陷落的凄凉预兆吗？面对波斯的侵略，雅典娜放弃雅典了吗？

这很有可能是塞米斯托克利斯的花招。如果得知神蛇被锁在他家的一个盒子里，人们不会感到惊讶。塞米斯托克利斯对自己的策略很有把握；他的任务是要说服人民相信他是正确的。他认为这场战争只有在海上才能获胜，而且有一个很好的机会能阻止薛西斯侵入阿提卡。神蛇的消失是一个预兆，警告雅典人在战斗期间应该撤离城邦，可能要撤到萨拉米斯岛和与阿提卡隔着萨罗尼克湾的小城邦特罗森（Troezen）。他的同胞们难以接受这样一个痛苦的前景。

塞米斯托克利斯十分乐意利用超自然的力量来支持自己的理性论证。所以，在求问神谕的特使带着神秘难解的建议从德尔斐回来后，他试图让彼提娅的六步体诗为己所用。大约在公元前481年夏天，他告诉公民大会，很明显，“木墙”不是有些人认为的雅典卫城四围的栅栏，而是对舰队的比喻。因为舰队可以保护海上安全。

而对于萨拉米斯“会把女人的儿子们毁灭”的灾难性预言，塞米斯托克利斯不认为这是神灵预言希腊会在海战中失败。如果神谕的意思是负面的，这句话应该解释成“哦，残酷的萨拉米斯……”或类似的表达。“神圣的萨拉米斯”这一表达明确地指出了希腊的胜利和波斯的惨重伤亡。

与先知的解释相比，公民大会更倾向于相信塞米斯托克利斯的分析。最终，他获得了成功，因为如果他对神谕的解释是对的，那他提出的在海上赢得胜利和撤离雅典的策略也是正确的。

虽然没有证据，但多疑的人可能会察觉他在德尔斐神谕上所做的手脚。希腊人求问的神谕对波斯人是有利的。大流士在一条敕令中写道："阿波罗对波斯人说的都是实话。"[23]塞米斯托克利斯一定会采取措施表达希腊的观点，主张希腊人的未来在反波斯联盟形成后会有极大改观。雅典人一定是被迷了心窍，才将阿波罗第一次做出的灾难性预言抛诸脑后。

公元前480年，雅典举行了民主历史上非常重要的一次辩论。希罗多德总结了大多数公民已商妥的决定。

> 他们认真讨论过神谕之后，决定遵照神的旨意，发动所有的人，集结所有的船只，与那些愿意加入的希腊人一起，对抗野蛮的波斯人的入侵。[24]

"遵照神的旨意"是希腊人到海上作战和放弃心爱的城市的正当理由。他们商定了具体的安排，并广而告之；老人和动产要转移到萨拉米斯，妇女和孩子则送到特罗森。成年公民和当地的外国人踏上了战船，"明日启程"[25]。一定就是在这个痛苦的当口，神庙里的蛇从雅典卫城溜走了（或者是被放在箱子里偷运出去了）。不管是神灵的安排，还是人的把戏，这样一个戏剧性的突发事件强化了大家的共识。

全面的撤离可能在6月份开始，雅典战船负责运送。这是一项费力费时的行动。经得起折腾的富人一定先行撤离了。农民则要一直等到收获之后才离开。雅典战神山议事会的前任执政官为那些身无分文的人筹集捐款。

被抛下的狗只能嚎叫[26]。从放逐中归来的科桑西普斯驾驶着三层划桨战船离开，他的猎犬跳入水中[27]，跟着船向前游，到达萨拉米斯时，它从海浪中摇摇晃晃地走出来，最终因体力不支而死。

政治对手也团结起来支持这一计划。小米太亚德的儿子塞蒙，年轻英俊，留着一头浓密卷曲的头发，他有一群贵族朋友充当骑兵。他们举行了一次集会游行，宣示贵族的忠诚以及对塞米斯托克利斯的支持。他们在卫城的雅典娜神庙里奉献出自己的马缰绳，然后径直走向海边——这意味着“城邦现在所需要的不是勇敢的骑手，而是能在海上厮杀的人”[28]。

虽然大多数人准备离开，但也有一些固执的老人[29]，他们认为自己比塞米斯托克利斯更明白神谕的意思，所以跟雅典卫城的官员们一起躲了起来。

塞米斯托克利斯还必须要用自己的观点说服另外一些人，那就是他在伯罗奔尼撒半岛的盟友。他们当中的许多人认为，最好在科林斯地峡建造防御工事，并保卫半岛。这意味着要让希腊大陆（包括阿提卡地区）听天由命。塞米斯托克利斯明确表示，这种做法完全不能接受。拥有 200 艘三层划桨战船的雅典舰队将离开同盟，并且可能向西西里岛航行，准备在那里重建城邦。这是一个严重的威胁，因为剩下的希腊舰队无法与波斯人匹敌，波斯的海上力量是无比强大的。

最终他们达成共识，即在温泉关隘口和阿提密喜安附近的水域进行防御，这正是雅典人想要的结果。时间所剩无几，在斯巴达国王列奥尼达（Leonidas）的指挥下，一支小型部队立刻向北出发。当时是公元前 480 年 8 月，又到了庆祝卡尼亚节的日子，而这一年要举办奥运会，所以理论上是要休战的。但这一次，斯巴达派出了一部分军队。

同时，雅典舰队中大约 270 艘担任前锋的战船也出发了（他们在阿提卡、埃伊那岛和萨拉米斯留下了预备队）。

波斯大帝薛西斯沾沾自喜。一支庞大的军队和舰队已经集结完毕，并且有着周密的作战计划和充足的后勤供给。他觉得不会遇到什么抵抗。追随薛西斯的人中有一个是斯巴达国王德玛拉托斯，他遭到另一个国王克莱奥梅尼的算计，被不公正地罢黜了职位。公元前 491 年，他逃到波斯，薛西斯的父亲大流士一世热情地欢迎了他。在波斯宫廷里，德玛拉托斯提供了关于希腊的各种信息，他简直就是一个知识宝库。

"所以告诉我，"薛西斯问他，"希腊人会坚守家园，以武力对抗我吗？"

"陛下，您是想让我说真话，还是说奉承您的话？"

"告诉我真话。"

"虽然我欣赏所有的希腊人，但我现在所说的话只适合斯巴达人。他们绝不会接受您要奴役所有希腊人的想法。即使其他城邦支持您，斯巴达人也一定会参加战斗，奋起反抗。即使他们只有 1 000 重装步兵，他们也会跟您血战到底。"

"德玛拉托斯，你怎么会说出这种话呢？ 1 000 人岂能对抗我的大军？"

德玛拉托斯回答说，斯巴达人是依法管理的，根据城邦的法律，他们是不能当逃兵的。他最后说道：

"我很想闭口不言，但您非要让我说出自己的想法。"

薛西斯表示刚才的问话只是个玩笑，然后客气地将德玛拉托斯打发走了。但是，他心中暗想，此人真是一派胡言。[30]

第 11 章

“白痴之举”

温泉关的空气中散发着一股铜和臭鸡蛋混合在一起的奇怪味道[1]，金雀花的浓郁香味和淡淡的海水的咸味飘到每个角落。陡峭的悬崖下，热腾腾的含有硫黄的泉水[2]从地里涌上来，沿着隘谷流淌。当地人称这些热硫泉为“火锅”(The Pots)，上面的祭坛是用来向赫拉克勒斯献祭的。公元 2 世纪，一位来此参观的游客回忆道：“温泉关的水是我见过的最蓝的水。”[3]

斯巴达人及其盟友决定选择这里作为阻挡波斯进入希腊腹地的最佳地点。这是一个明智的判断。温泉关是一个沿海的隘口。一侧的山脉向下延伸成一条狭长的地带，另一侧是平静无边的大海，海岸遍布沼泽和浅滩。

隘口的最西边，也就是薛西斯正在逼近的地方，入口只有 2 米多宽。大约 1.5 千米以后，地面变得开阔，宽约 15 米，最终通往一堵古老的、破旧的石墙，墙上有一道门（木门早已不见踪影）。石墙一侧沿着低矮的山嘴延伸至大海。石墙上方有一座约 45 米高的小土丘。另一侧延伸至沙滩和灌木丛，通向最东端的一条小道，宽度只容一辆马车通过。

国王列奥尼达不是长子，所以没有被当作储君抚养。和其他斯巴达男孩子一样，他经历过严酷的军事训练，只能在异母兄弟克莱奥梅尼死后继承王位。克莱奥梅尼虽然有本事，但精神比较脆弱。狄奥多罗斯不带感情地描述道：一个“非常在乎自己勇气的男人”[4]，率领着一支4 000人的军队[5]抵达温泉关。这些人包括皇家护卫队的300名斯巴达勇士，还有900名黑劳士。由于正值卡尼亚节，没有更多的人可以参战（4 000人已经是极限了）。公元前480年9月18日月圆之后，节日庆祝完毕，援军就有可能赶来。

与斯巴达军队同行的还有伯罗奔尼撒半岛的其他城邦派出的2 000多名重装步兵，他们在途中还收编了两支彼奥提亚小分队，包括400名底比斯士兵。列奥尼达特别坚持要征募底比斯人，因为人们一直强烈怀疑底比斯通敌，要求底比斯人参战能够检验他们是否真的忠诚。事实上，底比斯当权者把所有对他们心怀不满的人和政治对手都派去了。

抵达温泉关后，列奥尼达决定利用那堵石墙进行抵抗，他已经命手下对其进行了修缮和加固。这是明智之举，因为东边和西边的隘口更窄，旁边的陆地相对平缓地向上倾斜。所以，总的来看，温泉关是一个绝佳的防御之地。但让列奥尼达恐慌的是，他了解到隘口有可能被绕过。有一条路可以穿过山丘，如果波斯人发现了这条路，他们就可以从后方包抄希腊人。为了消除这一隐患，当地的盟友福基斯人受命占据这条路上的战略要点，并击退波斯国王可能派出从侧翼包抄的敌军。

列奥尼达已经准备就绪。

沿着温泉关对面的水域，在埃维厄岛的北端延伸出一片长长的平缓的沙滩，那是把三层划桨战船从水中拖出晾干的好地方。后面是一些浅丘。一座小小的神庙矗立在岬角上，面向朝霞。这座神庙是为狩猎之神阿耳忒弥斯而建的，她是一个处女神，照料分娩的妇女。温泉关的气候可能非常恶劣，1926 年发现的古代沉船[6]可以证明这一点。船上载有古希腊艺术的杰作之一，一尊比真人尺寸还要大的宙斯的青铜像（也可能是波塞冬的铜像），铜像是在波斯入侵 20 年后制作的。穿过海面，在神庙北方是赛阿塔斯岛（Sciathos）和马革尼西亚半岛（Magnesia），半岛海岸线曲折，形成帕加塞湾（Pagasae）。

希腊舰队在阿提密喜安集结起来，与留在后方保卫国内海域的小队舰船分开了。毕竟，波斯国王可能不会如希腊人预想的那样行进，而是可能绕道向爱琴海行进，在岛屿之间穿行，直至阿提卡，最终到达伯罗奔尼撒半岛。

在欧里比亚德斯和塞米斯托克利斯的战船后方，是友好的埃维厄岛，以及夹在海岛和大陆之间的向南方逃生的路线。这条路线主要的缺点是阿提密喜安的水域过于开阔，难以限制规模庞大的波斯海军。

3 艘希腊的三层划桨战船停靠在阿提密喜安北部的赛阿塔斯岛的港口，守望警戒。薛西斯的舰队沿着希腊东北部无人防守的沿岸地区行进。他派出了舰队中速度最快的 10 艘战船先行一步，如果可能，寻找希腊舰队的踪迹。希腊战船的船长看见波斯军舰赶来，连忙逃跑了。波斯舰队毫不费力地就追赶上了这 3 艘船，这足以证明波斯战船（更确切地说，应该是腓尼基战船）速度之快。

波斯人在他们夺取的第一艘船上挑选出一个相貌最佳的水手，把他带走，割开喉咙，当作活人祭。第二艘船上的人稍微幸运一些，其中一个水兵拼死抵抗，直到被打得遍体鳞伤。最终他还是被制服了，波斯人很敬佩他，给他的伤口敷上没药，并用亚麻绷带包扎好伤口（波斯人对待其他俘虏就像对奴隶一样）。第三艘船搁浅了，船上的船员经塞萨利从陆路逃回了雅典。

波斯人的这场胜利被接下来的一场自然灾害抵消了。10 艘先遣军舰传来的捷报打消了波斯人的疑虑。波斯舰队顺流而下，向赛阿塔斯岛和阿提密喜安进发。一天早上，大概是 9 月 11 日，东北方向突然刮起了狂风。崎岖的海岸线意味着虽然有些船被拖出水面，停在狭窄的沙滩上，但还是有很多船只用锚深深固定了。风暴来势汹汹，一直持续了 4 天。没有任何出海的机会。那些预感到要出事的船长们把船拉到海岸上；但是大部分船抛下的锚都被汹涌的海浪卷走了，船撞在礁石上，变成碎片。希罗多德声称，"最保守地估计"[7]，波斯人损失了 400 艘三层划桨战船和五十桨战船。他说得有些夸张，但毫无疑问，薛西斯遭受了沉重的打击。

有传言说，希腊之前求助了北风之神波瑞阿斯（Boreas）。如果是这样，那他的确听从了希腊人的请求。

在温泉关，一个波斯骑手悄悄接近重修的石墙，石墙后边就是列奥尼达安营扎寨的地方。一些斯巴达人碰巧在那个时候值班，探子数了数他们的人数。他惊讶地发现有些人训练时脱光了衣服[8]，其他人正在梳理头发（他们留有长发）。他想，这也太轻佻了吧。侦查完毕，他一路小跑回去向波斯国王报告，此时波斯军队正在塞萨利待命。

薛西斯显然被这样的汇报弄糊涂了：

事实真相是斯巴达人已做好赴死的准备[9]，全力以赴，不顾生死，这是薛西斯无法理解的。薛西斯认为他们的做法愚蠢至极，是白痴之举。

薛西斯写了一封信送给斯巴达国王，要求后者投降。他写道：“交出你们的武器！”[10]他得到的是简洁的回答：“来吧，来取吧。”9月17日，薛西斯等了四天之后，斯巴达人没有撤退，他的军队也未全部到齐。薛西斯对列奥尼达和他微不足道的军队发动了全面攻击。

一波又一波的进攻试图冲破希腊人的防守，但都没有成功。即使是出了名的“长生军”也没有什么作为。希腊人的矛比波斯人的更长，盔甲也更坚固。毕竟，斯巴达人都是训练有素的。他们会转身背对敌人，假装在混乱中撤退。波斯人会上当受骗，大喊大叫地向前冲。然后，就在最后一刻，斯巴达人可能突然转身反击，将追兵打个措手不及，重挫敌军。

薛西斯坐在一个制高点上，看着战斗的进程，越来越沮丧。一夜的暴风雨过后，波斯人继续猛攻，但运气并没有多少改观。战斗陷入僵局，波斯国王没有任何破解之法，不知道下一步该怎么办。秋天就要来了，而适合作战的季节即将结束。无限期地给陆军和海军提供所需物品是不可能的。除非时来运转，不然他就得被迫撤退，颜面尽失。想不到的是，运气真的来了。

波斯人四处寻求帮助，终于有了回报。一个叫作埃菲阿尔特斯（Ephialtes）的当地人来到军营，他经过周详的考虑，自告奋勇要指一条路，这条小路穿过山丘，一直到隘口的最东端。那天晚上，埃菲阿尔特斯做向导，一队“长生军”奉命沿着那条小道发动突袭。他们在黑暗中前进，福基斯人的卫兵听到橡树的树叶沙沙作响，正在迟疑之时，波斯弓箭手射出的箭雨点般飞来，他们立即逃到了山腰。

黎明的时候，瞭望台上的卫兵从山上跑下来，告诉列奥尼达福基斯人战败的消息。他意识到，过不了多久，他和他的军队就会被包围，于是他召集大家开会。结局就在眼前。

大家在会议上提出了不同的意见，但是国王列奥尼达认为，舍弃阵地对自己、对斯巴达战士以及黑劳士来说，都是“不得体的”。讨论就此结束。他遣散了后来加入的一些军队，但留下了让人疑心重重的底比斯人和另一支来自彼奥提亚城邦的军队，该城邦与底比斯不睦。或许这是要表明希腊联盟能够避免全部毁灭的命运。列奥尼达用坚韧不拔的斯巴达式幽默对留下来的人说道：“快点吃早餐吧，晚餐要到冥府去吃了。”[11]

为了留出时间好让“长生军”下山并从后面封锁隘口，波斯国王直到中午前的一个小时左右才继续发起猛攻。当他的军队再次进入温泉关时，他们发现希腊人已前进到防御墙下。希罗多德讲述了这个令人震撼的故事。

> 许多波斯人倒下了；在他们身后，指挥官用鞭子肆意地鞭打士兵，逼迫他们前进。许多人掉进海里淹死了，还有更多的人因相互踩踏而送命。没有人数得清死了多少人。希腊人知道敌人正从山里的那条小路赶来，死亡不可避免。他们使出浑身的力量，带着满腔的愤怒和绝望与敌人战斗。到这时，大部分的矛都折断了，他们就用剑击杀波斯人。[12]

列奥尼达英勇作战，直至阵亡。随后斯巴达人为保护他的尸体演绎了荷马式的争夺，与《伊利亚特》中描写的争夺帕特洛克罗斯尸体的场面如出一辙。尸体刚刚被找到，“长生军”就从他们后方包抄上来。紧接着，希腊人被彻底包围了，幸存下来的希腊人退到石墙后的土丘上，拼死抵抗，直至全军覆没。也就是说，只有底比斯人，经过英勇战斗后（这一点必须承认），放下武器投降了。

一些逸事讲述了对这种英勇行为的敌对态度。薛西斯在确定所有的希腊人都死后查看了战场，他走在成堆的尸体当中，其中就有列奥尼达的尸体。薛西斯想到斯巴达国王给他制造了这么多麻烦，非常恼怒，就让人把列奥尼达的头砍下来，钉在尖桩上。薛西斯担心人们看见他的胜利是用极高的代价换来的，所以下令把大多数波斯士兵的尸体埋在浅沟里，或是用土和树叶盖上，只让 1 000 具尸体留在外面。

300 名斯巴达勇士中有两个人的眼睛患上了急性炎症（古时候一种常见的疾病），战斗打响之前，他们被送回后方的村子里疗养了。其中一个人听到波斯人改变路线，便命令他的勤务兵——一个黑劳士——带他去战场。他投入厮杀，最终战死。另外一个，名叫阿里斯托德墨斯（Aristodemus），没有勇气去战场，留在了村子里。当他返回斯巴达时，他觉得自己为人所不齿。没人愿意给他生火的火种，也不愿跟他说话。他有了一个绰号，叫“胆小鬼”。

阿提密喜安的盟军望见大批的波斯舰队驶进海峡北部的阿佩泰海湾（Aphetae），看到希腊土地上敌人的步兵成群结队。希腊人侥幸得到一次机会，13 艘波斯战船因误把希腊船队当成自己的人而自投罗网，但这只是稍微提升了一下希腊军队的士气，希腊人仍惊魂未定。他们想，或许北方的远征军太有勇无谋了。他们现在应该找借口离开吗？

但即使是反对前进的人也能认识到撤退的危险。如果舰队离开阿提密喜安，列奥尼达就只得孤军奋战了。

但是，如果希罗多德所言可信，欧里比亚德斯其实已经丧失了勇气[13]，决定逃走。战战兢兢的埃维厄人请求他过一阵子再离开，以便有时间让妇女和孩子撤到安全地带。欧里比亚德斯拒绝了埃维厄人的请求，他们就跟塞米斯托克利斯商量，只要他能说服高层指挥留下来战斗，就给他 30 塔兰特。塞米斯托克利斯把钱装进腰包，去见欧里比亚德斯。他用 5 塔兰特贿赂斯巴达人，让他们坚定了抵抗敌军的信念。这 5 塔兰特是他假装从自己的口袋里拿出来的（通过这段历史，我们可以发现斯巴达人在国内生活简朴，在国外却禁不住金钱的诱惑）。结果是，舰队会留下来。塞米斯托克利斯从不觉得通过做正确的事情而获益有什么不好。

9 月 17 日，也就是波斯国王在温泉关第一次对列奥尼达发动攻击的日子，波斯舰队没有出海参战，虽然风暴造成的破坏已经得到最大程度的恢复。波斯指挥官也明白，虽然有损失，但他们的战船数量仍然远超希腊人。

但波斯人确实有一个不出战的好理由。那天下午，200 艘波斯军舰从赛阿塔斯岛出发向北驶去。一旦到了希腊人的视线之外，波斯军舰就向东转向，然后沿着埃维厄岛顺流而下，航行了 160 千米。波斯人计划绕过海岛的最南端，沿埃维厄岛和大陆之间的航道前进。他们的目的地是尤里普斯海峡（Euripus），这个海峡很窄，每次只容许一艘船通过。他们会在此待命。

等到第二天，这支小型舰队一就位，波斯国王的主力舰队就开始发动攻击并击溃在阿提密喜安的希腊人。对希腊人而言，他们唯一的逃生路线是沿着航道驶向尤里普斯海峡，而在那里他们会陷入波斯人致命的包围当中。

计划就是如此，保密至关重要。幸运的是，有一个心怀异见的希腊人在波斯国王的营帐中服侍，他悄无声息地游过（也可能是划船渡过）从阿佩泰到阿提密喜安的几千米海域，成功地揭露了这个阴谋。欧里比亚德斯和塞米斯托克利斯最初的计划是在尤里普斯海峡埋伏，之后，他们做出了一个聪明且勇敢的决定，即立刻投入战斗。重要的是要识破敌人的作战策略，并检验自己的战术是否有效。

波斯人一直没有动静，所以希腊人发起了挑战。他们把船从海滩上划到开阔水域，一字排开，有两英里多长。 波斯军舰出来迎战，阵线更长。他们开始从侧翼攻击和包围希腊人。希腊人收到信号，令船后退，然后围成一个圆圈，所有船都船首向外。这种战术给波斯人制造了很大的麻烦。波斯人喜欢与敌人的三层划桨战船并排航行，然后登上去夺取船只。相比之下，希腊人更倾向于向前划，同时撞击敌方军舰的侧面或船尾，因此刺猬状的阵型是最佳的。

黄昏时，短暂的交战结束了。希腊人夺取了 30 艘敌舰，虽然这只是小胜，但意义重大，大大鼓舞了联盟的士气。

那天晚上，波瑞阿斯又一次刮起了大风。暴风雨肆虐，倾盆大雨一直未停，山顶上雷声滚滚。波斯人停泊在阿佩泰海湾开阔投锚地的主力舰队遭到重创。据说，尸体、船体碎片跟船头和船桨搅和在一起，使得船员和水兵们都很恐慌。

一支三层划桨战船小分队在埃维厄岛周围航行，它们在该岛危险的西南海岸对面的外海遭遇了暴风雨。狂风怒号，四周一片漆黑，船被雨水浇透了。他们不知道驶向何方，大多数船都在光秃秃的背风海岸上撞毁，好像没有一艘船幸免于难。如果海上还有漂浮的船只，那么雅典留下的53艘军舰也会把它们扫荡干净。雅典人留下的这些后备军舰本来是为了保卫本国的海域，既然波斯国王显然没有打算突然向南挺进并跨海袭击阿提卡，它们就在途中加入了前往阿提密喜安的舰队。

波斯人留给自己24个小时，以便从最近遭遇的重创中恢复元气。但是，由于害怕国王会发怒，他们第二天中午再次从阿佩泰出发。波斯舰队仍然有众多的战船，它们排列成新月形，像以前一样试图从两翼包抄敌人。希腊人出击迎战，激烈的战斗随之打响。双方的战斗力不相上下，都遭受了严重的损失，但欧里比亚德斯和塞米斯托克利斯领导的联盟舰队似乎更胜一筹，因为他们在战斗结束之后控制了交锋的地点，战场上遍布尸体和舰船残骸。

艰苦的战斗让他们痛苦、疲惫，他们有理由为自己的表现庆祝一番了。但是，当太阳慢慢下沉时，阿提密喜安出现了一艘三十桨的小快艇。它被安排停泊在温泉关外面，其任务是向舰队报告陆上战况的所有重大进展。它汇报了一天前列奥尼达的最后一战，讽刺的是，那个时候海上一切平静。

雅典人已经没有任何留下的理由了。塞米斯托克利斯命令士兵让营火继续燃烧，以迷惑敌人，掩盖他们真实的意图。随后，在夜色的掩护下，联盟的军舰悄无声息地溜走了，沿着尤里普斯海峡前进。

塞米斯托克利斯负责殿后，他率领的是雅典最好的三层划桨战船队伍。与此同时，他不断地想着巧妙的计谋。爱奥尼亚的希腊人一直被迫为波斯国王的舰队提供三层划桨战船。塞米斯托克利斯告诉他的同僚，他已经想出办法让爱奥尼亚人不再效忠波斯人。他让手下在沿海每一个有饮用水的地方的岩石上刻字，要求爱奥尼亚人改变立场，加入希腊联军。如果爱奥尼亚人做不到这些，至少也应该采取中立的态度。“(爱奥尼亚人) 故意像懦夫那样去战斗。”[14]

即使这个宣传没有直接的效果，也可以在波斯高层指挥官的心里播下怀疑的种子。

阿提密喜安海战不具有决定性的意义，却极大地削弱了波斯人在数量上的优势。更重要的是，它给所有的希腊人，尤其是雅典人，提供了一些有价值的海上作战经验。尽管胜算很小，但他们发现自己还是有可能打赢的。普鲁塔克写道：

> 他们从自己的成就中明白，面对危险时，懂得如何近距离战斗，有旺盛的斗志，就不会害怕那些黑压压的战船、鲜艳的船头饰像、虚张声势的叫喊和野蛮人的战歌……

品达对此十分了解，他在诗中写道，在阿提密喜安：

> 勇敢的雅典子民竖立了
> 自由的基石，光芒万丈。[15]

第 12 章

“啊，神圣的萨拉米斯”

战争等于已经结束了。

公元前 480 年秋天，薛西斯率军横扫希腊中部，期间没有遭遇任何抵抗。尽管事实是德尔斐的神谕[1]对波斯有利，但德尔斐的大多数民众认为，谨慎即大勇，于是他们选择离开家乡。祭司们询问彼提娅应该怎么办，他们得到的回答非常简单：神灵知道怎样保护他自己的东西。

神灵确实知道怎么做。薛西斯虽然没打算洗劫德尔斐，但还是派军队去占领了它。士兵们快到德尔斐时，一场猛烈的暴风雨从天而降，引发了岩石崩塌。于是他们便匆忙地撤退了。

其他地方可就没那么幸运了。波斯军队到处搜刮给养，而且对沿途所到之处烧杀劫掠。此时，那些还没从雅典逃往萨拉米斯和特罗森的人也开始抢夺财物。

波斯人进入阿提卡后，在乡下大肆劫掠，烧毁了神庙和村舍。雅典成了一座空城。只有极少数人留在卫城。僭主庇西特拉图去世已久，他的家族成员仍然对复辟王权抱有一线希望。他们提出想以体面的方式投降，但没有实现。波斯弓箭手占据了战神山议事会，那里正对着卫城的入口。他们向木制的防御围栏射出火焰箭，将其点燃。但是卫城几乎是坚不可摧的，波斯军队无法强行将其攻下，直到波斯士兵发现了一条在悬崖上方的小路，守城者懒得在那里布置守卫。

卫城内的雅典人看到敌军已经爬上卫城，就都绝望了。有些雅典人选择跳崖自杀，而其他人则逃进了雅典娜神庙的内殿，但最后还是遭到了波斯军队的屠杀。然后，波斯军队将雅典卫城的所有建筑付之一炬。

薛西斯完成了自己的使命。他彻底摧毁了雅典的圣地，报了多年前雅典人焚烧萨迪斯神庙的仇。他已经实现了这次战役中最重要的目标。他向苏萨的宫廷传递捷报，还特地将这个消息告诉了叔叔阿尔达班。在那年的早些时候薛西斯把叔叔遣送回国，作为对其消极态度的惩罚。该消息一经传开，波斯民众欢欣鼓舞[2]。人们在道路上铺满了香桃木枝，焚香献祭，让自己沉浸在喜悦和欢乐中。每个人都听说了薛西斯获胜的消息。

但是薛西斯还没有取得全面胜利。也就是说，他成功洗劫了雅典并让希腊大部分地区化为废墟，但是无论在陆地还是在海上，他都没有彻底击败希腊联军，取得决定性的胜利。薛西斯心里琢磨，希腊联军能否认清现实并投降，他是不是必须发起更猛烈的攻击？

对于希腊人来说，他们还没有输掉这场战争，但是距离彻底失败可能只有一下午的时间。他们不清楚最好的应对方案是什么。当舰队驶离阿提密喜安后，在塞米斯托克利斯的明确要求下，它们驶进了萨拉米斯海湾。这样，塞米斯托克利斯的舰队就有时间把留在阿提卡的希腊同胞转移出来。在那之后，他与其他舰队汇合了。

没过多久，波斯舰队就抵达了法勒隆海湾。根据希罗多德的记载，薛西斯亲自到了那里[3]。他想要会见自己的指挥官，为他下一步的行动寻找方向。他命令军队总司令马铎尼斯主持会议。大多数与会者都猜测薛西斯最想听到什么，他们纷纷建议尽早与希腊人开战。此时出现了反对意见。反对意见来自阿尔泰米西娅（Artemisia）。她是哈利卡那索斯（Halicarnassus）的女王，脾气暴躁。哈利卡那索斯是希腊的一个城邦，位于卡里亚的西南部。她在丈夫死后接管了政权，展示了出色的统治才能。

她建议薛西斯尽量避免海战。“希腊联军无法坚持长期抵抗，”[4]她说，“我听说他们在萨拉米斯岛上出现了粮食短缺的情况。”波斯军队的主力那时正气势汹汹地向科林斯地峡进军，她估计伯罗奔尼撒人不会仅仅为了取悦雅典人而在萨拉米斯岛逗留。

阿尔泰米西娅的此番分析可以说有理有据。希腊联军内部的确发生了争吵，而且他们认为很难保持统一。养活萨拉米斯岛上的所有难民，也就是整个雅典城邦的人，是一件非常困难的事情。

但薛西斯也有自己的难处。9月即将结束，适合作战的季节很快就会过去。古时候，秋冬季节的海上天气十分恶劣，舰队不会愚蠢地冒险离港。秋冬的法勒隆海滩寒风刺骨，薛西斯不会孤立无援地在这种地方驻扎到第二年春天。不仅波斯舰队会受到恶劣天气的影响，就连商船也将无法保证为波斯军队提供可靠的粮食供给。如果商船不能保证粮食的供给，那么当地的供应很快就会耗尽。薛西斯的军队可能会面临大规模的饥荒。

希腊人沿着7千米宽的科林斯地峡构筑了一道完整的防御壁垒，可想而知，这里的战斗会异常激烈。温泉关一战已经让薛西斯领教了希腊联军的防御能力。理论上，波斯舰队可以停靠在科林斯以南，但是只要希腊海军完好无损，波斯舰队就休想靠近伯罗奔尼撒半岛。科林斯以南的海岸偏僻荒凉，人迹罕至。腓尼基商人很了解从基西拉岛到半岛南部这一带，这里分布着许多海滩。理论上，这里可以作为波斯人向斯巴达发动进攻的基地，但是天气恶劣，海浪变化无常。

总而言之，薛西斯认为自己不能再这样等下去了。此时，希腊舰队正躲藏在萨拉米斯岛，数量上处于劣势。攻击这支舰队，迅速夺取一场胜利，要比攻打科林斯地峡壁垒后面的重装步兵更加切实可行。事实上，根本不需要陆地作战。假设希腊联军战败，薛西斯就会着手修建从阿提卡海岸延伸至萨拉米斯岛的堤坝；这样，他的步兵就可以快速跨越海峡抵达萨拉米斯岛，屠杀岛上数以千计的雅典难民。

希腊联军内部也正在进行类似的争执[5]。联盟所有成员的指挥官都出席了常规的军事会议，会议几乎是定期召开的。会上宣布了波斯军队入侵阿提卡并洗劫雅典的消息，引发了一阵恐慌。所有发表意见的参会者一致主张希腊联军应该撤退到科林斯地峡。欧里比亚德斯同意了他们的意见，会议就此结束。

塞米斯托克利斯赶忙登上欧里比亚德斯的战船，他说撤退的命令会破坏希腊联军的团结。联盟一旦解体，各支舰队就会返回自己的国家。他劝说欧里比亚德斯重新召开会议。随之而来的是一场激烈的讨论。会上，塞米斯托克利斯提出了自己的设想：希腊的三层划桨战船在狭窄的萨拉米斯海湾迎战波斯舰队，胜算极大。他对同僚们说道：“如果不留在这里，你们将是毁灭希腊的元凶，因为整场战争的胜负就取决于我们的战船。”[6]

塞米斯托克利斯发现自己白费口舌，于是发出了最后通牒。如果离开萨拉米斯的命令不撤销，那么雅典人将退出联盟并带着他们的家人前往意大利。他们将在那里建立一个全新的城邦。这个想法不是临时冒出来的，塞米斯托克利斯曾经建议雅典出资建设一支舰队，那时，他就萌生了这个念头。

尽管我们并不知道塞米斯托克利斯在此事上的决心有多大，但其他盟友不得不认真对待他发出的威胁。希腊舰队差不多总共有 380 艘战船，一旦失去雅典的 200 多艘战船，整个舰队就会丧失战斗能力。波斯舰队将会肆无忌惮，长驱直入。不管科林斯地峡是否拥有防御壁垒，伯罗奔尼撒半岛都会完全受制于敌人，毫无招架之力。欧里比亚德斯撤销了他的命令。

但是仅过了一天时间[7]，意见又出现了摇摆。薛西斯命令停靠在法勒隆的舰队占领萨拉米斯海峡的外围海域，希腊舰队就停靠在那里。情况非常紧急。当天下午，希腊联盟召开了紧急会议。不少人提出要重新考虑撤退的问题。塞米斯托克利斯担心欧里比亚德斯再次被迫改变自己的决定。

于是他自己采取了行动。他派出自己的家奴（*paedogogus*）去执行一项特殊任务。这个家奴叫西辛努斯，负责照看塞米斯托克利斯的孩子。西辛努斯可能是波斯人或者会说波斯语。趁着夜色，他把船划到了波斯舰队的所在地，给薛西斯通风报信。他可能是找到了一个离他最近的波斯军官，将消息透露之后就快速离开了，但也有可能是被押送到了薛西斯的面前。不管是哪种情况，塞米斯托克利斯精心编排的话如愿以偿地传到了薛西斯的耳朵里。据希罗多德称，信息内容如下：

> 雅典指挥官塞米斯托克利斯派我前来觐见，其他希腊人并不知晓此事。他是波斯国王的支持者，希望波斯能够赢得胜利。他让我向您报告，希腊人非常害怕而且正在准备逃跑。您所要做的就是阻止他们从您眼皮底下逃脱。现在是您大获全胜的好时机。联军内部出现内讧，剑拔弩张，根本就不是您的对手。[8]

间谍都清楚，越接近事实，编造的托词越可信。令人尴尬的是，塞米斯托克利斯说的是实话，然而这的确是一个圈套。薛西斯中了圈套，无法挣脱。他命令自己的舰队整晚停泊在萨拉米斯海湾的外围海域，防止希腊舰队从这里驶出，同时派出战船在萨拉米斯湾的西端布防。特别挑选出的波斯步兵被派往普斯塔雷阿岛（Psyttaleia），该岛挡住了萨拉米斯海湾的部分出口。对于欧里比亚德斯来说，逃走再也没有可能了。

塞米斯托克利斯的政治对手阿里斯提得斯，跟科桑西普斯一样，他流放结束后返回军中任职。他在爱琴海的航行途中注意到，波斯人的三层划桨战船集结在了萨拉米斯西岸的海域。他叫出了正在开会的塞米斯托克利斯，并把自己的所见所闻告诉了他。塞米斯托克利斯让他进入会议厅，告诉大家希腊舰队遭到包围的消息——他自己说没用，他们更有可能相信阿里斯提得斯的话。阿里斯提得斯照做了，但是与会的指挥官仍心存怀疑。也许只有当某艘敌舰叛逃，将波斯舰队的一举一动和盘托出，他们才会相信这既成的事实。但无论如何，会议的气氛不再凝重，讨论的内容变得富有建设性。

人们的注意力开始转向第二天的战斗。现在，希腊舰队的各级指挥官都听从塞米斯托克利斯的号令，对于他来说，多年的计划就要成为现实。他最忧虑的是如何想办法把薛西斯的庞大舰队诱入狭窄的萨拉米斯海湾。他必须要让希腊联军的士气看上去一落千丈，军队完全不堪一击。

一旦薛西斯上当，真正的战斗就会变得非常简单。战斗会在狭窄的萨拉米斯海湾打响，这样就能防止希腊舰队遭到围攻，并且弥补希腊战船在数量上的劣势。月牙形的编队会让希腊战船获得机动空间和撞击敌舰的机会。雅典的船员受过训练，知道怎样迅速摆脱敌人和快速转向。他们的三层划桨战船比波斯的战船吃水更深，在波浪起伏的海上更加平稳。

萨拉米斯海湾呈半圆形[9]，位于爱琴海与厄琉息斯湾之间。经过普斯塔雷阿岛就是海湾的入口，宽度为 1 800 多米，邻近阿提卡海岸，左边（从进入海峡时的方向）是细长的海岬——辛诺苏拉海角（状如狗尾）。进入海湾后水面变窄，原因是左前方又出现了一处海岬，萨拉米斯城就建在那里。若船队继续前行，水面会再次变宽，但是在左侧又出现了一座小岛，现今名为圣乔治岛（Saint George）。因为这座岛，海湾的宽度缩小到 900 米多一点。过了圣乔治岛，水面第三次变宽，海水一直流向厄琉息斯湾。整体看上去，萨拉米斯海湾就像一只漏斗。

像塞米斯托克利斯这样的当地人对从南面吹来的西罗科风（sirocco）*十分熟悉，但是波斯人并不了解。早上风起，从外海刮起的海浪推高了海湾的水面。通常到了下午，西罗科风就会变成温和的西风。

9 月 29 日清晨，各希腊舰队的指挥官给他们的水兵做战前动员。

---

* 这是一种从非洲吹到欧洲南部的热风。——译者注

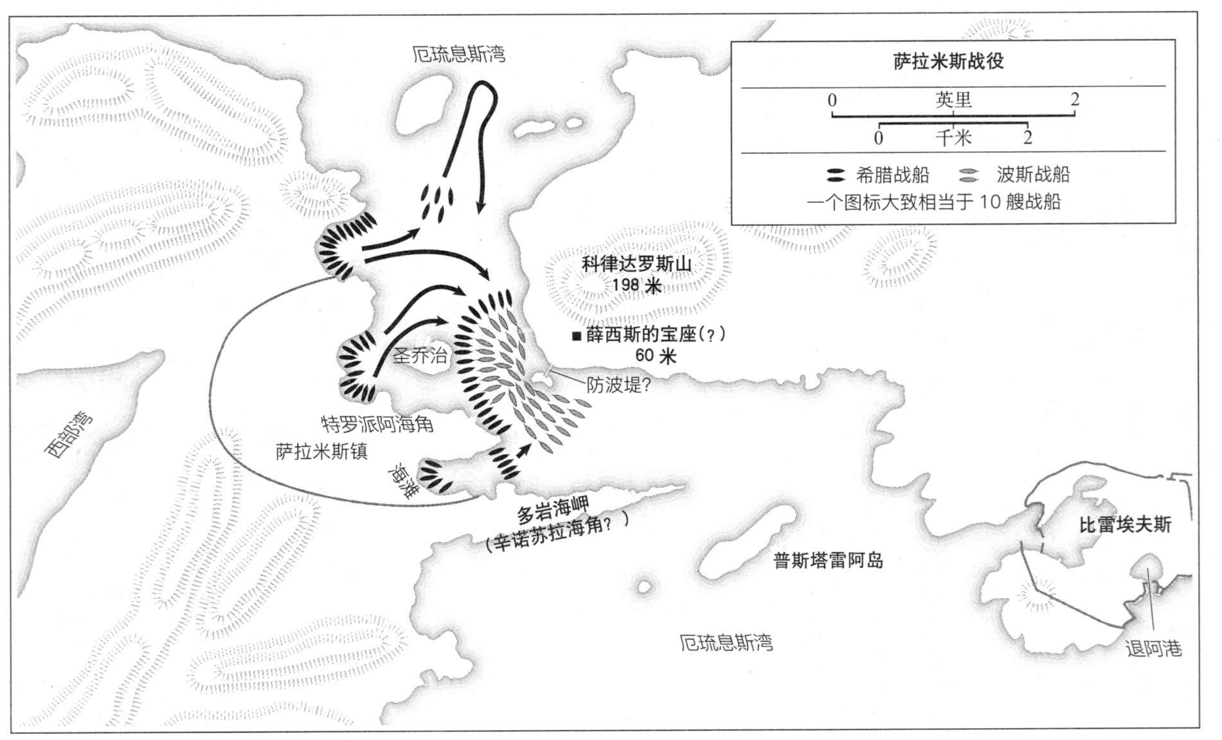

萨拉米斯战役
0
英里
2
0
千米
2
希腊战船
波斯战船
一个图标大致相当于 10 艘战船
厄琉息斯湾
科律达罗斯山
198 米
薛西斯的宝座(?)
60 米
防波堤?
圣乔治
特罗派阿海角
萨拉米斯镇
海滩
西部湾
多岩海岬
(辛诺苏拉海角?)
普斯塔雷阿岛
厄琉息斯湾
比雷埃夫斯
退阿港

桨手们把停放在萨拉米斯海滩上的战船拖入水中。与此同时，在阿提卡的科律达罗斯（Corydallus）山脚下的一个小山坡上，薛西斯正坐在豪华的宝座上，金色的华盖[10]为其遮挡阳光。这个地方视野绝佳，他可以时刻关注战事的发展。他的身边有卫兵护驾，还有一群文官负责记录战斗中英勇杀敌的事迹和胆小怯懦的行为。

虽然希腊舰队还没有进入波斯舰队的视野，但是薛西斯已经看到了他们的一举一动。此时，波斯舰队还没有进入萨拉米斯海湾。薛西斯所看到的一切印证了他之前得到的消息，看来希腊舰队内部确实出现了分裂，并且人心惶惶。他看着希腊舰队的战船糊里糊涂地向北朝着厄琉息斯湾驶去，他们好像对战斗失去了兴趣。胆怯的小型舰队全速前进，队形散乱，驶向远方。

波斯人确信，击溃军纪涣散、胆战心惊的敌人简直易如反掌。他们庞大的舰队排成密集的队形，试图涌入萨拉米斯海湾。波斯舰队沿着海湾的一侧航行。能力出众的腓尼基水手位于波斯舰队右翼，他们沿着阿提卡海岸斜着航行，到了靠近薛西斯观战的地方。由于行驶途中刚好要经过一个小岛，他们的战船脱离了舰队主力。爱奥尼亚的舰队位于整个波斯舰队左翼；他们在驶过辛诺苏拉海角时挤作一团。

就在这时，希腊人改变了他们的部署。他们在波斯舰队的视线里消失了，但是薛西斯看得一清二楚，不过他下达新的作战指令为时已晚。看似已经逃走的希腊小型舰队实际上在厄琉息斯湾做好了保护主力舰队的准备，在此防御并封锁住海湾西部的波斯舰队的攻击。海湾的西部将萨拉米斯岛与梅加腊和希腊大陆隔开。

剩余的大约 300 艘希腊战船，分成约 10 列，改变了航向，朝南驶去。这些战船按计划重新布置成一个横队，摆出月牙状的阵型，隐蔽在圣乔治岛的西侧。雅典舰队在左翼，紧邻阿提卡海岸，面对着腓尼基人的战船。埃伊那岛的三层划桨战船位于右翼，正对辛诺苏拉海角北面的一个小海湾的入口。

令人震惊的事情发生了。希腊战船上响起了震耳欲聋的战歌，警告薛西斯和他的海军，说他们低估了对手的斗志。8 年后，悲剧诗人埃斯库罗斯创作了戏剧《波斯人》（*The Persians*）。剧中，一个信使来到薛西斯位于苏萨的王宫里，把整个战斗过程描述了一遍。这是来自目击者的描述，因为埃斯库罗斯同其他所有雅典男性公民一样亲临战场，他作为一名桨手，参加了战斗。

> 随后，从希腊的战船上
> 响起了刺耳的呐喊，像一首欢快的歌，
> 岛上的悬崖也传来巨大的回响。
> 波斯人意识到失误，个个陷入恐慌。
> 他们没有逃跑，唱起骇人的颂歌，
> 而希腊人带着勇敢的心，冲锋陷阵。
> 响亮的号角激起豪情，
> 他们的船桨一起滑动，水花四处飞溅，
> 水手长高喊口号，船桨拍击着海面；
> 很快整支舰队出现在眼前。[11]

战斗打响之前，希腊人等待着早晨必然会刮起的西罗科风。风吹起来，海面波涛汹涌。波斯战船比希腊战船高，上重下轻，难以平稳地把握方向。波斯战船的侧舷被吹向正渴望出击的对手。希腊联军的舰队以整齐的阵型迎战，用铜制撞角撞击敌人的船只，撞碎了一排排的船桨。训练有素的腓尼基战船被赶向阿提卡海岸，船只破损，船员四散奔逃。雅典的战船趁势冲出这个已经打开的缺口。位于前线的波斯战船还没等到西风刮起就掉头逃跑了。由于没有足够的空间，逃跑的战船撞上了后面跟上来参战的船只，那些船只在薛西斯的注视下一直向前行驶。位于右翼的埃伊那战船开始绕过波斯舰队的侧翼，希腊联军的月牙状阵型因此变成了一个闭合的圆。

波斯人开始觉得疲惫不堪，他们整夜握着船桨待命（而希腊人靠着停在萨拉米斯岸边的战船睡了一觉）。风逐渐把战船的残骸吹入海中。海军上将亚里阿密尼斯（Ariamenes）是薛西斯同父异母的兄弟，他被长矛刺中，落入水中。他的尸体被英勇的阿尔泰米西娅[12]捞起，她对这场战斗感到无比兴奋，即便这对战况没有多少帮助。她在自己的战船正要被捕获之际，降下旗帜，误撞了一艘友军的三层划桨战船。追击她的雅典战船以为她是友军或者已经投降，随即调转航向，不再追击。薛西斯看到这一幕后，称赞阿尔泰米西娅的勇气，误认为她摧毁了一艘敌舰。他能够看出，战争的形势正朝着对波斯人不利的方向发展。希罗多德告诉我们薛西斯对阿尔泰米西娅的评价："我手下的男人变成了弱不禁风的女人，女人却变成了英勇无畏的男人！"[13]

这对于那些英勇作战的波斯士兵来说很不公平，但是混战逐渐变成了溃逃。萨拉米斯海湾安静了下来。海面上漂浮着战船的残骸和淹死的士兵（很少有波斯人会游泳）。埃斯库罗斯笔下的波斯信使再次带去了消息：

> 希腊人捞起了失事船只的碎片和折断的船桨，

对我们在海里挣扎的士兵又砍又刺，

如同渔夫捕杀金枪鱼或者渔网中的鱼。[14]

阿里斯提得斯派遣一支重装步兵在普斯塔雷阿岛登陆，薛西斯的精锐步兵被围困，孤立无援，陷入绝望。最后他们全部被处死了。波斯人的溃败已成定局，希腊人乘胜追击，直到精疲力竭，到了黄昏才作罢。战斗结束了。

这场胜利太过耀眼，以至于我们轻易就忘记了薛西斯手中仍握有一支强大的海军。他损失了200艘战船，被缴获的船只数量不详，而希腊舰队只损失了40艘战船。尽管如此，薛西斯仍然有很多幸存的船只。当时的人们没有意识到这场胜利的重要意义，希腊联军最高统帅部担心，波斯人完全有能力重整旗鼓，择日再战。而波斯人的确也是这么做的。波斯军队朝着科林斯地峡前进，并继续修建通往萨拉米斯岛的堤坝和舟桥。从阿提卡撤离至萨拉米斯岛的人们紧张地等待着，不知道自己的命运会如何。看来薛西斯不会停止进攻。

但是波斯舰队的士气遭到了沉重打击。就连战斗力最强的腓尼基舰队[15]也几乎全军覆灭。薛西斯固执地把战败归咎于幸存的指挥官，并且将他们斩首。此举激起了不少怨恨。一些战船甚至已经脱离舰队。10月2日出现了日偏食，这使得阴沉不安的气氛变得更加凝重。

波斯军队的后勤供应依然存在问题，而适宜作战特别是海战的时节很快就要过去。不久前那些促使薛西斯发动进攻的因素现在变成了说服他撤退的理由。最重要的是，他不完全确定自己是否依然拥有制海权，因为他无法指望重新赢得一场胜利。希腊人很可能会派舰队前往达达尼尔海峡，摧毁舟桥。如果是那样，他和波斯大军回家的路就被切断了。他们会被困在敌人的领土上，任由心怀怨恨的希腊人和叛变的色雷斯人摆布。

最明智的办法就是宣布战争胜利，然后立即返回苏萨。谁能反驳他呢？薛西斯确实控制着除伯罗奔尼撒半岛以外的希腊大陆；他杀死了一位斯巴达国王，并把雅典付之一炬。他大幅度地扩张了帝国的版图。

假设波斯和迦太基早已串通好来消灭西西里岛西部和希腊大陆的希腊人，这种可能性很大，而那样做不会给他们带来任何好处。几天之内传来了消息，叙拉古的僭主革隆（Gelon）和他的好友阿克拉加斯的塞隆（Theron of Acragas）一起击退了迦太基人的大举入侵。一场决定性的战役在西西里岛北岸的希腊城市希米拉（Himera）（与今天的巴勒莫相距不远）展开。这场战役与温泉关战役差不多同时发生。出于维护公众形象和利落行动的本能，薛西斯产生了一种错误想法，这种想法在萨拉米斯海战那天就有了。

薛西斯启程回国。他按照原路返回，随行护驾的士兵达到 40 000 人。令他沮丧的是，萨拉米斯海战结束后不久，舟桥就被一场风暴摧毁。不过，返航的舰队载着波斯人从欧洲回到了亚洲。薛西斯抵达苏萨以后，竟厚颜无耻地举行了盛大的活动来庆祝胜利。他留下马铎尼斯率领一支军队驻守塞萨利，骑兵和步兵加起来（据估计）有 60 000 人。他的任务是继续占领此地，第二年在合适的时候再与希腊军队交战，一举将其摧毁。大部分波斯士兵被遣散，马铎尼斯只留下了来自伊朗的部队和其他一些精心挑选的士兵。护卫队完成安全护送薛西斯的任务后，便会在恰当的时机返回，听候他的调遣。

与此同时，薛西斯派遣那支士气低沉的舰队前往位于小亚细亚沿岸的港口库麦（Cyme）以及萨摩斯岛，他们在那里等待下一步指令。

至高之神阿胡拉·玛兹达的神圣战车[16]和拉车的8匹灰马消失了，这预示着薛西斯将丧失权力。他在出征希腊的途中将战车和马匹留在了马其顿附近，但是当他返回原地却发现它们不见了。色雷斯的内陆居民已经将战车据为己有，8匹灰马也已经被偷走。薛西斯对此无能为力。

萨拉米斯海战结束后的一天清晨，希腊人派出侦察兵去打探波斯海军的位置。法勒隆的抛锚地已经废弃。薛西斯的战船已无踪迹。此时，欧里比亚德斯和塞米斯托克利斯成了英雄，他们率领舰队不慌不忙地追击敌人。他们对埃维厄岛南边的安得罗斯岛发起围攻，但未取得成功。该岛意欲投靠波斯人。

塞米斯托克利斯认为，他们应该航行前往达达尼尔海峡，赶在薛西斯离开欧洲之前切断他的退路。明智的欧里比亚德斯表示反对：当时的季节已经不适宜航行，虽然他们取得了萨拉米斯海战的胜利，但是波斯战船的数量还是远超希腊，而且爱琴海上的岛屿几乎全都站在波斯一边。塞米斯托克利斯做出让步。他对舟桥的命运毫不知情，毫无羞耻地给薛西斯写了一封信，声称他已经采取措施阻止舟桥被毁掉。

希腊联军决定就此罢手，返回萨拉米斯岛过冬。公元前479年春，希腊联军再一次被压力笼罩。联军舰队向东驶向提洛岛。军事指挥官依然是斯巴达人，不过海军上将是希腊人，即此前遭到流放的科桑西普斯。奇怪的是，他们总共只有110艘战船。或许联军想要节省开支，因为海军需要大量人力，并且需要高昂的费用来维持。另外一种更有可能的解释是，雅典出于政治原因暂时撤回了自己的舰队。

雅典人这么做倒也不奇怪。萨拉米斯海战保护了陆上强国斯巴达以及伯罗奔尼撒半岛上的城邦，却没有让海上强国雅典得到任何好处。在撤离人员安全返回阿提卡之前，雅典需要在陆地上取得一场胜利。斯巴达似乎不愿意让自己的重装步兵冒险作战，好把马铎尼斯赶出希腊中北部。现在，科林斯地峡已是固若金汤。既然波斯舰队已经撤离，那么这个防御阵地不会再遭遇任何威胁。

雅典人手中仅有的王牌就是他们的三层划桨战船。马铎尼斯试图以优厚的条件劝说他们改变立场；他许诺会帮助雅典人重建城市和被烧毁的神庙，给予他们额外的领土，并允许他们自治。但是雅典人断然拒绝了他的提议。有一个人鲁莽地建议公民大会至少应该考虑一下，结果他连同自己的妻儿一道被乱石砸死。雅典人告诉斯巴达人，他们离开故土，流亡在外，无法一直抗击波斯人。如果其他的希腊人袖手旁观，那么他们可能会被迫接受马铎尼斯开出的条件。更不用说，如果薛西斯派舰队重新杀回希腊，联军的 110 艘战船根本不是对手。所以，不会再有第二次萨拉米斯海战了。

斯巴达因另外一个宗教节日庆典而推迟了军事行动，但最终还是不情愿地做出了让步。10 000 名重装步兵，其中包括 5 000 名精英“平等者”(可能占了全体男性公民的三分之二)，连同 35 000 名轻装黑劳士，在保萨尼阿斯的率领下向北进发。保萨尼阿斯是死去的国王列奥尼达的侄子，他作为摄政王辅佐列奥尼达未成年的儿子。在行军途中，他还收编了其他城邦的一些部队。希腊联军在厄琉息斯宣誓[17]，永远保持忠诚和友谊：“生命不息，战斗不止，时刻谨记，自由至上。”

马铎尼斯第二次洗劫了雅典，以此报复雅典人对他提议的粗暴回绝。现代考古学家发现了不少证据[18]，表明波斯人对雅典进行了彻底的破坏：在集会广场上，原本供人取水的 17 口水井被居民房屋的遗迹填满。在雅典卫城出土了数十尊残破的雕像，上面还留有烟熏过的痕迹。帕台农神庙的前身还未完工就遭到了破坏（圆形的凹槽柱还依稀可见）。

马铎尼斯很高兴，因为他已经把斯巴达人及其盟友从科林斯地峡几乎坚不可摧的壁垒后面引了出来。他立刻从阿提卡调回自己的部队，并把战场选在了彼奥提亚，那里地势平坦，适宜骑兵作战。他把军队部署在了阿索波斯河（Asopus）的北岸，阵线长达 8 千米。此外，他还在阵线后方的一大片区域扎下营地，用木栅栏围起来加以保护。马铎尼斯期待着敌军的到来。这将是整场战争中的关键一役。

在阿索波斯河的南岸，一座山岭与微微起伏的平原相连，平原延伸到了一条山脉脚下，山脉的主体是西萨隆山（Cithaeron）。军队从科林斯地峡和阿提卡出发，越过山脉，就到了平原地带。马铎尼斯命令士兵清除了此地的树林和灌木丛，以便骑兵能够自由驰骋。在东南方有一个小城普拉蒂亚，那里的居民强烈反对波斯入侵者，支持雅典。

保萨尼阿斯指挥的军队包括大约 38 700 名重装步兵和 70 000 名轻装散兵，此外每天都有从希腊联盟各城邦赶来的军队。他按照作战序列让各支部队在西萨隆山低处的缓坡上安营扎寨。斯巴达的军队位于阵线右翼的主力位置，雅典人和勇敢的普拉蒂亚人位于左翼。联军希望他们在这里不会遭受波斯骑兵的攻击。

希望落空了。沉寂了数天后，马铎尼斯命令自己骁勇善战的骑兵冲向希腊联军。骑兵指挥官马希提（Masistius）身着华丽的、带有金色鳞片的盔甲，披着深红色的短袍，冲在最前面。不幸的是，他的战马腹部中箭，痛得高抬前蹄，把他甩了下来。雅典士兵蜂拥而上，冲向马希提，他奋勇抵抗。他虽有盔甲护身，但被人用投枪刺穿了头盔上的窥视孔，随即倒地身亡。他的尸体被装进一辆马车，在希腊军中四处展示。希罗多德评论道："马希提体态魁梧，相貌英俊，还是值得一看的。"[19]

保萨尼阿斯随后命令自己的军队从西萨隆山脚处移至阿索波斯河边的山岭，波斯军队就在河对岸。这里并不是理想的地方。主要的优势是水源丰富，稍往南一点就是格尔格费亚泉（Gargaphia）。但是希腊军队向前推进得过多，难以保证重要的粮食补给运输线的安全。同时，波斯军队可以绕过山岭顺利地进入平原，从而切断保萨尼阿斯的通信路线。理论上，马铎尼斯可以把全部兵力楔入希腊军队和群山之间。

一个多星期过去了，双方都按兵不动。随后，预料之中最糟的情形出现了。一支由500头役畜驮运粮食的运输队，在从梅加腊到普拉蒂亚途中的一处关口遭遇波斯人的袭击。波斯人封锁了此地，希腊运输队再也无法通过。马铎尼斯命令骑兵再次向山岭发动攻击，同时下令将泉水污染，并堵塞了泉眼。重装步兵无法对马背上的弓箭手做出回击，希腊人没有骑兵，无法与敌人抗衡。如果希腊联军想要吃饭喝水，就必须撤离山岭。

马铎尼斯自己也不是没有麻烦。在夜幕的掩护下，马其顿国王亚历山大一世骑马从波斯营地溜出来，告诉希腊人，波斯人也受到了补给短缺的困扰。不论谁在即将到来的战斗中获胜，亚历山大都希望确保自己属于胜利的一方。

保萨尼阿斯决定再次变换驻军位置，他把营地迁到了普拉蒂亚南边3千米处的高地上。高地四周被溪流环绕，水源丰富，堪称一个"岛"。为了躲避波斯骑兵的攻击，这次行动选在夜晚进行，是一次艰难的壮举。

果不其然，行动还是出了问题。中路部队（由许多城邦的小规模部队组成）似乎在黑暗中迷失了方向，最后竟然发现自己到了普拉蒂亚的城墙外。我们不知道这是不是天意，但这样能够保护从关口过来的运输队，也算不上是坏事。

出于某种原因，右翼的斯巴达部队和左翼的雅典部队并没有行动。直到黎明时分他们还驻留在山上。希罗多德对此做出了解释：为了荣誉，某支斯巴达部队的指挥官拒绝服从撤退的命令。为此，保萨尼阿斯花了整晚的时间试图让他改变主意。更有可能的是，保萨尼阿斯得知中路部队走了岔路，而且无法确定他们的方位，因此更加明智的选择是原地等待，天亮后一切自会明朗。保萨尼阿斯确定了中路部队的位置后，下达了迟来的命令，让希腊和斯巴达的部队出发。那支据说曾经抗命的斯巴达部队勇敢地承担了殿后的任务，以抵挡波斯人的追击。

马铎尼斯心情极好。如同萨拉米斯海战中的薛西斯那样，马铎尼斯对自己看到的情形也做了误判，他认为希腊军队内部不和，士气低沉，缺乏战斗力。因此，他下令全军立即渡过阿索波斯河。希腊一方的混乱是意外，还是圈套，我们无法确定。但至少有一种可能，保萨尼阿斯希望制造一种混乱的假象。这会让马铎尼斯铤而走险，向稳稳驻扎在高地的希腊人发起攻击。

保萨尼阿斯十分虔诚，他在战役的每个阶段都要祭祀神灵，只有预兆显示有利时，他才会采取行动。现在，波斯军队正朝着他的阵线杀过来，而祭祀显示的一直是不祥之兆。他的士兵得到指示，怀抱盾牌，原地静坐，等候进攻的命令。祭司杀掉了一只又一只动物来献祭，但结果显示的还是凶兆[20]。满脸泪水的保萨尼阿斯跑到附近天后赫拉的神庙，祈求她的帮助。就在紧急关头，祭祀出现吉兆。保萨尼阿斯下令出击，再晚一点，敌人就攻上来了。

两军短兵相接。很快，斯巴达人就发现难以抵挡波斯人的攻势。他们向雅典人寻求支援。雅典军队原本能够伸出援手，但遭到马铎尼斯手下的爱奥尼亚军队（其中包括投靠波斯的底比斯人，他们知道如果战斗失败会有什么下场）的攻击。斯巴达人在忒革亚人的支持下苦苦支撑。忒革亚是伯罗奔尼撒半岛上一个好战的城邦。波斯弓箭手躲在柳条盾牌组成的屏障后张弓射箭，箭如雨点般飞出。

形势慢慢变得明朗，轻装的波斯步兵无法与身穿青铜盔甲的希腊重装步兵相抗衡。由于战场的地势向下倾斜，波斯人似乎不可能调集骑兵参战。波斯士兵的柳条盾被掀翻，尽管他们作战英勇，但还是被迫撤退了。在乱军之中，骑在灰马上的马铎尼斯格外显眼，他被一块飞来的石头击落马下。他的侧翼部队见此情形，全部掉头逃回用栅栏围着的营地。在希腊联军的左翼，雅典人遭受了猛烈的攻击，对手正是他们的希腊同胞底比斯人。经过殊死搏斗，底比斯人最终退出战场，径直逃回底比斯。普拉蒂亚城外的部队本应作为希腊战线的中路部队参加战斗，但是直到战斗接近尾声时他们才出现在战场上。

谨慎的阿尔达班护送薛西斯抵达达达尼尔海峡后，便返回马铎尼斯的军中。他的 40 000 精兵作为后备队在阿索波斯河边的山上待命，在那里他能够观察到整个战场的情况。当他看到波斯军队大势已去，他随即率军撤退，马不停蹄地逃回了亚洲。他赶在战败的消息扩散之前返回了国内，一路上没有遭遇袭击。

希腊联军包围了整个营地，数以万计的波斯士兵被困在了狭小的空间内。希腊人用了好几个小时的时间，有条不紊地将他们全部杀死了。希腊人没有留下任何俘虏。据说到那天结束时，九成的波斯士兵遭到处决。希腊联军损失的兵力不多，连同未公开的伤员人数，总计1 360人[21]。

保萨尼阿斯命令黑劳士在波斯营地和战场上收集他们能找到的所有有价值的东西。希罗多德写道：

> 黑劳士的身影遍布整个军营。那里有大量的宝藏——用金银装饰的帐篷，镀着金银的卧榻，碗、高脚杯和水杯都是纯金的，马车上的麻袋里装满了金盆银盆。他们剥下尸体上的脚镯、项圈和带有黄金刀柄的匕首，对那些华丽的刺绣服饰却视而不见。与那么多值钱的东西相比，这些看似可以忽略不计。[22]

有人建议，马铎尼斯的尸体应该与列奥尼达的尸体受到同等对待，也就是说，应该砍下他的头颅，钉在尖桩子上。保萨尼阿斯生气地回答说："这种做法更适合野蛮人，而不是希腊人。不要再提出类似的建议，你应该庆幸自己没有因此受到惩罚。"[23]

保萨尼阿斯参观了一顶制作精良、装饰华丽的帐篷，这是薛西斯留给马铎尼斯的，大概是作为一个象征，表明他还会再回来。保萨尼阿斯命令波斯厨师为他做一顿便饭，但没想到摆到他面前的是一桌豪华的宴席。他拿这桌宴席与自己的厨师所做的家常便饭进行对比。"马铎尼斯真是个傻瓜，"[24]据说，他是这么评价的，"他本应该待在自己的国家享受这种奢侈生活的，却跑到我们这里来剥夺我们贫困的生活方式。”

斯巴达国王列奥提西达斯（Leotychidas）和他的110艘战船[25]一直在提洛岛按兵不动。雅典的战船最后加入了他的舰队，也就是，阿尔克迈翁家族的科桑西普斯率领大约200艘三层划桨战船前来汇合。这些战船先前一直犹豫不决。等到斯巴达及其盟友同意从伯罗奔尼撒半岛出兵彼奥提亚，继而在普拉蒂亚战役中取得胜利后，他们才有所行动。

一些来自希腊萨摩斯岛的特使秘密地前来参见列奥提西达斯，劝说他“将爱奥尼亚人从被奴役的状态中解救出来，并驱逐野蛮的波斯人”[26]。经过一番考虑，列奥提西达斯接受了他们的劝告，并率领舰队向小亚细亚驶去。

此时波斯舰队的规模比萨拉米斯海战时要小很多。整个舰队士气低沉。船员中包括很多爱奥尼亚人，他们对波斯并不忠心。腓尼基舰队的幸存者意志消沉，因此被遣散回家。萨摩斯岛上的波斯指挥官得知希腊舰队正在行动，他们也知道自己的实力不如对方，因此决定撤退到米卡尔（Mycale）附近的地方躲避起来。他们在那里与一支步兵汇合。这支军队奉薛西斯的命令，在波斯大军不在希腊时监管爱奥尼亚。他们把战船拖上岸，并在战船周围用石头和木头围起了一排栅栏。

希腊舰队行驶到距离波斯营地很近的海域，派出一名传令官冲着爱奥尼亚人大喊“别忘了！自由最重要”[27]，怂恿他们叛变。接着，希腊人在不远处登陆。雅典和其他城邦的水兵沿着海滩向波斯营地进发。与此同时，在敌人看不见的地方，大约有一半的斯巴达士兵从山谷爬到山上，然后沿着山脊从内陆一侧杀向波斯人。他们这么做不仅是要实施突然袭击，还要造成一种假象，让波斯人觉得希腊军队的人数不多，以此来引诱波斯人主动出击。

波斯指挥官紧张地没收了萨摩斯人的武器，并从米利都派了一支同样不可靠的部队来把守隘口，这些隘口从波斯的营地一直通往多山的海岬。但是他没办法解散手下全部的爱奥尼亚士兵。

就在此时，从希腊舰队那里传出一则流言，即马铎尼斯在一场大战中被击败。这或许是列奥提西达斯的杜撰，也可能是几天前马铎尼斯战败时的真实消息。这则消息可能是通过爱琴海上一连串的烽火[28]传到了此地，因为普拉蒂亚战役和米卡尔的这场交战似乎发生在同一天。

波斯人果然上当了。他们出营战斗，希望能够速战速决，轻松取胜。他们像在普拉蒂亚战役中那样，用手中的柳条盾组成一道防御墙，弓箭手躲在后面向冲过来的敌人放箭。这场恶战造成了严重的伤亡，但随着雅典和其他城邦的部队开始占据上风，手无寸铁的萨摩斯人和其他爱奥尼亚人纷纷倒戈[29]。等斯巴达部队出现在山顶时，战斗几乎已经结束，留给他们的只有清扫战场。

希腊人取得了完胜。波斯军营被洗劫一空，所有战船全部被烧毁。薛西斯彻底失去了他的舰队；听到这个消息后，他大为震惊[30]。波斯的精锐部队几乎全军覆没，爱奥尼亚人返回自己的城邦，并且不再应征入伍。

列奥提西达斯向北航行，驶向达达尼尔海峡，他要将薛西斯所建的桥梁彻底摧毁，免得这些桥得以重建。即使不是为了避免重建，列奥提西达斯也可以缴获大量的建造桥梁的材料、纸莎草和亚麻锚索。

薛西斯完全地失败了。这是希腊历史上最辉煌的时刻。尽管联军内部发生过争吵，也出现过不道德的行为，但他们还是团结一心并相互支持的。人们渐渐地形成这样一种看法：这是具有重要历史意义的、为自由而进行的斗争，是少数人，少数幸福的人向众多的野蛮人发动的战争。这场战斗成了一个神话，随着时间的流逝，光芒越发闪耀。但是，它比大多数的神话都更加真实，因为它真切地发生过。波斯帝国曾实行扩张主义的专制统治（如果它还算一个相对文明的国家），而希腊人则努力实现自由的理想。雅典的胜利证明其民主制度是行之有效的。

希腊人已经表明，一支重装步兵军队，甚至在没有任何骑兵的情况下，也比阿契美尼德王朝派出的最优秀的军队要厉害。波斯人不会很快就忘记这个教训。杰出的塞米斯托克利斯善于把握机会，他的英明决断帮助雅典成为海上霸主，从而改变了整个希腊的地缘政治。希腊人终于统治了海洋。大流士一世在公元前490年入侵希腊失败，可能只是让波斯国王的光辉形象受损，而薛西斯则失去了爱琴海及其大部分岛屿，而且可以预见，爱奥尼亚人会在小亚细亚沿海地区发动一次更加成功的起义。

最后，雅典人应该感谢特罗森和萨拉米斯岛的当地人。经过数月的难民生活后，他们终于可以回家了。修昔底德写道：

> 野蛮的波斯人离开雅典后，雅典人立刻携家带口返回家乡，和他们一道返回的还有寄存在各处的财产。他们准备重建城市和城墙。只有一部分隔离出来的区域未遭损毁，除此之外，大部分的房屋已成废墟。还有一些房屋保留了下来，那是波斯贵族住过的地方。[31]

事实上，斯巴达担心雅典会凌驾于自己之上，因此他们抓住各种机会，动用武力来干涉雅典的内政。斯巴达人自己的城市因为没有城墙而出名，因此，他们要求雅典的公民大会不要修建任何城墙，而且应该与他们一起摧毁其他城邦的防御工事。他们提出，这样做是为了确保，万一波斯人第三次入侵，敌人不能把这些坚固的防御工事用作基地。

塞米斯托克利斯认为这是一派胡言，斯巴达人只是想让雅典人一直处于弱势。趁着还没有被阻拦，塞米斯托克利斯调动了全部的雅典男性，让他们紧急修建城墙，并加固了比雷埃夫斯的防御工事。城邦的边界也扩大了，以便适应人口的增长。碑石和为建造神庙而准备的石柱底座以及其他各类材料都被调拨征用了。当重建的城墙达到最低的防御高度，至少雅典自己的城墙初具规模时，塞米斯托克利斯才告诉斯巴达人所发生的事情。斯巴达人嘴上没说什么，私下里却非常恼火。

20 年后，在塞米斯托克利斯精神的引领下，雅典人新建了两道规模宏大的城墙，一道从雅典延伸到 8 千米之外的新港口，另一道从雅典修到了法勒隆的海湾。如此一来，城墙把雅典和大海连接到了一起。普鲁塔克形象地评价塞米斯托克利斯说："把雅典和比雷埃夫斯连接，让陆地接受大海的滋养。"[32] 后来，雅典人又沿着第一道城墙平行地修建了第三道城墙，两道城墙之间的走廊宽度大约为 182 米。只要其商业利润和劳里昂的银矿能够维持舰队的开支，那么雅典就能真正成为一个不可征服的城邦。雅典再也不用担心诸如斯巴达、阿尔戈斯或颜面扫地的底比斯等陆上强国。人们将修筑好的三道城墙称为"长墙"（Long Walls），这个称呼极有可能来自老谋深算的塞米斯托克利斯最初的设想——即使要用超过一代人的时间将其建成，也在所不惜。

在大规模重建雅典的过程中出现了一个特例。希腊联军在普拉蒂亚战役开始之前进行宣誓，据说每个雅典人都是这样宣誓的："我不会重建任何一座遭到波斯人焚毁、铲平的神庙，而要保留其遗迹，以此来提醒后世子孙，牢记波斯人亵渎神明的行为。"[33]

因此，雅典卫城仍是一片烧焦的废墟。"唯恐我们忘记"这样的字眼萦绕在城邦之上，挥之不去。薛西斯会发现，他再也没有机会征服雅典了。

然而，雅典人与他之间的仇怨还未了结。

帝国创建者

THE EMPIRE

BUILDERS

第 13 章

城邦联盟

战争的胜利让人激动不已，引起了强烈的反响。纪念碑、神龛、颂诗以及挽歌随之而来。凯奥斯岛的西莫尼季斯在大众诗歌的创作上造诣颇高，其作品广受追捧。尽管他曾隐晦地称颂雅典僭主庇西特拉图，但这并不影响他成为描写希波战争的平民桂冠诗人。为了纪念斯巴达国王及其 300 勇士，他（很可能）写下了那篇最负盛名的墓志铭。公元前 480 年，斯巴达国王列奥尼达和他率领的斯巴达勇士的遗体被安葬在温泉关古墙后面的一座小山丘上，他们在此地壮烈牺牲。人们建造了一座石雕雄狮，来纪念英勇的斯巴达国王。墓志铭的文字很简单，却极具感召力，时至今日，仍能触动每一位读者。

> 过路人，你若到斯巴达，请告诉那里的公民，
> 我们在此地长眠，恪守他们的法律。[1]

人们在斯巴达树立了一座纪念碑，上面镌刻了所有在温泉关战役中牺牲的斯巴达士兵的名字（当然，黑劳士也应征入伍参加了此次战

役，但铭文中并没有对他们的英勇牺牲表示感谢，这种做法是很不明智的，我们稍后还会提及）。列奥尼达和保萨尼阿斯的雕像就伫立在纪念碑附近（现代考古学家发掘出了一位希腊战士的头颅和躯干[2]，几乎可以确定它属于斯巴达国王）。

美丽的海伦来自特洛伊，是斯巴达国王墨涅拉俄斯的妻子。她的两个哥哥卡斯托尔（Castor）和波吕克斯（Pollux）是孪生的半神。诗人西莫尼季斯在为普拉蒂亚战役所写的挽歌中指出，军队出征时会按照传统带着他们二人的雕像。他写道：

> （斯巴达的公民）并没有忘记他们的勇气……
>
> 他们的荣耀将与世长存。
>
> 他们离开了埃夫罗塔斯河，离开了斯巴达城，
>
> 他们行色匆匆，陪伴他们的是宙斯的儿子，即驯马师卡斯托尔和波吕克斯，还有伟大的墨涅拉俄斯……
>
> 斯巴达国王克里昂布鲁图斯那高贵的儿子率领着军队……
>
> 他就是保萨尼阿斯。[3]

为了守护萨拉米斯，人们建了一座阿波罗的雕像，雕像手中握有一个三层划桨战船尾部的装饰物。萨拉米斯的圣殿、阿提卡最南端的苏尼昂海角以及科林斯地峡都放着一艘缴获的战船。保萨尼阿斯捐赠了众神之王宙斯以及他的兄弟海神波塞冬的青铜雕像。

他最慷慨的捐赠当属德尔斐的青铜蛇柱[4]，虽有自我炫耀之意。三条青铜蛇相互缠绕，形成一根约有 6 米高的柱子，顶端的三个黄金蛇头构成三脚架的形状。柱身上刻着参与希波战争的 31 个希腊城邦的名

字。起初，蛇柱顶端的铭文是这样写的："在击溃米底人的军队后，希腊军队的统帅保萨尼阿斯，将此纪念碑献给阿波罗。"是谁击溃了米底人的军队？是希腊统帅，还是太阳神阿波罗？这个语法歧义是有意而为之的。斯巴达执政者将这一段铭文抹掉了。

西莫尼季斯没有遗忘在战争中牺牲的雅典人：

> 如果高贵地死去是最重要的美德，
> 那么命运特地将它赐予我们。
> 让希腊获得完美的自由，
> 我们便长眠于此，接受永世的赞美。[5]

人们不会惊讶于塞米斯托克利斯的自吹自擂，但此举招来的不满和厌烦却不同寻常。他运筹帷幄，指挥希腊海军在萨拉米斯海战中大败波斯舰队，是当时的风云人物，他应邀参加了斯巴达人举行的庆祝活动。斯巴达人欧里比亚德斯因为作战英勇获得了奖励，而塞米斯托克利斯因为出色的指挥也得到嘉奖。对于他们二人来说，最精美的奖品莫过于用橄榄树的叶子做成的花环。塞米斯托克利斯还得到了斯巴达最好的战车，这个奖品更为实际。当他启程回国时，300 名年轻人把他护送到斯巴达的边境。对于一个异族人来说，这些都是至高无上的荣誉。

这样的殊荣激怒了雅典人，他们感觉萨拉米斯海战给伯罗奔尼撒半岛居民带来的益处远远超过他们自己。更糟糕的是，塞米斯托克利斯在雅典卫城西部修建了一座小神庙和一座祭坛，他的房子就坐落在距离神庙不远的人口稠密的居民区。他在神庙里放置了一座自己的雕像[6]，并且厚颜无耻地把这座神庙献给了为人们提供最佳建议的阿耳忒弥斯。公众对他这种自鸣得意、卖弄炫耀的行为很反感。

很快，塞米斯托克利斯在斯巴达也不受欢迎了。斯巴达人提议将战争中投靠波斯的城邦从希腊联盟中驱逐出去，但是塞米斯托克利斯不同意，他认为那样会使斯巴达及其伯罗奔尼撒半岛的盟友在议事会上自动获得多数票。他似乎还敲诈了爱琴海一些岛屿城邦的钱财。

罗得岛（Rhodes）的一位诗人写过一些有关这位雅典领袖贪恋金钱的诗句，语言极为尖刻犀利。这个诗人名叫提谟克勒翁（Timocreon），曾因勾结波斯而被放逐。他称，当时塞米斯托克利斯率领舰队航行，收受了巨额的贿赂，否决了他结束流放的请求，让他回家的希望化作泡影。这样的背叛令人愤慨，因为二人有些交情，并无过节。提谟克勒翁恳求誓言守护神——阿波罗和阿耳忒弥斯的母亲勒托——为他主持公道。

（勒托）无法容忍塞米斯托克利斯，
他说谎，欺骗，背叛，竟然不念旧情。
在不义之财的驱使下，他被蛊惑，
不让提谟克勒翁回到伊阿利苏斯（在罗得岛）的家乡，
攫取了 3 塔兰特后驾船溜走。[7]

如他父亲所料，塞米斯托克利斯顾影自怜[8]，认为雅典民众忘恩负义。此时，他感到自己就像一艘废弃的战船。除了公元前 478 年那一次，那之后他再也没有当选过将军。他发展海军的政策得以延续，但新的政治家开始崭露头角，塞米斯托克利斯的时代已经过去了。

曾几何时，他将政治策略运用得得心应手，但最后竟然成为政治的牺牲品。公元前472年（或公元前471年），他被陶片放逐，十年内不能回到雅典。陶片上刻着人们对这位伟人的各种评价[9]。出人意料的是，有的公民谴责他只是因为他“受到太多敬重”或者声望太高。另一个人直接在他的名字后面加了“asshole”（希腊语中暗指喜欢被鸡奸的可耻癖好）一词。还有人说他“玷污了这块土地”。

另一位战斗英雄，曾指挥普拉蒂亚战役的保萨尼阿斯[10]也遇到了麻烦。和其他同胞一样，他在国外时无拘无束，暂时摆脱了斯巴达社会各种严苛的束缚。

他被任命为联合舰队的海军上将，跟阿里斯提得斯一起指挥雅典船队。他的主要任务是解放波斯控制下的希腊岛民以及亚洲海岸的爱奥尼亚人。米卡尔战役结束之后，他尽其所能追击波斯国王。一切进行得非常顺利，他赶走了拜占庭（Byzantium）城邦的一支波斯驻军。这支军队驻扎在战略要地博斯普鲁斯海峡岸边，那是通向黑海的一条狭窄水道。可以说，谁控制了拜占庭，谁就控制了粮食贸易。他在塞浦路斯的军事行动也很成功，解放了这个岛的大部分地区，至少让其暂时摆脱了波斯人的统治。

不幸的是，年轻、充满活力且自我陶醉的保萨尼阿斯开始走向歧途。他误杀了一个拜占庭女人[11]，那是他的情人。他表现得傲慢又残暴。当阿里斯提得斯质问他的所作所为时，他皱了皱眉头，说自己很忙，对其不理不睬。他开始穿波斯人的衣服，吃波斯的食物，而这些在希腊人看来都是思想不可靠的表现。人们开始怀疑保萨尼阿斯通敌。正如人们所料，他开始向敌人示好。人们指控他秘密释放了一些被囚禁在拜占庭的犯人，这些犯人都是薛西斯的朋友和亲戚。他给波斯国王送去一封密信，信中承诺，只要波斯国王愿意帮他，他会“让斯巴达和其他希腊城邦都臣服于您”。薛西斯写了一封热情洋溢的回信，承诺无条件地给予他财政支持。

爱奥尼亚人普遍感觉到，如果让雅典而不是让斯巴达领导自己，他们会比现在过得更好。毕竟，雅典一直致力于要成为海上霸主。他们的三层划桨战船是希腊舰队的中流砥柱。如前所述，人们普遍认为雅典是爱奥尼亚人的发源地。爱奥尼亚人敬重雅典人，保萨尼阿斯的所作所为成了他们易主的导火索。

当时还有人认为他愚弄和利用黑劳士，他承诺只要黑劳士能帮助他当上斯巴达的独裁者，就让他们获得自由。事实上，他们对战争的贡献并没有得到承认，这肯定会削弱他们对主人的忠诚。如果说有一件事让当权者感到害怕，那就是被奴役的梅西尼亚人有可能再次揭竿而起。

听到那些关于保萨尼阿斯不当举止的传闻，五监察官下令将其召回，但他们并没有足够的证据来指控他。保萨尼阿斯乘三层划桨战船悄悄溜到了博斯普鲁斯海峡，控制了拜占庭，那里还有他的一部分支持者。雅典人愤怒地将他驱逐出去。公元前470年，五监察官再次将他召回。但是他们仍然没有确凿的证据给他定罪，直到他的同性恋情人出现，事情才发生转变。这个人向他们出示了一封信，这封信可以证明保萨尼阿斯有罪。保萨尼阿斯原本是让他将这封信送给波斯国王的。此人还发现，所有替保萨尼阿斯给薛西斯送信的人都没有再出现过。他打开了最近的一封信，找到了预料中的附言，即将信使处死的命令。

五监察官还在犹豫。与保萨尼阿斯同时代的人没有对此做出解释，但是我们可以推测，他有可能在黑劳士中大受欢迎，那些与他在普拉蒂亚并肩作战的重装步兵也有可能支持他。或许他得到了双方的共同支持。斯巴达当权者不想冒险，他们害怕引起民愤。

于是他们设计了一个圈套。一位信使以请愿者的身份前往泰纳隆海角（Taenarum，现今的马塔潘海角），它位于斯巴达南部海岸，距离首都约 97 千米。海神波塞冬的神庙就建在此地的一个山洞里，据说这里通往阴间。神谕可以赋予请愿者召唤和询问死人的能力。泰纳隆海角是黑劳士和庇里阿西人的圣地，他们可以在此寻求庇护。这里也是一处绝佳的政治避难所。

保萨尼阿斯以前的男朋友住在此处的一间小屋里。保萨尼阿斯听到旧情人前往泰纳隆海角的消息时，无疑有些警觉。他从斯巴达来到这间小屋。屋里有一个隔间，五监察官中的几位就藏在里面。保萨尼阿斯问他的旧情人到底想要做什么。在接下来的对话中，保萨尼阿斯承认了自己的罪行。他承诺保证旧情人的安全，便送他上路了。

几位监察官掌握了他们所需的全部证据。他们回到斯巴达，打算在街头逮捕保萨尼阿斯。但是当保萨尼阿斯看到他们靠近的时候，他从一位监察官的表情中猜到了他们的意图，另一位监察官悄悄地给了他一个提醒的暗号。他逃到了附近一座雅典娜的神庙寻求庇护。

斯巴达的当权者下令封锁神庙，想要把他活活饿死在里面。就在他还剩下最后一口气的时候，他们把他拉了出来，不想让死亡玷污这个神圣的地方。令他们失望的是，德尔斐的阿波罗做出了相反的裁决，他让斯巴达人受到了诅咒。因为在女神的庇护下偷窃尸体是犯罪，他们被告知要向女神献上两座价值不菲的青铜雕像来赎罪。

保萨尼阿斯的垮台让塞米斯托克利斯受到牵连[12]。在保萨尼阿斯的私人物品中，人们发现了一些有失体面的文档，五监察官把它们交给了雅典人。雅典公民大会以叛国罪的名义传唤他们曾经的救星塞米斯托克利斯，并批准了对他的逮捕令。塞米斯托克利斯在阿尔戈斯期间曾在半岛四处游历，煽动人们的不满情绪。他似乎一直在那里给斯巴达人制造麻烦。

塞米斯托克利斯的消息还是像以前一样灵通，他提前掌握了事情发展的动向，逃到了克基拉岛。他仍然感觉不安全，于是又北上来到了贫穷的摩罗西亚（Molossians）王国。自阿伽门农时代起，当地人的生活就没有什么变化。那里就像荷马史诗中描述的一样，客人是神圣不可侵犯的。国王阿德墨托斯曾请求塞米斯托克利斯的帮助，但没有如愿，这让国王很生气。尽管如此，他在那里还是得到了庇护。他的妻子和孩子们从雅典来到他的身边，而那个安排他们逃跑的人最后被处死了。

塞米斯托克利斯不得不继续前行，因为在巴尔干半岛，无论他身处何地，雅典人最后都能找到他。唯一可行的办法是前往波斯帝国，但他是波斯国王的死敌，在那里他会面临什么样的命运呢？他向东出发，穿过整个希腊，到达位于奥林匹斯山北部的马其顿港口皮德那（Pydna），在那里，他乘船去了亚洲。在纳克索斯岛附近，他侥幸躲过了一支雅典军队，最后到达以弗所。他安排雅典的朋友和阿尔戈斯的一处“秘密金库”[13]向他寄现金。他很有财运，似乎从来没有为金钱发过愁。

塞米斯托克利斯给在苏萨的波斯国王写了一封信。此时的国王是阿尔塔薛西斯一世（Artaxerxes I），他是薛西斯的第三个儿子。公元前465年8月，他父亲遇刺。[14]他父亲的死异乎寻常，真相扑朔迷离。据说，皇家卫队的指挥官按照薛西斯的命令绞死了王储。由于担心受到责难，他将薛西斯也一并杀害。

根据修昔底德的说法，塞米斯托克利斯丝毫不觉得难为情。在萨拉米斯战役前后，他给薛西斯提供过有用的信息，他在给阿尔塔薛西斯一世的信中也谈到此事："因为过去的事，你欠我一份人情。现在，我可以很好地为你效力。因为我们之间的友谊，我现在被希腊人追赶。"[15]

阿尔塔薛西斯一世上了当，将这位雅典政客迎进了他的宫殿。塞米斯托克利斯的叛逃是公共关系方面的大事。虽然他退出政坛已久，手头上也没有任何"实时情报"，但他对希腊的介绍还是十分有价值的。繁荣的马革尼西亚位于爱奥尼亚海岸，距离以弗所不远。塞米斯托克利斯担任其总督，并于公元前459年在此地去世。他的命运令人唏嘘。谁能料想到萨拉米斯战役的主导者最终会成为波斯的高官呢？

从表面上看，保萨尼阿斯和塞米斯托克利斯无疑是希波战争中的英雄，二人的结局却荒诞不经。这些极为理性的政治家似乎已经丧失理智，犯下大错，自我毁灭或是偏离常轨。但无须多言的是，某个伟大的想法曾将他们团结起来，也许它可以为他们变化无常的人生提供解释。

如果要问我们从希波战争中学到了什么，那就是希腊是非常幸运的。多个小城邦并存必然导致内部纷争不断，妨碍希腊世界追求共同的目标。直到萨拉米斯战役的最后一刻，希腊各城邦才团结起来，但这种关系并不牢靠。聪明的读者一定想知道希腊怎样才能统一，并成为一个强大的国家。最容易实现的方式可能是鼓励其中某个强国建立霸权，比如雅典或斯巴达。

保萨尼阿斯意识到，斯巴达要想在国际上扮演重要的角色，必须在国内进行宪政改革。塞米斯托克利斯预见，雅典帝国将在爱琴海众岛屿和亚洲的海岸线上崛起。他们二人都明白当前的困难，也意识到波斯军队和财政支持可以为他们提供一条捷径，从而达到自己的目的。但是他们为此付出了高昂的代价，原因是他们低估了国内保守派的反对力量。他们孤注一掷，结果却输了个精光。

就目前来看，保萨尼阿斯的影响力不及塞米斯托克利斯。同时代的人普遍认为，塞米斯托克利斯是当时最伟大的人物。尽管他会从任何人身上搜刮钱财，与任何人做交易，但他不是叛徒。历史学家修昔底德对历史人物有着公正的评价。他认为这位雅典政治家功大于过，人们过分夸大和强调了他的过错。

> 毫无疑问，他是个天才。的确，在政治方面，他成就非凡，值得我们对他大加赞赏。……无论是与生俱来的能力，还是快速采取行动的本领，此人总能遇事不乱，胜人一筹。[16]

但对雅典人来说，他曾是一个叛徒，正因为如此，根据法律，他不能在国内下葬。然而，即使在去世以后，他在马革尼西亚也仍然很受欢迎。人们还在中心广场为他修建了一座宏伟的纪念碑。直到公元1世纪，他的直系后代仍可以在公共基金中领取津贴。据说，他的家人将他的尸骨秘密移至雅典并安排下葬。

在某个历史时期，人们在比雷埃夫斯港口附近的一个海岬为他竖立了一座纪念碑，也就是著名的“塞米斯托克利斯之墓”。它看起来就像一座祭坛，矗立在石基之上。为了表达对雅典海军之父的敬意，当墓碑出现在地平线上的时候，水手们会参照墓碑设定航线。公元前5

世纪末时，柏拉图在作品中跟他对话：

> 你高高在上，俯瞰
> 海上往来的船只。
> 船帆涨满，竞相归航。[17]

普拉蒂亚战役和米卡尔战役的胜利并不意味着希波战争的结束。当时，希腊人欢庆胜利，但他们并没有安全感。希腊的核心雅典是保住了，但可以持续多久呢？此次入侵希腊耗费了波斯国王大量金钱，但是波斯帝国国力强盛，只要它愿意，就可以再打造一支舰队，集结一支陆军。

还有，波斯和希腊早在15年前大流士一世统治时期就结下了仇恨，当时位于小亚细亚的爱奥尼亚各城邦开始起义抵抗波斯，但现在他们仍然被束缚，一直等待着重获自由。他们能获得自由吗？最后一点，希腊人并不富有，他们现在处于有利形势，正试图寻找机会掠夺波斯帝国的领土，来弥补战争带来的损失。

因此，建立一个海洋联盟，由爱奥尼亚最强大的城邦雅典领导，致力于继续在海上战斗（现在惹人愤怒的保萨尼阿斯已经不再挡道）的想法得到了普遍的支持。爱琴海附近的各个城邦都要求雅典接受这个挑战，雅典对此求之不得。要不然，它的200艘三层划桨战船还有什么用呢？

斯巴达也放弃了领导权，顺其自然，乐见其成。斯巴达人意识到，对付波斯必须态度坚决，建立一支常备的联盟舰队至关重要，尽管他们在舰队的行动中发挥不了多少作用。雅典人在作战中表现勇敢，作为一个希腊城邦，他们算得上无私。他们也能够承担起责任，即使伯罗奔尼撒半岛的民族主义者对事情发展的长期后果表示担忧。

联盟成立于公元前478年，其行政总部和金库设在基克拉迪群岛的提洛岛上，“提洛同盟”（the Delian League）这个名字就来源于这个神圣的岛屿。这是一个恰当的选择，因为这里是阿波罗出生的地方，而他又是爱奥尼亚人的守护神。对他们来说，这是一个祭祀中心。各城邦的代表在这里的神庙中举行会议。无论他代表的城邦规模及富裕程度如何，每个人手中都只有一票。同盟的成员国都拥有自治权，雅典保证他们的独立地位。我们不知道起初加入这个同盟的城邦有多少，后来同盟达到鼎盛时，其成员国总数可能已经多达200个。

提洛同盟是全面的攻守同盟。一些成员国为舰队提供船只，其他一些城邦，特别是那些连一艘三层划桨战船都拿不出的小城邦，也给雅典捐资。开始时，同盟规定，同盟成员若交纳现金而非实物，其总额要足够建造100艘三层划桨战船，每年大约460塔兰特。随着时间的流逝，越来越多的同盟成员发现他们的公民不喜欢服役，也不喜欢前往海外。普鲁塔克写道：“他们更喜欢待在家里，成为农民与热爱和平的商人，而不是战士，他们都愿意在舒适的世俗生活中度过余生。”[18]因此后来他们不再提供船只，转而选择交钱。这对雅典极为有利，因为同盟成员为战船提供的经费直接受雅典的控制，这实际上是对雅典自己的舰队做了补充。最后，只剩下莱斯博斯岛、希俄斯岛和萨摩斯岛坚持贡献自己规模不大但训练有素的海军，这三个岛都十分富有，并且岛屿面积较大。

雅典政治家阿里斯提得斯是塞米斯托克利斯的老对手，他听取了详细的汇报，对每个同盟成员进行评估。评估结果是根据他们的资产和支付能力确定的。他在工作中公正无私，如同他的绰号“公正先生”一样。在做这件事之前，阿里斯提得斯并不富有，做完以后显然也是一样。阿里斯提得斯曾对恶习不改的塞米斯托克利斯说：“一个真正的将军应该具备的品质就是廉洁清正。”毫无疑问，塞米斯托克利斯因为没有参与其中而大为恼火。他反过来嘲讽阿里斯提得斯，说他的名声“让他看上去像一个守财奴，而不是一个正常人”。[19]

雅典人领导远征，并任命自己的财政主管负责记录和管理同盟的收入。最初，同盟委员会可能通过会议商讨未来一年的作战计划，但过了一段时间之后，会议就不再召开了，由雅典独自做出所有重大的军事裁定。

雅典还使用了一种间接但有效的手段来控制同盟，即操控司法权。每个城邦，无论大小，都有自己的司法系统，有不同种类的法院，对犯罪的裁定和惩罚方式也都有差别。来自某一司法辖区的公民在另一辖区起诉或面临审判时应该怎么办？通常情况下，各城邦都达成了双边协议。作为同盟的领导者，雅典人坚持认为，凡是涉及雅典公民的商业诉讼都要在他们自己的法庭上做出审判。陪审团似乎能做到公平行事，很少有人表示不满，但这种安排只会使得雅典的权力从边缘转向中心。

一位批评者针对民主制提出了尖刻而敏锐的批评，他写道：“雅典人在这件事情上的做法是不明智的，这是强迫同盟成员国的公民乘船到雅典打官司。”[20]事实上，这种安排是有好处的。法庭开始繁忙起来，旅社里住满了客人，入港费增加了，陪审员的费用也有了保证。他接着说：“雅典人坐在家里，不必出海航行，就可以控制同盟的城邦。”

我们说过，雅典民主的一个显著特点是上层社会的利益不可动摇。在其他希腊城邦，民主政治通常意味着传统大家族的消亡，至少是遭到驱逐。在雅典，民主的创始人克里斯提尼是阿尔克迈翁家族的成员。这个富有且雄心勃勃的家族因为250年前的库伦事件而被称作“受诅咒者”。那时，这个家族仍然兴旺发达。另一个家族是腓拉埃德家族，他们是富有的保守派地主。马拉松战役的指挥者，即著名的小米太亚德，是其家族成员。现在，他的儿子塞蒙成了腓拉埃德家族的新领袖，登上雅典政治的中心舞台。据说，他娶了阿尔克迈翁家族麦加克勒斯的孙女。马拉松战役结束后，麦加克勒斯被怀疑通敌，于公元前486年被流放。“上流人士”（字面意思是“美丽和善良的人”）明白，团结一致对他们自己有利。

在整个公元前5世纪70年代，雅典持续快速发展，走向帝国之路，只不过主要人物不同了。如前所述，塞米斯托克利斯丢掉了职位，在公元前5世纪70年代末，他遭到陶片放逐。科桑西普斯下达最后一个命令是在公元前479年，阿里斯提得斯最后发号施令是在公元前478年。他们看上去已是老人。阿里斯提得斯目睹了塞米斯托克利斯的流放，但我们还不清楚他们去世的日期。

新的风云人物出现了，塞蒙在其中首屈一指。塞蒙生于公元前510年，母亲是色雷斯人。他出身卑微，只能算半个希腊人，被视为二等公民。他的父亲被雅典法庭处以50塔兰特的巨额罚款，不久就死去了。塞蒙当时几乎还是个孩子，他替父亲交了罚款，几近倾家荡产。他跟妹妹埃尔皮尼丝（Elpinice）曾一度隐居。因为没有钱置办体面的嫁妆，他没法把妹妹嫁出去，兄妹只能住在一起。

年轻的塞蒙沉醉于放荡的生活。下面是普鲁塔克的说法：

塞蒙年少违法犯罪，而且酗酒，因而恶名远扬。据说，他在这方面很像他的祖父。他的祖父也叫塞蒙，当时人们认为他祖父十分愚蠢，于是给他起了个“白痴”的绰号。萨索斯岛的斯忒新勃罗托斯（Stesimbrotus）跟塞蒙是同时代的人，他说塞蒙没有受过好的教育，也没有典型的希腊人所具有的人文艺术方面的成就。塞蒙既没有雅典人的聪明才智，也没有能言善辩的能力。[21]

然而，他补充说，塞蒙在公共场合的行为举止却真诚得体。事实上，他更像一个伯罗奔尼撒人，正如欧里庇得斯笔下描述的赫拉克勒斯。

（他）平和而质朴，
临危不惧，勇敢且真挚。[22]

塞蒙性欲旺盛。有传闻说，他与妹妹有过乱伦的行为，但这可能仅仅因为他们住在一个屋檐下而招致了误解。不管人们怎么说，他把妹妹嫁给了雅典的巨富卡利亚斯（Callias），卡利亚斯为劳里昂的国有银矿输送奴隶。

塞蒙收回了家族的财富，也许这些财富来自他的家族在克森尼索半岛的财产。不过也有人说，卡利亚斯同意帮他收回财富，来换取他的妹妹。塞蒙在萨拉米斯战役中作战英勇，从而赢得了极高的赞誉。他还把一部分财富花在公益项目上：他把城墙外的一片干枯的橄榄树林改造成了一个水源丰富的体育馆，里面配有跑道和林荫步道，他为其取名“学园”（Academy）[23]。

在雅典露天广场北边，他建起了一条漂亮的柱廊[24]作为公共设施，并以他妹夫的名字命名。柱廊的后墙上装饰着当时最杰出的艺术家的画作。这些画作描绘了雅典人自特洛伊战争以来的军事壮举。人们称其为彩绘柱廊，它看起来像一座现代战争博物馆。除了历史题材的绘画作品以外，军事胜利的纪念品，比如缴获的青铜盾牌，也在那里展览。这里成了一个很受欢迎的聚会地点，杂耍艺人、吞剑高手、乞丐和鱼贩子都聚集在这里。

也许正因为他品味平凡，塞蒙逐渐变得受欢迎起来。那些有关他风流韵事的记录和他对斯巴达人简朴生活方式的欣赏相互抵触。即使像欧波利斯（Eupolis）这样的讽刺作家在揶揄他的时候也言辞亲切：

> 他并非传言中的恶棍，
> 只是太过懒惰，嗜酒如命，
> 他常常整夜待在斯巴达，
> 留妹妹一人独守空房。[25]

随着时间的推移，人们开始产生厌战情绪。联盟的成员国开始抱怨雅典对他们的行事效率要求过高，一些城邦企图脱离联盟，而在雅典人看来，他们是想要反叛。按照修昔底德的说法，这些城邦叛变的主要原因[26]是他们不能提供足额的盟金或者足够多的战船，他们有时甚至一艘船也不愿意提供。雅典人坚持要求成员国履行全部义务，并给那些不习惯持续劳动和不愿意承担责任的人施加许多压力，因而招致了不少憎恨。

那些叛变的城邦一旦被迫就范，他们就会沮丧地意识到，他们失去了所有的行动自由，将来必须言听计从。从这些小事情开始，一个由拥有独立主权的城邦组成的联盟逐渐演变成了一个帝国。

第一个单方面宣布脱离联盟的城邦是强大的纳克索斯岛。雅典人明确表示，任何一个雅典城邦都可以自由地加入联盟，但不可以随意离开。他们包围了纳克索斯岛，迫使他们重新效忠联盟。实际上，纳克索斯岛变成了雅典的附属城邦。修昔底德严肃地指出：

> 这是联盟第一次被迫征服一个盟友（即剥夺其独立的地位）。随后，这一先例在不同的情况下被不断效仿。[27]

脱离联盟也是为了反对雅典的一项政策。该政策将小规模的移民团（*cleruchy*，即拓殖地）派往地中海东部的不同地区定居。拓殖地不同于普通的殖民地，因为拓殖地的居民仍然是雅典公民，它们并不完全独立于自己的母邦。它们充当卫戍部队的角色，并且经常与当地的城邦在经济上展开竞争。

（拓殖地的发展不是一帆风顺的，大概在这个时期，一批雅典市民被派到色雷斯的安菲波利斯。在向内陆迁移时，他们遭到当地人的袭击，全部死亡。）

雅典人的傲慢招致了仇恨。大约在公元前465年，雅典人试图在色雷斯建立拓殖地。繁荣的城邦萨索斯岛在该地区开采贵重金属并拥有商业利益，该城邦的人对雅典人极度不满，于是起来反抗。他们拥有一支庞大的舰队，并且觉得他们完全有能力保卫自己。但被围攻了三年之后，他们向雅典投降了。城墙被拆毁，舰队被没收，矿井也被没收。没有了舰队，萨索斯人再也无法提供战船，只能每年交纳盟金。雅典打着联盟的幌子，做了许多自私自利的事情，萨索斯人的命运就是一个极端恶劣的例子。

尽管斯巴达人放弃了对海军的指挥权，但他们难以接受雅典势力的不断强大。他们试图掩饰自己的愤愤不平，但在公元前464年，狡猾的斯巴达暗地里同萨索斯岛协商，同意帮助萨索斯人入侵阿提卡，以此来转移雅典人的注意力。然而，伯罗奔尼撒半岛的地震使斯巴达人分了心（关于这方面的更多内容，请参阅下一章）。

那些拒绝加入联盟的城邦也会被雅典强行拉入其中：公元前472年，在埃维厄岛的小城邦卡利斯托（Carystus）就发生了这种事情。该城邦与阿提卡隔海相望，距海岸只有几千米。雅典认为该城邦拒绝加入联盟是一种赤裸裸的侮辱。

提洛同盟并没有把所有的时间都花费在追查不履行责任的成员上。它也做了一些该做的事，并不断袭扰波斯人。据普鲁塔克记载，克森尼索半岛落入同盟手中之后，“沿着小亚细亚南部海岸，从爱奥尼亚到潘菲利亚（Pamphylia），看不到一个波斯士兵”[28]。塞蒙时任海军的指挥官，为了能够进行海陆作战，他对传统的雅典三层划桨战船重新进行设计，船身加宽，从而创造出更多的空间来容纳重装步兵。在公元前5世纪70年代前五年的某个时间，波斯人在欧里梅敦河（Eurymedon River，在今天的土耳其南部）的河口聚集了一支庞大的军队和一支由340艘军舰组成的舰队。塞蒙出海前去应战[29]。

他仅用250艘三层划桨战船就重创波斯人，缴获了敌舰200艘，俘虏了20 000人，其余的波斯部队也受到了致命的打击。残余的波斯人逃到塞浦路斯，在那里，他们弃船逃生，逃往内陆。夜幕降临，塞蒙没有停止战斗。他把一些波斯船只编入自己的前锋船队中，让希腊船员穿上波斯人的制服，沿欧里梅敦河航行，驶向敌人扎营的河岸。

计谋成功了。希腊人顺利登陆，未遇到任何麻烦。他们的重装步兵立刻扑向毫无戒备的波斯军队。当晚没有月亮，一片漆黑。许多人并不知道是谁在袭击他们，事实上，他们不知道希腊联盟的舰队还运载步兵。白刃相接，尸横遍野。

这两场令人震撼的胜利发生在大约公元前466年，希腊彻底消除了波斯带来的挥之不去的威胁，人们也得以自由地生活。和往常一样，西莫尼季斯受邀写了一首诗来歌颂战争中牺牲的战士：

在欧里梅敦河，他们奉献了辉煌的青春，
挥动长矛，无惧波斯人的刀箭，
在陆地，在飞速前进的战船上。
直到生命终点，英勇精神千古流传。[30]

雅典人决定加固雅典卫城，但象征意义大于实际需要。他们在欧里梅敦河战役中获得的战利品为工程提供了资金。那些在战争中被烧毁的庙宇按照原样留存下来。

在战后辉煌的几十年里，雅典的民族英雄忒修斯[31]重新回到人们的视野中。长期以来，他一直被认为是半神半人的英雄。在马拉松战役中，重装步兵坚信他们看到了他全副武装地率军冲锋陷阵。

然后，事情有了新的进展。公元前476年，雅典执政者咨询了德尔斐神谕。彼提娅要求雅典人必须找到忒修斯的尸骨，并将其重新埋葬在雅典。大体位置就在爱琴海埃维厄岛附近的斯基罗斯岛（Scyros）。在充满神秘色彩的神话故事中，年迈的忒修斯决定在此地终老。该地的统治者将他视为对手，就把他推下了悬崖。但尸骨究竟埋在了哪里，至今还是个谜。

塞蒙深知忒修斯对于雅典的重要意义。在色雷斯的战斗中取得胜利后，也就是彼提娅做出裁定的同一年，塞蒙下令修葺雅典的忒修斯神殿。就在这个当口，提洛同盟决定入侵斯基罗斯岛，驱逐那里的居民。

原因是这样的。这个岛屿的大部分土地贫瘠荒凉，居民都是农民，但不善种田。因此，他们靠当海盗谋生，扰乱了正常的贸易往来。公海不是安全之地，遇见海盗是司空见惯的事情，海盗甚至还受人尊敬。如果你成为一个海盗，就意味着你是名人了。当一艘船到达港口时，人们问船长的第一个问题都是："你们是海盗吗?"如果是，他会自信满满地承认。修昔底德评论道，"在这个行业里，人们不仅不觉得羞耻，反而以此为荣"[32]。

最后，人们终于忍无可忍了。导火索是海盗们夺走了停靠在斯基罗斯岛的一些塞萨利商人的货物，并把他们囚禁起来。商人们设法逃了出来，并对海盗的行为感到愤怒，他们向德尔斐的近邻同盟投诉，这是在希腊中北部的一个城邦联盟，实际是邻近的城邦组成的联盟。

判决是有利于他们的。斯基罗斯的当权者十分焦急，为避免遭到报复，他们找出了事件的罪魁祸首，并要求他们归还侵吞的财物。惊慌失措的海盗们写信给塞蒙，承诺背叛该岛并把它献给塞蒙，无非就是为了得到赦免。

这个机会实在太好了，让人难以拒绝。塞蒙率领同盟舰队抵达斯基罗斯岛，毫不费力地占领了该岛，并驱逐了那里的居民（他们让雅典人搬来居住，等于吞并了这个地方）。现在，塞蒙已经在那里，他一心想着阿波罗的告诫，开始寻找故去的国王。他一开始无从下手，直到他看到一只鹰在一座小山的山顶啄食。他立刻在那里往下挖，果然挖出了一副棺材，根据里面的尸骨可以判断，死者是一位十分高大的勇士，旁边还放着一根青铜长矛和一把剑。

显然，塞蒙找到了他要找的人。他将忒修斯的尸骨放到他自己的三层划桨战船上，返航回到了雅典。雅典的公民们激动万分。他们举行了盛大的庆典、华丽的游行和隆重的祭祀，仿佛他们的永恒之王真的回到了家乡。人们为他修建了一座纪念碑，把他的遗体当作英雄或者半神一样来敬奉。普鲁塔克写道：

> 现在，他躺在这座城市的中心。他的坟墓是一个避难所，庇护着逃亡的奴隶以及所有受到当权者压迫的穷人，因为忒修斯一生都是他们利益的捍卫者和支持者，耐心倾听穷人和受压迫者的诉求。[33]

从表面看，这个故事的真实度有多高？我们可以猜测，塞蒙在计划突袭海盗时就已经有了找回忒修斯遗体的想法。毫无疑问，他发现的是一座古坟，或者是史前生物变成化石的遗骸，这很容易解释为一位英雄的超大骨架。他深知公关宣传的作用。

忒修斯是雅典公民的护身符，代表执政管理的新理念。传说中，他不屈不挠，富有想象力，广受欢迎，坚忍果断，机敏过人。这些是当代雅典人的价值观。他是雅典民主的具体体现。他曾经的辉煌与荣光庇佑着蒸蒸日上的雅典帝国。

第 14 章

联盟解体

斯巴达没有城墙，仅有一些尘土飞扬的村庄杂乱地组合在一起，看上去毫无吸引力，人们觉得它不会更糟了。但是，大概在公元前 465 年，一切都变了。

这里被一连串强烈的地震[1]夷为平地。邻近的泰格特斯山脉（Mount Taygetus）的山峰崩塌。整个城市都被摧毁了，只剩下五所完整的房子。本来就空荡荡的斯巴达城现在更加空旷了。一些年轻男子和男孩儿在体育馆的柱廊下一起训练[2]。就在地震发生前，一只野兔吸引了男孩子们的注意力，他们赤身裸体，身上涂着油，跑到柱廊外的空地去抓野兔。恰在此时，体育馆坍塌，留在廊柱下的男人们都未能幸免。

伤亡十分惨重。根据一处记载，此次地震共造成 20 000 人死亡[3]。普鲁塔克写道："死者都是青年男子或军校学员。"[4]成年斯巴达男性，即所向披靡的"平等者"，变得非常稀缺。

对于黑劳士——伯罗奔尼撒南部的奴隶来说，这次灾难是神赐予的机会。他们立即揭竿而起。附近乡村的黑劳士立刻奔赴斯巴达。当时，幸存者正试图营救被困在碎石瓦砾下的人们，或者找回他们的财物。24 岁的国王阿希达穆斯（Archidamus）敏锐地预料到会有麻烦，于是让人吹起号角，宣告敌人马上来袭的消息。当黑劳士到达时，他们遭遇到一支全副武装的军队，只得撤退。

然而，叛乱蔓延开来，庇里阿西人也加入了叛乱。他们在斯巴达人的统治之下，虽有人身自由，却无公民权利。斯巴达人自己难以平息叛乱，于是请求盟友协助。雅典人也接到了斯巴达的求援。而就在不久前，斯巴达人正计划着入侵阿提卡。幸运的是萨索斯人当时选择了保持沉默。

喜剧作家阿里斯托芬的剧里有一个角色，他愉快地回忆起斯巴达人来到雅典的那一天，“斯巴达人伯里克莱达斯（Pericleidas）[5] 坐在祭坛上，向雅典人请愿[6]。他披着一件猩红色的斗篷，脸色苍白，乞求雅典派遣军队[7]”。在公民大会上，人们争论不休，有人认为，正好借机杀杀斯巴达的威风。不过，塞蒙“维护斯巴达的利益优先于扩大自己国家的势力范围”，普鲁塔克写道。塞蒙说服公民大会派出一支远征军，并亲自挂帅。

这时候，事情开始变得神秘莫测，走上歧途。

叛乱分子且战且退，最后退回到梅西尼亚腹地的伊斯迈山，那是他们的核心地带和最后的防御阵地。他们在那里建造了防御用的栅栏，准备做最后一搏。雅典人善于实施围剿，这也是斯巴达人寻求他们帮助的主要原因。雅典人带着 4 000 重装步兵[8] 前来助战，但是还没等他们施展本领，斯巴达人的内心就产生了惊人的变化。

他们出人意料地将雅典人遣送回家，同时遣回的还有那些前来支援的外邦军队。斯巴达人表现得很有礼貌，只说他们不再需要帮助了。根据修昔底德的说法，斯巴达人“担心雅典人的野心和异端思想……如果他们继续留在伯罗奔尼撒，很可能会听取伊斯迈人的意见，转而成为革命运动的支持者”[9]。

他们的担心还是有道理的。雅典人秉承的思想，以及它建立海上联盟的目的，都是解放希腊人，而不是压迫他们。梅西尼亚的黑劳士也是希腊人。为什么塞蒙要带领他的重装步兵帮助斯巴达重新奴役他们呢？要不是碍于面子，他们很可能早就与叛军取得联系了。很难看出还有什么其他原因可以解释斯巴达人劝退雅典援军的愚蠢行为。

可以想象，雅典人受到了严重的冒犯。同样能够预料的是，他们把责任归咎于采取亲斯巴达政策的政治领袖。

这里的政治领袖说的就是塞蒙。他坚持希腊实行双重领导制度，斯巴达负责内陆，雅典主导海上事宜，二者是平等的伙伴关系。如前所述，他非常欣赏斯巴达简朴的生活方式，甚至还给他的一个儿子取名为斯巴达。他是一个天生的寡头执政者（不要忘了他的家庭背景），他对雅典的极端民主感到惴惴不安。平民主义政治家对他没有好感。公元前 462 年，他从萨索斯岛凯旋时，被法庭传讯，罪名是受贿。他直截了当、慷慨激昂地为自己辩护：

> 我不像其他雅典人一样，为富有的爱奥尼亚人或者塞萨利人代言，被人讨好，收受报酬。相反，我维护斯巴达人，喜欢效仿他们简单节制的生活方式，而且我没有因此得到一分钱的好处。[10]

于是塞蒙被无罪释放了。

现在他遇到了更棘手的麻烦。因为雅典军队在伊斯迈山被遣回，他的亲斯巴达政策遭到质疑，他的政治生涯也因此终结。“这仅是一个借口”[11]，普鲁塔克称，这是希腊公民对塞蒙的公开报复。他被放逐了，十年之内不得回到阿提卡。一片出土的陶片上写着诋毁塞蒙的文字：“让塞蒙带上他的妹妹埃尔皮尼丝滚出去。”[12] 民主政治中最具有讽刺意味的现象是距离产生美。在流亡中，这位失势的领袖很快获得了谅解[13]。

而斯巴达则为它的无礼之举付出了代价。雅典解除了与斯巴达在希波战争期间结成的同盟关系，并与它的敌人签订了协议。尽管斯巴达军队最终镇压了梅西尼亚人的起义，但伊斯迈的堡垒并未攻破。双方签署了停战协议，堡垒的守卫者骄傲地走了出来。雅典人将他们招至麾下，并特意把他们部署在科林斯湾北部海岸的海军基地纳夫帕克托斯（Naupactus）。这里的地理位置具有战略优势，曾经的农奴们严密地监视着伯罗奔尼撒半岛的一举一动。

希波战争余波未平。战争让雅典的民主派异常活跃，进一步走向极端。一位新的领导人正在崛起，他决心让每一个雅典公民都能充分参与政治活动，民主体制应该变得更加民主。他要成为雅典最伟大的政治家。

他是典型的贵族，也出身于那个受到诅咒的家族。他是科桑西普斯的儿子。科桑西普斯通过联姻成了阿尔克迈翁家族的一员，他被流放过一段时间，之后被召回帮助对抗波斯人，他取代塞米斯托克利斯成为希腊联合舰队雅典分队的指挥官，参加了米卡尔的战斗。他母亲阿伽里斯特（Agariste）也出身名门望族，是克利斯提尼的侄女，而克利斯提尼是雅典（也是全世界）民主制度的创始人。

这个人便是伯里克利。他出生于公元前495年。他长得还算英俊，不过头很长，有些不成比例，看起来很像海葱的球茎，那是欧洲和中东常见的一种多年生草本植物。讽刺作家给他起了一个绰号，叫作“海葱头”。

虽然天生畸形，伯里克利还是很幸运地活了下来[14]，因为那时希腊父母会把出生时有残疾的（或者因为其他原因不想要的）孩子丢到城外，让他们在人迹罕至的空地上死去。出生后的第五天，新生儿伯里克利得到了家族的认可，并在家族守护神的保护下健康成长。在雅典人为新生儿举行的命名仪式（*Amphidromia*，字面意思是“转圈儿跑”）上，伯里克利的父亲把他抱在怀里，绕着家里的灶台跑圈儿，把他奉献给女灶神赫斯提亚（Hestia）。

和其他的雅典孩子一样，伯里克利在出生后第四年的早春，被带去参加安塞斯特里昂节（the Anthesteria），一个到处是鲜花和葡萄酒的节日。在那里，他得到一个花环并把它戴在头上，又得到一个小酒壶，他用它喝下了人生的第一口酒，他还得到一个玩具车。这是非常重要的一个仪式，意味着他进入了人生新的阶段，即从封闭的家庭进入了开放的社会生活。

民主制度要有效地运作，民众必须具备阅读能力。正因为如此，没有谁比雅典人更加重视对儿童的教育了。大概从七岁起，伯里克利就开始在家里接受教育。虽然当时已有一些由10—15名学生组成的小规模学校。课程以阅读和写作为主，辅之以体育、音乐和艺术。学生们用铁笔在蜡版上划写字母和文字，也可以在陶器的碎片上做记录。文学作品通过背诵的方式传授。伯里克利从希腊诗歌、戏剧和史诗——尤其是荷马史诗——中学到了很多。科桑西普斯没有强迫他记住整篇的《伊利亚特》和《奥德赛》，两部长诗总共约有 27 000 行，换作一个倒霉的男孩，他父亲一定会坚持让他背诵全文。

从 7 岁起，雅典的男孩们就要去运动场或者"角力学校"(*palaestra*，字面意思是"摔跤学校")，那里有职业教练或者角力教师来负责他们的身体健康，并教授他们竞技体育。他们在那里跑步，投掷铁饼和标枪，练习拳击和摔跤。表现非常出色的年轻人将有机会参加奥运会和其他体育赛事。

10 岁时，伯里克利不得不中断学习，因为父亲被放逐，他随家人跟父亲一起流落他乡。公元前 481 年，科桑西普斯的流放提前结束，他又回到了家中。14 岁时，他经人介绍加入了一个胞族，这样的互助协会当时有 30 个。成员们聚集在一起举行宗教仪式，在遇到困难时互相帮助。

18 岁时，伯里克利在所属的德莫区（即地方议会）登记，成为完全意义上的公民。他血统纯正，父亲和母亲都是雅典人。德莫区就是一个缩微的希腊城邦。他满怀热情地进入成人的世界。十几岁的时候，伯里克利深受他的音乐和艺术老师达蒙（Damon）的影响，达蒙把伯里克利引入政界。伯里克利长大成人后，达蒙一直是他亲密的导师。普鲁塔克写道："达蒙就像运动员的按摩师和教练一样，给未来的政治新星提供支持。"[15]

伯里克利才智过人，对哲学问题非常感兴趣。他师从意大利埃利亚（Elea）的思想家芝诺（Zeno）。埃利亚位于意大利南部海岸，是希腊的殖民地。人们认为是芝诺发明了辩证法——一种基于提问和回答的探究方法。一位愤世嫉俗的评论员说道：

> 他巧舌如簧，任何问题都能从两方面论证，
> 让人难抑怒气。[16]

他还设计了许多微妙而深奥的“悖论”，其中的逻辑与我们感知到的现象矛盾。其中最著名的一个悖论讲的是英雄阿喀琉斯与一只乌龟的故事。

阿喀琉斯与乌龟赛跑。他让乌龟在前面 100 米处开始跑。当他跑完 100 米的时候，乌龟已经领先（比方说）1 米。阿喀琉斯需要更多的时间跑完乌龟领先他的这 1 米，而在此期间，乌龟又会前进一小段距离。因此，阿喀琉斯每跑到一个新的点，乌龟都会向前移动，因为起点的数量是无穷的，所以他永远追不上乌龟。（但在现实生活中，他肯定可以追上乌龟。这个悖论两千多年来一直让最优秀的哲学家苦思冥想，它揭示了我们对世界的看法与真实世界之间存在的矛盾。）

类似这样的难题激活了伯里克利的思想，让他兴奋不已。他很钦佩芝诺，同时也成了阿那克萨哥拉（Anaxagoras）的密友，阿那克萨哥拉是来自小亚细亚克拉佐美奈（Clazomenae）城邦的哲学家。他在公元前 5 世纪 60 年代中后期定居雅典，是第一个把哲学介绍到雅典的人。比起探寻理性或思考形而上学的问题，他更喜欢探究科学的奥秘。他相信自然界中的一切都能被无限地分割，而且精神是生命的重要组成部分，是所有变化和运动的源头。他第一个发现月光是太阳光的反射。

伯里克利喜欢与那个时代的另一位伟大思想家普罗塔哥拉（Protagoras）畅谈。普罗塔哥拉出生在阿布德拉（Abdera），一个位于色

雷斯海岸的希腊城邦。他的思想备受争议，严重冒犯了雅典右翼分子的保守思想。他怀疑超自然现象，信奉道德相对主义。“关于神，”他写道，“我无法知道他们存在还是不存在，或者以何种形式存在。这个问题很难弄明白，而人生又是如此短暂。”[17] 他还大胆地宣称：“人是万物的尺度，是存在的事物存在的尺度，也是不存在的事物不存在的尺度。”[18] 这就没有给奥林匹斯山上的众神留下位置。

伯里克利与阿那克萨哥拉、普罗塔哥拉等哲学家亲密交往，聆听他们的教诲，增长了学识，对自然现象不再持神秘主义的观点，而更多地诉诸理性。有一次，当他在海上航行时，出现了日食[19]。舵手惊恐万分，船上的其他人也一样，不知所措。日食结束后，伯里克利把他的斗篷在舵手眼前展开，问道：“这是一个可怕的预兆吗？”

“不，不是，”舵手答道。

“那么，这和日食有什么区别呢？日食只不过是由比我的斗篷更大的东西造成的罢了。”

伯里克利在 20 岁出头的时候，第一次登上政治舞台。公元前 472 年春天，他被选为悲剧作家埃斯库罗斯的赞助人（*choregos*），即戏剧的投资者和制作人。那时他的父亲已经去世，他掌管着家族的财产。

跟其他富有的雅典公民一样，伯里克利应当负责“公共侍奉”（*liturgy*，在希腊语中是“为民众工作”的意思）。这就意味着他要负担一些公共事业的开支。公共侍奉有两种形式：一是负责管理海军的一艘三层划桨战船，为期一年；二是为某个节日或其他活动提供资金（如举行宴会或体育赛事，或者如上面所说的赞助合唱团或戏剧表演剧团）。这种制度很有独创性，鼓励公益支出，以取代不得人心的税收。

伯里克利是大酒神节的赞助人，他出资并制作了三部埃斯库罗斯的戏剧，其中一部流传下来，名叫《波斯人》。大多数希腊戏剧都以过去的传说为背景，而在这部剧中，埃斯库罗斯选择萨拉米斯的胜利作为他的主题，那时战争结束刚刚过去8年。剧情在苏萨的波斯王宫展开，苏萨是波斯帝国的首都之一。戏剧的主体部分是一位目击者对战斗的详细描述。剧中既有对故事的精彩描述，也呈现了野蛮残暴的战争场面。我们能够想象，伯里克利这个年轻的阿尔克迈翁家族成员在此事上毫不吝惜钱财。

大约就是在这一年，塞米斯托克利斯被放逐。伯里克利很可能想利用这部戏来提醒民众记起这位伟人的成就，从而恢复他的声望。但对于一个政坛新秀来说，这无疑是一个大胆的政治举动。正如我们所知道的，伯里克利失败了。经过表决，塞米斯托克利斯被赶出雅典，被迫离开了他的祖国。

作为一个年轻人，伯里克利是贵族们未来的希望。出于自我保护，也为了实现自己的野心[20]，他开始为民众的事业尽心竭力。他成了当时的民主派领袖埃菲阿尔特斯的助手。人们对埃菲阿尔特斯知之甚少，他可能不是贵族出身（这一点很不寻常）。与当时大多数公众人物不同，埃菲阿尔特斯非常清正廉洁。他是塞蒙审判背后的领导者。伯里克利被任命为检察官之一，不过他对此并不感兴趣。塞蒙的妹妹请求伯里克利善待她的哥哥。他微笑着回答说："埃尔皮尼丝，你已经过了做这种事情的年纪了。"[21] 在陪审团面前，他并没有过分指责塞蒙。

对于伯里克利和埃菲阿尔特斯这两位民主派人士而言，雅典政治体制的运作存在严重缺陷。第一点是有关战神山议事会的作用。议事会成员都做过雅典的执政官，执政官是从城邦中两个最富有的社会阶层中选出并任命的公职官员。议事会不是直接选举产生的，出身于非富贵之家的人没有机会进入议事会。这违背了当时的时代精神，人们呼吁采取行动改变现状。议事会应当被废除或进行改革。

埃菲阿尔特斯发起了一场反对战神山议事会的运动，以腐败和欺诈的罪名将议事会成员告上法庭。打击了议事会的气焰之后，他精心选择了行动的时间。公元前 462 年，他的主要对手塞蒙到梅西尼亚去援助斯巴达人，未获成功，埃菲阿尔特斯说服公民大会通过一系列法案，剥夺了战神山议事会所有的政治权力。这些权力包括惩治执政期间违反法律的执政官、监督政府的管理，以及确保法律得到遵守等权力。调查公民私生活的权力也被废除了。

战神山议事会的职能转至公民大会、五百人议事会或者陪审法庭。议事会本身被保留下来，剩下的唯一职能是审判谋杀案。更糟糕的是，它要负责照看雅典娜的神圣橄榄树，并守护女神得墨忒耳和珀尔塞福涅在阿提卡西部厄琉息斯的财产。厄琉息斯每年都会举办纪念她们的神秘宗教仪式。

胜利纵然大快人心，却只是昙花一现。公元前 461 年，战神山议事会改革后不久的一天晚上，埃菲阿尔特斯被绑架，然后被杀害了。[22]正如狄奥多罗斯所说，人们永远不清楚“他是如何死去的”——这是一种神秘的措辞，暗指埃菲阿尔特斯的尸体并未找到，或者死亡的原因不明。总之，暗杀他的凶手或者凶手们一直没有落网。普鲁塔克称，塔纳格拉（Tanagra）的一个名叫阿里司托狄科斯（Aristodicus）的人[23]应对此事负责，但我们对他一无所知。那些寡头政治的执政者对削弱战神山议事会的权力一事怀恨在心，因此埃菲阿尔特斯便成了牺牲品。这样的猜测非常合理。

要是我们从“何人获益”的角度来判断此案，那么埃菲阿尔特斯被谋杀，谁将是最大的受益者？答案显而易见，是继承了民主派领导地位的伯里克利。一时间谣言四起，暗杀行动的主谋指向了伯里克利。伯里克利认为这是“恶意诽谤”[24]，所以不予理会。他这样做是正确的。伯里克利一向奉公守法，他自己一直以此为荣。

33 岁时，伯里克利从埃菲阿尔特斯手中接过了接力棒，掌握了领导权。在接下来 30 年的大部分时间里，他几乎每年都当选雅典十将军。他绝对不是暴君，而是公民大会里最有影响力的政治人物，同时也是能力超群、富有进取心的军事指挥官。总之，他实行直接民主，更多是提出建议，而非直接治理。

伯里克利立即着手进行进一步的改革。他认为有三个方面需要改进。

首先，他引入了一项公民法。[25]公民权利只适用于那些父母都是雅典人的公民。以前，母亲的外邦身份并不影响一个人的公民身份。克里斯提尼、塞米斯托克利斯和塞蒙的母亲都是外邦人。雅典有很多外邦人在此定居，而伯里克利此举的目的是对享有公民福利的人进行限制。雅典在国际上很有影响力，把雅典公民变成一个更加排外的封闭群体具有一定的实际意义。这可能是因为移民不受欢迎（外来移民抢走工作机会，一直以来都遭人诟病）。

其次，大多数政府官员每年都通过抽签决定，而不是通过选举来任命。这样做的优势很明显，可以确保所有人都有平等的机会，而且可以防止政治派系或利益团体的产生。但是，梭伦只在直接选举的初选阶段运用抽签来确定执政官，梭伦更想确保候选人的素质和为民众服务的意愿。但对于伯里克利来说，这些因素远不及确保所有公民都有机会参与公共生活更为重要。忠诚在很大程度上比能力更重要。因此，初选被废除了，五百人议事会成员和执政官的任命完全由抽签来决定。

这一新的政策只有在官员可以得到报酬的情况下才能顺利实施，而对于那些不得不工作的穷人来说，他们并没有履行其公共职责的时间。因此，伯里克利支付给那些担任执政官和五百人议事会成员的人一定的津贴。

最后一项是关于工薪制度的。任何超过 30 岁的男性公民都可以在法庭上担任陪审员。每年年初都会用抽签的办法选出 6 000 名陪审员志愿者（每个部落 600 人），陪审员登记注册后便可审理案件。在最重要的审判中，陪审团的规模可达 1 501 人，而对于私人诉讼，陪审团的人数一般在 201 人到 401 人之间。伯里克利给陪审员每天发放 2 欧布鲁斯[26]的基本生活费（到了公元前 5 世纪后期，这一标准提高到了 3 欧布鲁斯）。

其他从国家领取薪水或在委员会任职的官员，大都是通过抽签决定的。这些官员主要包括：雅典娜的司库，管理王室的财政收入和资金流向；供应官，承包劳里昂银矿的公共合约；征税官，负责收税并给相应的官员发放津贴；会计师，检查所有的公共账目；审查员，坐在集会广场，接受对公职人员的投诉；还有特派专员，负责维护公共神庙。城邦还雇用了市场调查员，对所销售的商品的质量进行监督，还有称重和测量专员，以及谷物检验员。担任军事指挥和承担一些专门性的财务职责的人需要具备相应的能力，他们的任命不是通过抽签产生的。

希腊字母在公元前 8 世纪开始使用，在当时，阅读和写作都是相对较新的技能。斯巴达人很少使用文字记录，因此遭到其他希腊人的嘲讽。但是，如果民众没有较高的读写能力，雅典的民主就不可能发挥作用。一个崇尚开明、广泛参与和责任明确的政治体制，以及依赖国际贸易的繁荣经济体系都离不开可靠的报告和文档记录。因此公民必须要有计算和认读能力。我们可以想见，许多雅典市民即使贫穷或者生活窘迫，也基本上都识字。

民主制度的运行需要大量的资金。据估计，到公元前 440 年，多达 20 000 名雅典公民可以拿到国家发放的不同形式的津贴[27]，约占雅典总人口的三分之一，甚至更多。如此之多的公民在民主制度中获益，意味着雅典政制不会轻易改变。刻薄的批评并没有因此放过新秩序："穷人和劳动阶级感到满意，而且他们人数众多，肯定会加大对民主的支持。"[28]

民主派获得支持是很重要的，因为他们已经感到危机四伏。他们总是担心自己的政治体制会被推翻。雅典"上流社会"认为民主是一种完全不必要的创新，它是不公平和不恰当的，为最恶劣的煽动者所利用。这是无赖的体制。色诺芬的另一则评论（也有可能张冠李戴了）提出了这样的观点：

> ……在地球上的任何地方，社会上层都是反对民主的。在上层社会的人群中，只存在很少的放纵和不公正，他们大部分时间都在关注什么是好的举止。然而，普通民众大都无知散漫，充满邪恶。贫穷使得他们做出不光彩的行为，而且由于缺钱，一些人无法受到良好的教育，变得无知。[29]

曾经占统治地位的贵族希望看到寡头政治的回归，让有良好教养的少数人管理国家，但是他们不敢表达自己的想法，比如身为贵族的塞蒙，也只能任劳任怨地为国家效力。

一段残存下来的铭文[30]记载了作为雅典十部落之一的依里克西斯（Erechtheis）部落在公元前460年（或公元前459年）死去的人的名字。十个部落的阵亡者名单通常会被记录在一块石板或石碑上，而大量的伤亡则要记载在独立的石柱上。碑文开篇列举了雅典人同时参与的各次战役。最后一段话是用隔开的大写字母写的，意在强调。

> 依里克西斯部落中，
> 这些人在历次战斗中死去：在塞浦路斯、埃及、
> 腓尼基、哈列伊斯、埃伊那岛和梅加腊，
> **都在同一年**。

接下来，在三根石柱上镌刻了8位将军和179名遇难士兵的名字。哈列伊斯之战指的是雅典对伯罗奔尼撒的阿尔戈斯的一次不成功的突袭。在公元前5世纪中叶，雅典成年男性公民的数量可能已经达到60 000人，但雅典似乎并不担心人口膨胀的问题。

大约在同一时期，一件小小的、雕刻精美的大理石浮雕问世，展示了女神雅典娜的忧郁和悲恸（见文前彩色插图）。她可能正在看一块石碑上死难者的名字，或者正在注视一个雅典重装步兵的墓碑。不管她在做什么，这个形象似乎都体现了她对战争遇难者的怜悯。

虽然雅典人为死难者感到悲痛，但随着提洛同盟逐渐演变成雅典控制的帝国，雅典人变得过于自信和好斗。他们单线作战时没有问题，

但若同时推进许多阵线，他们更愿意展示自己。

雅典人掌握了一个让波斯人威风扫地的大好机会。机会的出现非常偶然。埃及人一直对阿契美尼德王朝的殖民统治心怀愤恨。公元前465年夏天，他们听说薛西斯遭到暗杀，并意识到这有可能引发苏萨的动乱，便在年轻的利比亚王子伊那罗斯（Inaros）的领导下起来反抗。公元前464年秋季，他们下定决心要发动起义，冬季做出了详细的计划，并招募了初步的武装力量。第二年夏秋之交，波斯在埃及的统治被终结。

当时，一支由200艘三层划桨战船组成的盟军舰队碰巧正在塞浦路斯海域开展军事行动，听到起义的消息，他们立刻停止行动，向埃及进发，去支持起义军。这不完全是一个投机的决定。一方面，痛击波斯国王总是一件大快人心的事。另一方面，雅典的人口持续增长，粮食不得不依赖于进口，而埃及是古代世界的粮仓。如果雅典能把埃及从波斯手中夺过来，法老的土地就可以提供大量的粮食，这对黑海的贸易是很好的补充。

刚开始，幸运之神十分眷顾雅典人。舰队顺流而上，控制了尼罗河流域和孟菲斯（Memphis），后者是埃及曾经的首都，位于尼罗河三角洲南端。只有一部分波斯的守备军留守在一处被称为“白塔”的堡垒中。

波斯国王阿尔塔薛西斯一世试图贿赂伯罗奔尼撒人，让他们入侵阿提卡，结果伯罗奔尼撒人拒绝了，还轻松地赚得了预付款。提洛同盟帮助埃及人击退了一支波斯远征军，但阿尔塔薛西斯一世及时地派出了另一支远征军。埃及人和他们的盟友被赶出了孟菲斯，在尼罗河三角洲的一个河心岛上被围困了一年半。最终，波斯人排干河水，派步兵发起进攻，占领了这个岛屿。同盟的舰队损失殆尽，希腊人历经六年的远征以失败而告终。

根据修昔底德的记载，似乎有很多雅典人逃脱了[31]，他们不是乘战船逃走的，否则就会有 50 000 人丧生（如前所述，一艘三层划桨战船需要 200 多名船员）。虽说有一部分桨手来自盟国，但如此大规模的损失无疑会影响雅典在接下来的几年里继续推行积极的军事政策。这场灾难的确打击了同盟的士气。

快速恢复后，雅典决心既要做爱琴海的霸主，也要成为希腊的陆上强国。其战略目标是控制科林斯地峡的重要关口，防止斯巴达人率军入侵阿提卡。雅典一度在梅加腊部署了一支重装步兵，并建造了连接雅典与尼塞亚港（Nisaea）的长墙。有了梅加腊北部和南部海岸的港口，雅典现在完全控制了科林斯海湾。雅典打败了其长期的对手埃伊那岛，收编了它的海军，迫使它加入提洛同盟，并交纳盟金。至此，雅典早就显露的称霸意图终于完成了。

除了强大的底比斯城邦之外，雅典最终征服了彼奥提亚几乎所有的地区。面对雅典如此强劲的发展势头，斯巴达人越来越愤怒。大约在公元前 460 年到公元前 445 年间，斯巴达联合其伯罗奔尼撒的盟国与新近崛起、喜好夸耀的雅典帝国之间进行着断断续续的战争（笼统地称作“第一次伯罗奔尼撒战争”）。雅典人掌控新扩张的领土不过十多年的时间。公元前 447 年，雅典在彼奥提亚的科罗尼亚（Coronea）的一场关键战役中遭遇失败，伤亡惨重，阿尔克迈翁家族的克莱尼阿斯等很多贵族也在其中。雅典在希腊大陆的称霸之路戛然而止。在雅典附近，有一座附属于埃维厄的岛屿，颇具战略意义，这座岛屿发生了叛乱，幸运的是战乱很快就被平息了。

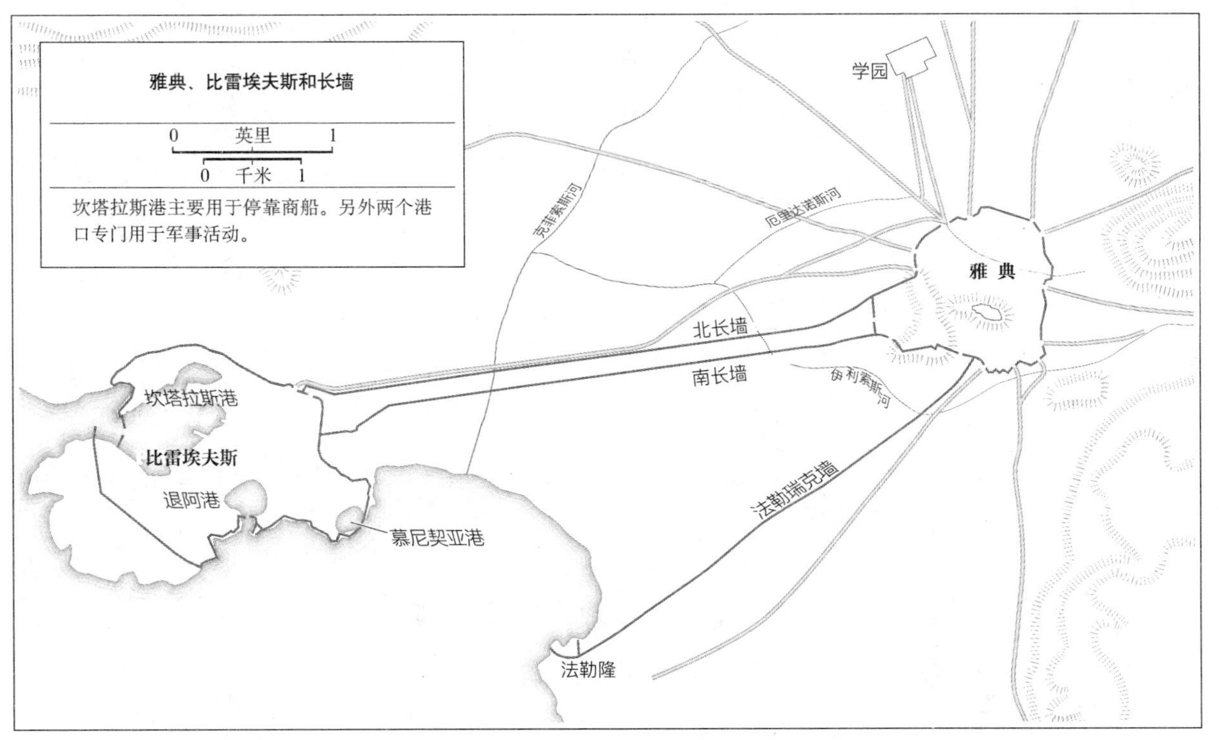
雅典、比雷埃夫斯和长墙
0 英里 1
0 千米 1
坎塔拉斯港主要用于停靠商船。另外两个港口专门用于军事活动。
学园
克菲索斯河
厄里达诺斯河
雅典
北长墙
南长墙
伊利索斯河
坎塔拉斯港
比雷埃夫斯
退阿港
慕尼契亚港
法勒瑞克墙
法勒隆

雅典人对失败有极强的预感，他们必须确保能够自我保护。连接雅典与比雷埃夫斯和法勒隆的“长墙”于公元前457年完工。从现在起，只要雅典的舰队始终掌握制海权，雅典就不会受到太大的威胁。塞米斯托克利斯的雅典海上霸权的梦想最终完全实现了。公元前5世纪40年代，雅典建造了所谓的“中墙”（Middle Wall），形成了一条狭窄的、防御能力更强的通往港口的长廊。

与此同时，在爱琴海的另一边，塞蒙在经历了十年的流放后回到雅典。这再次证明，尽管他从来不是坚定的民主派，却是民主派所信赖的人。他受命率领远征军前往塞浦路斯进攻波斯人。但在公元前450年，他因为生病或者受伤而死去。临终前他建议大家不要泄露消息，为的是给希腊人的撤退争取时间，以便能全身而退。

为遇难者撰写的一首墓志铭模仿已故的西莫尼季斯的风格，高度赞扬了塞蒙在最后一刻所做的努力。

> 自从大海将欧洲和亚洲分开，
> 狂野的战神阿瑞斯主宰了凡人的城市，
> 不论是在陆地，还是在海上，
> 世上从未有人能够如此。[32]

这些句子说的是塞浦路斯战役，不过对于雅典人壮志未酬的历史来说，这也算是一个恰切的总结。在公元前5世纪中期的那些年，所有的英勇和荣耀，到底有多少真正实现了？这是一个不容易回答的问题。

事实上，雅典已经达到它的极限。城邦一度人力匮乏，下至18岁的青少年，上至60岁的老人，他们都得征召入伍，充当后援部队。公元前 456 年，雅典狂妄地派遣了舰队到伯罗奔尼撒附近航行，并在吉雄港（Gythium）焚烧了斯巴达的海军船厂。然而，公元前 451 年，雅典同意与斯巴达签订为期五年的停战协议。几年之后，他们又与波斯国王达成有利的协议，签订了《卡里阿斯和约》（和约是以参与谈判的政治家兼大富豪，即塞蒙的妹夫卡里阿斯的名字命名的）[33]。小亚细亚的希腊城市获得自由，它们只需要遵守自己的法律。而塞浦路斯则被波斯永久占据——这是希腊不得不忍受的屈辱。实际上，雅典已经放弃在东地中海称霸的野心。

从对希腊有利的方面来看，波斯军队不能进入地中海沿岸骑马一天所行的距离范围内，不能航行越过黑海入口处的蓝色岩石（雅典人因此可以保护粮食贸易），不能越过吕基亚（Lycia）和潘菲利亚之间的岛屿（因此波斯海军无法靠近爱琴海）。总之，阿尔塔薛西斯一世同意远离希腊世界。

交战双方都无法宣称自己获得了完全的胜利，不过希腊人似乎更加幸运。自从雅典人洗劫了萨迪斯，激怒了波斯国王大流士一世，经过 50 年，希波战争总算结束了。然而，欢乐是短暂的，因为和平给雅典带来了新的威胁。在爱琴海各个岛屿，人们都在自问，既然波斯国王不再是严重的威胁了，那他们耗费钱财维持海上同盟还有什么意义呢？为什么他们还要为了那支没有用武之地的舰队而继续向雅典交纳盟金呢？

公元前 446 年，在承认现状的基础上，雅典与斯巴达将休战协定变成了 30 年。希腊的两个大国走的是截然不同的两条道路。他们曾经是伙伴，甚至是朋友。多年以来，雅典和斯巴达互不信任。现在他们又和平相处了，但是他们难以预知未来会面临什么麻烦。

在整个希腊，斯巴达人因其自律和节俭而备受推崇。但他们比较保守，不愿意做出改变。他们的体制中表现出一种几乎无法掩饰的恐惧。伯罗奔尼撒的臣民总是强压怒火，随时会爆发出来，整个斯巴达都弥漫在这种情绪之中。正是这场永远清醒的噩梦强化了斯巴达人的优秀品质。

伯罗奔尼撒大地震暴露了斯巴达体制的缺陷，但是斯巴达人挺了过来。经过惊心动魄的斗争，斯巴达人征服了黑劳士，并且重新奴役了他们。但是，斯巴达人发现自己面临着另一场突如其来的风暴，因为雅典民主的革命力量破坏了希腊世界的平衡。雅典不仅控制了海洋，还一度在希腊中部建立起一个陆上帝国，把斯巴达困在南部半岛。贪婪的波斯帝国已经被驯服。雅典在统一希腊的道路上正阔步前进。

难怪在公元前5世纪40年代的某个时候，伯里克利曾提议举行一次泛希腊会议[34]。所有希腊人，无论来自欧洲还是亚洲，都收到了邀请。会议将讨论如何处理被波斯人焚毁的希腊神庙，以兑现希波战争期间他们对众神的宣誓，但最重要的还是讨论海上安全的问题。会议潜在的目的非常明显——获取希腊人对雅典霸权的广泛认可。不出所料，斯巴达破坏了这个计划，会议并没有举行。

大多数城邦的政制只需要少数公民（即政治集团）花费时间和精力。伯里克利及前人提出的完全民主制则需要社会全体成员的大规模参与。即使是最刻薄、最愚蠢的公民，也可能因为抽签的偶然性而成为政府首脑。他别无选择，只能用心去做。

这种民众大规模地参与公共事务所激发出来的能量不仅带来了帝国的崛起，也体现在雅典的城市生活中。雅典的艺术和文化获得了空前繁荣。

荷马笔下的英雄

《伊利亚特》是公元前 8 世纪末创作的一部史诗。这部伟大的著作中展现出的勇气、荣誉、追求卓越是一代又一代希腊人在生活中意欲实现的理想。《伊利亚特》中的英雄阿喀琉斯选择做一名勇士，赢得荣耀，宁可失去年轻的生命，也不愿平平安安、怯懦卑微地终老一生。图中，他的朋友及爱人帕特洛克罗斯的手臂被箭所伤，他为其包扎伤口（雅典红绘人物瓶，索西亚画师绘制，约公元前 500 年，现藏于柏林旧博物馆）

辉煌的雅典

雅典卫城的复原图，跟公元前 4 世纪初时的模样一致。卫城是在帕台农神庙和伯里克利时代其他伟大的建筑完工之后建造的

A. 帕台农神庙
B. 厄瑞克忒翁神庙
C. 山门入口
D. 美术馆
E. 胜利女神雅典娜神殿
F. 坡道
G. 雅典娜侍女居
H. 喷泉
I. 厄琉息斯神秘祭祀神殿
J. 集会广场
K. 战神山议事会会址
L. 狄俄尼索斯剧院
M. 未完成的宙斯神庙

（艾克图像馆，彼得・康诺利）

处女神庙

雅典娜是智慧和战争女神，是雅典的守护神，帕台农神庙是奉献给她的。这是雅典建筑的杰作，历经数百年风雨，虽已遭到严重破坏，但仍让人叹为观止

古希腊的雕塑绘有亮丽的颜色，正如维多利亚时代的艺术家劳伦斯·阿尔玛-塔德玛在他的《菲迪亚斯为他的朋友们展示帕台农神庙的檐壁》中所呈现出来的那样。观众站在脚手架上观看浮雕，雕塑中是年轻的亚西比德和苏格拉底（左）以及伯里克利与情妇阿斯帕齐娅（中、右）（收藏于伯明翰博物馆和美术馆）

在帕台农神庙的正殿内，伫立着一座巨大的雅典娜·帕台农（处女雅典娜）的雕像，由菲迪亚斯用黄金和象牙制作。公元5世纪，雕像不见踪影，可能随后被破坏了。不过，1990年，阿兰·勒奎尔重新创作了这个雕像，放置于纳什维尔百年纪念公园里复原的帕台农神庙中，效果跟原作一样令人震撼

伟人

宽厚性感的嘴唇，聪慧疑惑的表情，简洁粗犷的线条，塞米斯托克利斯的这尊肖像刻画了雅典有史以来最成功的政治家的形象。他总是乐于接受贿赂，却不见得一定兑现承诺。他狡猾奸诈，有勇有识，具有战略上的预见性，这些足以让他在公元前 480 年和公元前 479 年赢得反抗波斯侵略者的斗争（公元前 5 世纪希腊原作的罗马时代的复制品，收藏于意大利奥斯蒂亚的奥斯蒂亚博物馆）

伯里克利在公民大会上能言善辩，被人称作“奥林匹斯神”。他在希波战争和伯罗奔尼撒战争之间的黄金时期统治着雅典，尽管在任何时候，人们都可以将他罢免。他对斯巴达及其盟友所采取的防御性军事政策是失败的。他于公元前 429 年去世，失意沮丧（希腊原作的罗马时代复制品，收藏于梵蒂冈庇奥 · 克莱门提诺美术馆）

狄摩西尼是希腊世界最著名的公众演说家。他认为自己在跟随伯里克利的脚步。但雅典最辉煌的时代已经过去了一个多世纪，他的野心超过了城邦的实力。这个时代正在崛起的力量是马其顿。狄摩西尼没有让雅典与新贵结盟，而是竭尽全力阻挠马其顿国王腓力二世和他的儿子，即继任者亚历山大。公元前338年，腓力二世在奇罗尼亚战役中击溃了希腊城邦，雅典失去了独立地位。狄摩西尼应该对此承担很大一部分责任（原作是大约公元前200年由波利优克都斯制作的铜像，此为罗马人用大理石制作的复制品，收藏于哥本哈根新嘉士伯美术馆）

陶片放逐是公元前 6 世纪雅典民主创造的一个了不起的政治手段。人们投票决定是否要将某个地位显赫的公民放逐 10 年。如果公民被定罪，他可以在服刑期满后返回家乡，恢复职业生涯。陶片放逐的对象是那些不受欢迎的政治家，或被认为对政制有威胁的人。投票就是在一块陶器的碎片上刻写一个公民的名字，然后将其投入一个瓮中。现在已经发现了超过 1.1 万个刻有被放逐者名字的陶片。下图几个陶片上写的名字是希波克拉底的儿子麦加克勒斯，一个充满争议的贵族。公元前 486 年，他被放逐了。不过，他并没有因为这个挫折而动摇，因为在同一年，他在德尔斐的皮提亚运动会上赢得了备受关注的战车比赛。上图陶片上写的是尼奥克列斯的儿子塞米斯托克利斯的名字。公元前 472（或前 471）年，塞米斯托克利斯，城邦的拯救者，被投票放逐。此后，他投靠了昔日的老对手波斯国王，度过余生（收藏于雅典的阿提洛斯柱廊博物馆）

武器和士兵

只有富有的贵族才有能力养马。全副武装的步兵，即重装步兵，代表普通民众并为他们而战。实际上，每个士兵都是武装起来的生活在民主制下的公民。他购买自己的装备：饰有马鬃的头盔、青铜护甲、一支长矛、一把利剑，以及用青铜、木头和皮革制成的圆形盾牌。这里，我们看到一个全副武装的战士在出征前向众神奠酒（也许是为了纪念他的死亡）（雅典红绘人物油罐，约公元前 480 年至公元前 460 年，收藏于巴勒莫考古博物馆）

希腊人为战胜波斯国王的军队而备感骄傲，他们喜欢把被打败的敌人塑造成虚弱、颓废、包裹严实的形象，不让他们裸露健硕的身体，如陶杯上的图案所示（特里普托勒摩斯画师绘制，约公元前 480 年，收藏于雅典国家考古博物馆）

两场伟大的战役决定了雅典的兴衰。在公元前 490 年著名的马拉松战役胜利之后，雅典人的尸体被埋在了战场上，形成一座坟墓，今天依然存在。胜利的雅典将军小米太亚德把他当天（几乎可以肯定）所佩戴的头盔献给在奥林匹亚的宙斯。头盔上面刻着他的名字（收藏于希腊奥林匹亚博物馆）

在希腊中部奇罗尼亚进行的第二次战役，激烈空前，希腊城邦陷入一片血泊之中，独立状态就此终结。公元前338年，马其顿国王腓力二世打败了一支希腊联军。他在战场上立起了一座狮子的雕像，以纪念底比斯圣队。这个军团的成员是来自希腊城邦底比斯的一对对相爱的男人，他们在战斗中几乎全军覆没

希腊城邦之间无休止的战争导致成年男性人口急剧减少。这里有一块墓碑，大约在公元前460年建造，当时正是雅典实力鼎盛的时期。城邦的保护神雅典娜在墓碑前陷入沉思，可能是在向墓碑所纪念的阵亡士兵表达敬意

思想的帝国

三位古代雅典人对今天的世界仍然有着重要影响。苏格拉底是西方思想的奠基人之一。在接受审判时，他说："未经省察的生活不值得过。"对他而言，伦理是哲学探究的核心。他没有留下什么文字，只在街上和集会广场上跟任何愿意与他谈话的人通过问答的形式交谈。他是民主制的批评者（根据已遗失的希腊原作所做的罗马时代的复制品，收藏于大英博物馆）

柏拉图是苏格拉底众多弟子中最有名的一个。在文字记载的一系列精彩对话中，他致力于记录和传播他老师的哲学方法。逐渐地，他形成了自己的思想。我们难以确定苏格拉底的历史影响在何时结束，柏拉图的独立思考又是在何时开始的。再怎么夸大柏拉图的影响力都不为过。一位 20 世纪知名的思想家评论道："可以肯定，欧洲哲学传统的总体特征是它为柏拉图做了一系列的注脚。"（根据希腊原作所做的罗马复制品，收藏于慕尼黑新嘉士伯美术馆）

公元前 4 世纪，雅典成为各种哲学思想的汇集之地。年轻的亚里士多德到柏拉图的学园来学习，之后创建了自己的吕克昂学园。他和他的追随者进行了各种学术研究，包括伦理学、形而上学和自然科学。直到 19 世纪，他的逻辑学论著还一直受到广泛的认可。亚里士多德和他那个时代的许多哲学家一样，积极参与政治事务。他还做过几年少年亚历山大的老师（原作由利西波斯用青铜塑造，已经遗失，此为罗马人的复制品，收藏于罗马国立博物馆）

日常生活

我们要了解古代普通的雅典人过着什么样的生活，陶器是最好的来源。技艺高超的工匠们在花瓶、酒瓶、碗和盘子上描绘了日常生活的场景。成千上万的器物保存下来，随便选出一件就能让我们体味那个消失的世界

每个有自尊心的年轻人都会在露天体育场里花大量的时间来锻炼体能。在一个典型的场景中，一个男孩正准备投掷铁饼。旁边放着一把镐，用来整理跳远的场地。挂钩上挂着一对哑铃，帮助运动员在跳跃期间保持平衡。上面刻的文字是："克莱迈乐斯很漂亮。"（雅典红绘酒杯，约公元前 510 年到公元前 500 年，克莱迈乐斯画师绘制，收藏于卢浮宫博物馆）

一个繁忙的铸造厂里正在组装一个真人大小的铜像。大多数雅典人在农场工作，还有一些小型的作坊制造各种各样的商品，包括金属工具、武器和盔甲，以及鞋子和靴子等皮革制品，还有彩陶及砖石。工人技术精湛，许多产品出口到国外市场（雅典红绘器皿，约公元前490年到公元前480年，收藏于柏林国家博物馆）

大多数妇女的生活就是在家中操持家务，照顾孩子。她们没有投票权，不能在公共生活中发挥积极作用。图中，奴隶把婴儿交给母亲（埃雷特里亚的红绘橄榄油瓶，约公元前470年到公元前460年，收藏于雅典国家考古博物馆）

有一类女人，打破了隐居的惯例。赫泰拉是一种高级妓女，她们除了提供性服务之外，也能陪伴顾客，与之闲谈聊天。图中的顾客正在讨价还价，表明这种关系本质上还是金钱关系（花瓶，克莱奥费德斯画师绘制，大约公元前490年至公元前480年，收藏于慕尼黑国家文物博物馆）

头戴花环的祭司和一个男孩准备在祭坛上宰杀一头小公猪。希腊人非常虔诚。他们信奉的神在外表和行为上都跟人一样。就像自然界的力量，众神也具有破坏性。人们需要利用一切机会，用供品和燔祭来安抚众神（酒杯，埃皮德莫斯画师绘制，约公元前510年至公元前500年，收藏于卢浮宫博物馆）

参加宴会或会饮的客人正在听音乐家演奏。他的包挂在手杖旁边，长椅旁边的桌子上放着一杯酒。这种集会在雅典的上流阶层非常流行。餐后通常是严肃的谈话和饮酒，但如果有漂亮的侍者和舞女在场，就会演变成近似狂欢的活动（雅典红绘酒杯，科尔玛画师绘制，约公元前490年，收藏于卢浮宫博物馆）

村落

古典时代后的许多世纪里，雅典仅仅是个满眼废墟的荒凉村落。在奥斯曼帝国统治之下，它近乎被遗忘了，直到1830年希腊赢得独立。1833年，德国艺术家约翰·米夏埃多·维特默画下了从宙斯神庙角度看到的雅典卫城。他的画唤醒了这个尘封已久的与世隔绝之地，开启了它作为希腊首都的新历程。今天，它已经发展成为一个拥有四百多万居民的大都市（收藏于雅典贝纳基博物馆）

第 15 章

善好者

夜晚，黎明将近。一个守夜人站在伯罗奔尼撒阿尔戈斯宫殿的屋顶上，身心俱疲。他祈祷说："神啊，请将我从这漫长又令人厌倦的守卫职责中解脱出来吧。神啊，求你啦。"

他花了一年的时间，夜复一夜，仔细观察夜空中他所谓的"星星在夜空的集会"（他喜爱舞文弄墨）。他在等待一个预兆，那个东西可能被误以为是一颗新星，但实际上它只是远处山顶上灯塔的亮光。

特洛伊战争到了第十个年头。之前已经约定好，如果这座城市落入希腊人手中，一连串的灯塔就会被点亮。灯塔将在爱琴海的岛屿上接连闪烁，这样就能第一时间把好消息告诉女王克吕泰涅斯特拉（Clytemnestra），即远征军首领阿伽门农的妻子。

这时，他突然看到一团火光从地平线上升起。胜利到来了。女王被叫醒，远远望着闪烁的灯塔。她看上去高兴极了，这是真是假？[1]

这是《奥瑞斯提亚》开场的情节。《奥瑞斯提亚》是西方文明史上最伟大和最早的戏剧作品之一。《奥瑞斯提亚》三部曲的作者是埃斯库罗斯，它讲述了统治阿尔戈斯的家族血腥的传奇故事。公元前 458 年，该剧第一次在大酒神节上演，大酒神节是献给酒神狄俄尼索斯的节日，每年举行一次。这部剧是古希腊戏剧仅存的完整的三部曲。

大酒神节的起源尚不清楚，大约是来自一个叫厄琉特赖（Eleutherae）的小镇，这个小镇戒备森严，位于阿提卡和彼奥提亚之间有争议的边界上。小镇上的人总是遭到底比斯人的欺凌。底比斯人历史上一直致力于统一彼奥提亚并成为其统治者。

最后，在公元前6世纪中叶，厄琉特赖人申请加入阿提卡，最终获得成功，成了雅典公民。他们的守护神是酒神狄俄尼索斯。作为厄琉特赖融入雅典一种形式，一尊酒神的木制雕像被送往雅典。经过45千米的长途跋涉，神像被安置在位于雅典卫城南侧专门建造的一座小神庙里。

雅典人最初是不乐意接受厄琉特赖的，后来回心转意，为了弥补这一过失，他们开创了这个一年一度的大酒神节（我们说过，这个节日最初可能是由僭主庇西特拉图设立或进一步发展的）。最初，游行活动在每年3月都会举行。从学园出发，神像一路被护送着。学园是指离雅典城墙不远的一片献给雅典娜女神的神圣橄榄树林，还有田径场。年轻的男子装扮成羊人。他们是神话中酒神狄俄尼索斯的追随者。羊人是半人半兽，长有马尾或山羊脚，喜好饮酒，纵情于声色。年轻人身披山羊皮，在装载神像的马车旁跳舞。他们用木棍抬着木头或金属制作的阳具。用于祭祀的动物被宰杀、烘烤和分食。人们开怀畅饮。在竖琴和长笛的伴奏下，彻夜狂欢，载歌载舞。

第二天，作为狄俄尼索斯化身的神像被带进剧场，这样酒神就可以观看演出了。节目包括合唱表演。由年轻男子装扮的羊人绕着祭坛跳舞，唱着他们的“山羊之歌”（在古希腊语中，*tragos* 意为“山羊”，

oide 意为“歌唱”，组合在一起是 *tragoidia*，英语中的 tragedy，“悲剧”一词即源于此）。随着时间的推移，那个领舞的人也会创作“山羊之歌”，他会给合唱队吟诵或歌唱，反过来，合唱队再唱给他听。他还会扮演一些与庆祝活动相关的人物，并穿上相应的服装。

正如前面提到的，泰斯庇斯首先将对话引入歌唱。这些原始的戏剧本来是以酒神为主角的，后来其他神和英雄的故事也陆续上演。当代发生的事情很少会成为戏剧的主题。在早期，这些表演给人的印象就像舞台上的清唱剧。

这就是悲剧的起源。这种表演形式逐步发展，变得更为微妙和复杂。希腊思想家们试图界定它的本质。根据亚里士多德的说法：

> 悲剧是对于严肃的、完整的、有一定长度的行为的模仿……借助人物的行动，而不是叙述，通过引发怜悯和恐惧，使这些情感得到宣泄……它表现出的这些人不具有完全的美德，也不是十分公正，他们之所以遭受不幸，不是因为本身的罪恶或邪恶，而是因为犯了某种错误。这些人声名显赫，生活通达……它应当表现人物从顺达之境转入不幸之地，而不是相反。[2]*

到了公元前 500 年，由两名演员和合唱团一起合作表演，每个演员都扮演不同的角色。在接下来的一个世纪里，又出现了第三位演员。整场演出，由 12 个或 15 个人组成的合唱团会在舞台上唱歌跳舞。三位作者每个人都创作三部悲剧和一部羊人剧。这些悲剧通常都是三部

---

* 引文节选自陈中梅译注《诗学》（商务印书馆，1996 年），引文有改动。——编者注

曲，主题相互关联，一个接一个地表演。后面表演的是一部羊人剧，剧中羊人的首领西勒努斯（Silenus）组织了一个令人捧腹的滑稽戏或荒诞剧。节日期间还会有五场喜剧表演。喜剧表现的都是热门话题，极具讽刺意味。像哲学家苏格拉底这样杰出的政治家和公众人物不得不忍受针对他们及其观点的粗鲁又滑稽的讽刺。在文学天才阿里斯托芬的笔下，喜剧也极富想象力，几乎是超现实的幻想。对话多是调侃人体的生理功能，往往很庸俗下流。

演员们一天中的大部分时间都在表演。没有任何幕间休息，这十分考验观众的耐心。

表演者和合唱团成员都是男性，他们戴着面具，仅露出轻轻张开的嘴巴，面具暗示着剧中人物的不同性格。面具用亚麻布条黏合而成，用演员的脸型做模子，最后涂上颜料。女性的面具通常是白色的。悲剧的戏装就像日常生活中的服饰，是一件无袖上衣和一件披风；而在喜剧中，宽松的短上衣要么遮住大肚皮、大屁股以及巨大的阳具，要么就敞开着。

大酒神节是一个为期五天的节日庆典，其中三天有悲剧上演。男人和男孩会参加合唱演出。参赛的节目竞争非常激烈，十名评委（*crites*，英语中的 critics，“批评”即源于该词）参与评奖。为了防止腐败，他们把决定权交给神，随机选取五名评委的选票来计算结果。表演非常受欢迎，游客们蜂拥而至（对于航行来说，冬季是危险的季节，而到了 3 月，航运重新繁忙起来）。

公元前 5 世纪，雅典的实力与威望达到鼎盛时期，戏剧表演每年只有一次[3]。每次大酒神节都是一系列节目的首次公演。如果你没有抓住机会，就会永远错过这次盛宴，虽然文学爱好者可以阅读其剧本。

每年 1 月份，尚在冬季，雅典会举办纪念狄俄尼索斯的庆祝活动，期间会颁发喜剧奖，公元前 432 年之后，也开始颁发悲剧奖。这就是勒奈亚节（the Lenaea）或者乡村酒神节（the Country Dionysia）；它是专为当地的雅典公民举办的。

富裕的、热心公益的人被首席执政官任命为赞助人（*choregoi*，字面意思是“合唱团的领导者”），例如伯里克利就是《波斯人》的赞助人。每个人都将资助制作悲剧三部曲和一部羊人戏剧，或者一部喜剧，或者合唱歌舞会。他们出手慷慨，为制作盛大的节目而展开竞争。有人说，雅典花在戏剧方面的钱远远多于花在舰队上的（这种说法虽然有些夸张，但也可以理解）[4]。

每位赞助人负责赞助一个剧作家和最多三名演员。他给合唱团聘请专业的教练，支付演员及合唱团的服装费用，并负责布景和道具。演员们的报酬由城邦承担。戏剧的主角越来越专业化，在希腊各地的艺术节表演。他们收取高额的费用，享有比较高的社会地位，经常四处奔波，有时还会担任城邦的使节。戏剧创作、制作和表演的技艺通常在家族中传承。

剧院也是一个重要的公共表演区域。据估计，在每年的大酒神节上，参与戏剧创作和表演的多达 1 500 人。[5]

做赞助人是不能错过的荣誉。赞助人如果获奖，就会头戴花冠，被授予一个青铜的三足鼎。他会把这个铜鼎放在一根纪念柱上，或者放在三脚街的小圆形神庙里，三脚街从剧院向东，环绕着雅典卫城。一段保留下来的铭文记录了一位骄傲的获奖者和他合唱团成员的名字。

> 吕西克拉特（Lysicrates），来自奇凯那（Kikynna）德莫区的利斯提德斯（Lysitheides）的儿子，是合唱团的赞助人。阿卡门提斯（Akameantis）部落赢得了男孩子的合唱比赛。赛昂（Theon）演奏长笛。雅典的吕西亚德（Lysiades）担任指挥。俄捏图斯（Euaenetus）是首席执政官。[6]

合唱团赞助人的慷慨事迹和艺术品位通过这种方式展示出来，流传后世。有关他的记忆将与世长存。

参加大酒神节表演的市民可能多达 20 000 人。最初，戏剧是在集会广场上表演的，在公元前 5 世纪的某个时期，演出地点转移到了酒神狄俄尼索斯神庙北面的一个地方。这里有个斜坡，从雅典卫城一直延伸下来，形成了一个天然的半圆形露天礼堂——它是一个剧场（*theatron*），或者说是看台。它的中心是一个圆形区域，叫作乐池（*orchestra*），就像一个传统的打谷场。合唱团就在那里表演。

早先，在前排会有一些为重要人物准备的木制长凳，而大多数观众都坐在地上。后来，剧场安装了固定的木制座椅。第一个全部用石头建造的剧院直到公元前 4 世纪才建成。入场费要 2 欧布鲁斯，相当于一个工人一天的薪水，但物有所值。一般来说，观众都是男性，到了公元前 4 世纪，女性公民似乎也可以去剧院了。剧院出售葡萄酒和糖果，观众可以一边吃喝，一边观看演出。看得厌烦时，吃喝消费最多。

在乐池后面，是一个升起的舞台，舞台后面是一个景屋（*skene*，其字面意思是“棚屋”，英语中的 scene，“场景”一词即由此而来），还有一个木质大梁，用来悬挂绘制了图案的舞台背景。通常，背景上会画一间或几间房子，有两三扇门，演员们可以从门里进出。有时候，他们还会出现在屋顶上。剧院里还安装了一个吊臂，演员扮演的“神”能够从天而降，也会腾空而起（现在我们仍然使用“*deus ex machina*”这个拉丁短语，其字面意思是“天降救星”，用来指故事突然的、出人意料的结局）。这是相当精致的一件装备：在欧里庇得斯的剧作《美狄亚》（*Medea*）中，女主人公美狄亚给观众呈现了一个惊人的结局，她带着两个孩子的尸体乘着龙车飞走了，拉车的龙被画成长着翅膀的巨蛇。

舞台上从来不会有凶杀的场面。例如，阿伽门农和克吕泰涅斯特拉在他们的宫殿里接受了各自的命运。景屋完全敞开，他们的尸体躺在活动台上，很快就被抬走了。

我们知道，埃斯库罗斯曾称自己的作品是“荷马盛宴的残渣”[7]。其代表作《奥瑞斯提亚》三部曲以阿特柔斯家族（House of Atreus）的传奇故事为基础，进行了重新演绎，用吸引当代戏剧爱好者的方式来讲述。

这个家族受到了诅咒，家族的每一代人都会犯下可怕的罪行。罪孽招致惩罚，命中注定，不断重复，国王阿伽门农也难以逃脱。希腊舰队在他的指挥下在彼奥提亚的奥利斯（Aulis）港集结，但风暴骤起，舰队难以扬帆前往特洛伊。

> ……船和绳索腐烂了，缆绳断了，
> 军士四处逃散。[8]

希腊先知卡尔卡斯（Calchas）告诉阿伽门农，说他冒犯了女神阿耳忒弥斯，如果想要合适的风向，就必须把女儿伊菲革涅亚（Iphigenia）

当作祭品献出来。由于害怕远征遭遇不测，他表现出了“必需的克制”[9]。在祭坛上，阿伽门农命人堵住女儿的嘴，防止她说出什么会归罪于阿特柔斯家族的话。女孩的喉咙被割开了，她的父亲得到了女神的原谅，暴风雨平息了，舰队起航。

十年过去了，克吕泰涅斯特拉还是没有忘记，也无法原谅阿伽门农给宝贝女儿带来的厄运。灯塔传来胜利的消息，过了几天，阿伽门农志得意满地回到宫中。克吕泰涅斯特拉已经做好所有必要的安排。用后世冷酷的麦克白夫人的话来说，“他到来后，必须好好款待他”[10]。

她的丈夫在洗浴，女王主动过来帮忙。她就像一个撒网的渔夫，用一件华丽宽松的长袍把他裹住，让他动弹不得，接着用利刃一次又一次地向他身上刺去。她终于为伊菲革涅亚复仇了。

克吕泰涅斯特拉有一个情人，叫埃癸斯托斯（Aegisthus），是阿伽门农的表兄，他一直对阿伽门农怀恨在心。阿伽门农被谋杀后，他们生活在了一起，并统治了阿尔戈斯。这是三部曲中第一部的结局。第二部的标题是《奠酒人》（*The Libation Bearers*）。

七年过去了。阿伽门农的两个孩子已经长大成人。厄勒克特拉（Electra）在阿尔戈斯一直过着痛苦的生活，她非常崇拜自己的父亲。她弟弟俄瑞斯忒斯（Orestes）是王位的合法继承人，对克吕泰涅斯特拉和埃癸斯托斯这两个篡位者来说是个威胁。但在阿伽门农死后，他被偷偷地送出城，带到了一个安全的地方。

他面临着最痛苦的道德困境。作为儿子，他有责任杀死凶手，为他父亲报仇。但凶手是他母亲克吕泰涅斯特拉，弑母是最大的禁忌。无论怎么做，他都是有罪的。这个艰难的抉择很好地诠释了命运如何对人造成羁绊，让人难以逃脱。即便对于那些有着美好愿望的人来说，亦是如此。

德尔斐的阿波罗嘱咐俄瑞斯忒斯将他母亲和她的情夫杀死，以报杀父之仇。即将面临的事情让他感到十分恐惧，但在朋友皮拉德斯（Pylades）的陪伴下，他义无反顾地回到阿尔戈斯。他找到姐姐，计划着接下来该怎么做。

他跟皮拉德斯打扮成外国商人，来到王宫，说话带着德尔斐的口音。根据惯常的礼仪，城邦要热情地款待外邦客人，女王亲自出来迎接他们。“作为我们的客人，请把这里当作自己的家。”[11] 克吕泰涅斯特拉说，语气里带着莫名的嘲讽。扮作商人的俄瑞斯忒斯告诉克吕泰涅斯特拉，“俄瑞斯忒斯”已经在福基斯遇难。“天啊，太不幸了！”[12] 女王假意表示悲痛，好像对此没有任何预见。“你的消息让我们陷入彻底的毁灭。”

她放下了戒心，把客人引到屋子里来。俄瑞斯忒斯首先杀掉了埃癸斯托斯。听到动静后，克吕泰涅斯特拉走出卧室，想看看究竟发生了什么。她祈求儿子不要杀她。俄瑞斯忒斯承受着巨大的压力，绝望地问道：“如果我放过你，我又怎么逃过父亲的诅咒？”[13] 她不得不向命运低头：“你是对的，我在白费口舌。”

杀了克吕泰涅斯特拉之后，俄瑞斯忒斯决定回到德尔斐，请求阿波罗净化他的心灵，即便他是清白的，这种清白也被他所做的事情玷污了。戏剧的最后，俄瑞斯忒斯被年老的复仇女神追捕，不得不四处逃亡。她们一袭黑衣，身上缠绕着巨蛇，无情地惩罚那些在家庭中犯下严重罪行的人。尽管她们年纪不小了，但看上去似乎从未长大，因为她们对成人生活中的妥协和迷茫没有任何感觉。不管阿波罗怎么说，她们就是要追捕俄瑞斯忒斯，决不罢休。

在三部曲的最后一部中，场景转移到了德尔斐的阿波罗神庙。那时，俄瑞斯忒斯已经甩开疲惫的复仇女神，她们躺在神庙的台阶上，昏昏睡去，睡梦中还像狗一样低声咆哮着。阿波罗赶来了。等她们醒来，阿波罗便与她们争论那个逃亡者的命运，却是徒劳。阿波罗声称俄瑞斯忒斯的灵魂已经得到净化，不过他同意交由雅典的战神山议事会来决定俄瑞斯忒斯是清白的，还是犯有谋杀罪。（戏剧观众们应该知道，审判杀人案是改革后的战神山议事会拥有的为数不多的权力之一。）

我们现在转到雅典，由十名雅典公民组成的陪审团负责审判这个案子。雅典娜充当首席审判官。复仇女神齐声控诉俄瑞斯忒斯，阿波罗则为他辩护。陪审员投票的方式是将白色或黑色的鹅卵石扔进两个不同的瓮中。计票的结果是有罪与无罪的票数相同。于是雅典娜投出决定性的一票：俄瑞斯忒斯无罪。

复仇女神非常愤怒。“古老智慧的神不被敬重，遭受欺视！”[14] 她们哀号着，“你们年轻的神任意践踏古老的法则，你们将受到诅咒。”

雅典娜消除了她们的怒火，说服她们以尊贵客人的身份留在雅典。“跟我住在一起。”[15] 她说。她还把雅典卫城里的一个洞穴给她们居住。

但她郑重警告她们：

> 不要在我的国土挑起血腥杀戮。那会损害年轻人的心灵，比醉酒更可怕的愤怒让他们疯狂。不要让我的人民像公鸡一样好斗，不要赋予他们部落战争的精神和互相伤害的勇气，而要让他们去抵御外来的敌人。[16]

在如此多的流血牺牲之后，我们终于迎来了一个美好的结局。雅典新的民主制度终于打破了阿特柔斯家族的诅咒。人们满怀信心和希望，复仇女神有了新的名字，叫作“善好者”（the Kindly Ones，希腊语为 Eumenides，这是三部曲最后一部的名字）。

在大酒神节的开幕式上[17]，雅典十将军把献祭的酒倒给众神，根据公元前 4 世纪的一段铭文，祭品是为致敬民主、和平和好运而准备的。雅典城邦所崇尚的抽象的政治概念要用令人难忘的视觉仪式来表达。这一天，正好到了一年一度缴纳维护盟军舰队费用的时候。这些钱被带进剧院，展示给观众看。如前所述，提洛同盟很快就变身成为雅典帝国。这不仅展示给外邦人和雅典市民看，也让同盟成员国的代表和国际游客清楚地看到占主导地位的是谁。

那些在战争中丧生的雅典人，他们的遗孤由国家来抚养，成年后会得到一套昂贵的重装步兵的盔甲。现在他们正式出现在观众面前，展示出城邦强大的军事力量。这就是复兴中的雅典。

在悲剧表演开始之前，有人宣读那些对雅典城邦有某种贡献的人的名字[18]，并授予他们花冠或花环。这一公开的表彰活动强调了雅典对忠诚和爱国主义的珍视。

从整体上看，大酒神节是一个具有重要意义的政治事件。当然，最初，它是一种向众神致敬的宗教仪式。但是，戏剧与民主制度几乎在同一时间出现，这并非偶然。悲剧和喜剧提供了另外一种方式，让民众既可以思考当前重大的社会道德问题，同时无须做出政治上的决定。简而言之，这是悠闲版的公民大会。

埃斯库罗斯就是一个很好的例子。我们应该记得，他很了解伯里克利。埃斯库罗斯是个民主派，他在《奥瑞斯提亚》中说得很清楚。他改变了古老神话的走向，使其在雅典终结。这位剧作家非常支持充满争议的战神山议事会改革，改革意在让人相信议事会的主要功能一直都是审判谋杀案件。

他借雅典娜之口说道：

> 既然这是解决问题的方式，
>
> 我将挑选宣过誓的法官审理谋杀案，我将让这个法庭永久存续。
>
> 快召集你们的证人，拿出证据，
>
> 为公正的审判提供帮助；我将……从市民中，
>
> 挑选最优秀的人，公正无私地做出判决。[19]

除了对战神山议事会的态度之外，埃斯库罗斯反复强调了和解的重要性。旧秩序正在消逝，新秩序取而代之。暴力和专制已经让位于由民众来实现的正义。有仇必报的原则已经过时，以牙还牙的想法已经被理性的光芒所遮蔽。古老的复仇女神被说服了，变得善良和忠诚。她们的暗夜比不上太阳神阿波罗的耀眼光芒。

民主派同贵族和暴君的斗争并不仅仅存在于雅典。整个希腊都群情激昂。革命常遭全盘颠覆，保守势力取而代之。结果往往是内部纷争不断，流血不止。

在埃斯库罗斯的三部曲中，《善好者》(*The Eumenides*）是高潮部分。他让复仇女神们收回前言，宣扬和平。

千万不要让那祸害人的内乱
肆虐雅典；千万不要让鲜血将大地染遍，
杀人复仇的激情
给城邦带来灾难。愿人们和睦相处，
亲近友爱，
同仇敌忾。[20]

戏剧演出以游行结束。音乐响起，火把点燃。复仇女神披着外邦人穿的深红色礼袍。每个人都唱起欢送曲，阿波罗和雅典娜照管这些“年老的孩子”[21]，并把她们送到新家，一路兴高采烈。

第 16 章

“紫罗兰花冠”

伯里克利是充满矛盾的，从气质上看，他是一个贵族，但是从信念上，或者更准确地说，从自我利益的角度来讲，他是一个民主主义者。从公元前 461 年埃菲阿尔特斯去世，伯里克利在他执政的 30 年里主导了雅典的政治。

他是如何实现这一伟业的？部分原因在于他的个性，或者至少是他在雅典公民面前展现出来的个性。普鲁塔克在伯里克利的传记中写道，进入政坛后，他选择了新的简朴的生活方式。

> 大家只看见过他在一条路上行走，就是（从他的家）去往集会广场和议事厅的那条路。有人请他赴宴，他一概拒绝，也不参加其他形式的社交活动。在执政期间，他从未在朋友家里吃过一顿饭，只有一次是参加亲戚欧律普托勒穆（Euryptolemus）的结婚喜宴。那次他也只是待到饭菜吃罢，正式的饮酒行乐活动一开始，他就起身离开了。[1]

他把自己塑造成一个勤劳的公仆形象。他以彬彬有礼著称，即使受到责骂和侮辱，仍然能保持优雅。在雅典的政治体制中，腐败和贿赂十分盛行，而伯里克利恪守清廉。他尽量避免在公众场合抛头露面。不像有些政治家那样一有机会就在集会上高谈阔论，他偶尔才发表讲话。这意味着人们不会对他感到厌烦。其次，事情出了差错时，他不需要承担责任。

即使重权在握，伯里克利也丝毫没有违法乱纪的行为。他没有表露出任何要成为另一个庇西特拉图的迹象。每年他都会被推选为“雅典十将军”之一。这是为数不多的不通过抽签决定的职位，确定最终人选的标准是个人的德行。雅典十将军是民主制下的高级行政官员，拥有平等的权力，没有谁是首席将军。为获得这些职位而展开的竞争非常激烈。公民大会负责监督，如有需要，可以罢黜任何一个人的职务。他们的权力只是临时赋予的。

伯里克利是出色的演说家，根据普鲁塔克的说法，他的演讲风格一板一眼，“与他的生活方式和宏伟的理想十分相称”[2]。他旁征博引，善于利用从熟识的思想家和科学家那里获得的哲学与科学思想。他在民众面前发表演说时，严肃郑重，堪比学识渊博的学者。他不愿为迁就听众而降低演说的水准。这为他赢得了公众的赞誉，即使他说一些不受欢迎或令人不快的事情，雅典人也会认真倾听。

他对文字的使用小心谨慎，没有留下关于演说内容的只言片语或文字资料。他很少使用让人难忘的、具有煽动性的词句，尽管有一次他曾呼吁城邦的居民“去除比雷埃夫斯那里碍眼的东西”，这“碍眼的东西”指的是埃伊那岛。在另一个场合，他说他早已看到“战争从伯罗奔尼撒半岛向我们逼近”[3]。

伯里克利不像塞米斯托克利斯那样反复无常，但也有一些常人的弱点。雅典人对他充满尊重，而不是同情。他被戏称为“奥林匹亚人”[4]，当他在公民大会上发表演说时，那个时期著名的喜剧诗人开玩笑，说他就像众神之王宙斯一样，呼风唤雨，带来电闪雷鸣。

随着雅典在埃及的战败以及它对希腊中部短暂统治的结束，雅典人不得不开始审时度势。雅典人的伤亡非常惨重，他们没有足够的人力来支持过于雄心勃勃的陆军和海军发展计划。现在，他们明确地认识到这一事实，集中精力维护当前仍然拥有的“提洛同盟”，这个同盟实际上已经成为雅典所掌控的帝国。公元前 454 年，同盟的金库从提洛岛迁到雅典。就在那一年，波斯再次将埃及变成它的一个省。雅典给金库迁移找的借口是波斯国王的实力已经大大增强，他的舰队很有可能决定再次到爱琴海来碰碰运气。这只是一个借口，因为伯里克利一心只想着钱。

从理论上讲，签署《卡里阿斯和约》就意味着不再需要联盟了。遗留下来的铭文显示了联盟成员为维护规模庞大的盟军舰队每年所捐出的款项。但是，公元前 448 年的定额清单不见了，或许说明费用暂时减免了。这很容易被人认为是波斯战争结束的结果。

从公元前 447 年起，雅典就开始竭力重新征收联盟盟金。雅典成功了，但代价是引起了盟邦相当大的不满。事实上，想要解散联盟的做法是非常愚蠢的，因为盟军舰队确保了海上航行自由，这对于所有贸易国来说都是有利的，他们都能从中获益。而且从长远来看，波斯仍然是一个潜在的威胁，而且它还在准备制造麻烦。所以伯里克利并不后悔。普鲁塔克写道，伯里克利给批评者的回应是：“倘若雅典人为了保卫联盟与波斯开战，把波斯人打退的话，雅典人没有义务去解释联盟的资金是如何花费的。‘他们没有给我们一匹马、一个士兵和一条船，’伯里克利说，‘他们只是出了些钱罢了。’”[5]

公元前448年，雅典通过了一项法令[6]，用来规范同盟城邦给雅典国库的资金。这一提议是由克莱尼阿斯（Cleinias）提出的，他是阿尔克迈翁家族的成员，所以他也是伯里克利的亲戚。公元前480年，克莱尼阿斯出资建造了一艘船并招募水手，参加了阿提密喜安战役，在战斗中他十分英勇，后来在公元前447年的科罗尼亚战役中丧生。克莱尼阿斯想要加强联盟的财政管理。这不仅仅是为了确保评估定额的正确性，也是为了减少出现欺诈的机会。有效的管理可以使借贷双方同时受益。

在某种程度上，雅典的帝国地位已经征得同盟城邦的同意，尽管它无情地压榨了爱琴海的岛屿城邦。事实上，是盟军的舰队，或者更准确地说，是雅典的舰队保证了航道的畅通，促进了商业往来，确保了爱琴海和黑海的和平与稳定。小亚细亚的城邦很清楚，波斯人虽然现在没有什么动静，但一直在等待侵略的时机，因此他们的自由还要依赖于雅典的霸权。没有雅典，波斯国王势必会卷土重来，对此人们深信不疑。

在万不得已的时候，雅典帝国绝对会以武力来确保自己的地位。雅典不仅拥有强大的舰队，还建立了许多小型拓殖地。在说到萨索斯岛起义时我们提过它们，伯里克利把它们当作一种控制该地区的手段，他格外重视保护粮食的运送路线。有证据表明，雅典至少有24个拓殖地，可能有多达10 000人的雅典移民（或者成为新建或已有城市的殖民者）。普鲁塔克评论道：

通过这种方式，伯里克利使雅典摆脱了懒惰的好事者和煽动者，帮助缓解了贫困，并通过增加驻军，阻止了叛乱。[7]

公元前436年，伯里克利在黑海安排了一场野心勃勃的武力展示。他率领一支规模庞大、装备豪华的舰队航行至此。他的目的是“展示雅典军队的规模，表明他们有信心去任何他们想去的地方，因为他们主宰着海上世界”[8]。他代表沿岸的希腊各城邦与当地城邦和外族王国进行了卓有成效的谈判。

伯里克利为他的访问留下了一个永久的纪念。一支由步兵和13艘战舰组成的武装力量，帮助一群信奉民主的流亡者将暴君驱逐出黑海的重要港口锡诺普港（Sinope）。这一切结束后，600名雅典人自愿留下来，与当地人住在一起，并把原本属于暴君政权的房屋和土地分给了所有的居民。

公元前440年，帝国的暴力威胁再度出现。在这次事件中，有过失的城邦是萨摩斯岛[9]，它位于安纳托利亚海岸不到两千米以外，与米卡尔山崎岖的山脊相连。它是为数不多的仍然向盟军舰队提供船只而不是现金的同盟成员之一。

萨摩斯岛是一个富庶强大的爱奥尼亚城邦，以其发达的文化和奢华的生活远近闻名。他们的葡萄酒非常珍贵，同样价值不菲的还有萨摩斯红陶。在公元前6世纪，这个岛由野心勃勃的僭主波吕克拉特斯（Polycrates）统治。他主持修建了一条渡槽[10]，超过800米长，从一座山中间穿过，为首都提供淡水。渡槽修建在地下，敌人无法发现，也不会将其截断。著名的萨摩斯人有哲学家毕达哥拉斯（Pythagoras），以及《伊索寓言》的作者伊索（Aesop）。

萨摩斯岛与富裕的米利都城邦发生了激烈的争执。米利都位于门德雷斯河入海口几千米之外。双方争论的焦点是位于米卡尔山坡上的一个叫普瑞涅（Priene）的小城邦。

米利都人在冲突中吃了大亏，于是到雅典去控告萨摩斯人。双方都是联盟成员，这就像家庭内部的争吵一样，大家情绪都很激动。米利都人得到了一些想要推翻寡头统治的萨摩斯人的支持。这件事必须迅速解决，以阻止可能发生的叛乱，否则麻烦可能会在整个帝国蔓延开来。位于博斯普鲁斯海峡欧洲一侧的拜占庭城邦抓住了这个时机，起兵反抗联盟。

雅典人立即指派伯里克利带着40艘战舰来到萨摩斯，推翻了那里的贵族统治，建立了民主政权，并下令让他们停止与米利都人作战。为了确保他们不再滋生事端，萨摩斯岛的50个男孩和50个男人作为人质被送到了勒姆诺斯岛。在返航回家之前，伯里克利留下一支雅典驻军以震慑滋事者。

一些萨摩斯人设法逃到了大陆，并去投奔掌管萨迪斯的波斯总督，因为他答应可以提供帮助。据推测，这似乎是一场现金交易，因为他们很快就征集了700名雇佣兵，并在夜色掩护下穿过狭窄的海峡来到萨摩斯。他们解救了人质，并将雅典的驻军移交给了波斯。然后，他们继续与米利都交恶。

伯里克利听到这一消息，疲惫地返回萨摩斯。他发现岛上的居民有了更大的野心，现在他们决心要从雅典手中夺回对海洋的控制权。但是他们在一次海战中受到了沉重的打击，伯里克利率兵包围了他们的首都——萨摩斯港。岛上的人毫不畏惧。他们冲出来，在城墙下战斗。当雅典的援军到来时，这座城已经被团团围住。

波斯人似乎仍在支持叛军。伯里克利听说一支腓尼基舰队前来帮助萨摩斯岛解围，于是他带了 60 艘战船前去应战。这是一次十分草率的行动。萨摩斯人在一位哲人的指挥下（用真正的希腊方式），抓住伯里克利不在且雅典战船数量不足的时机，乘船出海，成功地发起了一次突袭。他们占领了未设防的雅典营地，俘虏了许多雅典士兵，并在他们的额头刻上了猫头鹰——那是雅典娜的象征，还摧毁了许多雅典战船。

伯里克利急忙返回救援，又一次打败了萨摩斯舰队。为了避免持续的伤亡，他在城的周围筑起一堵墙，与他的士兵安顿下来，准备长期围困叛军。最终，九个月后，萨摩斯人投降了。他们被处以大量罚金，舰队被收缴，城墙被拆毁。拜占庭随后也投降了。普鲁塔克提到了一份观点完全相反的报告[11]，报告说雅典人行为残暴，他们在米利都中心广场把萨摩斯的船长和水兵钉死在十字架上。但这只是因为他们受到了惊吓，惊吓往往会使人丧失理智。

修昔底德认为，萨摩斯当时差一点就夺走了雅典人的海上霸权[12]。不过很显然，这次胜利让伯里克利对自己做出了极高的评价。阿伽门农花了十年时间才攻占特洛伊城，而（他认为）他自己在不到一年的时间里就征服了爱奥尼亚最伟大的城邦。我们很难同意他的观点，因为在战争中伯里克利做出了一个又一个误判。

回到雅典后，伯里克利为在战争中丧生的所有人主持了葬礼。他的演说赢得了人们的高度赞扬。这一次，他说了一句令人记忆深刻的话，即使在今天，这句话也可以触动人们的心灵。他说，这些年轻人的逝去“就像从我们的四季中夺走了春天”[13]。

当他走下讲坛时，就有很多妇女围了上来。她们紧紧握住他的手，把花环和发带戴在他头上。那一刻，他就像在运动会上获胜的运动员一样。

一个哨兵给底比斯国王带来了一个坏消息[14]。不知是谁用干土覆盖在一具尸体上，并把它放在了城墙前面。一个善良的希腊人有责任把死者埋葬，并在上面撒上一把泥土。如果不进行这个仪式，那些不幸的灵魂就会永远被困在尘世与冥府之间，无法安顿。

但是，根据传说，克瑞翁国王（King Creon）禁止了这样的仪式，因为他对这个死人充满怨恨。这就是他的侄子波吕涅克斯（Polynices）。波吕涅克斯领军入侵他的城邦。波吕涅克斯的哥哥厄忒俄克勒斯（Eteocles）尽忠爱国，负责指挥防御。入侵者被击退，两位王子在一场战斗中狭路相逢，很不幸，两人同归于尽。人们为厄忒俄克勒斯举行了一场盛大的葬礼，但是波吕涅克斯却被抛尸荒野，任凭鸟啄狗撕。

后来有人发现，是波吕涅克斯的妹妹安提戈涅（Antigone）偷偷埋葬了她的哥哥。她被带到国王面前，国王要求她给出一个合理的解释。他们的对话奠定了一部经典悲剧的主题。悲剧的作者是索福克勒斯，他是继埃斯库罗斯之后，公元前 5 世纪中叶著名的雅典剧作家。

索福克勒斯流传至今的作品只有七部，这部《安提戈涅》(*Antigone*)大约在萨摩斯反叛期间首次上演，堪称一部佳作。索福克勒斯是一位艺术家，也是一个公众人物。他担任雅典司库官，在萨摩斯反叛战争中担任将军一职。他的戏剧作品表现的是伯里克利时代特有的乐观、求知和诚实。只有生活在民主制度下的人才能创作出这样的作品。

合唱队唱出了一首歌颂人类活力的著名赞歌。

世间的奇迹有无数，最了不起的是人，
他乘风破浪，
冒险航行……
他学会了怎样运用语言和敏捷地思考，
明白了如何在城市里聚居，
他无所不能。[15]

索福克勒斯明确表示，人性有善也有恶。总的来说，他准确地描绘了雅典人意气风发的盛况。

克瑞翁和他侄女之间的辩论是对政治权力与个人权利合理界限的探索。它向民众提出了想象中的问题，他们必须严肃认真地思考答案。

国王问安提戈涅是否知道他不许埋葬波吕涅克斯。她说她知道。

克 瑞 翁：你真敢违背法令吗？
安提戈涅：我敢。
因为这并非神公布的法令，
正义之神与下界神祇共存，也不知有此等法令。
我不认为一个凡人下一道命令，
就能废除神与上天制定的永恒不变的
不成文律条。[16]

克瑞翁坚持认为国家的需要优先于良知，宣判把他侄女活埋在洞穴里。最终，他在别人劝说下动了怜悯之心，但为时已晚。安提戈涅自缢身亡了。克瑞翁的儿子跟妻子都自杀了。他儿子是安提戈涅的未婚夫。心碎的国王摇摇晃晃地走回他空荡荡的宫殿里。

克瑞翁犯了傲慢自大罪（*hubris*），这在雅典是一项非常严重的罪。它是指由于某人认为自己比别人优越或强大而给他人造成了无端的伤害。

索福克勒斯并没有拿这个例子去影射身边的人，但克瑞翁的行为反映了一些雅典帝国主义者的傲慢和暴力行径。这位剧作家是想让我们理解，克瑞翁的命运是一个教训，非常值得萨摩斯人借鉴。

萨摩斯危机结束了，一位女性尤其高兴。她就是美丽的阿斯帕齐娅（Aspasia）[17]。据史料称，她是一名高级妓女或者叫作“赫泰拉”（*hetaira*，字面意思是“女性伴侣”）。赫泰拉通常是受过教育的女性，人们期待她们既可以给自己的顾客提供性服务，也可以提供理智的交流和情感的沟通。这一称呼对阿斯帕齐娅是不公平的，或者至少有夸张的成分，因为她出生在小亚细亚海岸米利都城邦的一个不错的家庭。但毫无疑问的是，她是伯里克利的情妇，跟他一起生活。

公众舆论指责阿斯帕齐娅，说她鼓动伯里克利站在米利都人的一边来对抗萨摩斯人。我们没有确凿的证据，但如果阿斯帕齐娅没有跟她的爱人讨论过这个话题，那才是出人意料的。另一方面，伯里克利不是那种把“枕边风”跟政治混为一谈的人。无论阿斯帕齐娅是否对伯里克利施加了影响，萨摩斯的失败都意味着她能从流言蜚语中解脱出来。

揣测和诽谤一直围绕着阿斯帕齐娅，我们看的越多，能明白的就越少。事情并非看上去的那样。阿斯帕齐娅很可能是在公元前 470 年以后出生的，比伯里克利小 25 岁左右。她可能早在公元前 452 年或公元前 451 年就开始跟伯里克利同居了。这很不寻常，对于一个品行良好的贵族来说这是不合宜的。

对于传统的希腊人而言，雌性这个物种对于雄性来说是致命的。她们的情欲旺盛，需要严格控制。根据公元前 8 世纪的诗人赫西俄德（Hesiod）的说法，第一个女人是由神创造的，这是对人类实施的一种惩罚。

> 从她那里衍生出各种各样的女人，
> 致命的雌性物种以及平凡男人的妻子，
> 给他们带来伤害。
> 极度贫穷的时候她们毫无用处，
> 有了钱却要分享他们的财富，
> ……女人是男人的祸患，密谋把坏事做足。[18]

诚然，女性有权经营自己的家庭，而且和谐的异性恋关系是存在的，阿斯帕齐娅和伯里克利就是很好的例子。这世上既有凶残的女巫，比如杀死自己的孩子来惩罚丈夫的美狄亚；也有像佩涅洛佩（Penelope）一样的女人，她是奥德修斯的妻子，忠诚、勇敢、聪慧，坚守贞节 20 年，等候丈夫从特洛伊凯旋；还有阿尔刻提斯（Alcestis），她自愿替丈夫去死。但是希腊社会对女性的厌恶是普遍存在的，并且有严重的性别歧视。

婚姻通常是安排好的，目的是提升家庭地位或者获得财富。为了保留财产，女继承人或独生女会选择跟近亲结婚（她被称为“*epikleros*”，即“贪恋财产的女人”）。新娘带着嫁妆出嫁，离婚时男方要偿还女方带去的财产。男人通常会等到 30 岁以后再结婚。他们的妻子可能只有 12 岁。

上流社会的妇女大都十分重视贞节。她们大部分时间都待在家里，操持家务。她们纺织羊毛，给丈夫和自己做衣服。外出购物时，她们小心翼翼，让仆人和奴隶跟随左右。参加宗教节日和葬礼是她们为数不多的可以接触到家庭成员以外男性的机会（难以见到女性的情况，或许可以解释雅典年轻男性中普遍存在同性性行为的现象）。

色诺芬的《地产管理人》（*The Estate Manager*）中有这样一段对话，一个丈夫对他的新婚妻子说：

> ……你的责任就是待在家里，打发那些应该在外面工作的仆人出去工作，还要监督那些在家里工作的仆人。你必须把外面收获的农产品拿进家中，根据需要分配或者贮存起来。羊毛送来的时候，务必要分给那些需要衣服的人。还要把谷物做成美味的食物。[19]

尽管伯里克利自己的私生活很不寻常，但公元前 431 年，他在为战争死难者举行的葬礼上发表演说时，总结了雅典女性的从属地位。对于死者的遗孀，他给出的建议是：

> 关于女性的责任，我应该发表一下我的看法……女人最大的美德就是尽可能地不被男人评论，无论是赞扬，还是批评。[20]

男人并不一定需要妻子来满足自己的生理需求。正如伟大的雅典演说家狄摩西尼（Demosthenes）在公元前 4 世纪所直言的那样：

> 我们有高级妓女或情妇给我们带来快乐，有普通妓女满足我们身体的日常需要，而我们的妻子则能够为我们生育合法的子嗣，并且为我们忠实地料理家务。[21]

婚姻纯粹是私事，不需要祭司和政府官员的参与。婚礼通常在深冬季节举办，即希腊历法中的“伽美里昂月”（Gamelion，1月到2月），场面相当隆重。新娘将一缕头发献给婚姻保护者——宙斯和赫拉，并将她儿时的玩具献给童贞女神阿耳忒弥斯（她强烈反对性和婚姻，新娘需要平息她的怒气）。

在结婚那天，新娘行沐浴礼，在圣水中洗浴，然后参加她父亲为两家人和朋友们举行的宴会。新娘与男人们分开坐，身边是她的保姆，保姆在整场仪式中为新娘引路。宴会上会分发洒满芝麻的小蛋糕，据说这可以让女人多生孩子。日落时分，新郎用骡车或牛车把新娘带到她的新家。他们前面是手持火炬的游行队伍。人们唱着婚礼颂歌，有长笛和里拉琴伴奏，热闹非凡。到了新郎家，人们把坚果和无花果干抛撒在他们身上。他们进入新房，直到这个时候，新娘才可以摘下面纱。门外，十几岁的男孩女孩唱起婚礼颂歌，被称作“新婚喜歌”（*epithalamium*，字面意思是“在卧室里”），歌声嘹亮，足以掩盖新娘初夜时的哭声，很多时候新娘都还是女孩儿。

年轻的伯里克利遵守传统，娶了一个阿尔克迈翁家族的亲戚（可能是一个名叫迪诺马奇的女人，她后来嫁给克莱尼阿斯，他在科罗尼亚战役中阵亡）。然而，他们的感情并不好。他们生了两个儿子，即科桑西普斯和巴拉洛斯，但他们的婚姻在公元前5世纪50年代后期就走到了尽头。

两个孩子似乎都不成器。柏拉图借苏格拉底之口暗示[22]，两人都是傻瓜，而且长子科桑西普斯和父亲的关系不好。他觉得父亲给他的钱不够（伯里克利的妻子挥霍无度）。伯里克利对钱不太上心，为了能在处理政务时不分散精力，他把财产交给代理人打理。他宁愿看着钱就放在那里，也不愿花费心思去获得巨额的利润。

科桑西普斯以他父亲的名义从父亲的一个朋友那里借了一大笔钱。伯里克利对此事一无所知，直到有一天这位朋友要求归还这笔钱。伯里克利不仅拒绝帮儿子还债，还把儿子告上了法庭。愤怒的科桑西普斯讲述了他们的家庭生活中一些匪夷所思的故事，让他父亲一时成为笑柄。

伯里克利离婚的真正原因是他爱上了阿斯帕齐娅。五十多岁的中年男子跟迷人的妓女同居，这个故事极具讽刺意味。雅典城里爱说长道短的人和诗人对此添油加醋。

他们四处散布流言，指责跟这位将军同居的女人曾经是一个妓女。著名的喜剧作家克拉提诺斯（Cratinus）写道：

> 为给我们的宙斯找一个赫拉，邪恶女神
> 创造了“狗眼”妓女阿斯帕齐娅给他做妻子。[23]

“牛眼”是荷马史诗中对赫拉的称谓，“狗眼”在这里是一种无情的戏仿。据说，阿斯帕齐娅在暗地里做妓院的鸨母[24]，给伯里克利拉皮条，她找的是雅典自由民女子（与雅典自由民女子的婚外性行为是非法的，属于社会禁忌）[25]。

然而，还有另一种可能。我们知道，阿斯帕齐娅的父亲是米利都公民，叫阿克西奥科斯（Axiochus），这个名字在希腊很罕见。而阿尔克迈翁家族的一个分支中碰巧也有一个人名叫阿克西奥科斯。他是一个叫亚西比德的人的儿子。亚西比德在公元前460年被流放至米利都，（我们假定）在流放期间，他与阿斯帕齐娅的家族成员结了婚。事实上，他应该是娶了阿克西奥科斯的大女儿，也就是阿斯帕齐娅的姐姐。我们可以想象，二人结合后生了一个儿子，取名阿克西奥科斯，以纪念他在米利都的祖父。孩子跟长辈取同样的名字是希腊人的习俗。

高贵的阿尔克迈翁家族的成员与一个妓女结婚的可能性极小，即便对方是个高级妓女。因此，我们必须假设阿斯帕齐娅属于米利都的贵族，或者至少出身于一个体面的家庭。从伯里克利的角度来看，她是亲密的世交。所有关于她在性方面的坏名声都是他的敌人诽谤的，或是雅典人在舞台上杜撰的。

无论她的出身如何，阿斯帕齐娅身上都有一些超越世俗、不同寻常之处。作为一个外邦人，她摆脱了雅典对女性的社会限制，能够在诸如公共事务等方面起到引领作用。她很聪明，普鲁塔克指出，“这位女性拥有了不起的技巧和力量，能够让她游刃有余地处理问题，从而取悦那个时代最重要的政治家。她甚至成为哲学家们严肃而深入辩论的话题”[26]。

这的确是事实。苏格拉底很了解她。据说，他曾建议一个富有的朋友送儿子去阿斯帕齐娅门下学习政治（也许这就是关于妓院诽谤的起因）。柏拉图通过一位哲学家的笔，称赞她帮助伯里克利撰写演说词：

昨天，我听说阿斯帕齐娅为阵亡将士写了一篇悼词。她被告知，正如你们说的那样，雅典人要选出一个演讲者，她向我复述了伯里克利应当表达的一些内容，部分属于即兴创作，部分来源于以前的思想，这篇悼词把伯里克利的演说整合到一起。但是，我相信，这是她写的。[27]

古代文献把她描述成女版的苏格拉底，她将苏格拉底著名的反诘法运用到她的朋友身上。

这些故事很可能有夸大其词的部分，或者只是玩笑，但我们无法分辨。阿斯帕齐娅确实是个了不起的人物。两性之间的情感流露会让男人感到尴尬，并被认为缺乏男子气概，但我们知道，伯里克利爱阿斯帕齐娅，并愿意让全世界知道。据说，他每天出门去集会广场工作和回到家，都会给她一个吻。对雅典人来说，这很不恰当，甚至近乎荒谬。无论阿斯帕齐娅多么优秀，我们还是会猜测他们的关系从根本上说是情欲的，而且过于感性。

另一个意想不到的人，即一个三岁的孩子，成了伯里克利家庭中的一员。他就是亚西比德的孙子，（据我猜测）亚西比德与米利都的阿斯帕齐娅家族成员结了婚。如前所述，公元前447年，他的大儿子克莱尼阿斯在科罗尼亚战役中丧生，留下了一个孤儿，孩子随祖父的名字叫亚西比德。当家族成员遇到麻烦时，阿尔克迈翁的成员们会互相关照。伯里克利和他的兄弟被指定为男孩的监护人，伯里克利收养了他，并把他抚养成人。

小亚西比德很难管教。他长得非常英俊。普鲁塔克说道：

> 论及他的美貌，我们只需说，从一个男孩变成一个少年，再到成年男子，他身体发育的每个阶段都如鲜花般绽放，优雅而迷人。[28]

他被惯坏了，习惯于按自己的方式行事。当他还是个孩子的时候[29]，他和朋友在一条狭窄的街道上玩投掷动物距骨的游戏。轮到他投掷的时候，一辆载满货物的马车驶了过来。亚西比德叫车夫将车停下来，因为他的骰子正好落在车辆要经过的路面上。车夫没有理睬他，仍催促车队继续前进。其他孩子急忙散开，亚西比德迎着马车，扑倒在地，伸展身体，对那个车夫说，如果愿意可以驾车轧过来。那个家伙惊恐万分，赶快把马拉住。目睹这一幕的人都吓坏了，跑过去把亚西比德从地上拽了起来。

进入青少年时期，亚西比德为同龄人树立了一个坏榜样。他是一个相当勤勉的学生，却断然拒绝学习吹奏长笛。他的解释是，不像弹奏里拉琴，吹长笛会使面部扭曲，让人变得丑陋。“把长笛留给底比斯人吧，”[30]他说，他指的是那些愚蠢的外邦人，“他们一点儿也不知道怎样交谈”。

亚西比德擅长运动，但因为竞争太激烈，他不得不作弊。有一次，他在摔跤中被对手步步紧逼，他咬住了对手的胳膊，非常用力，几乎把对手的皮肤咬破。对手随即松开他，对他作弊表示不满，说他实力太弱才作弊。“亚西比德，你怎么像女人一样咬人？”[31]“不，像狮子一样。”他回答道。

有一份不怀好意但未必虚假的报告表明，亚西比德青春期的到来和众多的男性情人让事情变得更加糟糕。他离家出走，与仰慕他的一个待人在一起。有人建议，街头公告员应该宣布他失踪了。伯里克利冷静地拒绝了，说道："如果他死了，我们会很快知道消息。如果他还活着，那么他会永远地失去声誉。"[32]这个男孩对每个人都没礼貌。有一次，他看到自己的监护人伯里克利正一筹莫展，便问他是怎么回事。伯里克利说："我正在想办法搞清楚如何发布公共账目的报表。"[33]亚西比德回答道："你不应该为如何发布这样的报表而烦恼，而应该为如何才能不必发布感到烦恼。"

苏格拉底把亚西比德收入门下[34]，教授他哲学。苏格拉底生活简朴，相貌平平，对亚西比德十分严格。苏格拉底教他认清事情的真相，让他不要像他周围的那些人那样极尽阿谀奉承之能事，并且不断指出他的道德缺陷。以前从来没有人像苏格拉底这样对待亚西比德，他完全被苏格拉底吸引住了。苏格拉底丝毫没有懈怠，他的责备常常让亚西比德流泪。

英俊的青少年总是引人注目。像亚西比德这样的年轻人，人们非常期望他能在雅典的盛大节日上有所作为。

每年的 12 月 4 日，正值隆冬，雅典娜的女祭司们和四个出身高贵的小女孩会架起织布机，织一件新的佩普罗斯（*peplos*），作为送给雅典娜的礼物。智慧女神雅典娜是雅典的守护者。女祭司和女孩们一直忙于此事，并有一些女织工（*ergastinae*）帮忙。纺织用的布料是长方形的，长 2 米，宽 1.5 米，上面绣着女神辉煌英勇的事迹，特别突出了反抗宙斯的巨人之战和新奥林匹亚诸神争夺宇宙控制权的战争。

到了炎热的 8 月，衣服准备好了。这正是举行泛雅典娜节的时间[35]，纪念雅典娜的节日每四年举行一次。首先，节日庆典上有一些诗歌朗诵和音乐比赛，由伯里克利主持。男人和男孩在里拉琴与长笛的音乐声中放声歌唱。接下来是体育竞赛，参照奥运会的模式，在集会广场上举行，塞蒙种下的梧桐树让观众可以享受凉爽的树荫。

节日的前四天对外邦人开放，但是第五天仅限十个雅典部落参加。一个广受欢迎的活动是男性健美比赛（*euandria*），部落之间为争夺100德拉克马和一只公牛的丰厚奖励而展开角逐（在其他比赛中获胜的大多数运动员仅得到一个双耳细颈瓶，即有两个柄的盛满橄榄油的瓶子）。在古希腊，男性之美备受推崇，这不仅体现在男孩和青年男子身上，也表现在那些壮年的男子身上。老年男子也会因相貌出众而被选中，手持敬献给雅典娜女神的橄榄枝。泛雅典娜节在这样的仪式中宣告结束。另一个团体项目叫战舞（Pyrrhic Dance），跳舞的年轻人赤身裸体，戴着头盔，手持盾牌和利剑。他们模仿战斗中的进攻和防御动作，有时还会意外地伤到对方。

晚上的庆祝活动中，有男孩和女孩们组成的合唱团表演以及火炬接力赛跑。接下来的一天也是节日的最后一天，一支长长的游行队伍将新长袍送往雅典卫城，把它穿在一尊雅典娜的木雕像上。黎明前，人们聚集在双拱的迪皮隆城门前。长袍被放置在一艘与实物一样大小的船上，走在游行队伍最前方的人拉着船前进。还有一长队妇女，手里拿着礼物。希腊各种比赛中的获胜者们也在队伍中，其中包括男性健美比赛的胜出者。走在队伍前头的是牧师、女祭司、音乐家、长髯的老者、手持橄榄枝的军队指挥官、年轻的骑兵和战车驭手，身穿红色斗篷的外邦人手拿托盘，盘中是献祭给女神的蛋糕和蜂蜜。所有人都唱着赞扬雅典娜的颂歌，沿着泛雅典娜节日大道（Panathenaic Way）前进。那是一条宽阔的街道，从城门起始，穿过集会广场，一直到雅典卫城。普通市民按照各自的德莫区聚集在一起，走在队伍的最后。

人们还会在途中献祭。长袍从船上取下来，沿着斜坡被送到雅典卫城。在那里，小女孩们把长袍交给女织工，女织工把木神像带到海边，清洗神像和长袍。进一步献祭之后，女织工们会给神像穿上新长袍。整个节日活动的最后是一场盛宴，受邀者是通过抽签的方式从阿提卡的每个德莫区中挑选出来的。宴会上，人们享用献祭动物的熟肉，还有面包和蛋糕。

在两届泛雅典娜节中间的三年里，每年都会举办一场仅有市民参加的、规模较小的庆祝活动，而泛雅典娜节的运动和艺术竞赛是所有人都能参加的，雅典的名字借此传遍了整个希腊世界。

遗憾的是，这座城市看起来十分混乱。集会广场的政府建筑能满足需要，但绝对称不上宏伟，跟帝国首都的地位不相称。雅典人信守了 30 年前的誓言，那是他们和其他城邦在普拉蒂亚取得希波战争的最终胜利前宣布的。

根据其中一项条款，他们不会重建任何被烧掉和摧毁的神庙[36]，把它们原样保留，作为纪念。战争的唯一一座纪念碑是雅典娜·普罗马科斯（Athena Promachus）巨大的青铜雕像（题为“她在前线作战”）[37]，雕像矗立在 9 米高的雅典卫城上，水手们从海上便可以看到它。它出自国际著名的雕塑家、画家和建筑师菲迪亚斯之手。除此之外，雅典卫城仍然到处是断壁残垣，破碎的、被熏黑的大理石碎片随处可见。

公元前 449 年，雅典人与波斯人签订的和平条约改变了人们的态度。伯里克利提议取消普拉蒂亚誓言。提洛同盟的成员再次被胁迫或被诱骗，以服从于同盟。他们每年交纳海洋保护费的制度也被恢复，这让雅典变得越来越富有。该储备基金在公元前 478 年还完全没有，到公元前 454 年金库从提洛岛移至雅典时已经增加到 9 700 塔兰特。战争的结束促进了贸易的发展，来自劳里昂银矿的银子源源不断地流入金库，而且在没有外敌的情况下，雅典不再需要向海上派遣大型舰队。在和平年代，雅典人只派出了一支由 60 艘战船组成的小型舰队。

在奥林匹亚众神的指引下，人们决定大肆挥霍。他们将重建整个阿提卡地区的神庙，而不仅仅是雅典城的。战争的结束导致不少人失去工作，这个规模宏大的建设计划不仅可以美化城市，还可以创造许多就业机会。当然，也有反对意见。修昔底德（不是历史学家修昔底德），他是米列西亚（Melesias）之子，也是个贵族，是塞蒙的亲戚，在公民大会中领导保守派。他制定了一种巧妙的策略，让他的支持者们在集会时坐在一起，一致发表反对或赞同意见，这是政党形成的第一步。据普鲁塔克记载，他们争论道：

> 希腊人想必是出离愤怒了，他们一定会把这个计划看作厚颜无耻的暴政。他们眼看着自己不得不拿出的与波斯作战的军费，竟被用来把城市粉饰得金碧辉煌，活像一个虚荣的女人打扮得珠光宝气。雕像和神庙都耗资极大。[38]

修昔底德认为，伯里克利制定政策，用一些好处来贿赂公民，不断地为他们举行庆典、宴会和游行，并“用文化方面的乐趣取悦民众”[39]。

伯里克利果断采取了行动。他利用自己在公民大会已有多数人支持的优势，在公元前 443 年将修昔底德放逐了。至此，对于这项在未来 20 年中影响雅典的伟大工程再没有人来挑刺了。历史上再也没有修昔底德的消息了，据说，他最后定居在意大利南部的一个希腊城市。

菲迪亚斯被任命为雅典建筑工程的主管[40]，伯里克利似乎与他有密切的合作。一大批一流的雕塑家和杰出的建筑师被雇来负责具体的项目。工作进展得非常迅速，需要不同行业的参与，对技艺要求很高。普鲁塔克称：

> 使用的建筑材料有石头、青铜、象牙、黄金、黑檀和柏木。加工这些建材的工匠包括木匠、铸工、铜匠、石匠、漂染工、金匠、象牙匠、画工、刺绣工和雕刻师。此外，还需要负责供应和运输这些材料的人，比如，走海运就需要商人、水手和引航员，走陆路需要车匠、役使动物的训练员以及驾车的车夫。还需要有制绳匠、织工、皮匠、修路工人和矿工。[41]

城市中的大量劳动力都直接或间接地参与其中。

一篇流传下来的铭文记载了修建厄瑞克忒翁神庙（Erechtheum）的雕刻家的名字以及他们的报酬。厄瑞克忒翁神庙在公元前 421 年到公元前 406 年间建造，结构复杂小巧，也建在雅典卫城之上，代替了被摧毁的古旧的雅典娜神庙，里面供奉着各种神灵和英雄人物的雕像，雅典娜女神的木雕像也在此处。名单包括：

> 给普拉西亚斯（Praxias），墨利忒（Melite，一个城市德莫区）居民，马和赶马人的费用——120 德拉克马。

给迈尼昂（Mynnion），阿格瑞勒（Agryle，伊米托斯山的一个德莫区）居民，马和赶马人的费用（后来他又加了一根柱子，因此多付一些工钱）——127 德拉克马。[42]

雅典卫城发生了翻天覆地的变化。为了与以弗所的阿耳忒弥斯神庙和萨摩斯的赫拉神庙相媲美，作为首批建设项目之一，宏伟崭新的帕台农神庙于公元前 443 年（或公元前 442 年）竣工。它完全由当地彭特利库斯山的大理石建造而成，在阳光下呈金黄色，属于多利亚式（Doric）建筑风格。宽阔的凹槽柱直接建在平台（*stylobate*，即台基）上，没有底座。神庙建在台基上，顶上覆盖着简洁的石板。神庙里装饰着色彩艳丽的浮雕。浮雕既有教育意义，也有美学目的，描绘了拉皮斯人（Lapiths）与人头马怪（Centaurs）的战斗、希腊人和亚马逊人的战斗，以及奥林匹亚诸神与泰坦巨人的战斗等，所有这些都象征着文明最终战胜野蛮。在神殿两端的三角楣上展现了女神雅典娜的诞生，以及她和叔叔波塞冬为争做雅典守护神而进行的斗争。

在柱廊内，有两个没有窗户的内室。在外墙高处有一条长长的雕带，描绘的是泛雅典娜节的游行，雕带围绕神庙一圈儿。神龛通常被留给神灵和英雄，而雕带描绘的则是普通的雅典人。两间屋中大一点的那间是神庙的内殿，放置着一尊 12 米高的贞洁女神雅典娜的雕像，该雕像出自菲迪亚斯之手。她的身体是用象牙制成的（因为环境干燥，必须定期用水湿润[43]），她的落地长袍用镀金板材制成（黄金的总重量是一吨多，属于雅典娜金库的资产，可以在财政危机时取下应急）。雅典娜的雕像在昏暗中闪闪发光，令人敬畏赞叹。

神庙建得非常漂亮，细微精致之处非人的视力所能观察。它的水平线条略微上翘，以避免产生下垂的视觉效果，圆柱向内弯曲倾斜，气势宏伟，隅角柱较粗，在蓝天的衬托下显得格外醒目。这些修饰不易察觉，但使得建筑更加恢宏壮观。

有一点必须记住，古希腊的雕塑跟现在的雕塑不同，它绘有鲜艳的色彩。现在一般是用原始未着色的大理石或者黄铜来制作。帕台农神庙里就发现了红、蓝、黄等颜料的痕迹。例如，排档间饰（*metopes*，神庙立柱上方的大理石门楣上嵌入的正方形空间，上有浮雕）的背景看上去是蓝色或红色的。男性的肤色通常是红褐色的，而女性则是白色的。神庙的整体效果很亮丽，如果不算俗艳。

帕台农神庙不仅是纪念胜利的建筑，还是放置城邦贵重物品的仓库。在后面的一个小屋里，储存着来自联盟的钱财，在一个小内室里，各种各样的战利品和珍贵的零碎物品都保存在这个内殿中[44]。其中包括 1 顶金王冠、5 只金的装奠酒的碗、2 枚镀金的银钉、6 把波斯匕首、1 张戈耳工（Gorgon）的面具、12 支金麦穗、31 块青铜盾牌、7 张开希俄斯岛的睡椅、10 张米利都的睡椅、各种剑、胸护甲、16 张宝座，以及各种各样的乐器。公元前 434 年（或公元前 433 年），提供该存货清单的财务主管还提到“8 箱半腐烂无用的箭”[45]，记录未做更多说明。

卫城的另一个建筑是新的纪念碑式的入口[46]，即雅典卫城的山门（Propylaea，字面意思是“大门前面的东西”，或者更笼统地说是“门楼”）。游客沿着宽阔的台阶向上爬，就来到山门的正面，与帕台农神庙非常相似，有 6 根柱子和 1 个三角楣。穿过一个有顶的门廊，就来到了卫城。在右边不远处就是高高耸立的帕台农神庙。

其他值得注意的新建筑还有胜利女神雅典娜的神庙，坐落在卫城边缘靠近山门的位置（它由一位女祭司照管[47]，这项兼职每年可获得50德拉克马的报酬）。它采用的是爱奥尼亚式（Ionic）的建筑风格，石柱上有优雅纤细的凹槽，上面是一种像公羊角的雕饰柱顶。还有一座在公元前5世纪建造的神庙，至今仍保存完好，位于集会广场的旁边，是为纪念赫菲斯托斯而建的[48]。他是火与锻冶之神、工匠之神以及雕刻之神。神庙用于敬奉他跟同父异母的妹妹雅典娜。还有一座是位于苏尼昂海角的波塞冬神庙[49]。就像帕台农神庙一样，它们都属于多利亚式建筑风格。

城邦的公共支出并非全都用于建造神庙和为神灵塑像。城邦也支持世俗和民生项目。在塞蒙执政时期，向贵族寻求赞助是很自然的事情，但是民主派的执政者认为，利用国家的财富让公民生活得更舒适是他们的职责。新建的公共设施，如体育馆和浴室等，对所有人开放。其中最引人注目的建筑是一个用来举办音乐会的音乐厅（*odeum*）。音乐厅紧邻狄俄尼索斯剧场，是为在泛雅典娜节期间举行音乐比赛而设计建造的。这是一个很大的方形建筑，倾斜的屋顶向上延伸至一点，由90根石柱支撑，它模仿了薛西斯战时搭建的帐篷，这种帐篷在普拉蒂亚战役之后传到雅典。

在整个阿提卡地区建造这些公共设施的花费我们无法确切得知[50]，但数目一定相当可观。其中大部分都是从联盟的储备金中支出的。从一些残存下来的铭文中，我们了解到，建造雅典娜的黄金和象牙雕像需要花费700到1 000塔兰特。建造供奉这些雕像的帕台农神庙的费用大概是500塔兰特。让我们拿它跟军费做个对比，雅典与萨摩斯岛和拜占庭的战争花费了1 400塔兰特。

雅典民众对城邦所取得的成就感到自豪，城邦的领导者亦是如此。到公元前5世纪30年代末，雅典光彩耀眼，让希腊大陆的其他地方相形见绌，它强大的竞争对手斯巴达更是显得落后，其首都只是由几个昏暗的小村庄组成。其他“联盟成员”深感无力，只能眼睁睁地看着雅典霸主用他们的钱财铸就辉煌。

伯里克利十分清楚“软实力”和雅典作为旅游目的地的重要性。他倡导开放型的社会。不同于斯巴达内部的僵化体制和错综复杂的波斯宫廷，他的城市随时欢迎所有人的到来。雅典没有什么可保密的，即使在事关战争与和平的时候，敌人有可能因为提前知晓一些信息而获得优势，间谍来也不要紧。

在修昔底德的著作中，伯里克利表达了自己的观点，虽然具体措辞是修昔底德赋予他的。“我们所留下来的帝国的标志和纪念物是十分有力的。不仅是现在，后世的人也会对我们表示赞叹。”[51] 政治家的华丽辞藻通常很容易被遗忘，但是根据后人的判断，演讲者在这里讲的确实是实话。这座城市是一个了不起的杰作。

公元前5世纪的著名诗人品达用具体生动的词语唤起了后人对雅典魅力的赞颂。他恐怕不太情愿这么做，因为他是彼奥提亚的底比斯人，本应与这个野心勃勃的新兴帝国势不两立。在赞扬伯里克利非凡的城邦时，他创造了一个神秘的、令人难忘的表达：

> 灿烂辉煌，戴着紫罗兰的花冠，赞歌传遍四方，
> 希腊的堡垒，光荣的雅典，神眷顾的城邦。[52]

他所说的“戴着紫罗兰的花冠”是什么意思呢？品达在雅典完成

重建之前就去世了，也许是因为阿提卡气候干燥，弥漫着尘土的空气使得黎明和薄暮显得蔚为壮观，从而激发了他的灵感吧。神庙雕塑的颜料闪闪发亮，把雅典卫城衬托得金碧辉煌。雅典就是古代的“光明之城”（*ville lumiere*）*。

* ville lumière，在法语中意为“光明之城”，通常指巴黎。——编者注

伟大的战争

THE

GREAT WAR

第 17 章

岛上囚徒

公元前 430 年，雅典政局开始动荡。向来对民主心怀不满的贵族暂时销声匿迹。新一代政治家崭露头角，伯里克利发觉，用现代的政治学术语来说，他的敌人是左派，而不是以往的右派。

这些人是社会的中等阶层，靠手工业生产和从事贸易积累了一定的财富。他们品性良好，常在公民大会或者法庭上发表反响热烈的演讲，赢得广泛的关注。他们完全致力于推行民主，一心希望扩大民主。他们在外交事务上态度强硬，批评伯里克利对待斯巴达及其伯罗奔尼撒盟友过于谨慎，缩手缩脚。克里昂（Cleon）是其中一员，他可能是一名富有的皮革商人兼皮匠的儿子。他是一个受到幸运女神青睐的政治家，有野心，有能力，擅长即兴演说。修昔底德曾把他描述成一个不同寻常的人，“骨子里透着暴力”[1]。他的思想与当时的主流观念背道而驰，历史评价也不高。亚里士多德（抑或克里昂的一名学生）评论道：

他以超乎常人的狂野冲动影响着民众。他是第一个在（普尼克斯山公民大会的）演讲台上大声咆哮、口无遮拦的人，甚至在演讲时拽起衣服（以便能更容易地来回走动），而其他人在演讲时都循规蹈矩。[2]

在这10年里，针对伯里克利一派的诉讼[3]接踵而至。其目的就是要挑战伯里克利的地位，我们或许可以猜到始作俑者正是新兴的反对派。根据普鲁塔克的记载，一名为菲迪亚斯工作的雕刻师[4]提出控告，说他在修建帕台农神庙里的雅典娜雕像时侵吞公款。为此，伯里克利令人将雕像上的金片剥下称重。最后验证黄金重量准确无误，没有缺斤少两。菲迪亚斯还被指控在雅典娜手中盾牌上的人物中隐藏了酷似伯里克利的自画像。这是亵渎神灵的行为，或者说是不恰当的做法。

菲迪亚斯最后好像被宣判无罪，要不然就是逃亡到了国外。后来人们听说，他在奥林匹亚用黄金和象牙为宙斯神庙建造了巨大的宙斯神像。在公元前1世纪和公元前2世纪的旅游指南中，宙斯神庙位列世界七大奇观之一。一次偶然的机会，菲迪亚斯在奥林匹亚的工作室的遗迹重见天日。人们挖出了象牙碎片、工具和赤陶模具，还有一个杯子，上面刻有“我属于菲迪亚斯”的字样。工作室的平面图与神庙内殿尺寸相当，神像就是在此组装完成的。

在雅典，伯里克利的反对者表现得更加咄咄逼人。他们攻击的目标先是瞄准了阿斯帕齐娅[5]。我们不了解细节，但她面临两项指控：一是亵渎神灵；二是为伯里克利拉皮条（如果这一条不能算入亵渎之举）。公众对她存有偏见，尤其是关于她在萨摩斯岛反叛事件中角色的谣言被四处传播。这意味着这不会是一场公正的审判。伯里克利大为惊慌，亲自前往法庭。他声泪俱下，苦苦哀求，最终他的情人被无罪释放。

如前所述，伯里克利这位神一般的领导者及其幕僚均以思想超前而著称，这触怒了宗教保守派。公元前438年，一位名叫狄欧皮赛斯（Diopeithes）的人，脑袋里装满了古老的预言，他引入了一项法律，大意是“任何不信神的人，或教授有关天体现象理论的人”[6]都应当被起诉。或许他针对的就是伯里克利。

大约在公元前437年（或公元前436年），伯里克利的朋友，即科学家阿那克萨哥拉[7]，被克里昂指控亵渎神灵。伯里克利亲自为他辩护。阿那克萨哥拉侥幸躲过死刑，保住了性命，缴纳了5塔兰特的罚款后被驱逐出雅典。他在达达尼尔海峡边上的拉姆普萨卡斯城教书，度过了余生。

现在攻击的炮火瞄准了真正的目标。公民大会通过了一项法案，要求伯里克利公开其财政账目（幸好在账目的问题上，他没有理会年轻的亚西比德的建议），甚至试图通过非正常的宗教程序对其定罪，给伯里克利安上了偷窃神圣财产的罪名。然而，这时候公民大会通过了一项修正案，要求普通市民组成的陪审团来审理这个案件，这些市民一向是伯里克利的仰慕者，对他极为信任。这样一来，审判自然会以无罪判决而告终，这项指控也就不了了之了。

因此，伯里克利挺过了针对其领导地位的攻击。追随了他20多年的希腊民众现在是不会放弃他的。但是在国内纷争不断之际，国际环境也在日益恶化，这或许是国内动荡的真正缘由。斯巴达及其伯罗奔尼撒的同盟一直对不断壮大的雅典虎视眈眈。在很长一段时间里，它们都没有找到遏制雅典的方法。尽管如此，一场战争看起来不可避免。

它们一个在陆上称雄，一个在海上称霸，很难预料战争会如何打响。

修昔底德坚信，两个城邦的决裂已不可避免。在希波战争之后的50年中，他写道：

> 雅典人成功地为帝国的发展打下了坚实的基础，扩大了自身的实力。斯巴达人对发生的一切非常清楚，他们偶尔表达反对意见，大部分时间里并未有什么行动。他们对战争总是反应迟缓，而且一直受到内战的困扰。最后，当雅典人开始侵犯其盟友时，他们才不得不重视雅典的崛起。这时候，他们再也无法容忍形势的发展了。[8]

伯里克利并不希望发生战争，但他相信战争即将到来，并做好了迎战的准备。经历了在埃及的溃败和帝国在陆战中的衰落，伯里克利已无心发动任何对外扩张战争。面对这场与斯巴达及其伯罗奔尼撒盟友的战事，他希望避免不必要的风险，竭尽全力缓和敌对关系。他运营着每年10塔兰特的秘密基金，名义上是“用于各项零碎开支”[9]，实际上，他将这笔钱用于安抚斯巴达的关键人物。

在预估了将来的形势后，他制定了一项策略，称其能够确保胜利。斯巴达能派出一支30 000人的精锐重装步兵，还不算其预备部队，而雅典人仅仅能动员13 000人的军队（还需要有16 000士兵组成各种卫戍部队以及担负守城任务）。因此，在陆上开战没有任何意义。斯巴达人很有可能入侵阿提卡，基本不会遇到什么抵抗。农民只能抛家舍业，携带家眷退到城邦的防御工事后面，防御工事包括通往比雷埃夫斯的“长墙”，固若金汤，能够阻挡任何进攻。而强大的海上力量则能保证食物的供给，因此城里的居民不会忍饥挨饿。从某种意义上说，伯里克利恢复了希波战争期间塞米斯托克利斯的政策，即放弃陆地，依靠海军决战。

雅典人的优势的确在于其舰队以及训练有素的桨手。除了联盟成员莱斯博斯岛和希俄斯岛贡献的小型舰队之外，雅典人本身就拥有 300 艘三层划桨战船。绝大多数水手可能都是雅典公民，但对于庞大的舰队来说，人手还是不够，因而有许多水手是从希腊群岛中招募的。而伯罗奔尼撒联盟那边，只有科林斯有一支舰队，但规模小，缺乏作战经验，战船性能低劣。

伯里克利在说起他的同胞们时说道："如果他们等待时机，经营海军，在战时克制扩张帝国的想法，不让雅典冒险，他们就能取得胜利。"[10] 在公元前 434 年到公元前 433 年间，公共开支受到严格的管制，雅典的财政进入了战争状态。帕台农神庙的金库中储备着数量可观的银币。伯里克利补充道："如果出现最坏的情况，他们还可以使用雅典娜神像上的镀金。"

在他看来，在雅典人耗尽资金之前，斯巴达就会早早放弃战争。如果民众有足够的耐心，就能保证以较少的伤亡迎来胜利，至少战成平局。

埃庇达诺斯（Epidamnus）是个无足轻重的地方[11]，却引发了当时最大规模的军事冲突[12]。

该城邦建在山坡上，一直绵延到风景如画的山谷中，不仅身处得天独厚的环境，还控制着爱奥尼亚海东部海岸线的一个大海港（今阿尔巴尼亚的都拉斯）。高大的石墙保护着这座城市。然而，城邦地处偏远，交通闭塞。其居民与内陆地区的伊利里亚（Illyrian）部落开展贸易活动。他们用诸如陶器、武器、织物和家具之类的希腊商品，来换取食品、木材、柏油、铜和奴隶。埃庇达诺斯远离尘嚣，慢慢繁荣起来。

或者说，若不是因为政治动荡，埃庇达诺斯一定能够繁荣兴盛。该城在与伊利里亚人的战斗中失败，政治经济开始衰退。紧接着，公元前 335 年前不久，城里爆发了一场民主革命，民众推翻了贵族的统治，统治者被驱逐。贵族们联合周边的部落，对他们的故土发动了一系列海盗式袭击。看上去，内战将要毁掉这座城市。

埃庇达诺斯是克基拉岛人建立的，或者像希腊人所说的那样，是克基拉岛的“殖民地”。克基拉岛是沿海低地的一个海洋城邦。它拥有一支由 120 艘三层划桨战船组成的舰队。最不同寻常的是，这是和平时期的常备军。克基拉岛有着该区域仅次于雅典的海上力量。如前所述，从公元前 8 世纪起，大批新的希腊人聚居区已遍布地中海沿岸。与现代殖民地不同的是，他们从原来的城邦中独立出来，与母邦保持相互尊重、友好合作的关系。遇到麻烦时，他们就会向母邦求援。

埃庇达诺斯的居民正是这样做的。他们派遣使者去克基拉岛，请求支持，以便同兵临城下的旧政权进行和平谈判。但克基拉人拒绝了他们的请求，甚至压根就没听使者说了什么。束手无策的埃庇达诺斯人只得去德尔斐求问神谕。神明的建议是向富裕的商业城邦科林斯寻求帮助，这是克基拉的母邦，相当于埃庇达诺斯的“祖母”。

这是完全不负责任的建议，因为德尔斐的国际关系专家一定知道科林斯与克基拉互不理睬，关系紧张。克基拉人瞧不起自己的母邦，他们宣称自己的军事力量更强大，财富更是与希腊诸强不分上下。

科林斯人倒是很愿意得罪他们的殖民地，于是派出一支由正规军和各个城邦的移民志愿者组成的武装，援助被攻击的埃庇达诺斯的民主政权。他们并不是出于迫切的战略利益而作战的，唯一的动机就是激怒克基拉。他们达到了这个目的，只是有点过火了。

克基拉岛反应激烈，派出 40 艘战船，包围了埃庇达诺斯，提议将冲突双方交出，由他们仲裁。科林斯人断然拒绝，在其盟友的帮助下，他们集结了 75 艘战船和 2 000 名重装步兵。克基拉人派出其余的 80 艘三层划桨战船与科林斯舰队交战，在亚克兴海角（Actium）[13] 一带将其击溃。埃庇达诺斯民主政权投降，贵族恢复了统治。

失败者没有得到任何怜悯：所有从科林斯派出的士兵及移民都被处死，科林斯公民免于一死，成为阶下囚，被当作谈判的筹码。克基拉人现在控制了爱奥尼亚海，在海上巡航，袭击科林斯的盟友。

科林斯人群情激昂，执政者自然也不会善罢甘休。在接下来的两年里，他们在伯罗奔尼撒半岛打造战舰，招募水手。克基拉人得知后，惊慌失措。他们没有自己的盟友，不像科林斯那样是伯罗奔尼撒联盟的成员。去哪里找一个强大的盟友呢？只有一个可行的答案——雅典。

于是，公元前 433 年，一名克基拉使节前往雅典寻求支持。科林斯人听到风声后，大为惊恐。他们随后也向雅典派出了自己的使节。双方使节都将自身的情况汇报给雅典的公民大会。做出决定并非易事。根据《三十年和平协议》，签约国有权跟不附属于斯巴达或雅典的任何一个城邦结盟。但根据常识，人们认为，如果不去死抠协议的字眼，与克基拉这种斯巴达的附属城邦的敌人结盟，是有悖于协议精神的。

乍一看，这是地区性的事件，跟雅典关系不大。雅典民众并不想大打出手，科林斯人也希望雅典能置身事外。最后结果出来了，经公民大会投票，雅典要帮助克基拉岛。仔细揣摩一下，这个看似意外的决定却包含着充分的理由。如果这世上只有一件事是雅典绝对不能容忍的，那就是打破海上军事力量的平衡，而全新的科林斯舰队正显示出这种迹象。

然而，公民大会没能坚持到底。经过两次辩论，公民大会最终决定采取最低限度的威慑性政策，同意建立一个防御性的联盟。只有在克基拉遭袭时，雅典才会征讨科林斯；而且雅典仅仅象征性地派出了一支由 10 艘三层划桨战船组成的舰队驶往克基拉。为安抚伯罗奔尼撒联盟，亲斯巴达的领袖塞蒙的儿子拉西达蒙尼阿斯（Lacedaemonius）被任命为舰队指挥官。此举显然是为了避免违反和平协议，而且我们或许能看出伯里克利在其中的安排。他会竭尽所能地避免战争，至少会推卸战争的责任。

如今的态势正朝着他们设想的方向发展。科林斯人费尽心思打造出 150 艘三层划桨战船，全部出海与克基拉的 110 艘战船作战。克基拉舰队被打败，雅典的那支小型舰队便介入了战斗。令人不解的是，科林斯舰队居然就此撤退了。很快便有了相关解释，原来雅典公民大会改变了主意，又派了 20 艘三层划桨战船从远处驶来，充当后援。万事小心为上的科林斯人次日便打道回府。在回去的路上，他们顺道占领了位于安布腊基亚湾（Ambracian Gulf）的克基拉殖民地安那克托里安（Anactorium），并派驻定居者。

国际危机加剧。科林斯将矛头从克基拉转向雅典，伯里克利决定在爱琴海西北方的卡尔息狄斯半岛上采取警戒措施。这是通往黑海之路上的一个重要补给站，它的所有城邦都是提洛同盟的成员。

不幸的是，其中有一个叫作波提狄亚（Potidaea）的城邦，是科林斯的殖民地。雅典勒令波提狄亚拆除防御工事，废除任命科林斯人做官的做法。波提狄亚断然拒绝，奋起反抗。在邻国马其顿国王的怂恿下，卡尔息狄斯半岛所有城邦纷纷效仿。科林斯不想成为世人眼中的和平破坏者，于是雇用了一支国际“志愿军”去支援波提狄亚人。雅典人派出一支远征军，在一次战斗中击溃了波提狄亚人及志愿军，将该城团团包围。

形势十分微妙。伯里克利采取了一项他认为可以避免暴力威胁的外交策略，以此警告科林斯的盟友及斯巴达不要去干涉雅典人的事情。小城邦梅加腊与其西面的邻邦科林斯友好相处，却多年与东边更强大的邻邦雅典关系不睦。雅典公民大会颁布了一项法令，禁止梅加腊的船只和货物进入雅典帝国的任何港口。梅加腊是地中海沿岸廉价羊毛制品的出口国，禁运将导致其经济崩溃。

或许伯里克利的目的是想以这种方式来平息事态，然而实际效果却是引发了战争。10年后，希腊喜剧作家阿里斯托芬阐述了雅典是怎样与斯巴达开战的，这是被普遍接受的观点。在他的戏剧《和平》（*Peace*）中，有人问赫尔墨斯是谁导致了这场战争。他答道，伯里克利很害怕，担心自己会像朋友和幕僚那样去法庭接受审判。

> 趁着还没有人找他的麻烦，他在城里投进一个火星，即“梅加腊禁令（Megarian Decree)”，并煽风造势，瞬间大火弥漫，战争的硝烟让每一个希腊人都难以自保，无论是在国内，还是在国外……没人能阻止这场灾难，而和平就这样终结了。[14]

伯里克利仅仅出于个人原因就发动了这场战争，这种说法是非常难以置信的。然而，政客们采取行动的动机往往是公私难分的。伯里克利的声望不断降低，或许这也是促使他施行强硬外交政策的原因。海外冒险往往能获得公众更多的支持。

小心谨慎的斯巴达人并不好战。为了澄清疑虑，他们派人到德尔斐去询问太阳神[15]，开战对他们来说是否是明智之举。阿波罗回应说，如果他们全力以赴就会取胜，并表示他将站在斯巴达这边——这个确定性的预测有些出乎意料（难道是德尔斐收了钱的缘故？）。随后，斯巴达人于公元前432年秋天召开大会，研究日益恶化的国际形势，并讨论雅典人是否违反了《三十年和平协议》。科林斯和梅加腊痛苦地抱怨各自的遭遇，他们所说的是否属实还不完全清楚。但如果说有人违反了协议，那就非科林斯莫属，科林斯曾或多或少地公开干涉卡尔息狄斯的事务。

事实是，不管政治家们的意愿如何，双方都不知不觉地接近了战争的边缘。此时，一些雅典人碰巧在斯巴达，他们表面上是为了其他事情而去的。他们竟赢得了发言权。他们在听众面前毫不让步。据修昔底德记载，他们说："我们没有做任何出格的事，没有做任何有悖于世道的事，当机会来临时，我们就自然地成为强盛的帝国，而且我们不会轻言放弃。"[16]

斯巴达人要求其他人离场，他们自己就此议题进行讨论。阿希达穆斯国王与伯里克利私交甚好，他为人谨慎温和，建议保持克制。强硬派的检察官斯提尼拉伊达（Sthenilaidas）却表示反对："对方或许有大量的金钱、船只和马匹，但我们有坚实的盟友，决不能将他们出卖给雅典人。”[17]同选举一样，斯巴达的重大决议是以呼喊声的高低来表决的。呼喊声最高的一方胜出。在这个议题上，主战的一方呼喊声更高。

于是，斯巴达人向雅典发出了最后通牒。当然，他们知道通牒不会被对方接受。因为伯里克利属于阿尔克迈翁家族，斯巴达人劝告雅典人清理“库伦污染”（Cylonian pollution）。也就是说，他们应把公元前7世纪屠杀库伦支持者的麦加克勒斯家族放逐。作为回应，雅典人呼吁斯巴达人将受到“泰纳隆诅咒”（curse of Taenarum）的人驱逐出去。在伯罗奔尼撒半岛南部的泰纳隆海角的波赛冬神庙，一些苦苦哀求的黑劳士被斯巴达人赶出来并处死，这是对神的亵渎。

双方互不让步。希腊各方纷纷集结兵力，准备血战。此时距《三十年和平协议》签署刚过了14年。

首先要应对的是伯罗奔尼撒联军对阿提卡的入侵。乡村神庙里的珍宝都转移到了雅典卫城，牛羊也被赶到了埃维厄岛以及其他远离海岸的岛屿上。人们把动产带进城里。据修昔底德记载，混乱的局面不得人心：

> 绝大多数雅典人仍与家属亲眷住在乡下，因此根本不愿意搬家，更何况他们在打退波斯入侵后刚刚重建了家园。现在他们不得不背井离乡，抛弃家产和承载着历史的神庙，准备彻底改变生活方式，因而都焦虑万分，心怀怨恨。[18]

一些来自乡村的人在城里有自己的房子，另一些人能投奔亲友。但绝大多数人不得不露宿荒地或寄居在神庙里（但他们不会住在卫城里，那是不被许可的)。一时间人满为患，拥挤不堪。

第一场战事，也是一次明目张胆地破坏和平的行动，便是底比斯围攻普拉蒂亚这一不畏外敌的小镇。如前所述，普拉蒂亚一直是雅典的盟友，公元前479年，他们在普拉蒂亚战役中击退了波斯人，一战成名。普拉蒂亚人奋起抵抗底比斯人的入侵，但在公元前426年，他们受到伯罗奔尼撒联盟的攻击，只得投降。斯巴达将军保萨尼阿斯在普拉蒂亚战役后曾说，普拉蒂亚是一处不可入侵的圣地。可惜没有人及时提醒这些侵略者。

在修昔底德的著作中，一名普拉蒂亚人对斯巴达人说道："斯巴达人，你们违反了希腊人的惯常规则，亵渎你们的祖先，滥杀对你们一向友好的我们，这些所作所为不会给你们带来荣耀。"[19]尽管如此，斯巴达指挥官还是下令将所有的囚犯都处死了。大约有200名普拉蒂亚人提早逃了出去，他们被授予雅典公民的身份，以此作为他们失去城邦的补偿。

公元前431年5月，谷物成熟，直到这时，大多数雅典人才真正认清战争的现实。阿希达穆斯国王率领大约60 000名重装步兵进驻阿提卡[20]，尽管他对战争没有太多热情。伯里克利觉得阿希达穆斯会对自己的财产网开一面，或者出于真正的友谊，抑或为了挑拨离间，所以，伯里克利将财产转交给了城邦。与此同时，一支雅典舰队与敌人针锋相对，沿伯罗奔尼撒半岛航行，扫荡沿岸的定居点。其宿敌埃伊那岛甚至遭到了种族清洗。岛上的居民被赶走，雅典殖民者取而代之。雅典吞并了整个岛屿。

而与阿提卡遭到入侵给民众带来的心理创伤相比，这些胜利微不足道。心理创伤远大于实际损失。民众只能眼睁睁地看着自己的庄稼被烧为灰烬却不能进行抵抗，他们为此感到义愤填膺（尽管一部分塞萨利的骑兵奉命前去袭扰敌军）。

伯里克利确信自己的战略是正确的，但是他知道民众对他感到愤怒，因为他没有带领他们抗击伯罗奔尼撒联盟。因此，伯里克利刻意不召开公民大会，以免“广泛的讨论导致错误的决定”[21]。

每年冬天，人们都会举行仪式来祭奠在战斗中死难的勇士。公元前431年的祭奠仪式更具有特殊意义，这是战争爆发的第一年。阵亡者的尸骨被安置在一个帐篷里，亲友们可以为其献上祭品。10个部落各分得一口柏木棺材，英雄的尸骨随即被装殓。对于那些没有找回遗体的阵亡者，部落准备了一口空棺材。[22]

两天后，一队马车前往迪皮隆城门外的克拉梅科斯（Cerameicus），每辆马车拉着一口棺材。这是一个公共墓地，雅典所有战死的将士均埋葬于此，马拉松战役的阵亡者除外，他们功勋卓越，被埋葬在战场上，那是至高无上的荣誉。

尸骨下葬时，会有一名有声望的公民受邀致辞，以缅怀逝者。今年得此殊荣的正是伯里克利。在雅典面临危机的时刻，他发表了慷慨激昂的演讲[23]，尽情颂扬雅典和世代相传的价值观。这是一场鼓舞士气的演讲，经过修昔底德的加工润色，我们见到的演讲词就是一部文学经典之作。

伯里克利特地强调，雅典伟大成就的核心就是民主政制。

> 当产生私人纠纷时，所有人在法律面前一律平等；至于社会地位，起决定作用的不是某人所属的阶级，而是其个人能力。不

能让阶级左右个人的功绩，贫困也不能成为障碍。若有人能胜任一份公职，卑微的出身不应对他造成不利的影响。[24]

伯里克利把贤能统治的原则扩展到雅典人的个人生活中。公民只要遵守法律，就可以做他们想做的任何事情。雅典经济发达，文化繁荣，它进口的货物来自世界各地。

我们热衷于发展经济，我们意志坚定……对我们来说，财富当有所用，并不是炫耀的资本，而是成事的机会。我们不以承认贫穷为耻，但若不努力加以克服，才是真正的堕落。[25]

他的意思是，帝国发展的强大动力、财富的增长和文明的繁荣都源自民主政制。

我敢说，我们雅典是整个希腊的典范，我们的每一位公民都多才多艺，足智多谋，才华卓越，自力更生，为他人所不及。我并不是在这里夸夸其谈，这就是事实，雅典的强大有目共睹。[26]

伯里克利在华丽的雄辩中用了性欲做比喻，他把雅典比作“被爱者”，而雅典公民整体上被看作“爱者”。

想想你每天都能看到的雅典，它那么伟大，总有一天你会爱上它。[27]

这场演讲刻意掩盖了一些令人不悦的缺点和不便言明之处，其核心思想充分表达了一点，即雅典经历的黄金发展时期很大程度上得益于民主政制。这一点看起来不容置疑。

然而，另一个更加不幸的事实即将临到雅典人。公元前430年夏天，正值伯罗奔尼撒联盟发动第二次进攻之时，农民纷纷进城，拥挤不堪。他们居住在令人窒息的棚户和帐篷中，开始有人生病，随后死去。这种传染病的症状十分可怕，修昔底德本人就曾感染，不过侥幸捡回一条命，因而他描述得十分详细。平日十分健康的男人[28]和女人突然头痛发热[29]，眼睛开始红肿发炎。舌头和喉咙充血，呼吸时散发难闻的气味。

接下来，患者开始打喷嚏，声音嘶哑。不久，患者胸部疼痛，咳嗽，然后腹痛不止，吐出各种苦水。

他们皮肤变红，表面生出脓包。摸起来冰冷，患者却感到犹如火烤。七八天后，便出现严重的腹泻现象，通常是致命的。修昔底德写道："没有什么能像这场疾病那样，对雅典造成如此大的伤害，让军事力量遭到严重削弱。"[30]

我们不知道感染源是什么，它似乎源自埃及，通过波斯帝国蔓延开来。其症状类似于肺鼠疫、麻疹、伤寒等，又都不完全相符。但有一点确定无疑，这个人们称之为"瘟疫"的疾病夺去了许多人的生命。具体死亡人数不详。修昔底德统计，在13 000人的陆军中，共有4 400名步兵和骑兵死于瘟疫。在接下来的40天中，在波提狄亚又死了1 050人。在具有战斗力的1 200名骑兵中，有300人死亡。而受难最深的还是穷苦百姓，甚至没有相关的统计数据提到他们。据估计，这次瘟疫导致的死亡人数占到总人口的四分之一至三分之一。这是一场可怕的灾难。

伯里克利沮丧地说："这是我没有预料到的事。"[31] 瘟疫肆虐了两个夏天，之后略有缓和。公元前 427 年，疫情又像前几年一样严峻，最后终于慢慢消失。

几乎每个人都相信这场瘟疫跟战争有关，是神灵在惩罚雅典的过失。所有人都能回忆起荷马史诗《伊利亚特》中愤怒的阿波罗，他将箭射向特洛伊城下的希腊军队，用瘟疫惩罚了希腊人。

公元前 429 年的大酒神节期间，索福克勒斯新创作的悲剧《俄狄浦斯王》（*Oedipus the King*）上演，而此时正是瘟疫肆虐之际。戏剧开篇就提到了阿波罗，这并非偶然。虽然它没能赢得头奖，但很多人认为这是索福克勒斯的一部佳作。亚里士多德在他研究文学创作的《诗学》（*Poetics*）中写道，该剧最符合他对戏剧的界定和理解[32]。

剧中的主人公俄狄浦斯在不知情的情况下，杀死了自己的父亲并娶了自己的母亲，因此做了底比斯的国王。由于他"污染"了自己的王国，一场可怕的瘟疫降临城邦。合唱团唱出的恐怖景象，让观众都感同身受。

> 难以述说，我们的城邦，
> 街道上散发着死亡的恶臭，尸横遍野，
> 惨死的子民，没有人为你哭泣，
> 没有人会有怜悯之意。
> 母亲们在各处祭坛前祈祷，
> 身披金甲的雅典娜，快来到我们身边！
> 阿波罗王啊，聆听我们的呼唤，让我们转危为安！[33]

最后污染的源头指向了俄狄浦斯，他弄瞎了自己的双眼，主动请求被放逐，此时，瘟疫才得以平息。

人们记起了一个古老的预言：

> 与多利亚人开战（斯巴达人是多利亚人），死亡会同时到来。[34]

他们还记得，在决定开战前，斯巴达人得到了德尔斐神谕的积极回应。神谕似乎很灵验。人们注意到，瘟疫基本没有影响伯罗奔尼撒半岛。公元前426年冬，雅典人在太阳神阿波罗的诞生地提洛岛举行净化仪式。提洛岛上所有的坟冢被挖开。自那之后，岛上明令禁止出生和死亡这两种“污染”事件出现。五年一次的盛事提洛运动会得以恢复，增加了赛马作为新的竞技项目。

这时候，雅典民众的决心开始动摇，这并不奇怪。他们向斯巴达发出了和平的试探，但希望落空。公元前430年春，伯里克利当选十将军，大概在同年9月，他就被暂停了权力，同时面临侵吞公款的指控。他被宣判有罪，并处罚金50塔兰特。伯里克利一时间郁郁寡欢[35]，赋闲在家。年轻的亚西比德等人极力劝其重回政坛。伯里克利于第二年春天再度当选，“好像是众望所归”[36]，修昔底德酸溜溜地评论道。公元前429年盛夏，新的行政年伊始，伯里克利重新执政。

神一般的伯里克利是不可或缺的，他反对摇摆不定的态度。跟以前一样，他对城邦权力的享有者，也就是民众，坦率直言。“毋庸讳言，你们的帝国就是一个僭主政体，”[37]他劝说道，“也许接受现状是不对的，但现在放弃它一定会招致危险。”

伯里克利被指责是带来瘟疫的罪魁祸首，这是不公正的，他自己也感染上了瘟疫。他度过了危机，但并未完全摆脱疾病的困扰。公元前 429 年秋，伯里克利去世。他那两个不争气的儿子也一并感染瘟疫，比伯里克利还早一年离世。为使他的直系后裔得以延续，他说服执政者给予他和阿斯帕齐娅的私生子小伯里克利雅典公民权（这样做违反了伯里克利早些年亲自颁布的国籍法，即仅父母双方皆为雅典公民者才能获得雅典的公民权）。

伯里克利是个了不起的人物。修昔底德这样难以取悦的人都对他倾慕有加。他为伯里克利写了一篇充满溢美之词的悼文。

> 他有至高无上的地位、非凡的能力，以及为众人所熟知的正直品性，因此他是强有力的领导者，他对民众施行独立的管理，自己却不受太多的约束。他没有采用不正当的手段获得权力，因此没有必要刻意去讨好他们……总而言之，名义上的民主演变成了“第一公民”的统治。他的继任者们不分伯仲，都想成为领导者，互不相让。[38]

然而，伯里克利自己也必须承认，他的政治生涯是以失败告终的。他的失败与瘟疫关系不大，而是其战争策略所致。他采取了被动防御的战略，而战争中畏首畏尾、不主动进攻的一方通常都难逃战败的厄运。他低估了国土每年都遭到入侵给士气带来的毁灭性影响。他在战前安抚民众，说雅典财政储备雄厚，他说得没错。不过，这里有个问题。雅典确实比它的敌人更富有，但伯里克利及所有人都清楚，海战的花费是十分巨大的。伯里克利去世的时候，城邦财政储备已所剩无几，而战争才刚刚开始。

伯里克利生性谨慎，至于他误判局势，只有一个合理的解释。他的作战策略是这样的：一旦斯巴达意识到他们没有能力重创雅典帝国，就不会有战争，或者最多只有小规模的战斗，很快就会恢复和平。总而言之，伯里克利一直押的是平局。

看起来，他要输掉自己的赌注了。

直到公元前430年波提狄亚被攻破，这场旷日持久的围攻才宣告结束。雅典人需要通过耗资巨大的海军远征来消除近年阿提卡遭到入侵对士气造成的影响。他们必须为将来的事情预留资金，无论是已知的，还是未知的，瘟疫就是一个例子。而且，他们还预见到更多的突发情况，其中就包括雅典帝国内部将消耗更多钱财的叛乱。最糟糕的是，敌人根本就没有屈服的迹象。因此，雅典人到底如何才能赢得这场战争呢？

在对外政策上，伯里克利属于鹰派，但他是一只谨慎的鹰。他喜欢规避风险。除非事先有把握，否则他不会采取任何行动。既然他已作古，新出现的鹰就能无所顾忌，翱翔天空。这只猛禽已然意识到，如果要打败敌人，他就必须发动真正的攻击，即使这样过于轻率。必须在机会到来之时就紧紧抓住它，这样就能招来好运，而不会让其溜走。这只鹰就是克里昂，他接替伯里克利成为雅典的核心人物。

到目前为止，战争的形式只是接连不断的小规模遭遇战，以及海上和陆上的一些小冲突，都无足轻重。伯罗奔尼撒联盟意识到，阿提卡已被毁坏殆尽，随着时间的推移，仅靠入侵阿提卡为主的战略难以带来多少收益，于是他们决心打造一支舰队，去摧毁希腊西部的提洛同盟，同时挑战雅典舰队在科林斯湾的主导地位。商业城邦科林斯是斯巴达的主要盟友之一，当时正遭受严密的封锁。

卓越的雅典海军将领福尔弥昂（Phormio）施展妙计，打败了一支规模更大的敌军舰队（以 20 艘战船对抗伯罗奔尼撒联盟的 47 艘战船）。雅典的三层划桨战船不仅建造精良，船上还有训练有素且经验丰富的船员和战术灵活的指挥官。斯巴达不得不承认，海上对抗需要的远不只是花钱买木材和帆布来建造战船。

敌对双方都需要恢复财力。总是资金短缺的斯巴达人想知道，波斯国王是否会因为他们在跟与其不共戴天的仇人雅典作战而提供资助，于是派出使者前去探听他的口风。这一举动说明斯巴达人准备想尽一切办法打赢这场战争。这时距薛西斯的入侵刚过去半个世纪，背叛希腊转去投靠波斯人似乎是一个可行的策略。

雅典人庞大的财政储备正在以惊人的速度减少。雅典帝国似乎一直在维持其海上的实力，到公元前 428 年，战船数量一度达到了顶峰，共计 250 艘。如前所述，数千名船员、水兵和重装步兵，每人每天需要支付 1 德拉克马的报酬（如果他们还有仆人，则需要 2 德拉克马）。战争丝毫没有很快结束的迹象。现在伯里克利去世了，雅典人可以采用一种新的更加精明的办法来维持战斗。这意味着需要更为苛刻地征收盟国的盟金和提高国内的税收，同时更加精打细算，控制军事行动的成本。

这些措施或许会避免雅典破产，但并不能保证他们会赢得战争。因此，雅典的将军们越来越盲目好战，幻想投机取胜。与伯里克利不一样，他们意在打赢这场战争，而不是追求平局。他们头脑灵活，意欲用最少的军事力量（这样就有足够的资金）来取得决定性的战果。

他们密切留意，对风险做出谨慎的评估，以确保如果打了胜仗，会得到实实在在的利益，即使失败也不会造成严重的后果，带来过多的经济损失。

修昔底德评论道："战争即严师。"[39] 在整个希腊世界，体面的行为准则正在瓦解，人们越来越倾向于用暴力和恐怖作为常规的政治手段。斯巴达派去见波斯国王的使节落到了雅典人手里，他们被押解回雅典。刚到雅典，他们未经审判就被处死了，甚至连为自己辩护的机会都没有。尸首也没有得到安葬，而是直接被扔进坑里。雅典人对此恶行做出的官方解释是，此举是为了报复斯巴达人，因为斯巴达人在伯罗奔尼撒海岸附近俘获了雅典商船，将船员都杀害了。事实上，在战争开始的时候，凡是在海上抓到的人，斯巴达人一律视为敌人，将其处死，无论他是雅典人，还是中立方。

希腊的城邦政体正在走向没落。第一个例子，也是最典型的例子是克基拉岛。克基拉岛内部的阶级斗争不经意间引发了全面战争，导致战乱不休、血流成河，这一切都被伯罗奔尼撒和雅典的舰队密切注视着，他们在海上的对抗让岛上的形势变化不定。最终，克基拉岛的民主派获得胜利。400 名贵族及其支持者逃往克基拉城里的赫拉神庙寻求庇护。根据修昔底德的记载：

> （民主派）说服了其中的 50 人接受审判。然后，他们将每个人都定为死罪。得知这一情况后，拒绝接受审判的逃难贵族在赫拉神庙中自我了结。一些人在树上吊死，其他人也用各自的方式自杀身亡。[40]

大约有500名贵族设法逃脱了这场大屠杀，在克基拉岛的北部建立了一个堡垒，以此为据点对民主派发动袭击。几年后，在雅典军队的干涉下，他们最终失败。残余势力在人身安全得到保证的情况下投降。他们被关进一幢房子里，20人为一组地被带出屋去，在两列全副武装的士兵中间走过。士兵对他们拳打脚踢，甚至用刀扎他们。结果，很自然，龟缩在屋内的人拒绝出来。民主派的人爬到屋顶，揭下瓦片扔向里面的囚徒，并朝他们放箭。

历史又一次重演。大部分人开始自我了结。

> 他们用敌人射来的箭矢插进自己的喉咙，或者从屋里的床上取下细绳，或把衣服撕成布条，自缢身亡。这残忍的一幕上演时，夜幕刚刚降临；而一切归于平静时，黑夜已经过去。

克基拉的这场内乱结束了，因为其中一方的势力已经彻底覆灭。[41]

> 从理论上说，罪行是企图推翻民主政制，而在实际上，人们也在借机解决私人恩怨或掠夺他人的财产。各式各样的死法轮番上演。残暴行径令人发指，没有下限。父亲们亲手杀死自己的儿子。趴在祭坛上哭嚎的人们祈求得到庇护，却终被无情拖走，甚至如同被献祭的牲畜一样，被就地屠杀。一些人被堵在酒神狄俄尼索斯的神庙里，最终死在里头。

克基拉岛的惨案在许多地方重现。因为每个城邦里都有敌对派系的存在，时间久了，整个希腊世界都弥漫着血腥的味道。一般来说，民主派领导人会寻求雅典人的支持，而没落贵族们则投向斯巴达人的怀抱。对于一心致力于改变政府的人来说，寻求外部联盟是很正常的。革命在一个又一个城邦接连爆发。

修昔底德记录了这些社会动荡对语言产生的影响，阐明了词语的一般意义是如何演变和降格的。

> 无所顾忌的攻击如今被看作是派系忠实支持者的勇气；思考未来和观望形势则变成描述某人胆怯的代名词。任何关于行事要适度的建议都是在掩饰怯懦，而多角度观察问题则意味着缺乏行动力。狂热的激情是男子汉的标志。[43]

希腊人并不明白忠实的反对者这一概念。政治就是一场零和博弈，胜者通吃。失败的一方难逃被屠杀或者被放逐的下场。大量被放逐的爱国人士散布在整个希腊世界，他们密谋着一场针对其政敌的复仇计划。希腊同盟总是那么脆弱，现在已经分崩离析。

道德水准普遍下滑，人们变得粗鄙，雅典也未能幸免。公元前 428 年，也就是伯罗奔尼撒战争爆发的第四个年头，米提利尼（Mytilene）城邦和希腊第三大岛莱斯博斯岛的其他大部分地区脱离了提洛同盟。米提利尼并不是一个附属城邦，它和其他城邦是“自由同盟”关系，为联盟提供战船。

莱斯博斯岛人早就预谋反叛，而萨摩斯岛人的战败让他们惊恐不已。米提利尼执政的贵族虽没有特别不满，但一直在争取自由。他们一直在等待时机，收窄港口，建造防御工事，打造更多的战船。然而，他们尚未做好叛乱的准备，就被出卖了。

在雅典人看来，这次叛乱是在挑战整个帝国的根基。因为这次叛乱恰好发生在雅典的危难时刻，瘟疫肆虐，而且财政每况愈下。更糟糕的是，莱斯博斯岛与斯巴达结成了同盟。

尽管如此，雅典人还是做出了最大的努力。应急财产税开始征收。一支庞大的舰队驶向莱斯博斯岛，将米提利尼团团包围。斯巴达人（非常大胆地）派出一支舰队前去支援，但由于指挥官的疑虑和拖延，舰队没能及时赶到，未能拯救这座城市。

无计可施的米提利尼贵族把普通公民武装起来，加入防御队伍。然而，这些人大多数是民主派，一旦手里有了武器就会倒戈，并坚持向雅典人投降。商定的条件很苛刻。雅典"如果愿意，就有权对米提利尼人采取行动"[44]，而相应地，米提利尼人可以派代表去雅典对情况做出说明。

雅典民众刚刚遇到打击，情绪低落。根据"公民中最残暴的"[45]克里昂的提议，雅典最终决定立即处死米提利尼所有的成年男子，把岛上妇孺全数收作奴隶。一艘三层划桨战船立即起航，给莱斯博斯岛的雅典将军传达这一残酷的命令。

过了一夜之后，人们又有了新的想法。他们担心，这一前所未有的决定在惩罚罪人时会伤及无辜。处死民主派人士尤其不公平，实际上，他们本就是反对叛乱的，而且是他们对政府的抵制导致了贵族统治的崩溃。米提利尼的代表们此时仍待在雅典，他们注意到了雅典的人心浮动。在一些友善的雅典人的陪同下，他们去询问当局，是否可以重新商议此事。他们成功了，公民大会召开了紧急会议。

会上，克里昂坚持自己的观点。他毫不羞愧。根据修昔底德的记载，克里昂对民众说道：

> 悲天悯人，只能把你们自己带进危险；你们的示弱不会得到任何感谢。你们没有意识到，你们的帝国是一个僭主国家，它统治的臣民并不热爱它，而且一直在密谋反对你们。[46]

这一点很有意思，不论伯里克利和克里昂在其他问题上如何争论，他们看待帝国的观点是一致的，即帝国本质上是不公平的，他们的同胞们应该承认并接受这个事实。强权即公理。即便如此，伯里克利会支持克里昂发动一场冠冕堂皇的屠杀吗？

他或许会认同狄奥多托斯（Diodotus）的观点，狄奥多托斯在历史上唯一一次亮相就是在这次辩论会上发言。他并不是要博取听众的同情，而是从自身利益出发。他认为，这不是正义问题，而是政策问题。克里昂的决定过于草率，完全是被气愤冲昏了头脑。死刑并不是可行的威慑手段，它只能让后来的叛乱者铤而走险，拒绝投降。

"对待人民的正确方式，并不是在他们反叛后对其施以酷刑，而是在此之前更多地关心他们，防止他们产生反叛的念头。"[47]

最后投票的结果是以微弱的多数票推翻了前一天的决定。第二艘战船紧急派出。莱斯博斯岛的使者给船员们送去大量的美酒和食物，并承诺如果他们能及时赶到并阻止屠杀，将得到丰厚的报酬。水手们奋力划船，用大麦饼蘸橄榄油，大口喝酒。大家轮班睡觉，船一直不停地往前划。很幸运，他们没有遇到逆风。

第一艘三层划桨战船慢腾腾地履行着它那可恶的差事，仅仅比第二艘船稍微早一点到达米提利尼。指挥官刚刚阅读了最初的命令，开始为大屠杀做必要的布置，紧接着就获悉这道命令被撤销了。修昔底德冷冷地说："米提利尼侥幸地逃过了一劫。"[48]

而对于地处卡尔息狄斯的古希腊城邦赛翁尼（Scione）来说，事情却不是这样的。那里的居民过去常说，他们的祖先在从特洛伊返回希腊的路上遇到大风，偏离了航向，而后就在此地定居。米提利尼事件过去 6 年之后，赛翁尼反抗雅典，最终因粮食断绝而失败。

赛翁尼的成年男性[49]全部被屠杀，妇孺被卖作奴隶。这一次，公民大会没有人站出来反对。或许是为了提醒世人[50]，斯巴达才是此类暴行的始作俑者，雅典人把空空如也的赛翁尼交给了无家可归的普拉蒂亚战役的幸存者。

人们的价值观进一步堕落，我们再也没有听到狄奥多托斯的任何消息。

一匹饿狼遇到了一户人家的看门狗。看门狗说："我知道接下来会发生什么，你会死于不规律的生活方式。为什么不学学我，找一份稳定的工作，正常进食，享受规律的膳食？"

"我同意你的观点，"狼接过话说，"要是我能找到这样一份工作就好了。"

"我来安排，"看门狗说道。"随我见一下主人，你可以分担我的工作。"

在路上，狼发现狗的脖子上光秃秃的，没有毛发。它就问这是怎么回事。

"噢，这没什么的，"狗回答道，"那是带项圈的地方，晚上会有锁链把我拴住。它会擦破一点皮，但是很快你就习惯了。"

"啊，真的吗？"狼质疑道，"就此别过吧，看门狗。"[51]

这是一则伊索寓言。伊索活跃于公元前6世纪（如果他不是一个传说中的人物）。他是一个来自色雷斯的奴隶，在萨摩斯岛生活。他的经典寓言主要以会讲话的动物为主角，非常受欢迎。大多数希腊人都非常赞同狗与狼邂逅的这个故事所包含的寓意：忍饥挨饿的自由远胜于安逸生活下的奴役。

大家对此非常清楚，因为奴隶制在整个希腊世界很普遍。从荷马时期开始，奴隶制就已然成为日常生活中的一部分。亚里士多德称奴隶是"有生命的财产"[52]。关于应该把奴隶看作牲畜还是孩子这个问题，曾一度引发争论。

像《雅典政制》的佚名作者[53]这类旧式保守主义者，他们在这个问题上立场坚定。主人们对待他们的奴隶还是太仁慈了。奴隶"在雅典享有最大限度的自由。你无权打他们中的任何人，也不会有奴隶站在你这边……我们把奴隶当成自由人一样对待"[54]。

没有几个奴隶认可这种评论的准确性。大部分奴隶都在田间劳作，或（更糟的是）在矿井里做工，过着艰难而痛苦的生活。有点姿色的少男少女们可能难逃进妓院的命运，最好的情况也是被迫成为主人的性伴侣。

连穷人都买得起奴隶。公元前8世纪的希腊诗人赫西俄德曾建议一个农夫"置办一套房，买个女人和一头耕牛"[55]。家境一般的雅典人或许能拥有两三个奴隶。而对于富人，买得起10到20名奴隶。通过鼓励生育，主人们不必再另外购买，就能扩大奴隶的数量。

只有少数受过良好教育又有好运气的奴隶才能出人头地。在雅典卫城新建的神庙里，奴隶雕刻家跟自由民一起工作。主人们把生意交给信任的奴隶打理，并允许他们住在自己家里。有时主人跟奴隶之间会建立亲密的关系（事实上，主要是女奴和女主人之间）。有时奴隶也会获得自由身，但是我们不清楚这种情况是不是经常发生。

一部分奴隶属于城邦，其中有负责维护公共秩序的塞西亚弓箭手，其他包括公证员、陪审团办事员、硬币检测员，还有一名行刑者。他们算是幸运的，能得到他人的尊重，并享有一定程度的自由。

虽然没有相关记录，但截止到公元前 5 世纪，雅典人已经拥有数千名奴隶（有人估计，奴隶人口多达 15 万，接近自由人口的数量）。他们来自地中海东部的各个地区，其中有些是不幸的希腊人，在战争中被敌人俘虏（比如赛翁尼人），或是遭到海盗的绑架，最后被卖作奴隶。很多奴隶不是希腊人，这部分人主要是来自色雷斯及伊利里亚，甚至遥远的塞西亚等地的“野蛮人”，他们很可能是被亲生父母卖掉的。剩下的则是来自卡里亚和吕底亚。

一张公元前 415 年的拍卖清单[56]被保存了下来。如果上面的数字具有代表性，那显然奴隶并不便宜。一名叙利亚成年男子值 301 德拉克马，而一名“卡里亚小男孩”则以 240 德拉克马成交。一个奴隶的市场价最低为 50 德拉克马，而个别则高达 1 000 德拉克马，一般是均价 200 德拉克马。

绝大多数人认为奴隶制在伦理上是可以接受的，但是据亚里士多德记载，有一些人强烈反对：“主人剥削奴隶是有违统治的本性的，奴隶和自由人之间的差别是人为规定的，两者在本质上并没有差别。这是一种基于暴力的统治，因而毫无公正可言。”[57]

并没有多少人在意这些尖锐的批评。希腊人或许从情感上更认同狼的自由，但是内心告诉他们，拥有看门狗会大有用处。

斯法克蒂里亚岛（Sphacteria）是一座偏僻的、孤零零的小岛，位于伯罗奔尼撒半岛上梅西尼亚的西南海岸，为斯巴达的黑劳士占据。

岛上怪石嶙峋，一块巨大的山岩长约 5 000 米，宽约 137 米。在北部的一座小山顶上，有史前防御工事的遗址。这里仅有一处泉水，因而荒无人烟，甚至成了猛禽的乐园。那里的土地是红色的。山上崎岖多石，草木丛生，没有什么路可走。在朝向内陆的一侧，有一个绝佳的天然港口[58]，水中有壁崖耸立，将斯法克蒂里亚岛与远海隔开。

共有两道海峡通向港口。靠近岛屿北边的那道海峡非常窄，宽不过 137 米。在其尽头，高耸着坚不可摧的皮洛斯（Pylos）海岬。而南边的海峡则差不多有 1 280 米宽。

公元前 425 年的一个春日，一支由 40 艘三层划桨战船组成的雅典舰队向北航行，奉命驶往克基拉和西西里。不寻常的是，船上载有一名平民，他心里盘算着一个秘密的计划。

他就是狄摩西尼 (Demosthenes)*，克里昂的助手或门徒，新一代军事指挥官中的一员。和海军司令福尔弥昂一样，他也是锐气十足，富有创意，经常即兴产生一些奇思妙想。公元前 426 年，在希腊西部的战斗中，他就曾提议在当地招募士兵，从北面奇袭彼奥提亚。这是一条妙计，但没有得到很好的执行。雅典在战斗中惨败，120 名重装步兵阵亡。狄摩西尼不敢回去面对愤怒的雅典民众，就在那里留了下来，后来在与伯罗奔尼撒人和科林斯的一个殖民地的对抗中取得胜利，挽回了他在国内的声誉。

他再次当选雅典十将军，但是任期要到夏天才开始。在此期间，

---

* 这里指的是雅典将军狄摩西尼，与演说家、政治家狄摩西尼不是同一个人。——编者注

他又想到了一个绝妙的计划。如果雅典能在伯罗奔尼撒半岛的海岸建立一个据点，就能在一定程度上遏制阿提卡不断遭受的侵袭。

舰队的两位指挥官接到了神秘的命令："驶往伯罗奔尼撒的舰队按照狄摩西尼的意图行事。"[59] 当经过皮洛斯时，狄摩西尼对两名指挥官说，要加强这里的防御，这样当地的梅西尼亚人和定居在科林斯湾的纳夫帕克托斯人就能够将其作为据点，去袭扰斯巴达人。

虽然两位指挥官不为他的建议所动，但恰好来了一场风暴，他们不得不去该港口避难。皮洛斯是一个天然的要塞，指挥官便下令让船员们加强岛上的薄弱防御，以打发时间。一周后，天气好转，舰队出发，狄摩西尼率领 5 艘三层划桨战船断后。

当皮洛斯被占领的消息传出时，斯巴达的执政者震惊了。战船和步兵立即出动，前去驱赶雅典人。他们对皮洛斯发起进攻，同时派出 420 名斯巴达重装步兵和黑劳士在斯法克蒂里亚岛登陆，以防止雅典人将其夺去作为永久基地。狄摩西尼击退斯巴达人倒也不难，但他派出 2 艘三层划桨战船去将舰队调回。舰队赶来，一举将斯巴达战船击溃。

这就意味着，岛上的斯巴达人已陷入包围。即使每名重装步兵都配备一名黑劳士，他们的总数也不会超过 1 000 人。在重装步兵里，至少有 180 人是上等公民或"平等者"。为阻止斯巴达本土派来的救兵，2 艘雅典战船绕着斯法克蒂里亚岛全天候交叉巡逻。

损失那么多的斯巴达"平等者"是一件令人难以置信的事，几位监察官亲自前来评估形势。很显然，岛上的斯巴达重装步兵和黑劳士无法获得自由。斯巴达提出休战，在此期间他们会停止敌对行动，并将舰队暂时移交给雅典人。斯巴达代表团乘坐一艘三层划桨战船前往雅典，他们提议结束战争，实现永久和平。

克里昂说服公民大会，坚持提出苛刻的合约条款。实际上，这完全是《三十年和平协议》废除的“陆上帝国”相关条款的重现。斯巴达使节提议进行私下会晤，但遭到了克里昂的拒绝。代表团只好放弃，悻悻离开。休战期结束，狄摩西尼声称斯巴达人有违规行为，拒绝归还他们的舰队。斯法克蒂里亚岛依然处于封锁中。

谷物、葡萄酒和奶酪由潜水员和小船偷偷运送到斯巴达士兵手中。他们似乎能无限期地在围困中生存下来。相比之下，食品供应开始成为雅典人的后勤保障问题。冬天来临，雅典人可能就会结束封锁。

最后，事情有了关键性的变化，纯属偶然。雅典的士兵太多，皮洛斯空间又很狭小，雅典巡逻船上的水兵常常在斯法克蒂里亚岛的南端上岸，他们在那里生火做午饭。有一天，他们不小心引着了一部分树林。火势借助风力迅速蔓延。整个岛屿很快陷入火海之中。

没有了树林的遮挡，现在雅典人可以清楚地观察到岛上斯巴达人的具体人数，他们在岛中央唯一的水井边扎下的军营也一览无余。狄摩西尼此前一直在考虑发动进攻，而此时他有条件制订一份详细的计划了。

时间就这么过去，似乎一切都很平静。而在雅典，民众却显得躁动不安。普通公民后悔他们没有接受和平协议，其实他们也是被迫拒绝的。克里昂感受到了巨大的压力，他将一切归咎于一名政敌——大富豪尼西亚斯（Nicias），他是在任的雅典十将军之一。

公元前470年左右，尼西亚斯出生于一个中产阶层的商人家庭。他从父亲那里继承了一大笔财富。他的财产价值100塔兰特，大量的奴隶在他获准特许经营的劳里昂银矿劳作，为他创造出可观的收入。

他没什么个人魅力，缺乏主见。他笃信宗教，只有在神灵那里获得预兆后才肯做出决定。他不擅长演讲，人们觉得他是一个严肃无趣的人。然而，尼西亚斯十分热心公益，大力支持公众事务，因而深受民众欢迎。他强调要努力工作。以克里昂为代表的政客蛊惑民心，善于投机，不值得信赖，与之相比，缺乏个人魅力反而对尼西亚斯更为有利。

喜剧诗人喜欢拿尼西亚斯开玩笑。在阿里斯托芬的著作《骑士》（*The Cavalrymen*）中，他的“克里昂”说：

> 我会对每名演讲者大声起哄，这足以吓坏尼西亚斯。[60]

另一位颇受欢迎的喜剧作家普律尼科司（Phrynichus）与阿里斯托芬同时代，他在作品中刻画了这样一个人物：

> 我很清楚，他是最好的公民。
> 他不像尼西亚斯那样卑躬屈膝，谨小慎微。[61]

尼西亚斯继承了伯里克利强调防御的谨慎政策。在辩论中，克里昂指责尼西亚斯不作为。

“如果我们的将军都是男子汉，”克里昂叫嚷道，“那么带领一支军队去活捉岛上的斯巴达人，就太容易了。”[62]

尼西亚斯反驳道：“就这些将军而论，克里昂愿意带谁走都可以，看看他自己究竟能有多大能耐。”

克里昂认为这只不过是在耍花招，当即表示自己乐意接受这个命令。但他很快就意识到尼西亚斯是认真的，于是极力推脱。但是他感觉公民大会态度坚决，便改变策略，接受了这个命令。他无所顾忌，盲目乐观，声称将在 20 天内把俘虏带回或者将其杀死。

在场的人都笑了。在他们看来，克里昂是搬起石头砸了自己的脚。然而克里昂郑重地接受了命令，并很快就率领一支劲旅杀向皮洛斯。反对他的人都很高兴。倘若克里昂按照他们所预料的那样战败，他们就可以借机除掉他；即使他们打错了算盘，也可以将斯巴达人纳入自己的控制之下。正面是我赢，反面是你输。

克里昂在抵达皮洛斯后，当即表示支持狄摩西尼的计划（两人关系亲密，也许克里昂在雅典的辩论之前就已经了解情况）。他们足足等了一天。次日黎明前，他派出 800 名重装步兵登陆斯法克蒂里亚岛。他们很快就占领了前哨基地。滩头阵地一建立，由重装步兵、轻盾标枪兵和弓箭手组成的 13 000 人的后续部队随即赶到。

雅典人向位于岛中央的斯巴达营地进发。轻盾标枪兵和弓箭手挫败了身着沉重盔甲、移动相对不便的斯巴达重装步兵。红土乱飞，灰渣满地，就像起了大雾，遮蔽了斯巴达人的视线。他们只能逃进山顶废弃的堡垒中。

一部分来自纳夫帕克托斯的梅西尼亚流亡者熟悉地形，将斯巴达人团团包围。斯巴达人身处绝境。请示了国内当权者后，他们投降了。最初斯巴达有 420 名士兵，后来阵亡了 128 人。剩下的 292 人中，有 120 人是斯巴达“平等者”，他们作为战俘被运往雅典。

雅典人竖起一座纪念柱以庆祝胜利。胜利者将其留在战场上，这是一个惯例。通常是把敌人的盔甲、胸甲等武器拴在一根木杆上，并将木杆矗立在山丘或高地上。部分缴获的盾牌会被送往雅典[63]进行永久性展览。为了防止生锈，盾牌表面都涂上一层柏油。公元 2 世纪时，这些盾牌仍在展出[64]，其中有一个是在集会广场出土的。纳夫帕克托斯的梅西尼亚人在奥林匹亚建了一座胜利女神像，今天雕像仍然矗立在那里。

克里昂实现了自己疯狂的诺言。这个消息引起了巨大的反响。最关键的一点是，在此之前斯巴达人从来没有投降过。修昔底德如此评价道："战争中，再没有什么比这件事更让希腊人吃惊了。"[65]

人们普遍渴望和平，两年之后才签订了和约。

愤怒的阿里斯托芬在公元前 425 年和公元前 424 年分别创作了两部讽刺作品。在《阿卡奈人》（*The Acharnians*）中，主人公与斯巴达秘密签订了和约，坐享其成；而《骑士》则毫不留情地讽刺了雅典的政治制度。克里昂以一个滑稽的怪兽形象出现在《骑士》中，他是城邦所有错误的始作俑者。骑士合唱团对聚在一起的雅典公民唱道：

对于这里的每个人，
有一件事让他们都很开心：
他们会欢呼喝彩，
庆祝克里昂倒台！[66]

在伯罗奔尼撒半岛，雅典的地位进一步提升，赢得了对基西拉岛的控制权。据说那里是爱情女神阿佛洛狄忒的出生地。另外，雅典还控制了梅西尼亚海岸的一个港口麦西尼亚（Methone）。大本营里的斯巴达人感到了巨大的威胁，担心有可能再发生一场梅西尼亚叛乱。这时候，2 000 名有本事的、可能制造麻烦的黑劳士[67]上当受骗，以为可以获得自由，结果被秘密清除了。斯巴达人谨慎又悲观，对其盟友感到愤怒，对战争失去了热情。

雅典的战事并不总是一帆风顺的。他们对科林斯和梅加腊的进攻仅仅取得了局部胜利，而对彼奥提亚发动的鲁莽进攻最终惨败于代立昂镇（Delium）。1 000 名雅典人战死。这一事件因苏格拉底的参与而格外引人注目，这位 45 岁的雅典哲学家已经过了打仗的年纪。他的学生，英俊的贵族少年亚西比德正值 20 来岁。亚西比德早些年曾与苏格拉底并肩作战，他这样回忆这位大哲学家在战火中的勇猛："他静静地观察敌友双方的动向，即使距离很远，人们也能清楚地看到他已经准备好坚决抵抗任何进攻。这就是他与战友为何能够全身而退的原因。"[68]这一次，亚西比德骑在马上，跟着苏格拉底[69]，直到他到达安全地带。

克里昂的好景不长。他不得不利用自己刚获得的军事威望，率领远征军前往卡尔息狄斯，那里对雅典帝国来说具有重要的战略意义。在那里，他遭遇了一个最不像斯巴达人的斯巴达人。这就是集进取心、想象力和魅力于一身的布拉西达斯（Brasidas）。他跟同胞们共同拥有的品质就是勇气。

布拉西达斯率领一帮恢复自由身的黑劳士和伯罗奔尼撒雇佣军，在希腊大地上所向披靡，如入无人之境。他曾在卡尔息狄斯半岛掀起了反抗的高潮，占领了安菲波利斯城，让雅典人十分震惊。

克里昂并非傻瓜，但是他缺乏经验，而且在取得皮洛斯之战的胜利后变得极其自负。为了勘察地形，他靠近城墙，只是离得太近了。他看到一个城门下出现了一队人马，预料到大事不妙。但是，布拉西达斯行动太快了，他飞快地冲杀过来，将来不及逃走的雅典人尽数俘获。

克里昂最后被处死。此后不久，几个善于煽动民心的政客接替了他的位置，其中有希帕波鲁斯（Hyperbolus，他从政之前是一名灯匠）、安得洛克利（Androcles）以及竖琴工匠克里奥丰（Cleophon）。他们都没有获得古代历史学家的好评。据傲势利的历史学家们一向看不起出身中产阶层的政客。然而，克里昂鹤立鸡群。虽然他没有达到伯里克利的权力巅峰，但与后者失败的战争计划相比，他强硬有力的战略决策着实是明智的。

在安菲波利斯城前的失败对雅典人来说是一场灾难，不过布拉西达斯在战斗中身亡，对斯巴达人来说同样是一个噩耗。敌对双方将领的双双阵亡，让调停者看到了和平的希望。既然两名最活跃的好战分子都死了，双方和谈的阻碍便大大减少。

在代立昂和安菲波利斯的受挫让雅典的主战派不再嚣张，大家更倾向于和平。而斯巴达人更是渴望结束战争，只要能让自己的人从皮洛斯岛回来，他们愿意接受一切条件。

公元前 422 年冬，双方展开谈判。在克里昂死后，雅典的主要人物尼西亚斯主导了这场谈判，寻求长久和平之策。次年的大酒神节过后，双方终于签订了一份有效期为 50 年的和平条约。

和平条约的基础是回归战前状态。双方都要归还各自的战果。和约中暗含着一些例外情况，没有清楚地阐明。但是斯巴达要归还他们最大的战果，即安菲波利斯，还有北部的反叛城邦。彼奥提亚须交出一座边境要塞。梅加腊不得不接受宿敌雅典人继续控制尼塞亚港。

科林斯将西北部的部分领地割让给雅典。尼西亚斯同意放弃皮洛斯、斯法克蒂里亚岛和伯罗奔尼撒海岸的其他据点。同时，应该释放所有战俘。

该和约满足了斯巴达的要求，却激怒了其盟友。他们连连抱怨，拒绝接受这一和约。斯巴达人对这一切看得很清楚，他们知道雅典人不会插手，而且确信像科林斯和梅加腊这样的城邦迟早会意识到，除了投靠斯巴达外，他们无路可走。他们迟早会消停下来，老老实实地跟在自己身后。

如果身处极乐世界的伯里克利知道这个和平条约，肯定会感到欣慰。他曾反对克里昂之流的激进主义政策，但他们实现了他想要的结果。敌人已无心将战争继续下去。

细细算来，雅典是最后的赢家。

第 18 章

一无所知的人

尽管战乱不休、瘟疫肆虐，城里的生活和娱乐还在继续。盛大的节日一年一度，热闹非凡。富裕的市民在家中互相宴请，觥筹交错。露天集市上，购物者讨价还价之声不绝于耳。和平带来了可喜的红利，贸易蓬勃发展，游客们从地中海东部的各个角落蜂拥而至，来到这座光明之城。时光怡然而过。

公元前 416 年 1 月的一个下午，年轻的雅典剧作家阿伽同（Agathon）举办了一场宴会，接着便是会饮。他的首部悲剧在勒奈亚节（即乡村酒神节）的戏剧大赛上获了奖，因此他打算庆祝一下。前一天他刚刚大宴宾客，与一帮演员豪饮狂欢。尽管现在宿醉未醒，他仍邀请了几位挚友来到家里。

阿伽同相貌出众，“可爱的阿伽同”成为人们挂在嘴边的称呼。他总是衣冠楚楚，与众不同。他和自己的伴侣保萨尼阿斯住在一起。他们在一起似乎是古代雅典社会罕见的现象——这是一对成年的同性恋人（据说阿伽同后来成了年迈的悲剧作家欧里庇得斯的伴侣）。除了零星的引文，他没给后人留下什么东西。

他的客人中有喜剧作家阿里斯托芬，以及在喜剧舞台经常被嘲笑的苏格拉底。柏拉图将当晚的活动和谈话记录在一个小册子上，命名为《会饮篇》（“会饮”一词源自希腊语，意思是“聚在一起喝酒”）。柏拉图是苏格拉底的弟子，是比他的老师更为有名的哲学家。

据说（或许记载有误，我们很难确定），柏拉图写过一首关于阿伽同的情色短诗。

> 亲吻阿伽同，我的灵魂在双唇间栖息。
> 我那笨拙的东西，几经尝试，意欲进入他的身体。[1]

《会饮篇》是在公元前 385 年之后创作完成的，成为一部世界文学名著。这是一部虚构的作品，但是柏拉图的叙述中有很多貌似合理的细节，又让人不得不信，或许我们称之为“纪实小说”（faction）更为恰当。剧作家的获胜确有其事，他很可能以聚会的方式来记录这一刻。宾客名单或许不准确，但柏拉图对公元前 5 世纪上层阶级的殷勤好客的描写是真实的。出席宴会的大部分人都是社会名流，或许我们可以认为，作品中的人物所表达的观点反映了他们所对应的真实人物在现实生活中的思想。

据我们所知，古代雅典没有酒馆和酒吧。除了在公共庆典上可以饮酒外，人们只能在家里私下饮酒。在富裕的人家里，通常有一间男子的专用房间（*andrōn*）。在这样一个酒宴上，作家、政客、思想家及年轻的美男子们齐聚一堂，吃饭，饮酒，聊天。大家可以借此机会分享传统的价值观，或者发展同性关系。

参加会饮的人头戴花环，斜靠在躺椅上；每人左手拥着一两个美男子。男子专用房间里至少有四张木质或石质的躺椅，提供给主人，以及七位或更多的宾客（女性很少参加，就算参加，也坐在直椅上）。每人面前都摆着一张三条腿的桌子，桌上有酒杯和食物。

古代雅典的食物很简单。比较常见的是橄榄、洋葱和大蒜。希腊人主要吃面包，通常蘸着蜂蜜、奶酪和橄榄油来吃。面包一般是大麦做的，因为大麦比小麦产量更高。小麦做成的白面包只有富人可以享用。牛奶被用于烹饪，很少饮用。水果和坚果供应充足。

今天我们熟悉的土豆、稻米、橙子、柠檬（虽然有记载称，公元前1世纪，犹太人曾向大祭司投掷柠檬）、香蕉和番茄等食物，那时尚未被人发现和种植。

柏拉图没有列出阿伽同的晚宴菜单，但其中应该有产自彼奥提亚科派斯湖（Lake Copais）的鳗鱼，也可能有其他食物。从黑海地区进口的金枪鱼干、腌金枪鱼、鲭鱼和鲟鱼，抹上橄榄油，和香草一起烘烤，还有从雅典近海捕捞的凤尾鱼和沙丁鱼。简单的炖家禽和野味也是常见菜肴。但是烤肉很少出现在私家菜肴里，因为雅典人只能等到宗教祭祀时才能吃到烤肉。每一位参加祭祀的人都会得到一份肉（动物不宜食用的部分留给神灵，似乎神灵也并不介意）。

公元前4世纪，西西里岛的一个名叫阿切斯特亚图（Archestratus）的美食作家有幸得到了一份猪肉和烤鸟肉。他评论道：

> 饮葡萄酒时，你可以享用以下美食：用孜然、醋和罗盘草（可能是一种茴香，可用于避孕和调味）调味的猪肚肉、猪子宫肉，还有各种香嫩的烤鸟肉，用的都是当令的飞禽。[2]

在作风严谨的雅典人看来，饮酒是一件非常严肃、近似神圣的事。酒几乎总是掺着水喝，还可以专门添加东西，把酒做成甜味的（当时糖还没出现，用的是蜂蜜和无花果干）。会饮有着严格的仪式和规矩，不是人人都可以开怀畅饮、喝得酩酊大醉的非正式聚会。

仪式的每一个环节都要表达对众神的敬畏之情。大家吃过饭，桌上的菜肴收拾干净后，还要等酒里掺好水，在这段时间里，与会者要喝几滴酒以表达对善神阿伽忒俄斯（*Agathos Daimon*）的敬意。他们向善神祷告，承诺不去做任何不雅之事，不过度饮酒。接着他们倒三杯酒，分别敬献给奥林匹斯山上的宙斯和其他众神，以及各路英雄们（被尊为神的杰出人物），还有救护女神索忒耳（Soter）。接下来，人们要朗诵赞美诗，对代表健康、清洁和卫生的女神许革亚（Hygieia）致以赞美之辞。“我祈祷仁慈的你能庇佑我的住所。”

在参加酒会的人中需要选出一位主持人（*symposiarch*）。该人选一般是以掷骰子的方式选出，通常不会是主人。他是规则的制定者，不会让场面失控，因为他对晚上的活动做了详细的安排。他决定用多少水来调和葡萄酒，以及需要喝几杯酒。很显然，他的决定会影响整个酒会的基调。酒会可以是一个严肃的讨论会，大家热议时下的话题，甚至会成为贵族们反对民主、表达激进观点的集会。或者，大家给流行的诗歌谱曲，唱歌助兴。这种场合可以是欢快热闹的聚会，会安排娱乐项目，通常有一两个女孩吹奏长笛，有时还有舞蹈表演。奴隶们——有时候是专门挑选出来的长相好的奴隶，服侍左右，负责从一个大碗里往外倒酒。在更为放纵的情况下，人们很可能会宽衣解带，甚至赤身裸体。

酒会参与者还会玩各种游戏。其中有一个“铜盘游戏”（*kottabos*），需要相当多的技巧。游戏规则不尽相同，一个流行的玩法是立起一根木杆，木杆顶端放一个小雕像，下面放一个盘子或平底锅。玩者在向美少年敬酒时，从杯子里弹出一些酒来，并尝试将小雕像击倒，倒下的雕像砸在盘子上，会发出清脆的响声。

另一个游戏则对希腊文学知识的储备要求很高，反映了上层雅典人较高的文化水平。第一个玩家先背诵一句著名的诗句，第二个人则要吟出下一句来应对，而第三个人必须吟诵另一位诗人类似主题的诗句。

苏格拉底无疑是宾客中最不可靠的一个。如果我们足够宽容，可以说他并非有意为之。这一次，他居然不嫌麻烦地洗了澡，还穿上了鞋子，他平日很少如此。接着，他陷入沉思，并让在路上偶遇的一个朋友先行一步并闯入宴会，告诉主人苏格拉底会晚点儿到。

阿伽同欣然应允，并对这位不速之客表示欢迎。但苏格拉底久等不来，他就派出一名仆人出去寻找苏格拉底。这位大哲学家就在邻居家的门廊下站着，仆人恳请他进屋，他却充耳不闻。最后，大家坐下来开席，进行到一半的时候，苏格拉底才来，而且没有说一句抱歉的话。接下来，就是奠酒和朗诵赞美诗的环节。

通常，前一日放纵之后，不会有人再愿意开怀畅饮，因此会饮便不再指定主持人。大家一致认为，每个人都根据自己的意愿选择多喝或者少喝。苏格拉底不在考虑范围内，因为他体格强健，喝多少酒都没问题。

专门雇来吹长笛的女孩被送走了。“先生们，让我们开始愉快地谈话吧，”[3] 一位名叫厄里克希马库斯（Eryximachus）的医生说道，“我的建议是，在座的每一位，按照从左到右的顺序，以对爱的赞美为主题发表演讲。”

苏格拉底表示同意。“爱，”他说道，“是我唯一了解的话题。”

与会宾客逐一发表观点。“厄洛斯”（*Eros*）是一个希腊词语，代表的是两人之间最原始的情欲。厄洛斯是爱神，是最古老的神祇之一，他鼓励情侣为爱牺牲一切。最美好的爱情是男人与男孩之间的感情，兼具教育与情色的意味。没有人歌颂男女之间的爱情。在这位善良的医生看来，爱情是一种精神或力量，渗透并引导着宇宙万物。

阿里斯托芬的演讲堪称一绝。柏拉图允许他编造一出滑稽的神话来解释爱的力量。这个要求正合这位俏皮而古怪的历史剧作家的胃口。

在创造之初，他说道，世间有三种性别——男人、女人和雌雄同体的人。最初的人是球形的，有两个背、四条胳膊和四条腿，有两张脸孔，两张脸分别朝着前后不同的方向。他们可以任意向前走或向后走，但是当他们想跑的时候，阿里斯托芬说道，“必须同时动用四条胳膊和四条腿，快速翻滚，就像体操运动员表演翻跟斗一样”[4]。

这些怪人要造诸神的反，宙斯不知该如何对付他们。经过一番思考，宙斯决定既不消灭他们，也不让他们为所欲为，而是把他们一分为二，削弱他们的力量。他宣布：“他们将用两条腿直立行走。如果将来他们再敢造次，我将再次把他们一分为二，那时他们只能用一条腿跳着走了。”[5]

男人和女人都渴望回到完整的原始状态。阿里斯托芬说道：“爱情仅仅是人们对完整状态的追求和寻找。”[6]当他们找到自己的另一半或者其他能互相匹配的人后，就会爱上对方。如果是两个男人被分成两半，他们就会去追求其他男人；如果是两个女人被分成两半，她们就会爱上其他女人。由雌雄同体的人而来的男人和女人就会去追求异性。

在这个滑稽怪诞的玩笑背后，阿里斯托芬引出了一个严肃的观点。每个人都爱着与他们相似的、最接近他们原始本性的人。爱，是一种超越性欲的需求。它是对圆满的渴望，是对久违的幸福的追求。这些是当晚苏格拉底继续论述的话题。

或许，阿里斯托芬的演讲最令人惊讶之处是他获得了发言的机会。人们或许以为，他和苏格拉底关系极差，不可能同时参加一场社交活动。作为一名讽刺作家，他曾在自己的一部政治喜剧《云》（*The Clouds*）中抨击过这位哲学家。他不仅毁掉了剧中的人物，还严重误解了苏格拉底的观点。这位哲学家很可能感到被冒犯了。

几年前，也就是公元前 423 年，阿里斯托芬的《云》在大酒神节上首次上演。虽然未能得奖，但阿里斯托芬为其感到骄傲，并对剧本做了修改。该剧的最终版本差不多是在阿伽同举行晚宴的时期完成的。

主人公是一位狡猾的老农民，名叫斯瑞西阿德（Strepsiades）。他被自己的败家媳妇和败家儿子折腾破产了。他的儿子费迪皮迪兹（Pheidippides）将他的钱都输在赌马上了。斯瑞西阿德相信苏格拉底可以教他儿子如何蒙骗债主，因为苏格拉底有“化险为夷”的本事是众所周知的。

苏格拉底管理着一所学校，被称为“智苑”（*Phrontisterion*）。他很乐意帮忙。然而费迪皮迪兹不想去学习，父亲斯瑞西阿德只好替他去。斯瑞西阿德学习了苏格拉底在科学方面的成果，其中包括一种计算跳蚤能跳多远的新的度量单位、小虫子悲鸣的原因，以及一副大圆规的新用途（从体育馆墙上的挂钩取下斗篷）。

斯瑞西阿德想方设法结识苏格拉底。苏格拉底就像悲剧中的神，坐在系着绳子的篮子里，悬于空中——以便更好地观测天象。他说："我行走于天际，探寻太阳的奥秘。"[7]

这部喜剧中包含一些危险的主张。剧中的苏格拉底竟称乌云是神。他告诉斯瑞西阿德："乌云是唯一的女神，其他的都是胡说八道。"[8]无知的老斯瑞西阿德回复道："那么宙斯呢？别开玩笑了，难道奥林匹斯山众神之首不存在吗？""宙斯是谁？"苏格拉底反问道。"满口胡言，根本就没有宙斯。"

玩笑归玩笑，其实雅典人同其他希腊人一样，都很虔诚并反对宗教改革。如果这真的是苏格拉底的主张，他俨然成了打破禁忌的罪人。

斯瑞西阿德父子跟苏格拉底来来回回经过了几番交往，戏剧最后以斯瑞西阿德对苏格拉底失去信心而结束。斯瑞西阿德把自己的麻烦归咎于苏格拉底的智苑。他带着自己的奴隶们，高举火把，手拿铁锹，疯狂围攻学校。苏格拉底和学生们四下逃散。

阿里斯托芬想要表达什么呢？科学家和哲人当时仍不受大众的欢迎，就像伯里克利时代的阿那克萨哥拉的境遇一样。

在整个希腊世界，精神生活中充满了骚动。一些被称为"智者学派"的教师周游希腊各地，检验人们的传统价值观。"智者"（sophist）一词在希腊语中最早的意思是高超的手艺人，用来指代具有某种专业知识的人。智者学派声称，他们可以向学生传授一般意义上的智慧。一位著名的智者高尔吉亚（Gorgias）称他无所不知，没有什么问题能难倒他。

这些公共知识分子所讲的内容包括三门学科。首先，他们向十几岁的学生传授演讲的技巧。在雅典这样的直接民主体制中，说服公民大会采纳或否决某种行动方案是必不可少的才能。另外，雅典没有专业律师，没有警察机构，也没有专业的诉讼服务。公民只能自己去法庭提起诉讼或为自己辩护。很显然，学习辩论是出于自身的利益。智者学派给人们的印象是，一群愤世嫉俗者训练年轻人修辞技巧，使一些最声名狼藉的观点得到认可。

层次更高的智者拒绝接受这样的批评，他们认为一个好的演说者就是一个好人。大部分智者教授与德行有关的知识。这是第二门学科。虽然美德是与生俱来的天性，但如今可以通过后天学习来培养。事实上，总的来看，智者传授给年轻人的是如何一步步往上爬以获得权力的本领。然而，他们感兴趣的还是道德，尽管他们并不总能推进道德的传播。

传统观点认为，神是公正无私的，美德在于确立神的意志并服从它。但是如今，希腊人关心的是神圣的正义如何与世间的邪恶达成妥协。另外，奥林匹斯山的众神能否在道德上让人信服？公元前5世纪的一位传统神学的批评家色诺芬谈道："荷马和赫西俄德两人把世间所有可耻之事及人类的卑劣行径——偷盗、通奸和相互欺骗等——一并归咎于神祇。"[9]荷马的读者们大都认同这个观点，因为他所描绘的神的所作所为如同被宠坏的孩子一般。

许多希腊思想家都是早期的科学家，因为他们意图探究一些自然现象。所以，第三门学科跟科学有关。他们问过关乎宇宙本质的问题，探寻现象背后的运行机制。米利都的泰勒斯是一名几何学家、天文学家、政治顾问及商人，我们之前提到过他策划反抗居鲁士大帝的事迹。

他在公元前6世纪上半叶声名显赫，最早反对神灵拥有超自然能力的说法。他提出了普遍性原则和各种假说。他利用几何学测量出了金字塔的高度以及出海船舶的离岸距离。他提出了什么是万物的本源这一问题。据亚里士多德记载，泰勒斯猜想“物质的本质是水”[10]。尽管事实上他是错的，但仍遮盖不了他“理性科学”之父的美誉。

关于万物本源还有各种各样的理论。其他思想家提出空气、火、土，或全部的四种元素是万物的本源。公元前6世纪，同样活跃的还有毕达哥拉斯，他同追随者一起“毕生致力于数学的研究，第一次将数学发展成一门科学。通过研究数学，他们坚信数学原则就是所有事物的原则”[11]。

赫拉克利特（Heraclitus）是与毕达哥拉斯同时代的年轻人，他是以弗所王室的成员。他提出，事物处于不断的运动中。他说过一句格言：“人不能两次踏进同一条河流。”[12] 为了说明运动的必要性，他用一个比喻补充道：“如果不搅拌，大麦酒也会分离。”[13] 他写的文章以晦涩难懂闻名。有人让欧里庇得斯谈谈对这些文章的看法，他回答道：“我能理解的那部分是十分精彩的，而且我敢断言，我理解不了的那部分同样精彩。但是，这需要一位来自提洛岛的潜水员去探个究竟（提洛岛有许多擅长潜水捉鱼的人，似乎因此出名）。”[14] 赫拉克利特似乎也预测到了现代的“宇宙大爆炸”理论。他坚信，宇宙“是从火中形成的，也会在火中消失，以固定的周期永恒交替”[15]。

与之相反，以巴门尼德（Parmenides）为首的“爱利亚学派”（Eleatic School，以意大利南部城市爱利亚命名，即今天的韦利亚）认为运动只是一种错觉，宇宙是一个神圣的、永恒不变的统一体。

另一方面，以出生于色雷斯阿布德拉的德谟克利特（Democritus）

为首的原子论者提出一个假设，也（惊人地）预见了 20 世纪的物理学。他们认为，只有一种物质是永恒不变的，那就是原子，它是不可再分的基本微粒。原子的随机结合构成了世界物质的多样性。

同希腊政客之间的政治分歧一样，哲学家们也是各执己见。

《云》中塑造的苏格拉底显然在戏仿典型的全能智者的形象——一个“无所不知”的、超道德的骗子。实际上，苏格拉底并不是智者[16]，他只是通过辩论的方法来教导年轻人。阿里斯托芬对他极度不公正。

智者学派是马不停蹄的旅行者，而苏格拉底是一个不爱出门的人，除了参与军事行动，他总是待在家里。公元前 469 年，他出生在阿提卡，离雅典不远。参加那次会饮时，他大约 53 岁。其父索弗洛尼斯科（Sophroniscus）是一名雕刻师或石匠，其母费娜瑞忒（Phaenarete）是一个接生婆。而他自己好像也有一段石匠生涯。他娶了赞西佩（Xanthippe）为妻，传言说他十分惧内。他们的三个儿子都十分平庸。

我们尚不清楚他的经济状况。如前所述，他当过重装步兵，因此应该相当富有。可是他过着简朴的生活，把时间都花在谈论哲学上。或许我们可以推测，他仅仅依靠石匠生意积累的财富维持家庭的生计。

苏格拉底相貌十分丑陋。他的朝天鼻又宽又平，眼睛外凸，厚嘴唇，大肚腩。他很少换衣服和洗澡，并且喜欢赤脚走路。

他的生活风格和思维都不同于智者学派。像高尔吉亚这样的老师往往收取学生高昂的学费，并享受特殊的待遇。相反，苏格拉底大部分时间都在户外与路人聊天。他强调不收取费用，尽管他的追随者们，或者更确切地说，他的弟子们，都来自富有的贵族家庭，完全付得起学费。他喜欢漂亮的男孩子（至少大家都是这么认为的），用现在的话说，他或许是双性恋者。实际上，他从未与他们发生过性关系。

苏格拉底对科学探究并不太感兴趣，仅限于讨论伦理问题。据柏拉图记载，苏格拉底曾说："未经省察的生活是不值得过的生活。"[17] 与阿里斯托芬刻画的不同，苏格拉底实际上笃信宗教，敬畏众神（尤其是阿波罗）。不同寻常的是，他宣称是非对错的观念与万神殿诸神无关。另外，他似乎还有些比较怪异的观点，他认为神祇之间永远不会互相伤害，也不会伤害人类，简而言之，就是神祇不会作恶。如果这个消息传到奥林匹斯山，可以想象，众神一定会禁不住放声大笑。

苏格拉底不是彻底的理性主义者，他曾论及"神圣的指引"，即众神发出的"灵魂之声"（*daimonion*）。这种内在的声音让他背离既定的前进方向，但从不会给他指一条路。他常说，多亏了"灵魂之声"，他才远离喧嚣的政界。

色诺芬与苏格拉底的第一次邂逅揭示了这位哲学家的搭讪技巧。公元前 430 年，色诺芬出生于一个名门世家，谦逊有礼，相貌堂堂（这一点对苏格拉底十分有吸引力）。一天，苏格拉底正穿过一条狭窄的过道，遇到了迎面而来的色诺芬。[18] 苏格拉底伸出手杖挡住色诺芬的路，问他哪里能买到各类食物。得到回答后，他又抛出另一个问题："那么，人们在什么地方能够变得既善良又尊贵呢？"

色诺芬被难住了，他承认自己不知道。"那就跟着我来学习吧，"苏格拉底说道。

这个男孩被深深地打动了。从那一刻起，他成了苏格拉底的学生，余生一直追随苏格拉底。后来，色诺芬为他的老师写了一本回忆录。

书中描述了苏格拉底是如何工作的：

> 苏格拉底总是出现在大众视野中。一大早，他会在有顶的步行道和露天体育场上漫步，集市开始热闹的时候，他又会在那里高调现身。他总是在能找到最多人陪伴的地方度过一天中余下的时光。他大部分时间都在滔滔不绝地发表演讲，所有感兴趣的人都可以来听。[19]

人们会看见一个熟悉的身影在集会广场的梧桐树荫下行走，这位大哲人常常去拜访一个名叫西蒙（Simon）的鞋匠[20]，他在集会广场边上有一个鞋铺。由于男孩不能进入广场，他们就经常在这种店铺中见面。西蒙将苏格拉底的话记录下来，他是最早出版苏格拉底对话录的人之一（很遗憾，今已失传）。

现代发现的一幢建筑的遗迹就在圆形会场附近，这座圆形建筑是五百人议事会的执行委员会办公的地方。建筑的地板上覆盖着鞋钉，人们还发现了一个刻有“西蒙”字样的杯座。伯里克利听说了西蒙的著作，他提出，如果西蒙肯来他的住所居住，他将负责其生活起居。西蒙拒绝了，因为他不愿出卖自己的言论自由。

苏格拉底进行哲学探究的方法非常新颖。高尔吉亚宣称自己无所不知[21]，而苏格拉底却认为自己一无所知。尽管追随者们写了很多东西，他自己却没有动过笔；他只进行口头问答，也就是所谓的辩证法。智者学派通过雄辩的演讲术来研究德行，而苏格拉底坚持用理性来证明命题。他很少提出自己的观点，但重视追求准确的定义和揭示对方观点中的错误。他会问你：“什么是勇气？什么是正义？”他把（无益的）

观点和（有益却很难获取的）知识严格区分开来。

他似乎坚信，美德或者德行是美满生活不可或缺的因素。但他极力否认自己知道德行是什么或德行不是什么。他经常说，理解德行的实质是神的事情，而人们所能做的就是认识到自己的无知。

在苏格拉底看来，德行与知识等同。好的德行可以带来幸福，或者，它本来就是幸福的一部分。幸福胜过一切，是我们都向往的。因此，任何人只要理解了好的德行是什么，就会自然而然地选择拥抱它。不会有人明知何为善却还去作恶。

在阿伽同的庆功宴上，苏格拉底可以轻松地驳倒其他人。然而，当轮到他谈论爱情时，他却谦虚地拒绝表达自己的观点。就这一话题，他讲述了之前与一位名叫狄奥提玛（Diotima）的神秘女子之间的对话。

狄奥提玛来自伯罗奔尼撒半岛的一个小城曼提尼亚（Mantinea）。此人是真实存在的，还是虚构的，现在已无从考证。在柏拉图的哲学对话集中，他笔下的人物都是真实存在的，因此狄奥提玛应该也是真实人物。一些现代学者曾猜测，她是伯里克利的情妇阿斯帕齐娅的化名。这个想法并不合理，因为狄奥提玛似乎是个先知，她的祈祷曾成功地让雅典的瘟疫推迟了十年。

苏格拉底回忆说，她称爱是“对善的永久占有”[22]。它是连接感性世界和永恒世界的阶梯。通过生育，一个人可以拥有孩子，并获得某种不朽。如果他能超越性爱，下一个阶段就会认为灵魂之美比肉体之美更有价值。“产生这样的观念能使年轻人更加向善”[23]，因此，他可以与自己的爱人（当然，指的是男性“被爱者”）在精神层面上生育。

在持续发展的过程中，他会发现自己对一个人的热情，并且爱上一切美的事物。他会在各种活动和制度中发现这一点，并且会意识到，爱一个美丽的人只是一种被高估的消遣。

> 凝视如汪洋大海一般的美，他已经被深深吸引。他会在对智慧的爱中产生或孕育出大量美的情感和思想。[24]

最后，追求智慧的人遇到：

> 一种非凡的美，这就是苏格拉底之前一切努力的终极目标。这种美首先是永恒的；它不生不灭，不增不减。其次，它不是部分美而部分丑，一时美而另一时丑，此关系中美而彼关系中丑，此地美而彼地丑，它不会因人而异。这种美在他看来不是一张脸、一双手或身体某一部分的美，也不是一种思想或一门科学的美；也不是存在于它之外任何其他事物的美，不论是生物、大地和天空，还是其他任何东西。他会把它看作绝对的、自在的、唯一的和永恒的，其他一切事物都参与其中。而当那些事物形成或消亡时，美既不会增加，也不会减少，不会受到任何影响。[25]

这其中，有多少是苏格拉底本人的思想，又有多少是其大弟子柏拉图的思想？如果我们相信柏拉图用相似的口吻精确地模仿苏格拉底的问答模式，并迎合老师对伦理道德进行精确界定的喜好，那么我们的猜测基本正确。历史上的苏格拉底或许也提倡将肉体情欲升华为精神层次的恋爱，即“柏拉图式”的爱情。

《会饮篇》中提到，在我们看来如此真实的日常世界，其实只是影子，仅仅是表象。这基本可以确定是柏拉图的观点。在他的《理想国》（*On the State*）一书中，他通过一则著名的寓言阐述了自己的思想。一群人从孩提时代就被囚禁在一个山洞里[26]。他们的头被固定住了，以至于只能看到洞穴的墙壁。他们身后生起一堆火，在火与这些囚徒中间放着一列器物，它们在墙上投射出形状各异的影子。对于这些囚徒来说，影子是真实的事物。当某个囚徒被释放后，他转过身去，但火光和洞口外的阳光让他眼花缭乱，他不得不再次回到影子的世界里。实际上，柏拉图称之为“形状”的器物指的是真实存在，而太阳则代表了完美的知识。闪烁的影子只不过是拙劣的模仿。人类就是那些囚徒，我们的任务是至少回头望一下背后的真相。

前门传来一阵喧闹的声音和响亮的敲击声。不一会儿，阿伽同和宾客们就听到了曾受伯里克利监护的亚西比德的声音，他醉醺醺地在庭院里大喊大叫。他 34 岁上下，是雅典最重要的政治家之一。但他依旧是一个被宠坏的孩子，坚持要见阿伽同。

他在一个吹笛女和几个随从的扶持下走进餐厅。他站在门口，头上戴着一个用常春藤和紫罗兰编的花冠，上面系着丝带。他通常留着长发，同大多数成年男子一样，也留着胡须——这是男性和女性打扮的奇怪组合。[27]

“先生们，晚上好，”他说道，“不知你们是否欢迎一个醉醺醺的人加入，或者我们把花环献给阿伽同——这也是我们来这儿的目的，然后就离开？”[28]

大家都高声要求他留下来。亚西比德挨着阿伽同坐下，吻了他，并把花冠戴在他头上。直到那时，他才发现苏格拉底也坐在同一张长椅上。他假装这位哲学家在跟踪自己，于是说道："天哪，看看是谁在这儿？苏格拉底？又要偷袭我？"

大家请亚西比德发表即兴演讲来赞美爱情，但是他以醉酒为由推辞了。作为替代，如果被允许，他愿意向苏格拉底——他的导师兼爱者，献上颂词。"如果我当着他的面赞美别人，他一定不会把手从我身上拿开！""别出声。"苏格拉底说道。[29]

得到允许可以继续发言后，亚西比德说，苏格拉底是比伯里克利更有感染力的演说家，这让他意识到自己仍然是个"不完美的集合体"[30]。他讲了一则长篇逸事，是关于自己如何试探苏格拉底的德行的。他请苏格拉底吃晚饭，并劝说苏格拉底留下来过夜。熄灯之后，他们两人独处，亚西比德伸出双臂抱住苏格拉底，而苏格拉底没有任何反应。换言之，这位哲学家达到了自己演讲中提到的"超乎性欲"的境界。

亚西比德继续称赞苏格拉底在战斗中的英勇行为，不仅是在代立昂战役中表现勇猛。在另一场激战中，亚西比德受了伤，苏格拉底救了他的命，还没忘拿上他的兵器。

亚西比德讲完后，大家哄然大笑。可笑之处在于他颠覆了同性恋爱中的正常次序。他是年轻的"被爱者"，不仅没有表现出应有的矜持，居然还那么冒失、冲动。而另一方面，苏格拉底是最不主动、性欲寡淡的"爱者"。

一群饮酒狂欢者发现阿伽同家的前门敞开着，于是纷纷进入餐厅，参加聚会。此时已没有秩序可言，当晚余下的时间里，大家都在饮酒作乐。到了黎明时分，所有人都在酣睡，除了主人和阿里斯托芬，当然，还有仍在喋喋不休的苏格拉底。阿伽同和阿里斯托芬认输，不再与他争辩，各自去睡了。

破晓时分，这位大哲学家起身离开了。他走到吕克昂（Lyceum），在那里洗了个澡，像往常一样度过了一天，到傍晚便回家睡觉去了。

第 19 章

大势已去

公元前 415 年 6 月，一个晴朗的日子[1]，天蒙蒙亮，雅典市民便倾城而出，沿着长墙向比雷埃夫斯港口和海边涌去。他们是专程去看舰队扬帆起航的。港口停泊着 100 艘军舰，场面甚是壮观。尽管雅典当局已调拨资金用于舰队建设，但是船长们仍自掏腰包，置办船头的装饰人像和常用配件。如果船长足够富有，他们甚至会自己出资打造战船，作为礼物献给城邦。为招募到最棒的水手，他们开出了每天 1 德拉克马的诱人薪水。每位船长都渴望自己的船能有傲视群雄的突出表现，成为舰队中最先进、最快的那一艘。将士们身披铮亮的铠甲，在晨曦的映衬下熠熠生辉。

60 艘三层划桨战船已经人员齐备，40 艘运输船承载了至少 5 000 名重装步兵，其中有三分之一是雅典人及其盟友，还有一众弓箭手和投石兵。仅桨手就多达 17 000 人。除此之外，还有大量运送小麦、大麦及各类物资的船只。让人意外的是，只有一艘船留给骑兵，船上仅有 30 匹马，缺少的骑兵部队将由西西里岛的盟军来补充。（其他小型船只和盟友的军舰已提前接到指令，与雅典人在克基拉岛会师。）

修昔底德评论道：“这支远征军……是目前希腊军队中耗资最多、气势最盛的军队，在此之前，从未有单个城邦能够派出如此庞大的军队。”[2]这无疑是一场代价高昂的军事冒险，但近几年的相对和平让城邦得以休养生息，国库充盈。过去十几年里瘟疫导致的人力损失已经得以恢复，至少人口有了一定数量的增加，年轻一代也成长起来了。

等水手和士兵都上了船，出征的号角吹响了，人群立即安静下来。在一个传令员的带领下，所有人都跟着背诵传统的祷告词，为冒着生命危险出海征战的勇士们祈祷，并唱颂歌。接着，他们的碗里斟满葡萄酒，军官和士兵们拿起金银的酒杯献上祭酒。

等所有的仪式完成后，排成纵队的战船起航出征，三层划桨战船争先恐后，一直排到了埃伊那岛。远征舰队在途中绕过伯罗奔尼撒半岛，直取目的地——西西里岛。

雅典人为什么会舍弃希腊群岛及爱琴海这个主战场而冒险西征？

在解答这个问题之前，我们还有一个更迫切需要回答的问题。公元前421年，雅典人和斯巴达人费尽周折商定的和平协议出了什么问题？

阿里斯托芬构思奇妙的喜剧《和平》描绘了人们对返回乡下打理农场的热切愿望，以及对城里投机倒把的商人濒临破产的高兴之情。剧中的男主角是一位农民，他说：

> 现在我们可以像旧时的波斯将军一样，在正午时分边手淫边唱歌，低声哼唱：“好快乐！好幸福！好兴奋！”[3]

然而，据说，和约一开始就出现了问题。斯巴达所做出的承诺已超出它所能兑现的，其盟友科林斯、梅加腊和彼奥提亚拒绝按照和约的规定，将占领地还给雅典。

尤其是安菲波利斯，那里是布拉西达斯和克里昂的阵亡之地，斯巴达的盟友对交还安菲波利斯给雅典一事十分抗拒，而当地的斯巴达驻军也无心强制执行命令，遂打道回府。理所当然地，雅典公民大会拒绝归还在斯法克蒂里亚岛捕获的战俘。

在记录和约的石刻上，添加了这么一句话："斯巴达人没有遵守誓言。"[4] 斯巴达人也开始绝望。这不仅是因为他们想要自己的士兵回家，也因为他们与伯罗奔尼撒半岛上的宿敌签订的为期 30 年的和平协议即将到期，那个宿敌就是地处伯罗奔尼撒东北角、科林斯南面的强盛城邦阿尔戈斯。令人担忧的是，阿尔戈斯一旦摆脱和约的限制，极有可能与雅典结盟来对抗斯巴达。为避免这种情况出现，斯巴达提议，斯巴达与雅典成立一个 50 年的共同防御联盟，取代之前双方达成的和平条约。雅典主和派首领尼西亚斯愿意与这个对手保持长久和平，遂欣然同意。斯巴达战俘最终得以遣返，但是皮洛斯和基西拉仍然抵制移交安菲波利斯。

此时的局面不容乐观，各方都在私底下相互算计，毫不留情。斯巴达曾经的伯罗奔尼撒盟友一度提出一个计划，他们要建立一个以阿尔戈斯为首的新同盟，欢迎各方势力加入（当然，斯巴达和雅典除外）。然而，因为在希波战争中保持中立而背负背信弃义骂名的阿尔戈斯，此时却不知所措，派出使节前往斯巴达商议，要签订一个新的长期和约。

同时，彼奥提亚人不但不归还理应交还的前沿要塞，反而将其摧毁。斯巴达对此置若罔闻，并与彼奥提亚人媾和，这着实让雅典人很愤怒。

就在这个无比尴尬的时刻，一个熟悉的人物出现了，他就是尽其所能制造事端的人——亚西比德。他于公元前 420 年首次当选将军，那时他才 30 岁（刚到法定年龄）或者 30 出头。公元前 422 年克里昂死后，他成为城邦举足轻重的人物。

在那些反对与斯巴达和平相处的政客中，他表现得尤为激进，一直致力于抹黑斯巴达。他成长在一个官宦家庭中，从小就耳濡目染，对政务十分熟悉。他也极具魅力，才华横溢，是一位杰出的演说家；甚至他说话咬舌都让人感到愉悦。

亚西比德建议阿尔戈斯与雅典结盟。阿尔戈斯随即抛弃了斯巴达，接受了这项更为有利的提议。斯巴达派出一个全权代表团匆匆赶往雅典，试图阻止敌人结成新的敌对同盟。亚西比德设了个圈套，他私下里告诉斯巴达使节，只要他们说明自己手中并不握有全权，他就设法把皮洛斯交还给斯巴达。斯巴达使节上了当，在雅典的公民大会上，当面对提问时，他们回应说此行没有得到完全的授权。雅典民众失去了耐心，正当他们决定与阿尔戈斯结盟时，一场地震中断了会议。当次日会议重启时，更加明智的建议占了上风。尼西亚斯赢得了这场辩论，并被指派前往斯巴达商议缔结和约的事宜。

不幸的是，这次谈判以失败告终，雅典最终还是同意与阿尔戈斯及伯罗奔尼撒岛上的一些小城邦签订盟约。不久，斯巴达感到本土受到了威胁，国王阿吉斯（Agis）亲自率领一支强大的军队出征，在阿卡迪亚的曼提尼亚城外与盟军相遇。公元前 418 年，他们打了一场大胜仗。雅典军队得以脱身，损失不大，但有两名将军阵亡。

这次遭遇战导致了两个后果。阿尔戈斯建立伯罗奔尼撒半岛霸权的美梦破碎了，它别无选择，只得向斯巴达俯首称臣。这是一次值得斯巴达人庆祝的胜利，经过皮洛斯一役，他们终于挽回了一些颜面。

而对于雅典，冒险与阿尔戈斯结盟虽然没有带来什么损失，但也没占到什么便宜。亚西比德在此过程中的表现证明他是一个投机者，而非政治家。

在阿伽同家晚宴上的那位幽默风趣、平易近人的醉鬼原本有可能成为一名资深的政治家，但如今的他已经不如以往那样受人尊敬。他毫无节制地挥霍家业。他衣着华丽，穿着紫色拖地长袍走过尘土飞扬的集市。他常资助戏剧作品，众人皆知。公元前416年，也就是柏拉图描述他在阿伽同宴会上不请自到的那一年，亚西比德破天荒地派出七辆战车参加了奥运会的战车比赛，并且赢得了该项比赛的第一名、第二名和第四名。这个卓越的成就也意味着费用高昂的投入，成了整个希腊世界热议的话题。“胜利是一件美好的事”，欧里庇得斯在一首庆祝颂歌[5]中亲切地写道。亚西比德对此完全赞同。

亚西比德称自己不是一个擅长寻欢作乐的花花公子，提升自身形象对雅典和他自己都有利。根据修昔底德的记载，他在公民大会上说：

> 希腊人本以为战争摧毁了我们的城邦，但他们最后发现雅典比现实中要强大得多，这源于我代表雅典在运动会上精彩绝伦的表现……一个人不仅把钱用在自己身上，还用于其城邦，如果这很愚蠢，那也是非常值得的。[6]

据说亚西比德贪婪自大，恐吓他人，为所欲为。人们对他既尊崇有加，又畏如恶霸。他婚姻美满[7]，意思是，他娶了有钱人。他妻子希帕里特（Hipparete）是雅典巨富卡利亚斯的妹妹，她带了一笔10塔兰特的丰厚嫁妆。

亚西比德待她非常不好，堂而皇之地将外面结识的女人带回家，不管她们是自由女性还是奴隶。这的确是无法接受的行为，因为对一个妻子来说，家是不容侵犯的领地。亚西比德似乎已沉溺于性爱。公元前3世纪的一位诗人嘲讽道：少年时，他把丈夫们从妻子的身边引诱走；青年时，他又把妻子们从丈夫的身边引诱走[8]。

希帕里特无法忍受，最终离开家去投奔亲属。几乎可以肯定，她在一名男性亲属的陪伴下前往首席执政官的办公地，也就是市政厅或位于集会广场上的城市公共会堂，她要求面见执政官，批准她离婚。在古代雅典，离婚很罕见[9]，我们对此知道的不多。当一名妇女提出离婚时，走公开程序或许能够保护其声誉。

亚西比德坚决不同意离婚，他最不情愿的就是归还嫁妆；而根据规定，夫妻离婚，男方必须归还嫁妆。在一帮朋友的协助下，他把妻子从集会广场上强行扭送回家。很明显，因为惧怕，周围没人敢上前阻拦。我们不知道这么做是否符合他的正当权益，但至少他的行为相当专横霸道。据说，希帕里特不久便死去了。亚西比德与希帕里特兄长的关系跌入低谷，卡利亚斯指控亚西比德密谋杀害自己。

公事私事时常搅和在一起，困扰亚西比德。米洛斯岛是一个小火山岛，隶属于基克拉迪群岛，以出产黑曜石而闻名（几个世纪后，这里因爱情女神阿佛洛狄忒的雕塑而著名，也就是我们熟悉的“米洛的维纳斯”[10]）。岛上的居民自称斯巴达的后裔，但在战争中谨慎地保持中立。

雅典人曾试图拉拢他们加入自己的海上联盟，但未能成功。如今，在阿迦同宴会的同一年，他们入侵米洛斯岛，将其主城包围。他们许诺，只要米洛斯岛同意加入雅典帝国，就会得到赦免。然而，岛上居民再次拒绝。修昔底德记录了（也许是臆想）两边的一场辩论[11]。一位雅典人毫不掩饰地为帝国主义辩护。

“弱者受奴役，这是自然法则，”他说道，“我们既不是这项法则的创立者，也不是第一个执行者……我们所做的只是在使用它。”[12]

到了冬天，米洛斯人终于投降了。雅典人的残暴行为是不能饶恕的。成年男子被杀尽，妇孺沦为奴隶。这场暴行震惊了整个希腊世界。

亚西比德不仅积极地赞同这次远征及其造成的残酷后果，他本人还从中获利。他买了一个漂亮的米洛斯女奴，并和她育有一子。

几个月后，在公元前415年的大酒神节上，剧作家欧里庇得斯的舞台剧《特洛伊妇女》上演。他是一名清醒的理性主义者，对女性的角色着墨很多。同埃斯库罗斯和索福克勒斯一样，他关注社会问题，通常借用神话来讽喻现实。这出戏几乎没有什么情节，却是悲剧中的一部杰作。特洛伊刚刚陷落，欧里庇得斯重点描绘了在城市的残垣断壁中特洛伊妇女们遭受的苦难。以国王普里阿摩斯之妻赫卡柏（Hecabe）为首，她们等待着接受胜利者的分配，余生只能做奴隶。赫卡柏的一个女儿在阿喀琉斯坟前被献祭，她心爱的小孙子阿斯蒂阿纳克斯（Astyanax）也被希腊人屠杀。赫卡柏趴在他的尸体上痛哭：

亲爱的，无生气的嘴唇，还记得你的诺言吗？你从我的床上爬起来，发誓说，当您死的时候，祖母，我要为您剪下我的一绺长发，我要带着所有的朋友，向您的坟墓致敬，为您献上礼物和赞美之词。但是你没有兑现诺言，我的孩子。[13]

欧里庇得斯戳中了人们的痛处。或许是因为观众们由此联想到了米洛斯，却不愿意承认以众人之名犯下的罪过。所以，当年悲剧比赛的头等奖给了一个令人讨厌的诗人（阿里斯托芬则认为这次评奖是合理的）[14]，他叫诺克里斯（Xenocles）。

但恶行终会得到报应。

西西里岛的政治局势非常复杂。迦太基，来自北非的一个争强好斗的商业城邦，占据着该岛西部地区，希腊殖民者居住在岛的东部（以及意大利半岛），西西里的土著居民西塞尔人居住在岛的中部。长期以来，雅典人一直对西西里岛很感兴趣，时常跟岛上的各城邦达成双边协议。在公元前427年至公元前424年间，即伯罗奔尼撒战争的早期阶段，他们就曾派遣远征军到西西里去寻找盟友。他们担心亲斯巴达的城邦，如科林斯人创建的叙拉古，会支持并援助他们在希腊大陆上的敌人。

这些干预行动没什么效果，但雅典的恐惧在慢慢减少。他们将目光转向了希腊大陆上更为紧迫的问题。公元前416年，位于西西里岛西部的城邦塞杰斯塔（Segesta）在一场战争中输给了叙拉古支持的塞利农特（Selinus），于是向雅典寻求帮助，而不久前它刚同意与雅典结盟。公民大会对此事的具体细节不感兴趣，但有意对他们的诉求做出积极回应。据修昔底德称，他们未言明的想法是“征服整座岛屿，但表面上要看起来是单纯地帮助……他们当地的新盟友”[15]。

伯里克利提出的在战争期间不扩张帝国的建议被抛在脑后。当时形势相对和平，雅典人并没有受到来自斯巴达或其盟友的直接威胁。国内的形势更为复杂，但人们还是达成了一项政治共识。

尽管在曼提尼亚遭遇挫败，以亚西比德为首的主战派还是打算继续干涉伯罗奔尼撒半岛的事务，相对保守的尼西亚斯则考虑先收复安菲波利斯。公民大会无法就这一问题达成一致的意见。

大约公元前416年，一位名叫希帕波鲁斯的激进决策者（他比克里昂还要强势，有人戏称他是“克里昂附体”[16]）自认为找到了问题的解决方法。他提出通过陶片放逐来化解僵局，（他盘算着）这个办法要么会放逐和平派的主要领导者尼西亚斯，要么（更理想地）放逐亚西比德。尽管陶片放逐的两名潜在对象是不共戴天的对头，但他们还是联起手来抵制威胁。他们安排各自的拥护者在陶片上都写希帕波鲁斯的名字，最后陶片放逐的筹划者惊愕地发现自己被放逐了。（回想起来，这是一个很可笑的结果，每个人都清楚希帕波鲁斯成了卑鄙伎俩的受害者，似乎从那以后，陶片放逐法就再也没有被使用过。）

因此，两项对立的政策——一个主张和平，另一个主张战争——双方的支持力量仍然旗鼓相当，问题依旧悬而未决。尽管如此，远征西西里的计划如此诱人，所以雅典人最后还是形成了统一意见。雅典民众毫不犹豫地通过了这项表决，立即派遣了一支由60艘三层划桨战船组成的舰队。尼西亚斯拼命阻拦。他故意夸大了远征所要付出的代价，吓唬人们说60艘船太少了。人们逼他说出他认为合适的战船数量，他斗胆提出至少需要100艘三层划桨战船。公民大会立即同意增加战船，并委任三名将军全权负责，统领远征军。

公民大会指派亚西比德、尼西亚斯和拉马卡斯（Lamachus）三人作为远征军将领，此举明显是为了平衡各方的意见。前面两位将军都骁勇善战，有着丰富的作战经验，但是他们是不同政治派别的首领，看法有分歧；第三位是不涉及政治的“职业”统帅。原则上说，这是一个很好的团队，尽管在需要立即做出决定的时候，由委员会协调指挥的军事行动可能会因拖延和相互妥协而面临风险。不过，占卜的结果还是预测战斗会取得胜利。

有一个人站出来反对。苏格拉底声称，自己“对这次远征不抱太大希望，远征不会为雅典带来任何好处”[17]。

雅典遍地屹立着赫尔墨斯的雕像[18]。这些奇特的雕像保护人们免受伤害。它们极受尊崇，每逢节日，人们都会用橄榄油将其擦拭一新，并给它们戴上花环。雕像在城里随处可见，矗立在社区的边界和街角，在神庙、体育馆和柱廊前，以及私人房屋的门廊中。在集会广场的柱廊旁边有一排赫尔墨斯雕像。

5 月的一个早晨，就在舰队出征西西里之前不久，雅典人一醒来就听到了神像遭亵渎的消息，大为震惊。一夜之间，许多赫尔墨斯雕像被毁容和敲碎。破坏分子的身份尚不清楚。

雅典立即对此事展开调查，人们从家仆和外邦人的供词中得知了更为严重的冒犯行为。对于赫尔墨斯雕像一案，他们虽然没有提供什么特殊的线索，但他们报告说，一些醉醺醺的年轻人曾在雕像上胡乱涂画，并且模仿厄琉息斯的神秘祭祀仪式。那是极为神秘的入会仪式，内容涉及对未来的“愿景”和对来生的承诺。知情者称，亚西比德在家里举行过类似的亵渎神明的模仿仪式。

根据修昔底德的观点，那些不喜欢亚西比德的人“夸大了这个事件，并就此尽可能地制造事端。他们声称神秘祭祀及赫尔墨斯雕像亵渎事件都是意图推翻民主政治阴谋的重要表现，而亚西比德则是幕后主使”[19]。

据说苏格拉底没有宗教信仰，亚西比德因为是他的门徒而被法庭宣判有罪，虽然他愤怒地予以否认。实际上，他基本不可能参与亵渎赫尔墨斯雕像一事。在出征西西里前夕如此引发众怒，这是极其愚蠢的——无论亚西比德在其他方面怎么样，他至少并不愚笨。选在这个时间点，恰恰说明肇事者的目的是想拖延甚至破坏西西里远征。破坏者极有可能雇用了叙拉古人或者尼西亚斯主和派阵营中的一些狂热分子。

我们不清楚亚西比德模仿神秘祭祀的行为是何时发生的，倘若它们发生在很久以前，你可以想象，十几岁的亚西比德参加亵渎神灵的仪式不过是觉得好玩而已。对于一位精心积聚政治声望的成年人来说，他最起码要推翻这次裁决。

亚西比德认为自己是清白的，提出抗议，并要求立即进行审判，以澄清事实。而他的敌人没有上钩。他们想在军队不在的时候继续调查，因为亚西比德这个年轻的将军在军队中威望很高。亚西比德得到命令，他要同尼西亚斯和拉马卡斯一起率舰队出海远征。他别无选择，只好领命。

即使亚西比德的嫌疑撇清了，这个丑闻的确也提出了关乎他政治信仰的根本性问题。他真正信仰民主吗？他是不是像一些人担心的那样，想要建立专制统治？后来有一个人承认参与破坏赫尔墨斯雕像[20]，他说亚西比德说起话来就像“人民的朋友”和“制度的守护者”，实际上却喜欢独裁统治。苏格拉底不是雅典民主的支持者，因此，在人们看来，亚西比德与他的交往对他们两个都没有什么好处。

或许亚西比德很愿意在克里斯提尼制定的规则下与对手展开政治博弈，但他没有着急做出判断，而是静观事态的发展。针对他真实动机的怀疑或许是有根据的，但就当时而言，他是一个非常亲民的人，不太可能有煽动革命的计划。

雅典庞大的舰队途经克基拉岛，驶向西西里。将军们对到达目的地后的行动并没有具体的方案。尼西亚斯的心思不在军事行动上，他只想向两个敌对城邦施压，迫使其签署条约，让舰队在海上兜儿圈，展示一下武力，然后便打道回府。亚西比德则认为，这次远征的当务之急是在西西里岛的城邦国家中寻觅盟友。拉马卡斯虽垂垂老矣[21]，但身经百战，乐于冒险。他全力主张向叙拉古推进，那是他们真正的目标，而且敌人还没有做好防御的准备。就算他们无法突袭攻下该城，最起码也能从海陆两面对其封锁，以迫使敌人投降。他勉强同意亚西比德的方案，目的在于以票数优势打压尼西亚斯，他对尼西亚斯的观点不屑一顾。然而，招募盟友的计划以失败告终。事实表明，西西里人生性谨慎，更倾向于中立。一个夏天过去了，雅典人毫无战果。

再看雅典，气氛变得可怕起来。虚假的证据引发了一场政治迫害。亵渎丑闻的矛头指向了年轻贵族。反对亚西比德的情绪持续高涨。据说，他曾在饮酒狂欢时扮演厄琉息斯的大祭司。公民大会将亚西比德召回，让他与原告对质。结果表明，这是一个错误的决定。

对这位将军的控告在普鲁塔克时代仍有记载。部分内容如下：

> 拉西阿迪区的帖撒拉斯，即塞蒙的儿子，告发斯卡姆邦尼德

区克莱尼阿斯的儿子亚西比德，指控他亵渎厄琉息斯、得墨忒耳及戈莱（珀尔塞福涅的别称）等众神。他嘲弄神秘祭祀，并在家中模仿众神。[22]

值得注意的是，原告的父亲是伟大的塞蒙，后者因为亲斯巴达而失去了权力。如果帖撒拉斯继承了父亲的传统，他会同尼西亚斯一样热切地期望与斯巴达实现和平。要摆脱伯里克利的被监护人（即亚西比德），帖撒拉斯还有很长的路要走。

雅典派出萨拉米尼亚号（*Salaminia*）帆船把亚西比德和其他被告接了回去。不过，他并没有遭到逮捕，因为他威望极高，其追随者有可能发动政变。他在意大利海岸的图里伊（Thurii）下船，趁守卫疏忽之际逃之夭夭。当一无所获的萨拉米尼亚号返回雅典时，民众被激怒了，他们对亚西比德进行了缺席审判，判处他死刑，并没收其全部财产。他卧室家具的拍卖清单被保留下来，12 张米利都（也就是高质量的）长椅被拍卖，其他拍卖品还有床罩、被褥和“6 个香水瓶”[23]。

公民大会还宣布，亚西比德的名字应该遭到全城祭司和女祭司的诅咒。当听闻自己被判处死刑的消息后，亚西比德评论道：“我会证明给他们看，我仍然活着。”[24]

正如他说的那样，他活得很好。从图里伊脱身后，他费尽周折，跨过爱奥尼亚海，来到希腊大陆，投奔在阿尔戈斯的朋友。接着，出于对自己安全的考虑，他决定彻底抛弃自己的国家。他写信给斯巴达，请求得到庇护。他承诺：“我能为你们做更多的事情，以弥补你我为敌时我给你们带来的伤害。”[25]

他的请求得到了批准，但出于对背叛者的不信任，斯巴达当局表现得很谨慎。亚西比德留在那里发展，就像变色龙一样，活脱脱地把自己打造成一名斯巴达人。据普鲁塔克记载，当地人被迷惑了：

> 当他们看到他顶着乱蓬蓬的头发、洗冷水澡、吃粗面包及喝黑乎乎的肉汤时，他们简直不敢相信自己的眼睛，一度怀疑眼前这个人曾在家里有一名私家厨师，多次光顾调香师的店铺，曾身着华丽的羊毛织品。[26]

当半和平状态慢慢地向战争倾斜之际，亚西比德的背叛给他的新主人送去了一份厚礼。作为身居高位的政治家，他知道雅典所有的秘密和内部政策，以及不公开的未来行动目标。看起来他把一切都告诉了斯巴达人。他把对方玩家手里的牌和盘托出。

最重要的是，他给斯巴达人提出了两条非常宝贵的建议。首先，他说服他们派出一名得力的斯巴达将军去领导叙拉古的防务。当局毫不迟疑地委派吉利普斯（Gylippus），他母亲从前或许是黑劳士，因此他可能并不是一名“平等者”。然而，自幼年起，他就接受了斯巴达式的训练。长大后，他得到了参军的机会，由于没有钱，一名富有的赞助人支付了他的所有费用。

其次，亚西比德建议斯巴达人重新入侵阿提卡，最重要的是，在北部与彼奥提亚交界处的战略要地狄克勒亚（Decelea）建立一个永久性的堡垒。斯巴达人不愿首先打破和平的局面，犹豫了一年之久，才按照亚西比德说的去做了，但结果非常出人意料。从那时起，一支斯巴达军队开始驻扎在雅典土地上，取代了以前一年一度的短暂“造访”。这对雅典经济造成的影响十分严重。埃维厄岛的粮食进口中断了。雅典人被迫放弃了全部的农业耕种，黑海的粮食供给成了雅典民众唯一的食物来源。劳里昂的银矿也停止了生产。在接下来的几年里，超过20 000名奴隶，主要是技术工人，逃往狄克勒亚（这没有给他们带来任何好处，他们渴望自由，但残酷的是，他们再次被以最低的价格出售[27]）。

修昔底德对局势做了总结：

> 城邦所需要的每一件物品都需要进口，它俨然成了一座堡垒，而不再是城邦。在酷暑和寒冬，雅典人都要在防御工事前保持警戒，精疲力竭，叫苦不迭。但最让他们感到受压迫的是，他们不得不同时应对两场战争。[28]

亚西比德显示出了他的真面目，那些曾怀疑他不安分、不成熟的人，已深深感到畏惧。这是一个代价高昂的教训，因为他正在尽其所能地让雅典输掉战争。如同一个愤怒的孩子，他想象着最残酷的报复——他自言自语道："他们会后悔的。"他此时还没有意识到，他这样做也是在伤害自己。

在西西里岛，战况和雅典人预计的一样，没有太大进展。或许是由于缺少骑兵，陆地战的胜利没能持续。一个冬天就这样平静地过去了。由于尼西亚斯"一直无所事事，让战船游弋不前，采取行动前总要思前想后"[29]，他们本可以突袭的优势就不复存在了。

最后，在公元前414年的春天来临之时，尼西亚斯振作起来。他的计划是封锁叙拉古，而要达到这个目的，他必须先控制厄庇波利（Epipolae），这是一个居高临下的高地，位于该城西北方。叙拉古人打算在这里部署600名精锐士兵，从叙拉古北部登陆的雅典步兵尽数出击，在最后时刻击败了他们，进而攻占了厄庇波利。之后，雅典人立马向北快速修建城墙。

照这个速度，叙拉古很快就会受到海上和陆地的双重封锁。因此，他们建造了一道反包围城墙，以此阻断雅典人的包围。然而，雅典人攻击并摧毁了这道城墙，并向南方的海港方向修筑工事。一堵反包围墙再次建起，在经过一番激烈的战斗之后，这道反包围墙被摧毁。雅典取胜的代价十分高昂，拉马卡斯将军在战斗中阵亡。现在，尼西亚斯这个不情愿打仗的战士成了最高统帅，而且要独自指挥。

然而，尼西亚斯胜利在望。接下来要做的事就是继续向北修筑城墙，直到它与大海相连。修昔底德写道："叙拉古人对这场战争已不抱胜利的希望，伯罗奔尼撒联盟没有提供任何援助，叙拉古人开始讨论投降的具体条件了。"[30]

尼西亚斯再次犹豫不决。他在叙拉古海港南端的普莱迷隆海岬（Plemmyrion）加驻防御工事，以方便舰队停泊。然而，莫名其妙的是，他却没有尽力完成厄庇波利城墙的修建。这是另一个巨大的失误，因为这给了斯巴达将军吉利普斯以可乘之机，他率军悄悄地溜进去，占领了该城。他激励叙拉古人，帮助他们恢复了士气。

吉利普斯意识到当务之急是夺回厄庇波利，并重建一堵反包围城墙。经过多个回合的激烈交锋，叙拉古人成功地用自己的城墙包围了雅典人。最后，雅典人获胜，但叙拉古也因此摆脱了四面受困的险境。同时，增援部队赶来帮助守军加强防御。雅典人发觉自己兵力上已经处于劣势，胜算陡降。

尼西亚斯看到，时间一天天过去，敌人的实力不断增强，而自己军队的困难却越来越多。他尤为担心舰队的状态，船舱进水，桨手们也精神不振。而他自己也患有肾病，身体非常虚弱。拉马卡斯死后，他独自挑起指挥军队的重担，疲惫不堪。他给公民大会写信，解释目前的状况。“原以为我们是围攻者，结果却是我们被敌人包围了。”[31]

他汇报说，做决定的时刻到了，要么召回远征军，要么再派遣一支同等规模的军队来。另外，由于身体有恙，他请求辞去职务，将指挥权移交给他人。尼西亚斯原指望这封信能说服公民大会召回远征军，然而，好战的公民大会再次让他失望。

在西西里的溃败虽然让民主派感到震惊，但让他们在增派兵力和停战两者之间二选一的话，他们会毫不犹豫地选择增加兵力。第二支庞大的远征军集结完毕，尼西亚斯没能摆脱指挥权。他一向以运气好著称，人们觉得，命运迟早会站在他这边，但忽视了他的平庸无能和缺少热情。不过，两位新的将军，即欧律墨冬和皮洛斯的英雄狄摩西尼，得到任命，与他共同指挥。

力量的平衡正在改变。公元前 414 年夏天，雅典人对斯巴达本土拉科尼亚发动进攻，正式宣告和平的结束。然而，他们却出乎意料地在科林斯湾的一场海战中战败。斯巴达人终于可以放开手脚开展敌对行动了。次年春天，他们将狄克勒亚团团包围。

与此同时，尼西亚斯的舰队在叙拉古海港被当地的一群乌合之众击败，失去了普莱迷隆海岬的要塞和补给仓库。

雅典的三层划桨战船战无不胜的日子一去不复返。局势异常窘迫，因为尼西亚斯及手下正处于被围困的危险之中。

公元前 413 年 7 月，似曾相识的一幕上演了。第二支舰队从比雷埃夫斯驶往西西里，同样装备精良，规模与第一支舰队不相上下。这支由狄摩西尼指挥的舰队共 73 艘战船，载有 5 000 名重装步兵，以及共计 3 000 名的掷枪手、弓箭手和投石手。这一次，历史学家们没有将成群的狂热观望者记录在册，而且战场上的人对战争的走向心情都格外复杂。

尽管如此，这支庞大的舰队驶入海港时，它给叙拉古人带来了极大的恐惧。普鲁塔克描绘了那个场景。

> 盔甲铮亮发光，舰旗色彩鲜艳，随风飘扬，水手长和长笛手对桨手喊号子，声音此起彼伏，场面壮丽，令敌人深感畏惧。正如预料的那样，叙拉古人陷入绝望之中。摆在他们眼前的只有无尽的困境，以及无用的挣扎和毫无意义的牺牲。[32]

狄摩西尼心里清楚，这支新舰队给人们带来的视觉冲击实际上具有欺骗性。这是一场典型的心理战，旨在用精心打造的表象给敌人施加压力。人们从中看不出雅典惨淡的现实。狄摩西尼研究了此前雅典进行的所有军事行动，得出结论，即除非雅典人能再次控制厄庇波利并好好经营，否则就不要奢望征服叙拉古。

说起来容易，做起来难。吉利普斯已在高地上修筑了坚固的防御工事，狄摩西尼企图占领反包围城墙，却未能如愿。他意识到白天发起的任何行动都注定会失败，于是大胆地策划了一场夜袭。

8 月初的一天夜里，狄摩西尼率领大约 10 000 名重装步兵和 10 000 名轻装散兵，登上了通往厄庇波利的陡峭坡路。此时月亮还未升起，雅典人突袭了叙拉古的守备部队，并一举占领了他们的要塞。

守备部队中一部分人被杀，其他人逃走，报告了雅典人进攻的消息。精锐的叙拉古卫戍部队前去迎敌，但很快也被击溃。

雅典人步步紧逼，要一鼓作气地拿下目标。一些人立即着手拆除反包围城墙。吉利普斯被打了个措手不及，率军从外围赶来，但被雅典人击退。

后来有些事出了差错。雅典人自以为胜利在望，就开始懈怠，失去了凝聚力。他们遭遇了一支彼奥提亚劲旅，这支军队跨过海来支援叙拉古，当晚，雅典人第一次被打退。

虽然明月当头，士兵的身影却只能显出依稀的轮廓，叫人难以清楚识别。战败的重装步兵不知自己身在何处。作战双方的大批士兵聚集在高地，很难分辨出敌我。雅典士兵们仍不断涌上厄庇波利，但到达那里后他们没有接到任何后续的命令，就撞上了从那里撤退的同胞。战场上声音嘈杂，混乱不堪，不同的部队唱着自己的感恩颂歌，各种声音已压过号令。

修昔底德写道：

> 陷入混乱之后，雅典人朋友不识，公民不辨，在战场各处厮杀。他们不仅在内部制造了恐慌，还真真切切地打作一团，好不容易才分开。[33]

许多人在逃离厄庇波利时丢了性命，由于下来的斜坡太窄，相当一部分人从悬崖上直接跳了下去。天亮的时候，大约有 2 500 名雅典步兵[34]战死。

在古代战事中，夜袭往往是一项危险的行动。即使是在白天，战场上也充满不确定性，绝大多数士兵仅能看清其身边的情况。在夜袭的最开始，行动往往有出其不意的效果，但是双方交战一段时间后，士兵很容易就会迷失方向。高级指挥官与普通士兵之间的通信经常无法保证。

狄摩西尼的确是一名优秀的将军，但我们在他早期的职业生涯中可以看出，过度乐观会使他粗心大意。他不熟悉地形（尽管尼西亚斯有可能给他做过详细的描述），也没有将命令准确地传达下去。他应当建立中转站来分流士兵或建立其他可靠的信息沟通系统。

过去的事情再说也无益。次日，雅典人召开了一场军事会议，研究当下该如何应对——不仅因为他们战败，更迫于军队低迷的士气。宿营地位于沼泽地带，很多人都病倒了。

狄摩西尼很明智地看到战斗已经失利，建议立即撤退，不管怎样，雅典依然掌控着海洋。他在会上说道："我们还不如去阿提卡，征讨防御工事尚未成形的狄克勒亚，因为叙拉古人已经变得难以轻松征服。这对雅典对我们来说都是更明智的选择。"[35]

尼西亚斯不同意。他承认此次远征正处于极度危险之中，但据他在叙拉古的情报透露，他们的敌人情况更糟。他坚信雅典的公民大会肯定会反对撤军，拒绝让军队离开西西里。私底下，他举棋不定，犹豫不决，但他害怕愤怒的雅典民众，因为他清楚战败就会受到惩罚。他声称自己宁愿死在敌人的手中，也不愿遭受同胞们不公正的责难。狄摩西尼和欧律墨冬原本可以联手否决尼西亚斯的主张，但他们还是让这位老资历的同僚一意孤行了。

优柔寡断会贻误战机。军营里，疾病蔓延，情况更加严重了。与此同时，吉利普斯军中招募了一大批土生土长的西塞尔人，从伯罗奔尼撒半岛赶来增援的重装步兵也到了。尼西亚斯坚持留下来战斗的决心动摇了。现在他赞同狄摩西尼的建议，舰队驶离叙拉古，前往开阔地带，以便军队灵活调遣，获得补给，现在后勤供应已经严重不足。下达撤退的命令要尽可能地保密。

8月27日晚9点41分至10点30分，发生了月全食。早在公元前7世纪，希腊思想家及科学家就摒弃了神话，寻求对自然现象的理性解释。希罗多德的记录显示，米利都的泰勒斯预言了公元前585年5月28日的日食[36]。然而，许多雅典人仍持有迷信观念，并一度嘲讽阿里斯托芬的《云》中所宣扬的科学。面对此次月食，雅典人惊慌失措，并没有将其看作是一种天文现象，而是认为这是众神反对他们撤离叙拉古，对他们提出了警告。

根据修昔底德的说法，尼西亚斯“过度沉迷于占卜之类的东西”[37]。他请一名占卜者指点迷津，后者建议雅典人应该等待“27天”[38]再撤离。这是一个灾难性的军事建议，完全没有必要。公元前3世纪的一名先知斐洛考鲁斯（Philochorus）认为，月食“不会对撤退者有害[39]，反而十分有利，因为他们的行动正需要隐蔽，光明反倒会造成麻烦”。

假如尼西亚斯头脑能更灵活一些，他完全可以解释说那是允许军队撤退。实际上，这位统帅在内心深处倾向于不作为，惧怕承担责任。从一开始提出入侵西西里的计划到现在，他就一直如此。

叙拉古人很快从逃兵口中得知尼西亚斯有意撤退，但因为月食而被迫延后。叙拉古人意识到敌人的士气已经衰竭，他们决定在海港打一场海战。对船员进行了一段时间的训练之后，他们派出76艘三层划桨战船，同时在陆上向雅典人的营寨发起攻击。雅典人派出86艘战船参战。叙拉古人赌博式的行动获得了丰厚的回报。尽管雅典人击退了敌人的重装步兵，但海港中的雅典舰队由于缺少机动空间而战败。他们的部分三层划桨战船被赶回海港西北岸的沼泽地，另有 18 艘被叙拉古人拖走。负责指挥的欧律墨冬战死。

月食被完全抛于脑后，此时雅典人只想离开，越快越好。如果不立刻逃走，只能是死路一条。

但是欢欣鼓舞的叙拉古人还不打算让入侵者就这样离开。他们决心俘获并摧毁整支远征舰队。“在陆地和海洋上征服雅典人，”他们觉得，“会在整个希腊为我们赢得无上的光荣。”[40]

叙拉古人把三层划桨战船排成一列，舷侧相向，横在港口前，其他船也一道停在此处，将海港出口封锁了。所有的船用锁链固定在一起，船与船之间铺上木板。当雅典人看清形势后，他们立马决定在岸上留下一支守备部队，尽可能缩小防御范围；同时召集所有适宜参战的桨手、弓箭手和掷枪手，将他们配备到 110 艘战船上。

这是尼西亚斯最辉煌的时刻。雅典人的命运是否能转危为安，尼西亚斯对此没有把握，忧心忡忡，不过还是表现出一名统帅应具有的气魄。他乘着一艘船穿梭于整支舰队，跟每一位船长进行交谈，尽其所能地去鼓励他们。他还命令步兵们在岸边列队，为舰队呐喊助威。与此同时，位于海岸线其他地方的叙拉古士兵也在观望这场即将爆发的战斗。妇女和老人都站在城墙上观望。他们都欢呼雀跃，仿佛是奥运会某场重要赛事的观众。

赞歌响起，雅典战船驶出海湾，朝着敌舰组成的屏障杀去。他们的战船聚拢在一起，依靠数量的巨大优势，开始冲击封锁线，试图突围。叙拉古的舰队上前迎击，把雅典人逼回海港中心，这场战斗变成了一系列一对一的决斗。雅典舰队没有足够的空间去冲撞或施展雅典人称霸海洋的战术。船上的雅典士兵奋力登上敌船甲板，与敌人扭打在一起，战斗变成了肉搏。

修昔底德留下了一段非常著名的文字来描述这场惨烈的战斗，生动清晰，一定是基于某一位目击者提供的材料而写的：

> 胜利的天平还未向任何一方倾斜，岸上的两支部队情绪极其紧张，内心充满矛盾。叙拉古人渴望获得更多的荣耀，而入侵者却担忧自己的处境比之前更糟。战斗结果尚未知晓，从雅典部队那边同时传来各种声音，有尖叫声，有呼号声，“我们要胜利了”，“我们要输了”。当一支伟大的军队陷入巨大的危险之中时，你可以听到任何想象中的声音。[41]

最终叙拉古人占了上风，在一片雷霆呐喊声中，他们把敌人赶过了海港，逼回岸上。雅典的这次失利具有决定性的意义。惊慌失措的雅典人以最快的速度从他们搁浅的船上逃命。他们清楚，除非有奇迹发生，否则他们根本无法从陆地上安全逃掉。他们放弃了尚存的 60 艘三层划桨战船，不再继续厮杀。倘若他们重新登船，或许会打叙拉古人一个措手不及，也许可以出奇制胜。

从陆上突围，是雅典人现在唯一的希望，尽管这种可能微乎其微。雅典人仍然具有威胁，叙拉古人担心他们会趁着夜色撤退并抢得先机。因此，他们派出一队骑兵，让他们假装叛变并进入敌营大声呼喊，警告雅典人不要在当晚行动，因为所有道路都有重兵把守。雅典将军们听信了这些信息，将撤退时间推迟了两天。

接着，他们又犯了一个错误，让形势更加恶化。为了给士兵留出收拾贵重物品的时间，他们又耽搁了一天。他们烧毁了一部分船只，余下的只能任由敌人拖走。与此同时，叙拉古人利用这段时间迅速在敌人可能撤退的路线上设置路障。最后，在9月11日，海战结束后的第三天，失魂落魄的远征军开始从陆上突围。他们总数不少于40 000人，其中包括雅典人、盟军、桨手和重装步兵。

将军们打算先向内陆的西塞尔进发，然后再转向北部的卡塔纳港（Catana），在那里他们或许能受到欢迎并得到补给。

尼西亚斯病痛交加，仍尽力鼓舞士气。但士兵们悲恐至极，以至于犯下严重的疏忽之罪——任由逝者曝尸荒野；他们不顾奄奄一息的同胞苦苦哀求，将其狠心抛弃。两名将军各自指挥一支部队，排成长方形的阵型，保护平民及其他随军人员。

这支部队成功地杀出一条血路，但时不时会受到敌军骑兵和掷枪手的袭扰。食物和饮水供应短缺。叙拉古西北约13千米处，阿克里崖（Acraean）挡住了去路，这是一个只有从峡谷才能穿过的高原。敌人早已在峡谷上筑起一堵墙，固若金汤。雅典人的心情如被倾盆大雨浇透了一般。叙拉古人开始在雅典人身后修建另外一堵墙，威胁要困住他们。雅典人只好转回来阻止其修建，并挤过围墙，到开阔的平地上宿营。

他们放弃了撤往卡塔纳的计划，改为向南进军。他们点燃不少火堆，然后在夜色的掩护下悄悄地溜走了。不幸的是，狄摩西尼的部队在夜间迷了路，落在后面。中午，叙拉古人追上他们，并将其包围，此时他们正蜷缩在一片被墙围住的橄榄树林里。箭如雨点般从四面八方射向雅典人。雅典人无力还击。9月16日，在确保自己的人都不会被处死的条件下，狄摩西尼投降。投降的具体安排协商完毕，狄摩西尼想要自尽，但他的剑被夺下，他只是刺伤了自己。他麾下从叙拉古撤出的20 000人中，只有6 000人活了下来。

此时，在他们前面10到13千米处的尼西亚斯正在披荆斩棘，探索出路。一名叙拉古传令官将狄摩西尼投降的消息透露给他，起初他不敢相信。他提出了投降的条件，但被叙拉古人拒绝了。次日，也就是他们行军的第八天，雅典人顶住叙拉古人的不断袭扰，奋力前进到了阿栖那鲁斯河（Asinarus）[今法尔康那拉河（Falconara）]。他们精疲力竭，口渴难耐。

其中很多人脱离队伍，冲入河中，饮水止渴。他们挤作一团，互相践踏，有些人甚至被自己的矛刺死。河水变得浑浊，满是血污，但是他们还是继续不顾一切地喝水。叙拉古人及其盟军此时正驻扎在远处的岸边，他们对准挤作一团的雅典人及其盟军乱箭齐发。紧接着，一些叙拉古人冲下来，见人就杀。

尼西亚斯明白，结局已定。他亲自向吉利普斯投降，因为他认为吉利普斯比叙拉古人更可靠。他的部队中，只有1 000人在阿栖那鲁斯河活了下来。雅典人在叙拉古的采石场被囚禁了整整一个冬天。在这个早期的集中营里，他们“被迫在同一个地方做所有的事情”[42]。他们中大多数人都死于疾病和糟糕的食物（口粮和水只有奴隶标准的一半）。一些人被卖掉了，他们额头上留下了一匹马形状的烙印。

吉利普斯原本打算将病中的尼西亚斯和半死不活的狄摩西尼押解到斯巴达炫耀一番，然而没能如愿。两人被处死，也算摆脱了痛苦。他们的尸体被扔在城门外面，所有人都能清清楚楚地看到。

西西里人是狂热的诗歌爱好者。他们尤其喜欢欧里庇得斯，如果希腊大陆的访客能为他们背上几段他的诗歌，西西里人就会将其视为珍宝。据说，很多侥幸生还的雅典人回到家后，强烈要求拜访这位《特洛伊妇女》的作者，以表达感激之情。他们告诉欧里庇得斯，他们因为把自己所记得的欧里庇得斯的诗歌教给主人而获得了自由。那场决战之后，一些人通过背诵他的诗歌，换来食物和水。

公元前 413 年 9 月中下旬的一天，一名陌生人来到比雷埃夫斯，在一家理发铺里坐了下来。他开始谈起西西里的败仗，好像这是尽人皆知的事似的。实际上，阿提卡人对此一无所知，惊慌失措的理发师飞奔到城里。他跑到执政官面前汇报，把消息在集会广场传播开来，引发了一阵嚣喧。公民大会召开了紧急会议。

理发师接受了盘问，但是他说不清楚提供消息的人是谁（很显然，那位陌生人非常理智地消失了）。他被人们谴责为煽动者，被绑在车轮上受尽折磨，直到信使赶到并对那场灾难做了详细的描述。即使在那一刻，人们还是不敢相信自己所听到的[43]。这一定是夸张了。这不可能是真的。

我们可以把西西里远征看作是一个典型的例子，不可一世的傲慢导致了彻底的失败，过度膨胀的野心最终遭到公正的惩罚。对惨败的描述在普通读者看来都觉得可怕。但这场灾难不是不可避免的，它甚至本不应该发生。实际上，这是一连串的“假如那样就好了”。假如亚西比德能保留其指挥权；假如尼西亚斯能全力以赴，而不是一味推卸责任，不是一再拖延，不是那么迷信；最重要的是，假如拉马卡斯能像他计划的那样，一到达就即刻对叙拉古发动突袭；假如将军们再多一些勤勉，一切本都会是好的。

雅典在远征这个问题上的确也有很多不负责任的方面。它把人力和金钱投到了严格来说毫无必要的决策上。在叙拉古的失败不会帮助雅典修复与斯巴达及其盟友的关系。更重要的是，就算能获胜，征服西西里后，他们又该如何治理呢？雅典不可能让叙拉古永久臣服。几乎毫无疑问，雅典会与富饶的海上强国迦太基发生冲突。迦太基在该岛西部设有据点，它必然会为争夺财富而跟雅典进行激烈的竞争。

在西西里远征的表象下暗藏着雅典人的勃勃野心，他们企图将整个希腊置于自己的控制之下。实际上，雅典根本就没有足够多的人口，也没有充分和可持续的财富来控制希腊世界。希腊这片土地西起塞杰斯塔，东至米利都，从非洲北部的昔兰尼（Cyrene）直到色雷斯或马其顿边境。很久之前，伯里克利在埃及的战败早已有力地证明，雅典人的扩张已超过其能力所及的范围。他的后继当权者们却忘了这个教训。他们在西西里又一次体会到了它。

反事实推理是有风险的。假设雅典征服了叙拉古，他们很可能就取得了对整个希腊世界的统治，但肯定不会长久。地方性的社会动荡和暴动势必发生。因此，从长远看，尼西亚斯的无能或许免除了所有人的麻烦。

跟过去一样，雅典人再次回到“长墙”内。修昔底德毫不怀疑这场灾难的重要性。他写道：

> 这是整个战争期间最辉煌的成就，在我看来，这是我们所了解的希腊历史上最辉煌的一笔。对胜利者而言，它的确是最了不起的胜利。而对失败者而言，这是毁灭性的打击，因为他们在各

个方面都被彻底打败了。他们遭受的苦难是巨大的。他们的毁灭，正如他们所说的，是彻底的。他们的舰队，他们的陆军，所有的一切都被毁灭了，只有少数人逃回家乡。[44]

第 20 章

民主末日？

雅典人在经历了那么多次失败的尝试后，终于看到了胜利的曙光。

公元前 410 年 3 月到 4 月间，在马尔马拉（Marmara）海南岸的塞西卡斯（Cyzicus）城邦附近海域取得大捷的消息传到了雅典。一整支斯巴达舰队被歼灭。雅典海军将领们不仅俘获了所有敌舰，俘虏了大量战俘（这让人想起斯法克蒂里亚战役），还缴获了大量战利品。

尽管斯巴达指挥官门达拉斯（Mindarus）骁勇善战，经验丰富，但这次败仗已经是他在海上连续遭受的第三次重大失败，他自己也在这场战斗中丧命。在几个月内，伯罗奔尼撒联盟就损失了 135 艘到 155 艘三层划桨战船。雅典人已完全掌控制海权，以及从乌克兰和克里米亚半岛进口粮食的海上航线。狄克勒亚成为斯巴达的军事据点后，小麦对雅典的存亡变得至关重要。

斯巴达舰队副司令写了一封简短的信，送回国内，请求帮助和指示。“战船没了，门达拉斯战死，士兵忍饥挨饿，我实在不知该怎么做。”[1] 不幸的是，这封信最终落在了雅典人手里，成了雅典民众的笑料。

雅典人祭祀众神，庆祝胜利，并举办了各式各样的节庆活动。随后，一个高级别的斯巴达使团来到雅典。使团由前任监察官恩狄阿斯（Endius）率领，他对公民大会发表演讲，话语直接而简洁。他希望结束这场断断续续打了20多年的战争。他认为双方都深受其害，而雅典人的状况甚至比斯巴达人更糟糕，现在是时候结束这场两败俱伤的斗争了。他提出与雅典人签订和约。

> 雅典人，我们希望依照如下条款，与贵方进入和平状态。双方保留实际控制的城邦，放弃在对方领土上建立的要塞（如皮洛斯和狄克勒亚），通过交换的方式赎回战俘，一名拉科尼亚人换一名雅典人。[2]

没想到西西里远征仅仅过了两年，局势居然发生如此变化。经历了公元前413年巨大而彻底的人员损失后，绝大多数人都曾以为雅典会认输。

实际上，这场浩大的磨难并没有结束战争，但它确实改变了战争的走向。西西里战败的消息刚传来时，雅典人立马感到无望可寻[3]。战斗中损失的数千重装步兵、骑兵及适龄从军的男子，只有等下一代人长大后才能补充。经验丰富、指挥有方的将军纷纷丧命。比雷埃夫斯的造船厂里几乎看不到什么船，大多数船员都战死了。国库几乎耗尽。人们普遍担忧，意欲复仇的西西里的舰队正从海上向比雷埃夫斯杀来。同盟国很可能纷纷倒戈，雅典帝国将难逃土崩瓦解的下场。

民众在经历了好一番自我恐吓后，终于依靠强大的意志力振作起来。尽管资源短缺，但他们决定绝不屈服。雅典千方百计凑足了金钱和木材，准备重新打造一支舰队。筹集资金，同时想方设法保证“盟友”的忠诚。

提洛同盟成员须交纳年费的旧制度被废止，改为对雅典帝国各港口进出口的货物征收 5% 的税。他们坚信这是一种更加公平合理的支付制度，并可以筹集更多的资金。雅典人强调了一个事实，即雅典的“和平”贯穿地中海，即使在战争时期，它也促进了沿岸贸易和经济的增长。在雅典城内人们采取各种经济改革措施，组成“智囊团”，帮助公民大会分析形势和提供建议。修昔底德冷冰冰地总结了当时的情况：“正像对待民主一样，人们现在惊慌失措，准备把一切都安排妥当。”[4]

让人惊讶的是，尽管发生了大的暴乱，雅典帝国的许多附属国还是坚定地与其主人并肩作战。这是有一定原因的。波斯并没有走远。尽管雅典人一度骄横自大，但他们确实抵御了来自东方的威胁。现在，他们在对待臣民的问题上更加谨慎。他们将斯巴达的卫戍部队从叛乱的城邦拜占庭驱逐出去之后，并没有派雅典的军队驻扎进去——当代历史学家称这是一个典型的例子，是雅典“为重振帝国所采取的公正的、意欲和解的新政策”[5]。

即便如此，安那托利亚海岸附近的希俄斯岛还是发动了暴乱，亚洲海岸的其他联盟成员也纷纷效仿。雅典舰队毁坏了岛上土地肥沃的村庄，并包围了其主要城镇。到公元前 411 年春，爱琴海北部及达达尼尔海峡附近的地区未受影响，但爱奥尼亚的诸多城邦已经脱离出去。

雅典遭遇困境，斯巴达则重获生机。斯巴达人一直对公元前 431 年爆发的战争感觉良心不安，[6] 因为他们没有接受之前雅典人提出的仲裁；但是尼西亚斯时期的和平完结之后，双方恢复了敌对状态，他们认为是雅典人破坏了和约。

过去，他们一直宣称自己的目标是解放全希腊，但是眼前似乎有一场唾手可得的胜利在等着他们，这场胜利过后，用修昔底德的话说，“雅典人的倒台会让他们静静地享受统领希腊的乐趣”[7]。

这不仅仅是一个高层政治的问题。不少斯巴达人从中预见了发财致富的机会。根据传统，只有 9 000 名平等者或全体男性公民能得到乡村的田产，田地里的收入用于支付训练及教育费用，以及维持共餐制。只有 5 000 名平等者参与了公元前 479 年抵抗波斯入侵的普拉蒂亚战役，不到 3 500 人参加了公元前 418 年抵抗阿尔戈斯联盟的曼提尼亚战役。

人数减少有多种原因，难以说清，但有一点很清楚，越来越多的斯巴达人承受不起成为公民的高昂成本。很多人由于贫困而无法成为平等者。

狄奥多罗斯写道，斯巴达人对未来充满希望，一旦获胜，他们“将尽享荣华富贵。整个斯巴达将更大更强，而公民的个人财富也将大幅增长”[8]。

不仅是个人面临贫穷问题，斯巴达城邦也没有足够的资源来继续战争，尽管他们现在对战争十分渴望。他们根本无力与雅典人在海上抗衡。但是，别忘了，还有一个几乎拥有无尽财富的宝库——波斯帝国。可是，如果斯巴达接受了波斯国王的金钱，它又如何维持希腊解放者的骄傲形象呢?

正如人跟魔鬼签约一样，他们可以获取财富，但必须出卖自己的灵魂。

在西西里远征失败之前，雅典人一直把爱琴海置于绝对的控制中，在很长时间里波斯国王都自知难以与之匹敌。但是，他们并没有忘记前任国王薛西斯在萨拉米斯和普拉蒂亚蒙受的耻辱，他们仍旧对爱奥尼亚沿海现已独立的城邦虎视眈眈。

此时的波斯国王是大流士二世，他是踩着其他王室同胞的尸体登上王位的，其中一个王位争夺者被用酒精浸透，扔进一个充满炽热灰烬的坑里[9]。大流士二世想让爱奥尼亚回到自己的统治之下，此时的雅典因西西里的惨败而元气大伤，这让他看到了机会。

波斯国王拥有最高权力，但由于国土幅员辽阔，无法事事亲力亲为。我们已经知道，在基于相互忠诚的庞大封建系统中，国王居于中心位置，他把行政权力分派给各省行政官或总督。此时，主政波斯帝国西部地区的两位总督分别是法尔纳瓦兹（Pharnabazus）和提萨斐尼（Tissaphernes）[10]。赫勒斯滂弗里吉亚地区（Hellespontine Phrygia）几乎由一个家族控制；法尔纳瓦兹从其父亲那里继承了这块辖地，他也想将其传给自己的儿子。他或许是大流士一世某个同僚的后裔。他是一名精干的统治者，备受拥护。

他与狡猾的提萨斐尼关系很不好。提萨斐尼的祖父在薛西斯入侵希腊期间是一名将军，统领精锐的长生军。提萨斐尼是吕底亚和卡里亚的总督。他虽忠于国王，却是个让人捉摸不透的政客，肆无忌惮，不择手段。

大流士二世告诉他的总督们，他希望他们向波斯在公元前479年后失去的小亚细亚沿海诸城邦收缴贡品和债款。这就意味着，让这些城邦回到他的统治之下。要达到这个目标，最简单和最划算的方法就是，在斯巴达与实力严重削弱的雅典的战争中支持斯巴达。

法尔纳瓦兹和提萨斐尼的使团几乎同时来到了斯巴达。他们说，波斯国王准备与斯巴达共同对抗雅典。两位总督都希望斯巴达能支持他们辖区内提洛同盟的成员起来造反。

如前所述，在整个伯罗奔尼撒战争期间，斯巴达人一直缺少资金；他们既没有银矿，也不从事贸易，除了士兵之外，没有任何有用的东西可以输出。监察官们一度坚信，如果没有一支能摧毁雅典海上力量的强大舰队，他们是无法战胜雅典人的。但是他们在付出了巨大代价后发现，战船的建造和维护费用昂贵，难以承受。然而，倘若波斯人能提供资金支持，承担这笔费用，斯巴达就可以再次与雅典在海上开战。

斯巴达人决定与提萨斐尼做个交易。公元前412年，双方开始了认真的谈判。一份留存下来的草稿[11]清楚地揭示了波斯国王的意图。上面写道：

> 当今波斯国王及其先祖统治过的所有领土及城邦，应归属国王……波斯国王和斯巴达人及他们的盟友并肩作战……对于反抗波斯国王的人，斯巴达及其盟友也应当视其为敌。[12]

最终的文本用词更为严谨，但意思十分明确。斯巴达作为抵抗蛮族入侵的希腊救星，如今却和波斯人签署协议，帮助这些野蛮人收复失地。作为回报，大流士二世出资帮助斯巴达建立一支舰队。所有人都明白，爱奥尼亚的城邦一旦失去了雅典的保护，就会变成容易摘到的果子，重新落入波斯国王的手中。这一协议表明，长期的战争造成了无尽的痛苦和价值观的堕落扭曲。

斯巴达人同意在提萨斐尼总督的战区里对希俄斯人的暴动提供帮助。他们把自己的新舰队派往南部战区，随军前往的还有亚西比德，他一如既往地给雅典人制造麻烦。

亚西比德不平凡的人生如今又转到了新的方向。在斯巴达，他趁国王阿吉斯在狄克勒亚激战之时，与其妻泰密娅（Timaea）通奸。这件事情大约在公元前 412 年 2 月败露，阿吉斯大为恼火。据传他们生了一个儿子，名叫列奥提西达斯，阿吉斯不承认这个孩子的血统。然而数年后，阿吉斯在弥留之际却改变了主意，承认列奥提西达斯是自己儿子。据普鲁塔克记载：

> （亚西比德）以嘲弄的口吻说道，自己这样做不是为了施加侮辱或满足色欲，而是为了确保自己的子嗣有朝一日能够统治整个斯巴达。[13]

亚西比德的希望落空了，因为这个男孩没能继承王位。无论怎样，阿吉斯极为不满，开始厌恶这个雅典叛徒。实际上，斯巴达人从来没有完全信任过他，而现在对他已经非常厌倦。身为监察官之一的恩狄阿斯是亚西比德家族的朋友，在接下来的秋天，他的任期就会结束，亚西比德也将失去一位重要的支持者。亚西比德曾督促斯巴达在波斯人的资助下制定新的军事政策，策划叛乱或者协助叛乱者推翻雅典的统治。起初看来，这是一个糟糕的建议，因为雅典人正竭尽全力采取相当有效的措施保护国外的领地。希俄斯不但没有如预期那样成为反叛的中心，反而陷入重重包围，消耗着伯罗奔尼撒联盟的资源。雅典海军在战术上经验更加丰富，而且灵活多变。斯巴达人害怕他们，尽可能地避免与他们作战。事实证明，认为雅典帝国岌岌可危、一推即倒的想法，完全是一厢情愿的痴心妄想。

斯巴达海军指挥官收到一封信，命令他将不守规矩的亚西比德处死。亚西比德听到了风声，并未大惊小怪，随即动身前往提萨斐尼的府邸。表面上，他继续为斯巴达工作，实际上他成了这位波斯总督的秘密顾问。

同之前一样，他很快就融入了新环境。他在提萨斐尼面前展示出不可抗拒的魅力，尽管提萨斐尼对雅典仇恨已久，但也被他深深吸引。普鲁塔克写道：

> （提萨斐尼）完全沉溺于亚西比德的甜言蜜语中，对亚西比德也恭维有加。他下令，将他所拥有的无与伦比的花园重新以亚西比德的名字命名。花园流水潺潺，绿草如茵，建有亭台水榭，装饰风格大气奢华。人们会一直称呼这个地方为亚西比德。[14]

实际上，亚西比德的处境十分微妙。他已经别无选择。他可以效仿塞米斯托克利斯，余生担任波斯官员，可是倘若他在总督那里失宠了呢？而且，他想家了[15]。既然他不再是斯巴达的宠儿，支持斯巴达获胜不符合他的利益。他开始思考如何通过协商重回雅典，虽然他曾对故国的利益造成了不可估量的损害。

一些雅典人也在思考同样的事情。

雅典妇女早已厌倦了这场旷日持久的战争，她们渴望和平。富有号召力、有主见的吕西斯忒拉忒（Lysistrata）劝说她们接管雅典的政府。她们以拒绝丈夫的性要求和控制雅典卫城的国库来达到这个目的。我们了解到，她们发誓要拒绝一种称作“奶酪刨上的母狮”[16]的性爱姿势。男人们很快饥渴难耐，故意炫耀勃起的巨大阳具。斯巴达方面也深受女人的困扰，于是派出一名传令官提出和谈。协议很快达成。男人们这才得以与他们的妻子享受鱼水之欢。斯巴达人和雅典人一同参加了一场活动，大摆宴席，载歌载舞。

当然，所有这一切其实都没有发生，因为这只是阿里斯托芬新编的滑稽剧《吕西斯忒拉忒》（她的名字意为“解散军队的人”）中的情节，该剧于公元前 411 年首次公演。但是许多雅典观众宁愿这一切都是真的。

雅典城内的确存在尖锐的矛盾，但这种矛盾不是两性之间的，而是阶级之间的。民主让城里的贵族们深受其害，而不是感到幸福，尽管他们中有很多人已经被选为将军或政府官员。他们依然信仰自己至高无上的世袭地位——品达称之为“流淌在血液里的高贵”[17]。眼下正是他们废除民主、恢复旧秩序的机会。雅典民众应当为西西里的惨败负责，而且有些德高望重的温和派的人认为，“民众统治”应当得到遏止。这些温和派的人愿意支持建立某种寡头政权。

雅典的气氛很沉闷。一伙年轻的贵族刺杀了民主派的主要领导者，民众人心惶惶。5 月，成立 100 年之久的公民大会被迫废除民主政制。公民大会解散了，取而代之的是一个由 400 名政治寡头组成的委员会，他们在公元前 411 年 6 月开始行使权力。这个委员会的领导者承诺在适当的时候会组建一个由 5 000 名具备投票权的公民组成的议会。而在眼下这段时间里，四百人委员会将行使行政权力。他们几乎取消了所有公共机构的服务收费。

新政权并不像表面上看起来的那么稳定。许多人怀疑他们意欲与斯巴达达成一项屈辱的和平条约。尽管领导者煞费苦心，绝大多数雅典人还是把缔结和约看成背叛，因为雅典人觉得仍有获胜的希望，最起码也能打成平局。最重要的是，这场革命的带头者并不多，他们需要依赖于温和派的支持。

温和派的代表人物之一是塞拉门尼斯（Theramenes），一名干练机敏的政治家，其父是伯里克利时代的一名将军。左右逢源的他被戏称为“厚底靴”（Cothurnus），即戏剧演员左右脚都可以穿的一种靴子。他很快就对那些激进的、一意孤行的同僚们不再抱有幻想。塞拉门尼斯注意到，他们一再推迟公布先前承诺过的 5 000 人名单，便怀疑他们是在有意拖延，因为他们清楚，一旦新的议会开始议事，自己的权力就会逐渐消失。四百人委员会分为两派，即激进派和塞拉门尼斯这样的温和派。温和派向往一种有限度的、非彻底的民主。

这些政治寡头能改变雅典政制的主要原因在于，很多雅典公民和舰队一起驻守在萨摩斯岛上。三层划桨战船的船长或许更倾向于寡头政治，但普通的桨手由雅典公民充当，他们大多来自最贫穷的社会阶层，都是忠诚的民主派。新的公民大会在萨摩斯岛上成立了。

雅典的政治寡头们向斯巴达发出了和平的试探，却遭到对方的拒绝。当他们着手在比雷埃夫斯的主要港口通道上修建堡垒时，人们立刻担心他们打算让伯罗奔尼撒联盟的舰队进来以终结战争。反对声四起，一名领头的政治寡头在集会广场上被外国刺客刺杀。人们拆毁堡垒，并在比雷埃夫斯一座陡峭的山上召开了一次临时会议。讽刺的是，一位名叫亚里斯多格拉底（Aristocrates）的指挥官最先逮捕了一位高级政治寡头。

而在外面的世界，事情变得越来越糟。一支敌军舰队出现在了萨拉米斯岛附近海域，雅典家门口的重要岛屿埃维厄岛发生叛乱，一支由 36 艘三层划桨战船组成的小型护卫舰队被斯巴达人击败，这对不擅长海战的斯巴达人来说是一场难得的胜利。四百人委员会中的大多数人不再同情他们激进的领导者，甚至痛恨自己当前的处境。驻扎在萨摩斯岛的舰队坚持废除四百人议事会。

9 月，公民大会在普尼克斯召开，会议将掌权仅四个月的四百人委员会解散。正如塞拉门尼斯希望的那样，取代他们的统治机构不是由所有公民组成的，而是由自己有能力购置铠甲的成年男子组成的。实际上，这个新掌权的公民大会就相当于原计划中的五千人委员会，如今它终于应运而生了。

新制度取得了巨大的成功，这不仅让雅典重新拥有了高效运作的政府，还改变了雅典在战争中的命运。一年后，在没有流一滴血的情况下，民主得以全面恢复，而且新的公民大会的第一份文件也依照惯例签署——“由五百人议事会和全体民众批准颁布实施”[18]。一切又恢复到了战前的状态（包括恢复公共服务的收费）。修昔底德写道：

> 在这个新制度的第一阶段，雅典人似乎拥有历来最好的政府，最起码在我的时代是如此。少数派和多数派实现了合理且适度的融合，这也是雅典从多灾多难中得以恢复的原因。[19]

叛徒回来了。萨摩斯岛上的新公民大会颁布的最具争议的条令就是罢免雅典选举的所有将军，用自己的人选取而代之。

其中就有亚西比德，他们坚信此人能帮雅典人赢得战争。新成立的五千人委员会表决通过了这项决议。但这并不意味着他的过去已被遗忘或原谅。亚西比德的很多敌人担心他意在推行专制统治，但是目前他们别无选择，只能保持沉默。

年龄的增长和人生的几度沉浮让亚西比德获得了历练，他现在已年近四十，已经成长为一名更坚强、更成熟的领导者，抛弃了容易自满、好投机取巧的弱点。他也清楚这是最后一搏，一旦失败，自己的政治生涯，甚至生命都有可能就此终结。

作为提萨斐尼的顾问，他曾建议波斯对交战双方采取不偏不倚的态度。从波斯的角度来看，坐山观虎斗对他们十分有利。尽管提萨斐尼并不完全信任亚西比德（谁能完全信赖他呢？），但这位总督依然采纳了这个建议。提萨斐尼减少了伯罗奔尼撒联盟舰队迫切需要的资助，并有意不兑现派遣腓尼基舰队前去支援的承诺。但他不同意与雅典人和解。

与此同时，亚西比德已经开始与驻扎在萨摩斯岛的雅典舰队展开谈判，并承诺会说服提萨斐尼支持他们。他刚开始和政治寡头们接触，但很快就将精力转移到民主派身上。有一位颇具影响力且有独立思想的水手长，叫色雷希布拉斯（Thrasybulus），他赞成将亚西比德召回。

提萨斐尼得知这个机密计划后，便有意疏远这位顾问。差不多就在此时，斯巴达与波斯之间达成了一个经过修订的协约。

色雷希布拉斯说服萨摩斯岛上集结的部队和全体船员召回亚西比德，并赋予他免遭起诉的豁免权。他把这名曾经的叛徒从希腊大陆接走，并带到萨摩斯岛。很快，亚西比德就在提萨斐尼那里失去了信任，但是他卓越的领导力和筹集军饷的本领消除了总督的失望。

雅典人现在已连连获胜。

伯罗奔尼撒人对提萨斐尼及不能完全兑现的承诺感到厌倦，他们的舰队向北驶往达达尼尔海峡，在那里开辟了新的战场。这里是为人坦率的法尔纳瓦兹的辖地，斯巴达人很快就与法尔纳瓦兹建立了良好关系，他变成了斯巴达人最好的波斯朋友。由于担心自己的粮食供应，雅典人同样派出舰队，舰队由色雷希布拉斯和另一位海军将领担任指挥官。

公元前 411 年秋天，雅典舰队在达达尼尔海峡取得了两次重大胜利，为动荡的一年画上了句号。如前所述，次年春天，雅典舰队又在塞西卡斯大获全胜。三名参战的雅典指挥官分别是色雷希布拉斯、塞拉门尼斯和亚西比德，而亚西比德的功劳最大。唯一的遗憾是他们失去了梅加腊的港口尼塞亚，而且斯巴达在冬天占领了皮洛斯。雅典人早在公元前 425 年就夺取了这处位于梅西尼亚海岸的岩石要塞。

雅典人意外地发现当前的形势极为有利。

他们感到宽慰的是，自己依然是霸主，一种新的自信在舰队中蔓延开来。他们太自负了。雅典的复苏很大程度上是他们的功劳，但现在已经不是伯里克利时代了。雅典的金钱储备、人力资源几乎消耗殆尽，已不具备快速恢复的能力。他们难以无限期地去打造一支又一支的新舰队。接受气馁的斯巴达人提出的和平倡议将是一个明智的选择，那样雅典就可以有若干年的时间来养精蓄锐。但雅典人还是一如既往的傲慢。民众想要的是完胜，而且现在就要。

当德高望重的斯巴达人恩狄阿斯率领代表团来到雅典向公民大会提出和平倡议时，他肯定预想过自己会受到厌战的人民的热烈欢迎，然而事实并未如他所愿。重获生机的民主制度丝毫没有丢下好战的传统。最杰出的大众领袖克里奥丰强调说，雅典最近取得的胜利具有重大意义。据说，他曾威胁道："我会用匕首割断任何提议和平之人的喉咙。"[20]

他的反对者嘲讽他是出身卑微的堕落酒鬼，但他父亲曾当选将军，因此，他肯定来自一个富裕的望族。民众支持克里奥丰，恩狄阿斯被打发走了。有亚西比德掌控全局，一切都将好起来。

克里奥丰一定是对未来颇有信心，他居然恢复了厄瑞克忒翁神庙的建造工作。这座装饰有女像柱的精致小神庙建在雅典卫城，远征西西里时为了节约资金而放弃修建。虽然这只是一个小工程，但他在追随伟大的伯里克利的脚步。在圣山上修建一座神庙肯定会鼓舞民众的士气。同时，为了纪念塞西卡斯的胜利，小巧的雅典娜神庙四周建起了护墙。

在相当长一段时间里，一切都很顺利。雅典人没能夺回希俄斯岛和埃维厄岛，但是色雷斯海岸附近的萨索斯岛却失而复得。罗得岛是提洛联盟的成员，却在战争中时常保持中立，并最终走上了独立之路。除了这些特例，雅典帝国基本上是团结一致的。

公元前 407 年，在战场上度过四年的亚西比德认为终于可以安全返乡了。他已经证明自己，城里的朋友也保证会为他举办一个热烈的欢迎仪式，更重要的是，会保证他的安全。当他抵达比雷埃夫斯时，一大群祝福者已等在那里——正如公元前 415 年人们最后一次看到他时那样。那一天，他指挥舰队远征西西里，当时的场景异常壮观。

他在近海抛锚，因担心遭到伏击，没敢立即上岸。他站在甲板上驻足观望，找寻他的亲属。直到他认出一位表亲时，他才上岸，在一个临时警卫的陪同下走进城里。

眼中含着泪水的亚西比德向五百人议事会和公民大会尽力解释自己的行为，但是大多数人对辉煌的未来更感兴趣，不在意过去的事情。一顶黄金王冠戴在了他的头上，他被委任为统帅，正如色诺芬所说，“大家相信，他是能恢复雅典昔日强盛的人”[21]。他的审理及判决记录沉入大海，财产如数归还，祭司奉命放弃了对他的诅咒。

自狄克勒亚被斯巴达占领以来，每年从雅典到厄琉息斯举行神秘祭祀的队伍只得走海路。而今年，亚西比德率领队伍，在军队的护卫下，沿传统的陆路行进。斯巴达人没有做出反应。亚西比德此举有两层象征意义，其一是表示对阿吉斯国王及其军队的蔑视，另外他也借机向神秘祭祀表示尊敬，他曾被指控嘲弄神秘祭祀（他仍然为此喊冤）。如果有那么一刻，他可以把自己塑造成专制君主，那就是此刻。但是他告诉自己，最好先打赢这场战争。

两起事件为雅典的未来蒙上了阴影。一位精明干练的斯巴达海军将领被任命统帅伯罗奔尼撒舰队。他就是来山得（Lysander）。家境贫寒的他是一名“莫萨克斯”（*mothax*，多利亚希腊语，字面意思是“继兄弟”），这个词用来指因贫穷而无法加入共餐的斯巴达人，他们往往需要寻觅一位富有的赞助者。尽管莫萨克斯不属于平等者，但也可以跟他们并肩作战。

来山得是一名霸权主义者，一心想让斯巴达取代雅典成为希腊世界的霸主。他结识了小居鲁士（Cyrus），即波斯国王阿尔塔薛西斯二世的弟弟。他向这位年轻的王子抱怨提萨斐尼并没有全心全意支持伯罗奔尼撒舰队，并说服他将水手津贴从每人 3 欧布鲁斯提高为每人 4 欧布鲁斯。阿尔塔薛西斯二世命令小居鲁士接替提萨斐尼，负责指挥作战。他年近 20 岁，正血气方刚，坚决支持斯巴达。一向骄纵专横的来山得这一次在波斯宫廷里却表现得服服帖帖，阿谀奉承。斯巴达人和波斯人成了好朋友。

在这个不祥的时刻，亚西比德有所松懈。他在国内的敌人一直耐心地等待着他的失误，现在他们终于出手了。

一支雅典舰队停泊在以弗所附近的诺丁姆港。亚西比德期望尽快与来山得的舰队决战，但后者一直躲在以弗所的港内避战不出。斯巴达的海军将领从小居鲁士那里获得了大量资金，因而比雅典人更能负担起高额的花销。他们不着急，完全没必要去冒险打一仗。相比之下，亚西比德被寄予厚望，这让他深受其害，因为在雅典民众的想象中，他无所不能。与此同时，他手下很多桨手没有禁得住波斯人黄金的诱惑，叛变投到敌营中。

亚西比德乘坐自己的运兵船暂时离开，去筹集资金和粮食[22]。他命令三层划桨战船保持警戒，监视来山得的一举一动。他让自己的舵手安条克（Antiochus）留下统领舰队。他的确是一名好舵手，但（据普鲁塔克记载）也是一个鲁莽的下层人[23]。他是一个合格的酒友，却不是称职的将领。

亚西比德临走前明确指示他要尽力避战，而他将之抛在脑后。他率领几艘三层划桨战船航行至以弗所港口，大声辱骂，并做出下流的手势。来山得先是派出少量战船去驱逐安条克，之后随着双方援军赶赴战场，争执升级为两支舰队的战斗。结果，安条克战死，雅典人损失了 22 艘战船[24]。这是一场原本可以避免的小挫折。亚西比德听到这个消息后火速赶回，并向来山得提出挑战，但遭到斯巴达人的拒绝。来山得已经取得很好的战果，觉得没有必要再去冒险。

诺丁姆的冲突是继塞西卡斯战役后第一个真正意义上的逆转，让公民大会感到惊愕。一名演讲者指责亚西比德，说他重用的那些家伙“只会喝酒和谈论水手的奇闻逸事，以此来博得他的信任”[25]，并说他把这场海战当成了一次奢华巡游。他的陈年旧事被一一扒了出来，包括他给斯巴达提供帮助，以及跟波斯相互勾结。他被免职了。

这似乎是一个愚蠢的决定，民众出尔反尔。诺丁姆的溃败只不过把早先亚西比德的反叛重新揭示出来，刺激了人们的神经。反对他的声浪达到了前所未有的高潮，他终究无法凝聚起更广泛的支持。他本就知道自己重回雅典是一场巨大而危险的赌博。他立刻明白，孤注一掷的他已经输掉了赌局。他的处境不再安全。于是，他离开舰队，逃到色雷斯的克森尼索。他早已在那里准备了一处藏身地，以备不时之需。

亚西比德还是一如既往的不安分。他花钱请了一些雇佣兵[26]，带领突击队袭击色雷斯，劫持了不少人，勒索了大笔金钱。但这些跟他失去的财富相比，不过是九牛一毛。

在亚西比德蒙羞两年之后，阿里斯托芬在作品《蛙》（*The Frogs*）中描述了他的雅典同胞们对这位失去的领袖持有的复杂情感。雅典“对他又爱又恨，但还是希望他回来”[27]。但现在一切都来不及了。

民众的怒气还没消，他们依旧残暴无情，无法捉摸。

公元前406年，来山得的任期已满，被迫将指挥权交给一名年轻的指挥官卡利克拉提达斯（Callicratidas）。他是一名不世之才，颇有魅力，浑身透着一股人们怀念的布拉西达斯的气息。来山得不甘心就这样被取代，便跑到小居鲁士那里诋毁卡利克拉提达斯，并归还了小居鲁士提供给他的未花完的津贴。

这位海军新帅不同意来山得的扩张政策。他认为与波斯结盟是斯巴达的耻辱。当求见小居鲁士的请求遭到拒绝后，他怒不可遏。他造访了仇恨波斯的城邦米利都，在那里成立了自己的远征指挥部。在米利都的公民大会上，他说道："为了金钱而向外邦低头，这真是希腊人的耻辱。如果我能安全回来，我将尽我所能去实现雅典与斯巴达的和平。"[28]

卡利克拉提达斯在爱奥尼亚的各个城邦筹集了大量资金，以支付麾下140艘战船的庞大开支，这些城邦同他一样厌恶波斯。他出海追捕雅典舰队，这支舰队此时由海军将领科农（Conon）指挥。最终，他把雅典舰队堵在莱斯博斯岛的首府米提利尼港口里。他俘获了30艘雅典的三层划桨战船，科农一方只剩下不到40艘战船，在港口里苟延残喘。倘若他将整支雅典舰队一举歼灭，这场战争也就此结束了。小居鲁士不希望看到斯巴达在离开波斯援助的情况下获胜，立即向卡利克拉提达斯拨款以应军需。

科农设法派一艘船偷偷突围，向雅典当局通报战况并请求援军。为了应付这场危机，雅典人着实下了一番功夫。获得自由的奴隶在舰队里做了桨手，甚至骑兵部队里的贵族也屈尊去做了桨手。110艘战船建造完毕，人员齐整。盟军另外支援了40多艘战船，其中，依然忠诚的萨摩斯岛贡献了10艘。为了表示感谢，雅典人修砌了一座大理石浮雕，刻画的是萨摩斯岛的守护神赫拉与全副武装的雅典娜亲切握手的场景[29]。

雅典增援舰队逼近莱斯博斯岛，卡利克拉提达斯失去了数量上的优势。双方在米提利尼前的阿吉纽西群岛（Arginusae Islands）附近激战。那天狂风大作。雅典战船呈双列阵线向斯巴达人发起进攻，意欲从左翼包抄敌人。作为应对，卡利克拉提达斯将全军分为两个独立舰队。他的中军阵线因此露出一个缺口，雅典战船长驱直入。卡利克拉提达斯所乘的三层划桨战船撞击了一艘敌舰，他从船上跌入水中，再无踪迹。雅典舰队的右翼战船成功击退了敌舰，虽然部分三层划桨战船得以逃脱，但斯巴达人及其盟友还是损失了77艘战船，远远超过了总战船数量的一半。雅典人仅仅损失了25艘。此役战果非同寻常，狄奥多罗斯写道，阿吉纽西之战是“希腊内战中最声势浩大的海战”[30]。

漫长的战斗结束之后，暴风雨来临。获胜的将领有义务救援落水的水手，这些可怜的家伙，或紧紧抓住沉船残骸浮在水面上，或游来游去。当然，也应打捞漂浮的尸体。阿吉纽西一役落水者共有5 000人。

八位将军（为避免委员会之间的争斗，每天都有一个不同的委员会全权负责）决定派遣50艘三层划桨战船，由塞拉门尼斯和色雷希布拉斯率领，去营救幸存者。他们两人此时都担任舰长。但是此时天气十分恶劣，他们二人认为无法执行救援命令。与此同时，舰队的其他战船出发去应对仍旧封锁米提利尼的斯巴达舰队。最后，5 000人全部溺死。

死亡人数如此之多，让公民大会震怒，尽管这是一场激动人心的胜仗。塞拉门尼斯和色雷希布拉斯立即将责任推到八位将军身上，他们全被罢黜，并受到审判。他们的案子是一起审理的，经一次投票，全部被判处死刑。

同时审判被起诉者违背了保障单独审理的法令。值得注意的是，苏格拉底恰巧在这一年的五百人议事会里（这是他唯一一次担任公职）[31]。

这个月，他也在小组委员会工作。小组委员会又称议事会执行委员会（*prytany*），这个部门为五百人议事会制定提交公民大会的议案。更巧的是，审判这一天他是公民大会的主席。他以此举违背法律为由，拒绝向大会提交此议案。

但他只有 24 小时的权力。24 小时过后，审讯继续进行，八位将军最终被判处死刑。这里面包括小伯里克利，即伯里克利与阿斯帕齐娅的儿子。其中一个被定罪的人在被带走前停了下来，他尖刻地讽刺道，希望公民大会记得解除他及同僚在获胜前向众神立下的誓言[32]，因为他们自身已经没有时间了。

在这起违反法律的事件中，只有苏格拉底这位不受欢迎的哲学家站出来支持他们。

阿吉纽西一役的确夺去了很多人的生命，但是，难道雅典真的有足够多的人才可以随便处置，雅典人可以因愤怒而处死这么多指挥官吗？当他们意识到这一点的时候，一切都来不及了，公民大会已经执行了这个既残酷又愚蠢的决定。此举让人怀念五千人委员会的理性统治。这 5 000 人是否会像近期重获权力的民众那样彻底失去自我控制？

斯巴达人再次求和，希望双方保持现有的领土。他们甚至提出放弃狄克勒亚。很不幸，克里奥丰再次从中作梗。据公元前 4 世纪一名研究《雅典政制》的学者描述，他为“阻止议和……穿着胸甲，醉醺醺地闯入公民大会，声称除非斯巴达将他们占领的所有城邦交出来，否则他绝不答应”[33]。

雅典人拒绝和解，这是另一个不明智的决定。赢得阿吉纽西海战的舰队是雅典人倾其所有拼凑出来的，近乎是奇迹了。他们为了招募士兵，建造战船，筹措军饷，不得不掏出了最后一点家底。如果这支舰队再出什么意外，一切就都完了。不可能再有奇迹出现了。

为什么雅典民众就没意识到这一点呢？或许，唯一的答案就是人们已经精疲力竭，就像一名被打懵的拳击手一样，已无力叫停比赛。

有人骑着马沿海岸一路奔来，到了雅典战船的停泊地，求见统领舰队的六位将军[34]。我们可以猜到，将军们没有让他等很久，因为他不是别人，正是亚西比德，他此次专程前来给他们提供一些建议。

此处名为伊哥斯波塔米（Aegospotami，又称 Goat Streams，即羊河），是一条从达达尼尔海峡北岸流入大海的小河。亚西比德藏身的城堡离此不远，就在今天的加利波利半岛上，因而他能观察到局势的发展。

从表面上看，伊哥斯波塔米没什么特别之处。附近没有港口，能够获得补给的最近的城邦塞斯托斯（Sestos）也在 16 千米开外。唯一的优势就是，此处就在拉姆普萨卡斯港对面，重掌军权的来山得率领一支 200 艘战船组成的舰队驻守在那里。

雅典人拥有 180 艘三层划桨战船，希望趁尚能负担起 35 000 名水手的薪水之时尽快与斯巴达人决战。如果他们真打算这么做，就必须去挑衅斯巴达人。在四天的时间里，他们的战船从伊哥斯波塔米出发，穿过 3 千米的海峡，向斯巴达人宣战。来山得的舰队一直都按兵不动，不出港迎战。直接对来山得发动进攻过于冒险。下午，雅典人返回驻地，在岸边寻找可以当作晚餐的食物。

亚西比德造访之日正好是第四天。他极力劝说将军们把舰队开往塞斯托斯，那里有一个海港和一个城邦。他特意说，如果能有机会协助指挥，他自己将组织一支色雷斯部队，从岸上进攻斯巴达人。亚西比德的警告没有错，这些将军目前的处境十分危险。如果真的有一支色雷斯部队前来相助，那的确是雪中送炭。

然而，将军们不甘心与一个被公民大会宣判两次的人共同指挥。而且，正如狄奥多罗斯指出的，他们认为“一旦受挫，自己将遭受责难；若是告捷，所有的人都会认为功劳是亚西比德的”[35]。他们让亚西比德离开。“现在我们是舰队指挥官，”[36]他们提醒他。

次日清晨，30艘雅典的三层划桨战船在主舰队之前先行出发[37]。指挥官是斐洛克利（Philocles）。他或许是打算用一个容易被摧毁的小目标引诱来山得上钩，待其出港之时，再出动主力舰队将其一举歼灭。计划失败了，原因有两个：叛徒泄密和雅典人纪律松懈。

事先得到情报的来山得立即出动整支舰队，击溃雅典先头部队，直接冲进停在沙滩上的雅典舰队，水手们根本来不及开船。他另外派了一些步兵，趁雅典人忙于营救战船之际袭击敌营。大部分雅典人四下逃散，奔向塞斯托斯。

整支雅典舰队里，最后只剩下10艘船没有被击沉或被俘获。共有3 000人到4 000人被俘。敌人决定将拥有雅典公民权的人全都处死。而之前有过暴行的人则得到了特别关注，其中就有斐洛克利：他提交过一份议案，被公民大会通过，那就是将所有战俘的右手拇指切掉，或者将其两只手砍掉。还有一次，他曾下令将被俘的2艘三层划桨战船上的水手全部丢进海里淹死。色诺芬写道：“来山得首先问他，对希腊人施以如此罕见的暴行，他认为自己应当受到什么处罚。然后他就被割了喉咙。”[38]

城邦主舰“巴拉洛斯号”当晚抵达雅典，带去了雅典人在伊哥斯波塔米惨败的战报。色诺芬描述了那个让人难以忘怀的场景。

> 一声哀鸣从比雷埃夫斯传出，沿着长墙，进入城里。消息不断传开。结果，那夜无人入睡，他们不仅为死者哭泣，更为自己哭泣。他们认为之前施加给他人的苦难也会降临到自己头上，如米洛斯人……以及其他许多希腊人。[39]

雅典人和斯巴达人之间的大战几近结束，但并未完结。

雅典人做好了被围困的准备。城池坚不可摧，斯巴达人只能等待城里断粮，迫使雅典人投降。来山得威胁说，城外的雅典人，见一个杀一个。而大量难民的涌入给这个城市增加了粮食供应的压力。比雷埃夫斯被封锁，粮食进口中断。来山得静静地等待着。冬天过去了。到了春天，满街都是饿殍。

斯巴达人会提出什么条件？斯巴达人没有忘记米洛斯岛的悲惨命运及其他战争暴行。雅典人曾施于别人的痛苦，现在自己也该尝尝了。科林斯人和彼奥提亚人希望看到雅典毁灭，他们想“连根带叶地”[40]将雅典彻底夷为平地，将公民卖作奴隶。阿吉斯国王和来山得支持这个提议。但是在短暂的思考后，他们发现这与斯巴达的利益背道而驰。一旦把雅典人从地图上抹去，希腊势必出现权力真空，而在战争中制造过不少麻烦的科林斯人和彼奥提亚人就会第一时间取而代之。除去一个强敌却又制造了另一个，这没有什么意义。

一个被驯服的雅典才是对斯巴达最有利的。这就是最终达成的协议。雅典依然是一个独立的城邦，但是要拆除长墙，拆掉比雷埃夫斯及其境内的要塞。雅典被迫与自己昔日的敌人签订了一份友好条约，该条约规定雅典自身不能制定对外政策。所有的流放者（大多是政治寡头）都应该被召回。

雅典的首席谈判者是温和派的塞拉门尼斯。激进的民主派克里奥丰还是和往常一样难以被驯服，他试图阻止磋商，最后却成了残酷现实的牺牲品。他被指控逃避兵役，并被判有罪，最后被执行死刑。来山得耀武扬威地进入比雷埃夫斯，雅典人及其征服者一同拆除了长墙。迫于这位斯巴达指挥官的淫威，公民大会只得按照吩咐做事。公民大会投票废除了民主制，并组成了一个三十人的委员会，称作三十僭主，为首的是一位名叫克里提亚斯（Crirtias）的流亡者，他是一名作家和寡头政治家。委员会筹备制定了新的政治制度。这些反动派成了真正意义上的统治者。

那个成心让雅典遭受巨大灾难又竭尽全力拯救国家的人——那个反复无常、魅力四射、体现着雅典帝国主义精神的人，现在怎么样了？

在伊哥斯波塔米受挫之后，亚西比德就知道自己已经没有什么前途了。斯巴达当局想找到他，把他处死。公元前4世纪的演讲家和评论家伊索克拉底（Isocrates）说："（斯巴达人）拆除了雅典的城墙，但他们还是对雅典人的忠诚放心不下，除非他们彻底铲除那个有能力重建城墙的人。"[41] 换句话说，亚西比德活着就是一个危险。

亚西比德隐匿在达达尼尔海峡附近的城堡中。色雷斯人突袭了他的家并将他的财产掠夺一空，他只得走水路逃往弗里吉亚。一向友善的法尔纳瓦兹为他在村子里找了一处住房。作为最后一搏，亚西比德劝说法尔纳瓦兹帮助自己与波斯国王阿尔塔薛西斯二世在苏萨安排一次见面。他想劝说波斯国王对斯巴达采取敌对行动，帮助雅典从失败中恢复元气。他的理由跟先前一样，希腊世界的力量平衡符合波斯的利益。不管怎么说，他可以为阿尔塔薛西斯二世服务，像塞米斯托克利斯一样发挥作用。

克里提亚斯曾在一首诗中夸口[42]，说自己已经向公民大会提交议案召回亚西比德。然而，作为雅典的新任统治者，他又改变了态度。他给身处亚洲的来山得捎信："除非你干掉亚西比德，否则你在雅典所做的一切安排都不会长久。因此，如果你想让自己的决策不被改变，就必须让他死。"[43]少年时代，克里提亚斯和亚西比德都曾在苏格拉底门下学习，而苏格拉底一定认为他们两人都不是学习的典范和道德的模范。

刚开始，来山得并不愿意这样做，但是迫于斯巴达当局的压力，他警告那位波斯总督，要找到亚西比德，无论是死是活，否则波斯与斯巴达的关系就将破裂。法尔纳瓦兹无可奈何，只好答应，并安排两名亲信处理此事。

普鲁塔克说[44]，亚西比德那时与一位名为提嫚达（Timandra）的高级妓女生活在一起。一天夜里，他梦到自己穿着提嫚达的裙子。她把他的头揽进怀里，给他的脸化妆，好像他是个女人似的。

当晚，过了不久，奉命刺杀亚西比德的人就来到他的家。他们不敢进去，便在四面围墙后堆满木材，点燃了熊熊大火。亚西比德被火焰的噼啪声吵醒，他试图用衣服和被子将火扑灭。接着，他左手裹上斗篷，右手拿起长剑，穿过火海，竟毫发无损。刺客们后退到他攻击不到的地方，用弓箭和标枪远距离射杀他，直到他倒地而亡。

稍后，待刺客们离开，提嫚达用自己的衣服收敛了他的尸身。随后，她把亚西比德放入那场本欲烧死他的大火中火化了。

就这样，在仅剩的几位阿尔克迈翁家族成员中，又有一位告别了历史舞台。这个家族从此销声匿迹。不论他们已被赶尽杀绝，还是隐姓埋名地在他乡安居乐业，我们都希望，亚西比德的死让流血和杀戮达到高潮，“库伦诅咒”因此可以终结。

长久的告别

A LONG

FAREWELL

第 21 章

斯巴达的陨落

公元前 403 年，一位在外多年的雅典人回到故乡时，一定注意到了街道是多么安静和空旷。人们都去哪里了？

答案很简单，他们都死了。伯罗奔尼撒战争结束时，雅典的男性人数不及战争开始时的一半，即便我们已经加上这些年新增的人数，粗略算上新生的婴儿、所有新入伍的男性公民和被遣返的海外殖民者（*cleruchs*），这一数字很可能也不会超过 10 000。其原因不仅是战争造成的人员伤亡，特别是西西里远征期间的伤亡，公元前 5 世纪 20 年代爆发的瘟疫也夺去了很多人的生命。据估计，重装步兵人数从公元前 431 年的 22 000 人减少到了公元前 394 年的 9 250 人。战争最后几年的数次海战对雅典的第四等级，即经济地位最低的阶层，造成了更为惨重的损失。公元前 415 年，他们大约有 15 000 人，而到了公元前 394 年，人数下降到 5 000 到 7 000 之间。因为三层划桨战船需要大量的人手划桨才能航行，所以海战中的伤亡人数要远远多于陆地战争。

总之，伯罗奔尼撒战争之后，雅典成年男性公民的数量约在 14 000 人到 16 250 人之间。而公元前 434 年，这一数字早已超过

40 000 人。雅典公民人口减少了 60%。

在经历了这一惨败之后，雅典能否重新恢复其在希腊世界的霸主地位？看上去几乎不太可能。

雅典的经济已经土崩瓦解[1]。在鼎盛时期，雅典的农业处于核心地位，大约有三分之二的成年男性拥有土地，虽然这些土地不一定足以维持生计。许多情况下，小农户可以通过担任陪审员增加收入，或者通过出任公职从政府获取薪酬。他们也可以在舰队中做桨手，或是在比雷埃夫斯的造船厂工作。或者，他们可以移民前往遍布帝国各地的殖民地。而没有土地的贫民更多地依赖于参军和国内公职的收入。雅典的公共政策与福利基金有相互重叠之处。

但是现在帝国崩溃了，舰队也一道消亡。贫富差距变大。积累多年的资金流入突然枯竭。正如我们所知，20 000 多名奴隶逃跑了。他们中的许多人本来都在劳里昂采矿。直到公元前 3 世纪中期，各地提炼银子的技术才差不多恢复到公元前 4 世纪末的水平。也有许多奴隶因参加阿吉纽西战役有功而换取了自由。在资金不足时，银矿很难轻易找到可以替换他们的人。只要雅典还有哪怕一丁点儿遭到军事入侵的风险，大批的投资者就会认为，向内陆和海上的商人提供贷款，比投资矿业和恢复农业更加安全。

联盟成员支付盟金（更坦白地说是进贡）的做法终止了。公元前 431 年，雅典从盟友那里得到的盟金和其他款项的数额共计 600 塔兰特；公元前 425 年，重新评估后，数额上调为 1 300 塔兰特；公元前 413 年，约为 900 塔兰特；而到了公元前 403 年，一分钱也没有了。从好的方面说，因为帝国已经衰落，雅典不再有义务保障商人们在海上的安全（其中一个出乎意料的后果是海盗活动开始猖獗）。雅典的收入减少了，但在一定程度上也意味着开支减少了。

雅典从来都不是制造业的中心，而且大部分手工业产品都面向国内市场。在伯罗奔尼撒战争期间，许多从事金属加工、木材加工、制革和造船的工厂，通过生产武器、舰船、船用装置和盔甲等，得到迅速发展。和平的到来将导致很多人失业，以及政府不得不进行产业调整。城邦不再需要建造船队，军队也不再需要武装。

但还有一线希望。雅典人在农村可以继续过安稳的日子，专门从事农业耕作的生活重新开始了。斯巴达军队离开了位于狄克勒亚的要塞，历时 30 年的战争最终结束。阿提卡的田地毁坏殆尽，农场建筑遭到拆除，木头、瓦片、工具和设施被掠夺一空。土地贬值，演说家吕西亚斯（Lysias）在公元前 389 年（或公元前 388 年）提到一个地主，他的私有土地的价值[2]已经从 70 塔兰特降至 20 塔兰特。

但实际遭受的破坏并没有看上去那么严重。人们年复一年地种植粮食作物，葡萄藤顽强地存活下来，橄榄树也经受住了斧砍火烧（虽然树苗的生长需要很长时间）。农业的复兴大大降低了雅典对黑海进口食物的依赖。比较富裕的地主比其他人恢复得更为迅速。我们知道，不少富有的农民在战后生活得很好，令人有些惊讶的是，这其中也包括哲学家柏拉图，他是苏格拉底的学生。

一旦诸事平息，雅典——或者更确切地说，比雷埃夫斯——便重申其在地中海东部贸易中心的地位，那里是进出口货物中转的重要港口。从迦太基到克里米亚等地的港口都有船只到雅典进行货物交易。但是，不可否认，贸易量急剧下滑。此前，雅典每年的海上贸易总量超过 18 000 塔兰特，其中比雷埃夫斯所占的份额至少有 25%，约为

4 500塔兰特。在公元前402年（或公元前401年），比雷埃夫斯港的年收入已经降至1 800塔兰特，但这仍是一笔可观的数目。

商业的繁荣离不开银行家和包税人，他们大都是居住在雅典的外邦人和训练有素的奴隶（雅典没有财政或纳税服务部门）。外国人也因文化上的缘由来到雅典，比如参加大酒神节。随着战争的结束，游客们也陆续返回。从长远来看，向外国人提供服务成了雅典最赚钱的行业。

公元前395年左右，一位来自博斯普鲁斯的年轻人造访雅典。他留下的文字十分具有代表性。

> 当我听到关于雅典和希腊其他地方的介绍后，我便想动身前往一探究竟。于是我父亲把两只船装满粮食（准备在雅典城里卖掉），给我一笔钱，送我踏上贸易之旅，同时让我在远航中了解世界。[3]

在雅典，人们又恢复了和往常一样的生活。经济也显现出小幅增长。但是由于人口大幅减少和人们对未来的悲观态度，雅典的恢复不可避免地受到了影响。一方面，战争带来的灾难打击了人们的自信，另一方面，人力财力耗费巨大，雅典已经无法再去支撑一场战争，也没有办法提振经济、维持国家运转或复兴文化。

公元前404年的一个下午[4]，富有的外邦人吕西亚斯正在比雷埃夫斯的家中举办宴会。这时，行政当局有人前来。

来山得建立的寡头政权三十僭主中的两个人走了进来。随之而来的还有一队武装人员。这伙人赶走了在场的宾客，然后直奔隔壁的军工厂。这个军工厂归吕西亚斯和他的哥哥玻勒马霍斯（Polemarchus）所有。他们清查了正在制造盾牌的120名奴隶。与此同时，其中一名僭主叫佩松（Peison），他同吕西亚斯一起待在房间里。

三十僭主缺少资金，并且怀疑外籍居民中有背叛行为。于是他们便想出这个一箭双雕的办法。十名富有的外籍居民因莫须有的犯罪指控而要被没收财产和丢掉性命（为了掩饰，十人中有两人是贫民）。吕西亚斯和玻勒马霍斯就在这些被选中的人当中。他俩来自一个受人尊敬且不参与政治的富有移民家族。他们的父亲是叙拉古人，受到伯利克里的邀请才定居雅典。玻勒马霍斯对哲学很感兴趣，柏拉图将自己的那部伟大的哲学对话录《理想国》的场景就设置在了他的家里。

吕西亚斯请求佩松放了自己，他将用1塔兰特的银子作为回报，佩松同意了。于是他走进卧室，打开保险柜，里面有3塔兰特银子和一些金币。不幸的是，佩松跟随他走进卧室，看到了保险柜，于是叫手下把它搬走。吕西亚斯就这样失去了一切。他被移交给另一名僭主，并被带到邻近的房子里。吕西亚斯前景不妙。因此，他趁这伙不速之客交谈之际，抓住机会，悄无声息地穿过三道门，逃了出去。不可思议的是，这三道门碰巧都没有上锁。他去了一个相识的船长家里。船长去雅典打探玻勒马霍斯的境况。他带回消息说，玻勒马霍斯已经被捕并被关押在监狱里。于是，第二天晚上，吕西亚斯登上一艘小船，逃往梅加腊。

一年后，在回忆这些事情时，他仍对哥哥的命运痛心不已。“三十僭主按照往常的惯例下令让玻勒马霍斯喝下毒芹汁（一种用于死刑的毒药）。他们没有过多解释行刑的原因，不允许举行审判，也不让他为自己辩护。”[5]玻勒马霍斯的财产被洗劫一空（甚至包括他妻子的耳环），他的亲属只好通过乞讨和借钱，给他举行了葬礼。

三十僭主的头领克里提亚斯并不是普通的反动派。他曾经是苏格拉底的学生，创作过诗歌和悲剧。从遭雅典流放到伯罗奔尼撒战争结束的这一段时间里，克里提亚斯帮助塞萨利建立了民主制度[6]。他曾被怀疑参与毁坏赫尔墨斯雕像的事件。同时，他也是一个思想先进的人：他创作的悲剧中有一个片段被保留了下来，剧中的一个演讲者解释说，神是为了用来控制人类而被创造出来的。

> 某个精明的人，判断力非凡，
> 创造了神灵，让凡人有了敬畏之心，
> 这样，即使恶人在暗地里为非作歹，
> 也会心惊胆寒。[7]

他认为应该用武力来强制推行美德，这也确实成为他掌权后所采取的政策。但是，吕西亚斯的遭遇表明，武力已经被滥用，丝毫没有顾及美德。

三十僭主曾被要求制定新的政治制度，可是一旦他们牢牢掌握了权力，这件事就被抛在脑后了。他们没收了城中所有的武器和盔甲，开始实行恐怖统治。他们首先处决了身份暴露的告密者，然后又处死了 1 500 人，这些人要么有钱，要么是一些奉公守法、政治态度温和的公民。

三十僭主试图通过这些合法但不公正的死刑判决来警告雅典的普通民众。苏格拉底与另外四名市民奉命[8]去逮捕受人尊敬的退役军官[9]，即萨拉米斯的利翁（Leon）。苏格拉底冒着巨大的风险，拒绝了该命令，直接返回家中。根据柏拉图的说法，苏格拉底后来承认他可能因此被处以死刑，但是他补充说："我才不在乎死亡呢，如果这么说不显得我粗俗。我唯一看重的是不要做任何不公正、不敬虔的事情。"[10] 而另外四人却没有这般勇气。他们逮捕了利翁并将其处死。三十僭主对苏格拉底的忍耐已经到了极限。

塞拉门尼斯曾希望三十僭主能够实施他的想法，对寡头政权加以限制，就像五千人委员会那个时期一样。他加入了三十僭主，但很快就改变了主意。为了扩大政府影响力，克里提亚斯发布命令，登记了3 000名支持者，同时宣布其他所有公民可以不经审判就被处以死刑并没收财产。塞拉门尼斯批判了当局的残暴统治，指出国家将面临分裂的威胁。他说，仅仅因为某些人在民主制度下受欢迎就杀害他们是错误的做法。被戏称为"厚底靴"的八面玲珑的塞拉门尼斯，最终还是做出了自己的选择。

克里提亚斯开始行动。他召集五百人议事会成员开会，并在年轻支持者的护卫下到达会场，这些支持者腋下都藏有匕首。经过激烈辩论，他将塞拉门尼斯的名字从3 000名支持者的名单中除去，使塞拉门尼斯失去了接受审判的资格，然后他下令立刻逮捕并处决塞拉门尼斯。塞拉门尼斯逃至一处祭坛前寻求庇护，但还是被拖了出来。不管他如何高声抗议，他还是被拖拽着穿过集会广场。

在广场边上的一所小监狱里，一杯毒芹汁端到他面前。他就像一位爱者在酒会上玩投掷酒杯的游戏（*kottabos*），将毒药渣连同杯子一起扔出，如同向谋杀他的被爱者敬酒一般。"敬可爱的克里提亚斯！"[11]

用这种专横暴力的方式除掉一位高级政治家是软弱的表现，而非力量的展示，政府统治因此发生动摇。两名流亡到底比斯的民主领袖决定对三十僭主的统治施行干预。其中一个是色雷希布拉斯，伯罗奔尼撒战争后期驻扎在萨摩斯岛的一名出色的海军上将。另一个是阿尼图斯（Anytus），一位富有影响力的政治家，拥有一家运营良好的制革厂。阿尼图斯有着复杂曲折的人生经历：许多年前，他就彻头彻尾地爱上了十几岁的亚西比德。他是一位温和的民主派人士，公元前409年被选举为十将军的一员。不幸的是，斯巴达人夺取皮洛斯时，他恰好是雅典军队的指挥官。他因这次失利而受到审判，但他贿赂了陪审团，得以无罪释放。

公元前404年12月，色雷希布拉斯和阿尼图斯率领70名随从穿过底比斯到达阿提卡，占领了距离雅典16千米的一座叫菲尔（Phyle）的小山。三十僭主派了一支部队前去围堵，但一场暴风雪破坏了这次行动。人们纷纷逃离雅典去投奔色雷希布拉斯。很快，他便拥有了700名追随者。一天黎明前，他们袭击并驱散了一些骑兵，以及一支从雅典卫城被派往菲尔巡逻的斯巴达卫戍部队。

三十僭主士气大跌，他们逃离了雅典。他们占领了在边境上的厄琉息斯城，把它当作紧急避难之地。他们屠杀了当地的居民。色雷希布拉斯随后趁着夜色向比雷埃夫斯进军，克里提亚斯率领的部队和斯巴达卫戍部队紧随着来到港口。菲尔的士兵有秩序地向高地撤退，他们虽然人数上不占优势，但还是击退了敌方的一次进攻。最终，克里提亚斯和其他70人全部丧生。

随之而来的是暂时的混乱。三十僭主政权垮台，但寡头执政者依然掌权。斯巴达人会就此介入，来挽回他们的执政地位吗？来山得本来有此想法，但在伊哥斯波塔米战役之后，他专横的行径已经让他祖国的政府很焦虑。他让希腊各城邦像对待神明那样向他献祭。他命人在德尔斐树起一座自己的雕像，在雕像的底座刻上自夸的铭文：“他推翻了凯克洛普斯（Cecrops，传说中的雅典国王）儿子们的政权，来山得加冕，斯巴达永世昌盛。”[12] 他的敌对者悄声议论，也许他在酝酿一场革命，想自封为国王或独裁者。

这不是斯巴达式的作风。亚基亚德王族的国王保萨尼阿斯正带兵在外征战。他心生疑窦，不想做出任何会提高来山得地位的举动。保萨尼阿斯得到五监察官的支持，他在雅典交战各方之间展开斡旋，以期实现和平。雅典各方以前的所作所为都得到赦免，但三十僭主及其官员除外。政制委员会恢复了民主。外国卫戍部队撤离。所有政治派别都尽最大努力实现了和解。

伊哥斯波塔米惨败仅两年之后，雅典便不再任由斯巴达人摆布，它向着恢复其往日自由的目标迈开了一大步。但雅典能否恢复过去的实力？即便是展望一下这样令人炫目的前景，也需要更多的时间。

两位杰出务实的雅典人显示出雅典的政治气氛将要改变的迹象，他们就是科农和色诺芬。随着战争的结束，许多战功显赫的士兵和水手发现自己失业了。对他们来说，即使同胞允许他们回去，回到被战争摧毁的、荒凉的家乡也已经变得毫无吸引力。他们四处寻找可以做雇佣兵的机会。

过去，雇佣兵有他们的用武之地（例如做三层划桨战船的船员），但在公元前 4 世纪，他们越来越多地作为重装步兵参加战斗。大量青壮年男性无所事事，并非只是因为战后和平的到来。雅典不是唯一一个伤亡惨重的城邦。在未来的数年里，许多城邦只能从外国人中招募士兵来补充兵源。

此外，残酷的伯罗奔尼撒战争似乎影响了人们的道德观念。雅典人不再用本国的武力推动外交政策，不再抱有单纯的爱国主义思想，也不再甘愿献出自己的生命，他们的心态发生了转变。民主的创造所释放出的那股猛烈的、自我牺牲的能量似乎已经消耗殆尽。雅典人民将不再听命于执政者，不论是“新塞蒙”，还是“新伯里克利”，不再同意执政者在东地中海地区部署好几千市民，充当重装步兵。人们仍然热爱他们的国家，但过去的那种激情已不复存在。全新的个人主义取代了效忠国家的思想。

科农和色诺芬以各自不同的方式把目光投向了波斯，而波斯渴望利用希腊的军事力量和军事技能来实现自己的目的。科农在伊哥斯波塔米战役时就已经是海军上将[13]，也是当时唯一一位临危不惧、镇定自若的指挥官。他的三层划桨战船跟其他七艘战船以及城邦主舰“巴拉洛斯号”，迅速装备并集结完毕，穿越海峡，驶向斯巴达的基地拉姆普萨卡斯。在那里，他们沉着作战，缴获了来山得舰队的多只主帆（为了节省船上的空间，开战前船帆通常放在军营中）。这意味着敌人无法追赶科农的小型舰队。

战败恐怕会招致雅典民众的愤怒，这是一个充分的理由，因此科农逃至塞浦路斯，寻求岛上城邦萨拉米斯国王埃瓦戈拉斯（Evagoras）的庇护。埃瓦戈拉斯是一位称职的领导人，他所属的王朝统治时间很长。他将整个塞浦路斯纳入自己的统治，并脱离了波斯的控制。当地的希腊文化蓬勃发展。四十多岁的科农在那里过着安静的生活，他不急不躁地静待时机。

权力空白得到了填补。斯巴达继承了雅典在爱琴海的霸权。它自以为是地将自己当作希腊的解放者，但很快就变得比前任统治者更加专制。来山得抛弃了民主政治，他走到哪里都会任命多个军事总督（*harmosts*）。他就像大多数斯巴达人在刚摆脱压迫获得自由时一样，自我标榜，腐败堕落，霸道专横。

更糟糕的是，为了打败雅典，斯巴达被迫向波斯寻求帮助，尤其是资金支持。波斯趁火打劫，对斯巴达开出条件，要求其牺牲爱奥尼亚海岸线一带的希腊人的独立地位。双方都意识到，这对于“解放者”来说十分困难。波斯国王愿意让爱奥尼亚人行使自治权[14]，作为回报，他们须向波斯进贡。但实际情况是，马拉松、萨拉米斯和普拉蒂亚没向波斯进贡任何东西。

但是波斯和斯巴达的关系很快就发生了转变。公元前405年，波斯国王大流士二世驾崩，波斯宫廷又开始上演屡见不鲜的谋杀夺权的一幕。大流士二世和同父异母的妹妹帕瑞萨娣丝（Parysatis）一共生了四个儿子。其中一人继承了父亲的王位，即阿尔塔薛西斯二世。但是他的母亲另有打算[15]。帕瑞萨娣丝最宠爱的是小儿子小居鲁士，他是来山得的朋友和支持者。通过她的影响力，小居鲁士在公元前408年被任命为波斯西方军队的指挥官，虽然那时他还不到20岁。她曾试图说服病重的丈夫让小居鲁士接替王位，但没能成功。

提萨斐尼发现小居鲁士要谋杀新国王。阿尔塔薛西斯二世生性仁和，而他的兄弟顽固任性。在帕瑞萨娣丝的恳求下，他原谅了小居鲁士。宽容并不是明智之举。

不思悔改的小居鲁士开始秘密组织军队，这次行动是小心谨慎的。他企图率军推翻阿尔塔薛西斯二世，取代他做国王。他要求斯巴达人偿还欠债，并给予自己支持。他给斯巴达人的信非常简单：我曾帮你们赢得战争，现在该你们帮我打仗了。斯巴达人同意了，将舰队交由他指挥，并且任命一位斯巴达将军率领超过 10 000 人的希腊雇佣军加入居鲁士的军队。

年近 30 岁的色诺芬曾是一名为三十僭主效力的骑兵，但是在目睹了他们的暴行，尤其是在厄琉息斯发生的大屠杀之后，他开始对三十僭主产生厌恶。然而，色诺芬天生就是一个亲斯巴达的政治寡头。他从恢复了民主的雅典逃出来，加入了小居鲁士的军队，他对小居鲁士万分敬仰。

他生动地记录了自己的冒险经历。公元前 401 年春天的一个早上，小居鲁士和阿尔塔薛西斯二世的军队在靠近幼发拉底河（Euphrates）的一个叫库纳克萨（Cunaxa）的村庄遭遇。

> 现在是正午时分，敌人还不见踪影；但到了下午，远处飞扬起一片尘土，最初像一朵白云，不久就变成了一片黑色，在平原上延伸了很长一段距离。敌人越来越近，青铜反射的光芒随处可见，长矛和队列开始映入眼帘。据称，阿尔塔薛西斯二世的军队由提萨斐尼指挥，左翼是身穿白色胸甲的骑兵；旁边是装备了藤条盾的步兵；更远处是重装步兵，他们装备了一人多高的木质盾牌；重装步兵后面是埃及军队；再往后，还有很多骑兵和弓箭手。[16]

参与这次战斗的确切人数我们不得而知，但阿尔塔薛西斯二世的军队规模十分庞大，按常规，国王所处的位置是整个阵线的中心，而这个位置已经超出小居鲁士军队左翼的边缘。希腊雇佣军在小居鲁士军队的右翼，他们的最右侧紧挨着一条河。这支雇佣军是战场上迄今为止最优秀的军队，阿尔塔薛西斯二世军队的左翼能预料到自己的麻烦，于是还没等希腊雇佣军进入弓箭的射程，他们便掉头逃跑了。敌军的溃败让小居鲁士大受鼓舞，他一遍遍大喊着“闪开”，从阵线的中心位置斜冲向阿尔塔薛西斯二世。阿尔塔薛西斯二世在混战中受伤并跌落马下[17]。他徒步撤退到附近的一座小山上。然而，小居鲁士战死了，这让这场战斗失去了继续下去的意义。战斗结束了。

希腊雇佣军表现优秀，延续了他们一贯的战斗作风。他们的指挥官们愚蠢地接受了邀请，同狡猾的提萨斐尼共进晚餐。然后，他们被立即逮捕并被处死。雇佣军选出了新的将领（色诺芬便是其中之一），并全力撤退。他们穿过沙漠和雪山，撤退了几百千米。途中他们经常遭到波斯军队和愤怒的当地人的攻击。最终，他们抵达黑海，在那里乘船前往爱琴海，方才安全。

斯巴达对小居鲁士的支持带来了糟糕的后果。阿尔塔薛西斯二世撤回了爱奥尼亚地区以进贡换自治的协定，提萨斐尼开始向爱奥尼亚的城邦发起进攻。斯巴达的新国王阿格西劳斯二世（Agesilaus）雄心勃勃。他天生跛足，孩童时代曾是来山得的被爱者。他言谈简洁，才思敏捷。有一次，别人邀请他去听一个人模仿夜莺唱歌[18]。“不用了，谢谢。”他回答道，“我已经听过夜莺的歌声了。”

如今这位 40 岁左右的国王决定重振斯巴达的威名。从公元前 399 年到公元前 395 年，他带领军队在小亚细亚成功地击败了波斯人。阿格西劳斯二世借鉴了色诺芬的经验。

（阿格西劳斯二世）以击败波斯国王，获得埃克巴坦那和苏萨的财富为目标，最重要的是抢夺波斯国王的统治权力，继而坐上他的宝座。他要在希腊人的斗争中充当裁判的角色，并贿赂那些受欢迎的领导者。[19]

阿格西劳斯二世取得了巨大的成功，以至于他的对手提萨斐尼失去了苏萨的支持。太后帕瑞萨娣丝过着安然无恙的生活，但她无法原谅提萨斐尼对她小儿子的敌对行为。她以提萨斐尼抵御入侵者失败为由，劝说阿尔塔薛西斯二世将其斩首。提萨斐尼的命运提醒我们，人不能太过聪明。

在希腊大陆，斯巴达的盟友们逐渐失去耐心。雅典被打败后，他们并未获得任何战利品，反倒是被斯巴达在希腊北部的干预行动激怒了。法尔纳瓦兹趁机煽风点火，用50塔兰特贿赂他们。公元前395年，阿尔戈斯、底比斯、科林斯和惶恐不安的雅典联合起来向斯巴达开战（即所谓的“科林斯战争”）。这些城邦的命运因此变得起起伏伏。这场战争有两个最重要的结果：一是来山得在彼奥提亚的战斗中丧生，二是斯巴达将阿格西劳斯二世召回。召回令阿格西劳斯二世大为恼火，正如波斯国王预测的那样。

在此期间，波斯花费了数年时间在爱琴海建立了一支庞大的舰队。科农被任命为舰队指挥官。波斯国王出资并组建了一支由希腊移民和雇佣兵组成的船员队伍。公元前394年8月，科农在尼多斯岛（Cnidus）的周围海域摧毁了斯巴达舰队。

对于雅典人来说，这是一个胜利的时刻，也是一个值得享受的时刻。科农巡视爱琴海诸岛，驱逐了斯巴达的军事指挥官和驻守部队。

然后，他率领舰队驶回比雷埃夫斯，在那里他受到英雄般的欢迎。在法尔纳瓦兹巨额资金的资助下，科农为他的 80 艘三层划桨战船招募了大约 16 000 名船员，重新加固了港口并重修了“长墙”。

伊哥斯波塔米战役和帝国陷落已经是十多年前的事了，如今紫冠之城雅典再度强盛。它开始投资建造军舰。爱国者伊索克拉底曾评论道：“斯巴达人……失去了至高无上的权力，希腊人得到解放，我们的城市恢复了昔日的荣光。”[20]

科农和色诺芬所做的事情给人启迪，我们可以从中得出两个重要的结论。第一，斯巴达危机四伏，像过去一样人口稀少，只会用虚张声势来掩饰其内部空虚。尼多斯战役彻底摧毁了斯巴达取代雅典成为海上霸主的梦想。第二，色诺芬及其雇佣军让波斯国王颜面扫地。波斯军队无法匹敌具有专业战斗能力的希腊重装步兵（尽管波斯骑兵的实力不容忽视）。

一位才华出众的将军，拥有足够多训练有素的重装步兵，再加上雄厚的财力，那么他就有把握推翻那个幅员辽阔、表面上坚不可摧的国家，那个曾将整个希腊踩在脚底的国家。阿格西劳斯二世原本可以成为那个统帅的，如果不是众神另有人选。

在雅典战败后的几年里，民众经过休养生息，恢复了大部分的自信和好战的天性。克里提亚斯和他的寡头执政者们来了又去，他们对国内反对者犯下的罪行没有获得原谅，尽管官方已不再追究。雅典对外试图利用斯巴达的困顿来发展自己，而在国家内部，三十僭主倒台后执政者们大赦天下，雅典仍在静待复仇机会的到来。公元前 399 年，苏格拉底备受关注，法庭指控他犯了死罪。

“我不知道原告对你们施加了什么影响，雅典的人们，”在审判现场，他向 501 位陪审员这样说道，“但我觉得自己差点忘了自己是谁，因为他们的证词太有说服力了。换句话说，他们所说的没有一个字是真的。”[21]

苏格拉底的困惑原本可以换来人们的原谅。如果指控他的罪名成立，人们一定会判处他死刑，但乍看上去，这些指控与我们所了解的苏格拉底完全不相符。到底发生了什么事？

一位名叫美勒托（Meletus）的政客得到另外两名政客阿尼图斯和吕孔（Lycon）的支持，对苏格拉底提出指控。证词如下：

> 美勒托向起诉书和宣誓书宣誓。美勒托，其父是来自皮特索斯（Pitthos）的老美勒托，控告苏格拉底，其父是来自阿洛佩克（Alopece）的索弗洛尼斯科。苏格拉底拒绝承认希腊人信仰的神，并另外引入新的神灵（希腊语为 *daimonia*，意为“鬼神”），因而他是有罪的。此外，他还犯有腐化青年的罪行。我要求判处他死刑。[22]

关于美勒托的记载很少。根据柏拉图的描述，他很年轻，“长着一个鹰钩鼻，留着长而直的头发和稀疏的胡须”[23]。他是阿里斯托芬抨击的一位悲剧诗人[24]，也可能是一位悲剧诗人的儿子。

我们已经认识阿尼图斯，就是那个恢复民主制度的英雄。他和苏格拉底相互认识，柏拉图将他写进了对话录《美诺篇》（*Meno*）。在书中他对智者持敌对态度。吕孔是一位民主人士，也是一位演说家。苏格拉底对待阿尼图斯的儿子们态度友好，对吕孔的儿子们（或许）也是如此。而两位父亲可能厌恶苏格拉底对他们的儿子所产生的影响。

这些指控令人不解的是，苏格拉底笃信宗教，以虔诚著称。他在遵守宗教礼仪方面一丝不苟，在城中举行的许多节日庆祝活动他都参与，在私下或公共场合进行的敬拜他也参加。虽然他批评了一些神话传说，但他同一些科学的理性主义者一样，比如伯里克利的好友阿那克萨哥拉，并不否认奥林匹斯山上众神的存在。

看来，美勒托和他的朋友们是在抨击喜剧《云》里的那个“苏格拉底”。在《云》中，阿里斯托芬把苏格拉底同那些四处游走的智者当成一路货色。事实上，真实的苏格拉底跟大多数普通的雅典人一样，对那些智者持批评态度。我们难以看出这个指控是如何站得住脚的。

他真的像被指责的那样引入新的神灵了吗？苏格拉底真正的信仰是什么，并没有引发人们太多的关注。人们对传入雅典的许多新兴教派态度平和，也没有将它们视为异端邪说。不过，苏格拉底确实经常提及他的守护神灵，即他自己的超自然的灵，它可以帮助他获知神的旨意。这再次表明，祈求神谕或其他神迹，对希腊人来说再平常不过。

然而希腊的宗教本质上关乎社群，而非个人。个人通过宗教来显示自己在这一社群中的身份。但苏格拉底的守护神灵不跟其他任何人交流，实际上是他的私人财产。这是对神灵的亵渎。有正确思想的公民不应炫耀自己与超自然的灵之间的密切关系，因为那会让人过于重视个人的信仰。

第三项也是最后一项指控，是最容易理解的。每个人都清楚，尽管苏格拉底自己对金钱不感兴趣，但他的聪明才智让富有的年轻贵族趋之若鹜。原告列举了一些人的名字，比如色诺芬以及跟他同时代的柏拉图。柏拉图花费毕生的精力保存、颂扬和发展了苏格拉底的观念与思想。更糟的是，这些人当中还包括三十僭主的首领克里提亚斯，以及他的侄子兼被监护人查米德斯（Charmides）。查米德斯积极支持寡头统治，公元前403年，他在比雷埃夫斯的战斗中与克里提亚斯一同阵亡。柏拉图将这两人写进了苏格拉底的对话录中。

人们认为苏格拉底是反民主人士，一个很好的例子是他交往的圈子是极端保守主义的滋生地。对于一个冒着生命危险来反抗三十僭主残暴统治的哲学家来说，这是不公平的。一旦人们开始重新思考，就连民主人士也会敬重他，因为他拒绝向愤怒的公民大会提议审判参加阿吉纽西战役的将军们。然而，许多人谴责他，有些人间接地声讨他，说他推翻了既定的政制。这是问题的核心。

当时没有检察官和警察调查犯罪案件，任何公民都可以对他人提起犯罪指控（塞西亚弓箭手只负责维持公共秩序）。他可以逮捕自己指控的人（如果无法做到，那么地方法官或执政官便会介入）。这个过程并非没有风险，因为实施不公正的拘捕会被处以1 000德拉克马的罚金。原告提起诉讼，并可以雇专业的演讲词撰写人为他服务。

在预审听证会上，原告宣誓指控是真实的，而被告则宣称自己是清白的（如果愿意，他有权进行抗辩）。所有审判都是露天举行的，根据指控罪名的类别，在雅典城内不同的地方进行（例如集会广场的彩绘柱廊下或剧场中）。审判仅持续一天。主持听证会的执政官无权给予法律方面的指令，只对审判过程进行监督。如前所述，陪审团规模十分庞大，目的就是为了防止行贿受贿。一旦控辩双方结束发言，陪审团不经讨论就可以直接进行秘密的投票。指控罪名的成立需要得到一半以上的投票。

我们没有苏格拉底的辩护证词的文本，但显然他是在故作漫不经心的状态下即兴发挥的[25]。他不屈不挠的表现让陪审团恨不得直接给他他定罪。柏拉图和色诺芬都写过他的辩护发言，两份记录有部分相同之处，但也存在显著的差别。当时两个人都不在场，因此只能依靠目击者的叙述并结合自己的想象。不管苏格拉底的原话是什么，毫无疑问，柏拉图把握住了他讲话的精神。他这样写道：

> 雅典的人们，我敬爱你们，但我要服从的是神而不是你们。只要能够继续活着，我将决不放弃哲学，也决不停止说服你们，我会把真理告知我遇到的每一个人。[26]

最终，60 票的多数判定苏格拉底有罪。某些罪行有固定的惩罚，但就这一案件而言，当时的法律并未规定如何处罚，因此检察官和辩护方分别提出建议，然后由陪审团从中做出选择。美勒托建议执行起诉书中要求的死刑。苏格拉底嘲讽地表示，作为一个有益于大众的人，他原本想活下去并由国家代他缴纳罚款。但他遵从朋友们的意见，这当中包括他咨询过的柏拉图，他建议将罚款数额定为 3 000 德拉克马。陪审团被他的态度所激怒，通过多数票判处他死刑，比之前判他有罪的票数多了很多。

事实上，原告们并不希望判他死刑。流放已经足够了。但正如人们预料的那样，这位哲学家拒绝离开自己的祖国。他一向遵守法律，现在也拒绝逃避法律的制裁。不管怎样，他活得够长了。他的妻子抱怨他受到了不公正的处罚[27]，他回答说："那么你愿意让我接受公正的处罚吗？"

为了避免让苏格拉底的死玷污宗教节日，他的刑期被推迟了几个星期。他被关押在雅典一所拥有12个囚室的小型监狱里（考古学家后来发现了它）。之后，他被要求喝下调制的毒芹汁[28]。他平静地喝完，没有丝毫厌恶之情。一小部分在场的好友看到这一幕后纷纷痛哭流涕。

柏拉图因病没能前往。苏格拉底的门徒斐多（Phaedo）目睹了老师生前的最后时刻，把它讲给朋友听。柏拉图对此的描述成为传世名作。

> 苏格拉底抱怨道："说真的，我的朋友们，你们这是干什么呢？我把女人都打发出去，就是不想看见哭哭啼啼的场面。因为我听说，人应该在安静中死去。冷静下来，试着勇敢一点。"
>
> 一番话让我们羞愧难当，于是我们止住了眼泪。苏格拉底走了几步，说他的双腿很沉，接着便仰面躺了下来——监狱看守建议他这么做。监狱看守（他同时掌管毒药）把手放在苏格拉底身上，过了一会儿，又检查他的脚和腿，然后用力捏他的脚，问他能否感觉到疼痛。苏格拉底说感觉不到。然后那人又捏了捏他的双腿，并这样一直往上捏，这让我们看到他正变得迟钝和麻木。很快，那人又摸了摸他，并说当这种麻木传到心脏，他便会死去。
>
> 当麻木蔓延到苏格拉底大腿根的时候，他把已经蒙上的脸又露出来，说道（这是他的临终遗言）："克里托（Crito），我们应该向阿斯克勒庇俄斯（Asclepius）献祭一只公鸡。一定要做好这件事。千万别忘了。"
>
> 克里托说："好的，一定照办。还有什么要吩咐的吗？"
>
> 苏格拉底没有回答他。过了一会儿，他挪动了一下。监狱看守拿掉盖在他脸上的东西，发现他的眼睛不动了。克里托看到之后，合上了他的双眼和嘴巴。

> 告诉你啊，艾克格拉底（Echecrates），我们的朋友就这样死去了。我们可以公平地说，在这个时代，在我们所认识的人中，他是最勇敢、最有智慧、最正直的人。[29]

阿斯克勒庇俄斯是医神，苏格拉底的遗言大概是想感谢他治愈了自己，因为苏格拉底认为人生就是一场疾病 *。

几年后，雅典民众追悔莫及 [30]，处决了领头的原告美勒托，阿尼图斯和其他几位原告因参与污蔑苏格拉底而遭到流放。据说，阿尼图斯在位于黑海的城邦赫拉克利亚被用石头砸死。古罗马时期的旅行者仍可以探访他的墓地。公元前 4 世纪后期，雅典委托著名雕塑家留西波斯（Lysippus）为苏格拉底塑像。人们将苏格拉底奉为圣人。

科林斯战争开始于公元前 395 年，这场战争让斯巴达人的形势不断恶化。斯巴达人取得了一些胜利，但雅典人在公元前 390 年歼灭了一支斯巴达军队。这次交战没有产生战略性的影响，但是斯巴达有 250 名重装步兵阵亡。斯巴达无法容忍这种规模的损失。

各国都开始处于紧张状态。波斯受到埃及和塞浦路斯叛乱的牵制。斯巴达拥有了一支全新的舰队，雅典担心这会中断从黑海的粮食进口。阿尔戈斯和科林斯也同样处境艰难。

在斯巴达的推动下，波斯国王建议全面恢复和平。这一建议的核心是让各城邦恢复独立，但对特殊利益做出重要让步。公元前 386 年条约签订。根据该条约，“波斯国王阿尔塔薛西斯二世认定 [31]，亚洲

* 阿斯克勒庇俄斯是医神，谁要是病好了，就要向医神献祭一只公鸡。——译者注

的城邦连同塞浦路斯都应归他所有”。除勒姆诺斯岛、伊姆布罗斯岛（Imbros）和斯基罗斯岛以外，爱琴海和希腊大陆的所有其他城邦都恢复独立。雅典虽然极不情愿失去这些岛屿，但只能遵守约定。

这样，我们看到斯巴达（和阿尔塔薛西斯二世）获得了喘息之机。雅典被迫终止其帝国扩张的梦想，而底比斯则不情愿地同意恢复彼奥提亚各城邦的自治权。为了获得这些利益，整个斯巴达不得不停止与波斯为敌，并且再次放弃了它在爱奥尼亚城邦的统治权，正如普鲁塔克所言，“是用最可耻、最目无法纪的方式”[32]。

现在，斯巴达占据上风，能够应对伯罗奔尼撒半岛的各种突出问题。公元前382年，斯巴达派出一支人数众多的远征军沿陆路前往希腊北部征讨奥林修斯（Olynthus）。奥林修斯在卡尔息狄斯领导着一个规模日益壮大的同盟，它由30多个城邦组成。奥林修斯开始威胁斯巴达在爱琴海的统治地位，斯巴达要求其缩小规模。经过三年胜负尚不明朗的战争，奥林修斯发生了饥荒，被迫承认战败。

在北上途中，斯巴达军队希望获准穿过底比斯的领地，底比斯的统治者欣然同意。但寡头统治集团中的一个持不同政见者将斯巴达军队的指挥官福比达斯（Phoebidas）引入底比斯城。色诺芬写道，福比达斯“不算是善于思考的聪明人”[33]。他带领军队占领了底比斯城的卫城卡德米亚（Cadmea），并把民主政府赶下台。

这次政变公然破坏了和平条约，在整个希腊产生了巨大的负面影响。阿格西劳斯二世对此表示支持，但同时又狡猾地将自己置身事外。福比达斯受到了严重责罚，但斯巴达仍将卡德米亚据为己有。

雅典和底比斯互为邻邦，相互充满敌意，但双方都对斯巴达愤怒不已。于是他们迅速结成同盟，与共同的敌人开战。

伊索克拉底是公元前4世纪最著名的智者和教育家。许多人觉得他向着希腊说话。这也是他喜欢做的事。

公元前436年，伊索克拉底在雅典出生，几年后伯罗奔尼撒战争爆发，他因此成了一名战争受害者。他家境富裕，其父西奥多勒斯（Theodorus）让他接受了一流的教育。他曾跟随一些著名的智者学习，其中就包括高尔吉亚。高尔吉亚主张一个人只要学会了说服他人的技巧，就根本不必去懂得真理。对此，柏拉图曾在他撰写的对话录中嘲笑高尔吉亚是一所“四处行走的大学”[34]。

伊索克拉底同样受到苏格拉底的影响[35]。在《斐德罗篇》(*Phaedrus*)中，柏拉图笔下的苏格拉底用其典型的讽刺腔调预言，年轻的伊索克拉底将来会成为一位著名的演说家或哲学家。

在伯罗奔尼撒战争后期，伊索克拉底一家失去了财富，他只能自己想办法赚钱谋生。他的第一份工作是写法庭演讲稿。他在三十僭主统治时期离开雅典，在希俄斯岛教授修辞学。雅典恢复民主后，他随即返回，在公元前390年开办了一所修辞学校。学校所讲授的课程内容十分广泛，但与其他大多数老师相比，他更加强调道德的重要性。

这所学校闻名于整个希腊，有能力的年轻人在那里可以得到“塑造”。学费很贵，而且一次最多只招收九名学生。伊索克拉底是个出色的商人，赚了很多钱。他唯一的缺点是嗓音不好，他没有信心做公共演说家。因此他倾向于撰写演讲稿并将其发表，而不是亲自发表演说。

伊索克拉底成了一名有影响力的观念创造者。他深信，如果希腊各城邦的公民不能对任何事情保持一致的观点，那么希腊将遭到削弱甚至毁灭。公元前380年，他发表了名篇《颂词》（*The Panegyric*），其中描绘了一个支离破碎的希腊社会图景。

谁会希望看到这样的情形：海盗控制海洋，雇佣军占领我们的城市？同胞们不为保卫家园而战，而在城内自相残杀？迄今为止，那些“自由”且“自治”的城邦，有的遭受残暴统治，有的受制于斯巴达人，有的被洗劫一空并夷为平地，有的向野蛮人屈服，屈服于那些我们曾经严惩的、胆大妄为进入希腊的野蛮人。[36]

伊索克拉底是雅典帝国的忠实崇拜者，这种崇拜到了无以复加的程度，他甚至为雅典在米洛斯的暴行辩解。他同意伯里克利的观点，认为雅典孕育了整个希腊。他声称：

到目前为止，我们在思想和言论上的水平已经远超其他城邦的人，雅典的学生已经成为其他地方人的老师。雅典让“希腊人”这个名词的含义从一个民族转变为一种智慧和一种思维方式。这个词语用来称呼那些分享我们文化的人，而不是仅仅有血缘关系的人。[37]

自特洛伊战争以来，欧亚文明的碰撞在希腊已是一种常态。伊索克拉底提议希腊的两大强国——海上的雅典和陆上的斯巴达——应该联合起来，共同发起一场对抗波斯野蛮人的解放战争。

在这项提议中，还有许多内容让雅典人欢欣鼓舞。有一段时间，雅典人一直在想他们能否重建海上同盟。他们发现，爱琴海对面许多小的城邦国家欢迎他们回归。海洋上已经没有规矩可言，海盗猖獗，人们热切希望恢复良好的秩序。然而，伊索克拉底的同胞们保留了意见。从长远来看，出兵征讨波斯对雅典有着巨大的吸引力，但是他们首先需要消灭一个近在眼前的敌人——靠压迫来统治希腊的斯巴达。

公元前378年到公元前377年间，公民大会通过一项法令，确定了建立新联盟的原则。原始的石刻碑文留存了下来（已经碎成许多块）。文字阐述了新联盟的目标是“迫使斯巴达允许希腊人自由独立地享受和平，家园不受侵犯”[38]。新联盟的行动范围包括希腊大陆及其岛屿。波斯人被小心谨慎地排除在外，虽然他们出现在每个人的脑海里。军队招募完毕，舰船下水服役，人员配备整齐。

雅典人明白，他们必须为已经失去的帝国感到懊悔。新联盟有自己的议会，与雅典公民大会同等级别，但独立运作。新联盟在雅典召开会议，但雅典不参与审议。一方提出的措施必须经过另一方批准后方可生效。这种双重保障意味着情况和帝国早期不同了，现在新联盟可以否决雅典的决议。

很显然，新联盟必须设立一个共同的基金来支付舰队的费用，由雅典负责管理。但是各方缴纳的份额被礼貌地称为“贡献”，代替了令人讨厌的字眼“进贡”（*phoros*）。新联盟不允许雅典在其盟友的领地上建立殖民地，也不允任何雅典人进行任何房产买卖或抵押。

新联盟很受欢迎。第一批成员早就结盟了，它们包括希俄斯岛、拜占庭、米提利尼、麦提姆那（Methymna）和强大的罗得岛。埃维厄岛上的大多数城邦加入了同盟，底比斯也不寻常地加入了。其他成员包括希腊西部的克基拉岛，还有位于塞萨利的处于暴君伊阿宋（Jason）统治之下的费莱（Pherae）。总成员数大约有70个[39]。

新联盟对雅典来说至关重要。这在一定程度上关乎雅典的尊严，因为它会给人一种帝国回归的感觉。但这在某种程度上是一种幻觉，因为伯里克利的时代已经成为过去。当年雅典曾统帅同盟，现在只能跟其他盟友协商。不过，它仍可提供一支庞大的舰队来保护黑海的贸易航线，这具有极其重要的战略优先地位。

毫无疑问，伊索克拉底对雅典的崛起和海上城邦的联合十分欣喜。但是，无论斯巴达战绩多么不佳，只要它还是雅典的敌人，只要爱奥尼亚的城邦仍在波斯国王的统治下，这一切对伊索克拉底来说就毫无意义。

公元前379年的冬天[40]，天气严寒，狂风怒吼，预示着降雪的来临。包括佩洛皮达斯（Pelopidas）在内的7名流亡者，计划推翻在底比斯的一个支持斯巴达统治的寡头政权，并除掉卡德米亚卫城中的斯巴达守备军。他们打扮成农民的模样，趁着夜色进入底比斯的领地，第二天在一个人迹罕至的地方潜伏下来。然后，等到农民结束一天的工作返回城里时，他们假装从田里回来，混入他们的队伍进了城。

他们蒙着脸，表面上看是为了抵御寒冷。几个人来到一处“安全的房子”，其他当地的同谋已经先到了那里。他们的计划是当晚潜入两名主要将领阿基亚斯（Archias）和腓力（Philippos）的家中，并刺杀他们。他们觉得，这样就完全能够推翻现政权，然后实行民主。

当日正为两位将军举行一场宴会，那一天是他们离任的日子。庆祝活动是由他们的行政秘书菲利达斯（Phyllidas）组织的，而他恰恰是刺杀行动的策划者之一。在两名将军的要求下，他答应安排一些漂亮的女人（色诺芬尖酸地指出，“他们就是那种好色之人”）。他们大快朵颐，尽情享乐。菲利达斯在一旁稍加劝酒，二人很快就酩酊大醉了。

一封揭发暗杀阴谋的信送到了阿基亚斯手上。他却将其放在一边，并说第二天会打开看。宴会上有人大声叫喊着需要女人，于是菲利达斯便出去安排。他带回了三名楚楚动人的美女，戴着面纱和花环，其实他们是男扮女装的同谋者。跟随他们的还有几个同样男扮女装的侍从。他们矜持地坚持要让将军的仆人离开，才肯参加宴会。等仆人一离开，他们便进入宴会厅，躺在两名将领旁边，除去伪装，拔出匕首，杀死了两人。那两人醉得太厉害，毫无还手之力。

之后，另一名有罪之人也在他家附近被杀。这个人是底比斯的寡头执政者，三年前就是他将福比达斯引进城的。此时已是深夜，城里的居民都已入睡。成功的行刺者试图叫醒熟睡的人们，大喊暴君被杀死了。人们不敢在漆黑的夜晚外出，但天亮后他们全都涌上街头，庆祝革命胜利。

在卡德米亚，紧张的斯巴达守备军不知所措，但最终还是被说服，悄悄地撤走了。这成了一个丑闻，严重损害了斯巴达的声誉。

在了解了事情的原委后，所有的斯巴达人都愤怒不已，这是典型的做贼心虚。因为不战而降，两名守备军指挥官遭到处决，一名遭到流放。斯巴达人向雅典抱怨那些自愿前往底比斯帮忙的阴谋策划者。

接着，仿佛为了强化福比达斯攻占底比斯的影响，一位名叫斯福德里阿斯（Sphodrias）[41]的斯巴达人认为攻占比雷埃夫斯能够弥补他们在底比斯遭受的损失。他决定连夜向阿提卡进军，从其陆地一侧发动进攻，继而占领雅典的港口（虽然雅典人重修了城墙，但比雷埃夫斯仍没有城门）。斯福德里阿斯看上去没有福比达斯聪明，天亮时他才到达厄琉息斯，距目的地仍有一段距离。他吃了败仗，很丢脸地撤退了，没来得及在世人面前实现他的想法。

就在雅典实力不断提升之时，斯巴达却麻烦不断。一场风暴即将来临。

公元前4世纪70年代，底比斯抵御了斯巴达军队的进攻，因此变得越发强大。它加强了对彼奥提亚城邦的控制，并不理会雅典人及其新同盟所宣称的自由。在海上与斯巴达及其盟友的对抗中，雅典海军接连取得重大胜利，斯巴达一方的声望每况愈下。

阿格西劳斯二世似乎对底比斯人恨之入骨。在公元前4世纪70年代，斯巴达军队数次入侵底比斯。他们小心翼翼的，以避免自身遭受大量人员伤亡，也没有采取围攻的策略。在此期间，底比斯人沿彼奥提亚一部分领地的边界修筑了防御城墙。

为了回击斯巴达持续不断的袭扰，底比斯的一位名叫伊巴密浓达（Epaminondas）的将军和他的挚友（也可能是爱人）佩洛皮达斯一起，为重装步兵开发了新的作战策略。300对男兵组成一支新的精英部队——底比斯圣队（the Sacred Band），每对包括一名爱者和他的成年被爱者。这样做的道理是，士兵们不想让伴侣看到自己怯懦和不光彩的行为。这个策略似乎很有效，他们在战斗中表现出来的英勇精神令敌人闻风丧胆，他们很快便名声大噪。

公元前375年，底比斯圣队和一小队骑兵与1 000多人的斯巴达重装步兵遭遇，双方发生了小规模的激烈战斗，斯巴达军队溃败，两名指挥官阵亡。这是斯巴达军队有史以来第一次被同等规模甚至不及自己规模的敌军击败。风水轮流转。

重装步兵的常规编队为方阵，方阵每列由8个或更多的士兵组成，向左右延伸成一条很长的战线。伊巴密浓达量身定制了自己的方阵，改为每列 50 名士兵，并将他们部署在一个侧翼。其余纵列人数变少，因此排出的阵型不是四方的。方阵中每位士兵竖起长矛，用势不可当的力量冲向敌人。

公元前 371 年，在斯巴达举行了一场和平大会，就独立城邦的自治原则达成了协议。但彼奥提亚同盟出现了问题。底比斯控制着彼奥提亚的其他城邦，因此是否应将其排除在协议之外？底比斯人伊巴密浓达代表所有彼奥提亚人宣誓支持和平。他的观点是，彼奥提亚在地理上是一个整体，在政治上也是一个整体，正如斯巴达统治之下的拉科尼亚一样。

从一场大病中逐渐恢复的阿格西劳斯二世大发雷霆。他质问伊巴密浓达[42]，根据自治原则，他是否认为彼奥提亚城邦的独立是公正合理的。这位底比斯人用一个问题来回应："阿格西劳斯二世是否认为拉科尼亚城邦的独立是公正合理的？"波斯国王愤怒地将底比斯从协议中除名，并发表了战争宣言。

根据协议，所有成员方均应撤销或解散军队，斯巴达却没有这样做。同阿格西劳斯二世联合统治的另一位波斯国王克里昂布鲁图斯（Cleombrotus）麾下有一支军队，它由 10 000 名重装步兵和 1 000 名骑兵组成[43]。这支部队奉命向底比斯进军，要解放彼奥提亚的各城邦。在底比斯西南 11 千米处有一个名为留克特拉（Leuctra）的村庄，他们在那里遇到了伊巴密浓达和他率领的大约 6 000 人的军队[44]。

底比斯战役由彼奥提亚同盟的七位将军负责指挥（多位指挥官同时指挥陆军或海军是当时希腊所特有的）。伊巴密浓达和两位将军提议立即投入战斗，其他三位将军则主张撤退并寻找一个更为有利的位置。

第七位将军因守卫山口而没有在场。在他回到军营后，他选择支持伊巴密浓达。这样，伊巴密浓达就获得了多数票，即赞成开战。他制订了一个非常新奇的计划，不仅仅是为了弥补人数上的劣势。

公元前371年7月6日，克里昂布鲁图斯在早餐后召开了一次军事会议，会上决定应战（有传言说他当时喝了酒）。就在部队开始列阵之际，他遭到了突然袭击。按照作战传统，在国王的指挥下，斯巴达的重装步兵，包括700名平等者，组成阵线的右翼。他们组成一个方阵，每个纵列有12人。在他们前面是一队较弱的斯巴达骑兵。

令人惊讶的是，斯巴达的右翼部队面对的是规模庞大的底比斯方阵（每个纵列有50人），同时还有骑兵的掩护。底比斯其余的部队摆成梯形，位于强大的方阵后方，很显然，在这场即将来临的战斗中，他们并不期待扮演重要的角色。

彼奥提亚的骑兵受过良好的训练，在战斗开始阶段很快就击溃了战场上的斯巴达骑兵。克里昂布鲁图斯将他的方阵向右侧延伸，企图包抄彼奥提亚的部队。但就在他准备实施这一策略时，佩洛皮达斯率领庞大的底比斯方阵和底比斯圣队飞速杀向斯巴达国王及其部下。

斯巴达的重装步兵受到了强势的冲击。克里昂布鲁图斯身受重伤，他的重装步兵全军覆没。斯巴达的士兵折损了一半（包括400名平等者），剩下的突围后逃回了军营。幸存的斯巴达士兵想继续战斗，但其他盟友已经受够了。

仅一天时间，斯巴达的军队就被摧毁了。斯巴达士兵遭到屠杀，所剩无几，再无还手之力。如此大规模的溃败震惊了整个希腊世界。随着斯巴达战败消息的扩散，希腊大陆和爱琴海剩余的斯巴达军事总督遭到驱逐，民主政治重新确立，甚至在斯巴达的后院伯罗奔尼撒亦是如此。

战斗一结束，戴着花环的底比斯传令官被派往雅典，向五百人议事会传递捷报，当时他们正在卫城开会。传令官请求得到他们的支持，并说道："现在正是复仇的好时机，让斯巴达人为曾经对我们所做的一切付出代价。"[45]但议员们并不认为复仇是多么重要的事情。他们十分惊慌，原因是底比斯现在成了希腊大陆的主宰力量，并打破了延续几个世纪的势力均衡。议事会没有答复传令官，甚至没有按照惯例招待他吃顿饭。传令官只得返回。

在斯巴达，人们正在庆祝裸体青年节。赤身裸体的青少年和成年人参加体育比赛与合唱活动，通过模拟战斗的舞蹈表演来展现他们的军事技能。就在他们的合唱团在剧院表演时，一名信使到来，宣告了灾难性的消息。斯巴达的五监察官听到这则消息后悲痛不已，在向死难者家属公布死者名单之前，他们仍然让演出继续进行。斯巴达人的反应有其特有的平静。色诺芬写道：

> ……他们命令女人不许哭泣，默默地承受这场灾难。第二天，那些失去亲人的家属出现在公共场合，脸上带着愉悦的笑容。亲人还活着的家属很少露面，他们阴沉着脸，表情沮丧。[46]

阿格西劳斯二世保持了克制。他知道一兵一卒都十分宝贵，他暂停了一项法律，该法律规定战场上的逃兵要被剥夺公民身份。公元前370年，为了挽回士气，他下令入侵阿卡迪亚，但小心地避免出现任何人员伤亡。

伊巴密浓达和佩洛皮达斯下定决心，要让斯巴达再无翻身之日。实现这一目标最简单的方法就是把伯罗奔尼撒从斯巴达手中夺走。这意味着解放黑劳士，并将梅西尼亚建成一个独立的城邦，他们对北部的阿卡迪亚也会采取同样的措施。公元前 370 年冬天，伊巴密浓达率领一支庞大的军队入侵伯罗奔尼撒。未来几年里还有另外三次入侵。

底比斯人与其盟友开始进军斯巴达，对沿途经过的村庄劫掠焚烧。500 多年来从未有外国军队进入过伯罗奔尼撒，这严重打击了斯巴达人的自信心。之前从未见过外国人的妇女不忍心看到郊区大火中升起的浓烟。庇里阿西人挣脱了斯巴达的束缚。仅剩大约 800 名士兵的斯巴达卫队负责守卫没有围墙的城市。年老的阿格西劳斯二世铤而走险，孤注一掷，招募 6 000 名黑劳士参加防御。像科林斯这样长期可靠的盟友派来了援军。现在的斯巴达人和公元前 431 年的雅典人一样，在看到自己的村庄化为乌有后，也想与敌人决一死战，但被国王阻止了。一个底比斯人大声欢呼："斯巴达人在哪里？"[47]

一场激烈的保卫战逼退了底比斯人。于是他们绕过斯巴达，向其南部的吉雄港前进，并摧毁了沿途的一切。然后他们又向西进发，解放了梅西尼亚。黑劳士最终还是获得了自由。为了保证他们的未来，伊巴密浓达决定为他们修建一个易守难攻的都城麦西尼（Messene）[48]。他将位置选在伊斯迈山的山坡上，那里是过去起义的必争之地，象征着反抗精神。神谕的预兆是吉兆，建材已经订购，城市规划者和开发者擅长修建房屋与神庙，防御工事也已经到位。在庄严的仪式上，人们祈求梅西尼亚历史上神一般的英雄们回归本土。人们用最响亮的祈祷唤回历史英雄阿里斯托梅尼（Aristomenes）。在公元前 7 世纪的第二次梅西尼亚战争中，他是反抗者的领袖，被推举为国王。流亡在外的英雄们仍然保留着家乡传统，还说着一口地道的多利亚方言，经过几个世纪的异乡漂泊后，终于被召唤回家乡。

底比斯人与其盟友在专家的指导下耗时 85 天，建造了巨大的石头城墙，该城墙长大约 9 千米，有多个守卫塔和两个城门。人们至今仍能看到它的遗迹。他们还修建了房屋和庙宇。人们在长笛演奏的音乐声中工作。阿里斯托梅尼埋葬在国外的遗骨[49]被取回并重新安葬。据说他的鬼魂曾在留克特拉战役中显现，并引导底比斯人取得胜利。

公元前 368 年，另一座构筑了防御工事的城市迈加洛波利斯（Megalopolis）也建成了，建造的目的是守卫一个刚独立的阿卡迪亚的同盟国。从此，在北部和西部，斯巴达统治过的人民和压迫过的盟友获得了自由，也获得了保护自己的手段。

习惯了城邦生活的希腊人暂时失去了他们的权力和影响力，但一段时间后又得到了恢复。这一次，斯巴达无法从留克特拉战役后恢复元气。斯巴达沦为伯罗奔尼撒的一个地方政权，将再也无法凌驾于希腊世界之上。

三个月后，底比斯在伯罗奔尼撒的盟友终于开始撤退，并带回去尽可能多的战利品。底比斯的士兵们同样开始想家。伊巴密浓达就此罢手。他已经改变了历史。

第 22 章

奇罗尼亚——“自由的毁灭”[1]

伊索克拉底非常失望。

他曾坚决主张希腊团结一致，抗击波斯帝国的入侵。他在《颂词》中提议，自己的城邦雅典应该跟斯巴达联合起来，就像曾经对抗薛西斯的入侵那样给波斯国王应得的惩罚。

但是许多年过去了，雅典什么事情也没做成。终于，在公元前 346 年，他写道，事实证明雅典是令人失望的。

> 我首先致力于振兴雅典，并热切地试图说服它，这是我的本性使然。但是当我意识到，它并不把我所说的话当回事，却更在乎公民大会里演讲者的胡言乱语时，我放弃了它，尽管我没有放弃自己的努力和追求。[2]

在他漫长的职业生涯的不同阶段，他心目中有好几个能够领导希腊的人选。这些人中包括斯巴达国王阿格西劳斯二世，他在小亚细亚同波斯的战斗中取得了胜利。还有伊阿宋，他是公元前 4 世纪 70 年代塞萨利的城镇费莱的僭主。他率领一支作战高效、训练有素的雇佣军夺得了塞萨利的统治权，甚至还策划过一场针对波斯的战争。在色诺芬的书中，一位塞萨利同胞说：

> （伊阿宋）是一位聪明的将军，不管通过什么手段，暗中作祟、先发制人或是采取暴力，他都能实现自己设定的目标。在我所了解的男人中，他最能控制身体的欲望，因此它不会成为实现目标的过程中的障碍。[3]

然而在公元前 370 年，伊阿宋遭到刺杀，伊索克拉底对他寄托的希望也随之破灭。

这位 80 岁的贤者又将目光投向叙拉古的僭主狄奥尼修斯一世。他在请愿书中将其称为“我们民族最重要的人、至高权力的拥有者”[4]。但令人失望的是，他也死了。下一个人选是阿希达穆斯，阿格西劳斯二世的儿子和王位继承人。伊索克拉底曾在一封公开信中试探阿希达穆斯：

> 有好的谋略的人不应贸然对波斯国王发动战争，而要等到有人能够协调希腊各方，制止我们的疯狂和争斗。[5]

不过很显然，斯巴达是不可靠的，斯巴达花费大量精力试图恢复其在伯罗奔尼撒的地位，可惜以失败告终。

最终，伊索克拉底找到了一位领导者，一个可以真正平息希腊内部争端并进攻邪恶的波斯帝国的人。他便是腓力二世（Philip），北方的马其顿王国的统治者。伊索克拉底给他写了另一封公开信：

> 我已经选中你来挑战这个任务，率领远征军去征讨野蛮人，将希腊置于你的庇护下，而我已经对自己的城邦失去希望。[6]

伊索克拉底这次选对了人。腓力二世确实梦想着主宰希腊，而且对波斯国王惊人的财富觊觎已久。

那么腓力二世是谁？他真的是希腊人吗？他能维持统治吗？公元前 359 年，22 岁的腓力二世被自己的军队拥护为马其顿国王，这是确认王位继承的传统做法。说得委婉一点，他所继承的王位是不稳固的。

马其顿王国位于希腊大陆的东北部，在三叉形的卡尔息狄斯半岛上。居民主要是身强力壮的农民和喜爱养马的乡绅。王国分为两个部分——下（低地）马其顿和上（高地）马其顿。下马其顿有一片肥沃的平原，两条河流经此地，然后注入塞尔迈湾。这里是一派田园风光。气候温暖，木材和矿产资源丰富，希罗多德称其为“迈达斯（Midas，迈达斯是传说中弗里吉亚的国王，拥有点石成金的能力）的花园，那里玫瑰遍野，每一株都有 60 朵盛开的鲜花，比世界上其他地方的玫瑰都要芬芳”[7]。

这里便是马其顿王国的中心，四周环绕着丘陵。越过平原向西是马其顿高地，群山环抱。封建贵族统治着这个偏远的堡垒。不同于下马其顿人信奉奥林匹斯山的众神，他们信奉色雷斯的神明，并沉迷于放纵的宗教仪式，与欧里庇得斯晚期的杰作《酒神的伴侣》（*The Bacchae*）中所描写的别无二致。该作品创作于马其顿，公元前 405 年在雅典首演。

沿着东部海岸即色雷斯的海岸线向西和向北，分别是伊庇鲁斯（Epirus）、伊利里亚和派奥尼亚（Paeonia）等部落。这些人难以管控，不断挑起事端，让马其顿承受了巨大的压力。大约从公元前700年开始，阿吉德王朝（Argead Dynasty）便向这个区域派去了统治者，但对下马其顿以外的地区只保持松散的管控。

生活在城邦中的希腊人自认为是文明人，他们瞧不起野蛮粗鲁的马其顿人。马其顿人声称自己所说的是希腊方言，但除了他们自己，没有人听得懂。事实上，他们虽然没有本土的文学，却拥有复杂的视觉文化。他们的工匠可以用金、银、铜制作精美的艺术品。他们用壁画装饰坟墓，选用华丽的马赛克拼出图画来叙述一个个故事，内容从希腊神话到日常生活，比如猎鹿的场景等。他们领地的武士有几分荷马笔下的英雄人物的特征，渴望出类拔萃，非常注重军事上的荣誉。他们过着像阿喀琉斯或赫克托耳一样的生活。

马其顿人坚持认为他们属于希腊社会，参与城邦间的各种比赛，尽自己的最大努力吸收希腊文化中的精髓。阿伽同和年过八旬的欧里庇得斯从雅典移居到阿基劳斯（Archelaus）国王的宫廷中。这个国王是一个放荡无度的同性恋者，但他也是一个忙碌的统治者和希腊化的坚定推行者。他创建了奥林匹亚节（the Olympian Festival），专门献给九缪斯（Nine Muses），节日活动包括体育和音乐比赛。他邀请苏格拉底来马其顿，但这位哲学家太过依恋自己的家乡，礼貌地谢绝了邀请。苏格拉底解释说，他宁愿不接受恩惠，也不想自己无法偿还[8]。

阿基劳斯竭力要统一马其顿。他进行了重大的军事改革，改善了武器、战马和其他军事资源的供应，并修建纵横交错的道路。他还迁都到战略要地佩拉（Pella）港。

如果其他方面同样出色，马其顿本可以变成一个强大的国家。但是马其顿的历任国王都需要对付盘踞在边境线上的敌人，击退敌人后还要面对国内阴险的王位觊觎者。令人不解的是，有人竟会为了一个鲜血淋淋的王位而争得你死我活。对希腊各强大的城邦而言，马其顿只是各城邦间政治博弈的配角。

公元前 399 年，阿基劳斯遇刺身亡，此后马其顿迎来了一段混乱无序的时期。在六年的时间里，有五位国王相继当权。阿基劳斯所有的心血似乎都已付之东流。腓力二世的父亲阿明塔斯三世（Amyntas III）恢复了国家稳定，但他于公元前 369 年去世之后，国家继续动荡，法纪缺失。王国进入了又一个混乱的时期。

留克特拉战役后的十年里，底比斯奠定了自己在希腊的霸权地位，但其优势只是暂时的。

这场战役结束后不久，佩洛皮达斯受邀对两位马其顿王位争夺者做出仲裁。由他选出的国王很快便被政治对手谋杀。篡位者认为，与底比斯签订协约将是明智之举。

为了证明自己的诚意，篡位者派出一些有声望的人到底比斯做人质[9]。其中就包括腓力二世，他当时年仅 15 岁，是死去的国王的小儿子。这个聪明且招人喜爱的少年令佩洛皮达斯青睐有加[10]。他从佩洛皮达斯那里学到了优雅的举止。他的底比斯主人同样富有智慧，或许是由于这群人的缘故，他对神秘的数学家毕达哥拉斯的哲学思想也产生了兴趣。鉴于他日后充满暴力的生涯，这个兴趣还是有些出人意料的。

为了得到更加实际的效果，腓力二世认真观察伊巴密浓达如何处理军队事务，并仔细倾听他的谈话。他寄居在另一位将军帕曼尼斯（Pammenes）的家中，并从他那里得到了军事方面的指导，有谣言称他用自己的魅力吸引了帕曼尼斯。他是个人见人爱的孩子。帕曼尼斯对底比斯圣队赞赏有加，与荷马史诗中放荡不羁的民族和部落相比，他更欣赏底比斯圣队的自律严谨[11]。腓力二世把他在底比斯所了解到的一切熟记于心。公元前 364 年，他回到了故乡马其顿。

留克特拉战役结束后的十年中，我们已经知道，伊巴密浓达率军数次入侵伯罗奔尼撒半岛。他下定决心要阻止斯巴达再度崛起。底比斯也将注意力集中到希腊中部和北部。底比斯打造了一支舰队来对抗雅典，同时离间雅典与其盟友，刺激罗得岛、希俄斯岛和拜占庭的不满情绪。佩洛皮达斯领兵进入塞萨利，费莱的伊阿宋的儿子兼王位继承人在那里与其邻邦发生冲突。最终，干预行动成功了，但是佩洛皮达斯丢了性命。

人们开始对底比斯感到厌倦，在伯罗奔尼撒半岛甚至流传着令人难以置信的消息，即斯巴达人与宿敌阿卡迪亚结成联盟共同对抗底比斯。公元前 362 年，由于害怕失去影响力，伊巴密浓达意识到必须对希腊南部进行第四次远征。他再一次威胁到了斯巴达自身的安全。色诺芬将斯巴达比作巢中没有父母照看的雏鸡[12]，但幸运的是，阿格西劳斯二世及时得到警报，前去救援。

在曼提尼亚，伊巴密浓达面对的是由雅典和斯巴达领导的庞大联军。就参战人数而言，这是希腊各城邦之间最大的一次战役：底比斯及其盟友投入了 30 000 名步兵和 3 000 名骑兵，对手则投入了 20 000 名步兵和 2 000 名骑兵。这是漫长的一天，但底比斯的骑兵及其后面的庞大方阵最终还是将斯巴达人击溃。

敌人将伊巴密浓达锁定为攻击目标。他冲在阵线的最前面，一名斯巴达人用长矛刺伤了他。他被抬回帐中。他是这场战斗的胜利者，但他知道自己被刺中要害，命不久矣。他下令让自己手下的一位优秀将军接管指挥权，却被告知那人已经战死；他再指派另一位将军，那人也已经遇难。“这样的话，”伊巴密浓达临终前说，“停战吧。”[13]

伊巴密浓达和佩洛皮达斯的离世对底比斯是一个沉重的打击。底比斯的影响力开始减弱。不过，从长远来看，这与战场上的胜败关系不大，而更多地凸显了一个事实，那就是底比斯已经无法完全统一彼奥提亚，使其成为一个相互信赖的整体。作为一个中等规模的城邦，底比斯自身没有足够的资源让其在国际舞台上长期扮演重要角色。

底比斯的衰落使得雅典成为希腊世界中实力最强的一个。但雅典过去的那种干劲正在消失。不知何故，这个城邦正在失去活力。公元前 5 世纪，雅典声称自己是希腊的样板，在战场上，它要求公民积极效忠，公民也的确勇于献身。演说家埃斯基涅斯（Aeschines）在谈到那些公民时，一针见血地说：

> 他们因为过去的经历而感到气馁，仿佛患上了痴呆症或被判定为神志不清，只会要求名义上的民主，却没有体现民主的实质。于是，你参加完公民大会回到家，并不是结束了一场严肃的辩论，而只是像股东那样瓜分了利益。[14]

雅典正在变成一座露天博物馆。访客们前来参观伯里克利时代的遗迹。除了重筑防御工事，雅典人在公元前350年至公元前326年的25年里，只开展了一些新的大型工程建设[15]和翻新工作，其中包括船坞、兵工厂、石砌的狄俄尼索斯剧场和位于城东南山谷中的泛雅典娜节体育场，这些都是重要的工程项目，却没有以前的规模那样大。人们依旧在雕刻和铸造精美的雕塑，但有一点和过去大不相同。菲迪亚斯的雕塑曾表达出拥有人类形象的神明的威严，而普拉克西特列斯（Praxiteles）作为他那个时代最杰出的雅典雕塑家，他雕刻的大理石人物虽以超自然的神来命名，但看上去与普通的男男女女没什么两样，只是更漂亮一些。他著名的雕像“尼多斯的阿佛洛狄忒”看上去过于性感撩人，以至于一个年轻的仰慕者把自己整晚锁在放有这尊雕像的神庙中，还在雕像上留下了精斑[16]。

灵感正在消失，但人们仍在创作悲剧，可惜没有一部留存下来。就我们所知，戏剧创作慢慢变成了无法搬上舞台的文学训练。把过去的上乘之作——特别是欧里庇得斯的剧作——重新搬上舞台，逐渐成了惯例。“经典”（classic）这个概念诞生了。

阿里斯托芬夸张的政治讽刺剧促进了公元前5世纪民主的发展（他的喜剧被学者们称为“旧喜剧”），它后来被改造成了更为温和的喜剧（这种喜剧被称为“中喜剧”），以影射取代了淫秽。这两种喜剧风格又相继被一种全新的幽默风格所代替——文雅，乐观，注重个体而不是政治（这种风格的喜剧被称为“新喜剧”）。率先尝试“新喜剧”的是米南德（Menander），他在公元前4世纪下半叶非常有名。

他的戏剧通常以雅典或阿提卡的农村为背景，主要关注富裕的中产阶级家庭的私生活。故事情节都是编造的，通常会设置难以置信的巧合。故事围绕年轻的男主人展开，描绘他在追寻真爱时遇到的重重阻碍。孩子们遭到遗弃或绑架，多年之后凭借某件古董或饰品得以与家人相认。人物符合刻板的印象——自大的士兵、愤怒的父亲、唠叨的厨师、聪明却怯弱的奴隶以及正值芳华的纯真少女。口语化且诙谐的诗体对白让绝对不会发生在真实生活中的剧情变得真实可信。在古代，人们将米南德视为现实主义者。

他的剧作中，只有一些写在莎草纸碎片上的内容得以幸存，考古学家在古埃及的垃圾场中发现了它们。这些证据充分表明，他的作品不仅在剧院上演，还在整个希腊世界供人阅读。

考古学家通过类似的过程发现，红彩陶器上的主题关于男性身体、性爱场景、饮酒聚会、战争场面和神话故事的不多，更为常见的是家庭生活和女人的私生活。城中制作的最后一批写实的陶器不会晚于公元前 320 年左右。

尽管没有足够的钱财支撑雅典的雄心，雅典还是恢复了适度的繁荣。

雅典的财政收入还是足够用来实行民主政治和法制管理的。新联盟的捐款能够让雅典在和平时期维持一支舰队的运转。但是，尽管政客们足智多谋，雅典还是难以获得足够的储备来承担大规模军事冲突和长期战争所需的高昂费用。这些压力带来的益处是，雅典发展出了自己的财政体系［尤其是在公元前 4 世纪中期，杰出的政治家卡利克拉特（Callicrates）和欧布洛斯（Eubulus）对雅典所做的贡献］，并发明了榨取有钱人财富的创新手段。

欧布洛斯还想出了一个巧妙省钱的办法来帮助穷人。他创立（或者可能恢复）了“节日基金”。与其他希腊城邦相比，雅典的节日更多。

过去人们是免费参加节日庆祝，但现在开始收费了。节日基金为比较贫困的公民支付入场费用。按照这一受欢迎的做法，城邦一年的总支出估计不会超过30塔兰特。但是，这一基金的预算很快便大幅上涨。除了正常的收入外，每年国库的全部盈余也划拨给节日基金，它的实力变得愈发雄厚，让包括五百人议事会在内的官方机构黯然失色。节日基金给各种公共项目提供资助。

在一本关于雅典经济的小册子中，色诺芬承认雅典的金融局势很脆弱，并提出明智的建议来扩大贸易，最重要的是，他建议“要彻底结束陆上和海上的战事”[17]。从表面看，雅典似乎恢复了它在公元前5世纪的地位，但这种霸权地位并不牢固。

不过，资金短缺并未阻止雅典在各处展开军事行动，虽然他们尽可能地减少开支，而且也没有取得什么成果。留克特拉战役结束后的十年里，雅典的陆军大多数时间都在伯罗奔尼撒半岛与不同的盟友并肩战斗，主要目标是破坏底比斯在那里的统治地位。雅典也曾试图阻止底比斯在塞萨利的行动，并对马其顿实施干预。公元前365年，雅典的将军们在萨摩斯岛的战斗中赢得了胜利，随即又在克森尼索取胜。公元前364年在卡尔息狄斯，公元前357年在埃维厄岛，他们均获胜绩。这些将军中有一位杰出人物，他就是伟大的雅典海军上将科农的儿子提谟修斯（Timotheus）。在雅典组建新海上联盟的时代，作为一名出色的指挥官和政治家，他竭力要恢复自己城邦的帝国霸权。

雅典的防御重点主要还是确保从黑海到比雷埃夫斯的航道通畅。在这条航路上有两个危险的障碍：首先，雅典需要将卡尔息狄斯半岛上的城邦置于自己的控制之下，或至少与他们友好相处；其次，达达尼尔海峡、普罗彭提斯海（Propontis）* 和博斯普鲁斯海峡必须对雅典的船只开放。

公元前 364 年，看似晴朗的天空中，暴风雨骤起。雅典似乎并未注意到自己的霸道行为正在严重惹怒爱琴海的盟友。尽管雅典承诺不会建立殖民地，但它实际上已经这么做了，而且它招募的雇佣兵肆意妄为。这些人因为没有按时拿到报酬而心生怨言。卡里亚的统治者摩索拉斯（Mausolus）积极地煽动人们的不满情绪。作为提萨斐尼的继任者，他名义上是一个波斯总督，但实际上可以独立行使权力。在他的鼓励下，雅典的一些盟友脱离了联盟，其中包括罗得岛、科斯岛（Cos）和希俄斯岛。摩索拉斯想将这些地方和位于博斯普鲁斯海峡的拜占庭，全都纳入自己的势力范围。

雅典对叛乱者发动了轰轰烈烈的同盟之战（War of the Allies），却在两场重要的海战中失利。雅典最好的海军上将中一位战死[18]，另外两位因为遭遇暴风雨而未参战。两人被控叛国罪，受到了不公正的审判（其中一人是提谟修斯，他不愿缴纳 200 塔兰特的巨额罚款而遭到流放，此后不久就死去了）。为了筹集军饷，雅典的一位将军向一位叛变的波斯总督寻求帮助。此举激怒了波斯国王，他威胁要发动战争。但由于国库空虚（雅典仅在招募雇佣兵上就花了 1 000 塔兰特[19]），公元前 355 年，雅典被迫停战。雅典允许叛变的三个岛屿脱离联盟，并且承认了拜占庭的独立地位。四分五裂的联盟仍在挣扎，但复兴帝国的梦想就此终结。

* 普罗彭提斯海即现在的马尔马拉海，与达达尼尔海峡、博鲁普鲁斯海峡共同构成黑海海峡。——编者注

那个跛足的老者仍作为国家的仆人不辞辛劳地付出着。公元前 361 年，80 岁的阿格西劳斯二世（这个岁数在当时算是很大的年龄了）同意率领一支斯巴达军队前往埃及。40 多年前，埃及从波斯赢得独立，现在法老准备向波斯国王发动进攻。他需要一些希腊雇佣兵的帮助。

阿格西劳斯二世为何接受委任？一个不够充分的理由是，通过攻打波斯人，他可以在小亚细亚推动“恢复希腊人自由的崇高事业”[20]，而事实比这种猜测更简单。斯巴达政府急需现金，迫不得已将国王和一些缺乏战斗力的平等者派出去筹钱。窘迫的处境是显而易见的。

阿格西劳斯二世到达埃及后，法老的最高指挥官们礼节性地拜访了他。他声名显赫，指挥官们见到他后都很吃惊。普鲁塔克描述了当时的场景：

> 每个人都围过来看上他一眼。这场面没有什么精彩之处，他只是一个身材瘦小的可怜老头，裹着一件粗糙破旧的披风，躺在海边的草地上。人们开始嘲笑戏弄他。[21]

阿格西劳斯二世在位的时间超过 41 年，他漫长的执政生涯也有悲惨的一面。虽然他有一定的能力，但他视野狭窄，难以对世界有一个清醒的认识。他急切的爱国心扭曲了自己的价值观。在他看来，任何符合狭义层面上国家利益的东西都是正确的，不符合国家利益的就都是错误的。

比如，他拒绝承认非法占领底比斯的庇护所，结果却适得其反。他对底比斯人长期持有的偏见促使他们进行军事改革，并导致了后来发生在留克特拉的灾难。他从不承认失去了梅西尼亚，也不接受斯巴达的霸权地位已经削弱的现实。

在他成功的巅峰时期，他相信自己注定要领导斯巴达人对波斯帝国的入侵，以此来报复大流士和薛西斯罪恶的侵略。阿格西劳斯二世曾经在斯巴达的辉煌时期掌握着至高无上的权力，但他也活了足够长的时间来见证斯巴达沦为一个无能且狂躁的国家。

他与埃及人的关系复杂，心中多有不满。但阿格西劳斯二世不得不放下尊严，履行协议。公元前360年，他获得了新任法老的信任，得以离开埃及。埃及人给他举行了相当正式的送行仪式，并给了他250塔兰特。

阿格西劳斯二世再也没能回到家乡。由于当时正值冬天，他命令舰队靠近岸边航行。在利比亚海岸一个废弃的港口墨涅拉俄斯港（Menelaus），他死去了。通常来说，在国外死去的斯巴达人将被就地埋葬，但国王的尸体得运回斯巴达。他们的风俗是将尸体浸入蜂蜜中，但在当时那种情况下，他们根本就找不到蜂蜜。于是他的手下用蜡为尸体防腐。

根据普鲁塔克的记载，阿格西劳斯二世临终前命令自己的属下不要给他制作任何雕像。“如果我已经完成什么壮举，那么它将是我一生的纪念。如果我没有做出什么成就，那世上的雕像——粗俗无用之人的作品——其实都没有什么意义。”[22]

有人会问，这个悲惨的国王将自己归为哪一类了？

随着势力逐渐减弱，雅典变成了一个古代版本的大学城，刚刚成年的有钱男子可以在那里完成他们的学业。

智者们通常四处巡游，但从公元前5世纪末开始，他们中有些人定居下来，成立了高等教育机构，这种情况在雅典尤为常见。教师、学生和研究者组成的团体为了一个共同的目标聚集到一个地方。他们来自希腊各地，雅典很快就不再是众多城邦中的一个，而成了真正的泛希腊中心。伯里克利的梦想正在变成现实——这是从文化层面而言，而非政治层面的。

柏拉图曾引用普罗塔哥拉的话：对于大多数教育机构来说，它们能够提供给学生的就是，帮助他“在个人生活中做出合理的判断，让他明白如何最好地管理自己的家庭，以及在公共生活中通过语言和行动做出最有效的贡献”[23]。

公元前399年后不久，第一个在雅典开办学校的人是安提西尼（Antisthenes），他是苏格拉底的一名追随者（尽管他比苏格拉底更加重视书面语，要求听他讲课的人做笔记）。几年后，伊索克拉底也开办了学校，他的许多学生都来自国外。他最喜爱的学生之一便是当时年轻有为的提谟修斯。

柏拉图［这个绰号可能意为“宽眉的”，他的原名叫作阿里斯托克勒（Aristocles）］是苏格拉底最有能力的弟子。他在战后最初的几年里过得并不顺利。大约公元前429年，他出生在一个富贵显赫的上流社会家庭，本来可以长大后担任公职。三十僭主的领导人克里提亚斯和大权在握的查米德斯都是他的舅舅。三十僭主的残暴统治让他对政治失去了信心，“很快便衬托出前政府统治时期的繁荣稳定”[24]。得到恢复的民主统治并没有多大进步，苏格拉底就是因此而死的。

悲痛欲绝的柏拉图和其他弟子隐退到梅加腊。接下来的12年，他一直在旅行——先去了北非的昔兰尼，然后又去了意大利南部和西西里岛。在西西里岛，他遇到了公元前6世纪博学且神秘的毕达哥拉斯的追随者。他拜访了叙拉古僭主狄奥尼修斯的王宫，但并不喜欢那里花天酒地的氛围。（他后来又来过这个城邦两次，幻想着将他的儿子和继承人培养成一位贤明的君主。）

公元前 387 年，柏拉图在学园旁边买下了一小片地。学园位于雅典城外，是一个公园和体育馆。他在这里开办了一所学校，教授哲学和数学[25]，他亲任校长，直到公元前 347 年去世。与大多数竞争者不同，他禁止学校教授修辞学，因为他认为修辞学是一门文过饰非的艺术。

柏拉图写了大约 25 部哲学对话录，所有著作均留存下来（其中一些对话录的真实性受到了质疑）。他自己没有在任何对话录中出现，也从不宣扬自己的柏拉图教条。这种超然的态度对追求真理的人传达出一个重要的信息：他绝不可能接受任何未经证实的哲学命题。人只有通过努力思考，才能获得知识。

柏拉图的作品中确实存在某些极为重要的主题。价值观和美德对一个人的生活是绝对必要的。苏格拉底在对话中将真正的知识称为智慧，无论谁拥有了真正的知识，都会明白感官印象是虚幻的，也会懂得它们理想或完美的“形态”。这些“形态”是真正的实体，但只能通过抽象的反映和探究来把握，并非依靠经验。不道德的行为源于无知，真正懂得善的人必然行善。在《理想国》中，非民主派的柏拉图描绘了一个由聪明的守护者或哲学家国王统治的理想国家。

历史上的苏格拉底运用问答、反诘或辩证法的技巧来验证诸如爱或公正的定义。但是，这个技巧有一个缺陷，它倾向于表明这些东西不是什么，而没有说明它们是什么。在柏拉图后来的对话录中，他笔下的苏格拉底不再是主角，甚至完全消失了。他在这些对话中提出了积极的理论或教义（例如，对转世的信念，因此新知识实际上是记住我们出生前就已经知道的东西），所以可以猜测，我们读到的很多东西来自苏格拉底的这位学生，而非老师本人。

柏拉图对同时代的人是一种激励（他所启发的人包括著名的马其顿国王腓力二世，这个聪明的国王在柏拉图死后专门举行仪式纪念他[26]），直到今天也是如此。一位20世纪著名的英国思想家写道："可以肯定，欧洲哲学传统的总体特征是它为柏拉图做了一系列的注脚。"[27]

17岁的少年亚里士多德来自卡尔息狄斯，他是柏拉图最优秀的学生之一。他父亲是马其顿国王的御医，他可能原本就是，或者后来变成了马其顿王国的公民。公元前367年，他进入柏拉图学园，很快便成为一名优秀的学生。尽管亚里士多德很尊重柏拉图，但该批评的时候也毫不含糊。据说，柏拉图曾这样说亚里士多德："亚里士多德反对我，就像一匹小马反抗它的母亲。"[28]

亚里士多德一直待在学园，直到柏拉图去世，他大约也是在那个时候离开的雅典，原因可能是他跟不受欢迎的马其顿人交往。他与哲学家同伴们在位于特洛德的一个小城邦中待了一阵儿，这个城邦受到赫米亚斯（Hermeias）的保护，他是一位倾向于理性思考的僭主，也曾在学园跟随柏拉图学习。亚里士多德娶了他的侄女兼养女。

赫米亚斯与马其顿的腓力二世合谋[29]，反抗波斯国王，但是他被骗去见奉命前来镇压叛乱的波斯将军。他戴着镣铐被押往苏萨，被虐待致残，最后被刺穿而死。他在临死前说："我没有做任何与哲学不相称的事情。"[30]

这个专制君主有远大的抱负，他的悲惨结局揭示了受过教育的希腊人探求知识的严肃态度。哲学是一门改变世界的新兴学科，它探寻宇宙的秘密，揭示人生的奥秘。一个理性之人怎能抗拒它的魅力？

亚里士多德来到更加安全的莱斯博斯岛上的米提利尼隐居，他写了一首颂歌来纪念赫米亚斯[31]。几年后，他被召唤前往马其顿，做腓力二世十几岁的儿子亚历山大的老师。公元前335年，他回到雅典，开始在吕克昂的体育馆教学。在那里有一片神圣的树林，是献给吕克欧的阿波罗（Apollo Lyceus，字面意思是“阿波罗，狼形的神”）的。据说，亚里士多德白天给他的学生们讲课，晚上才给大众上课。他们上课的地方有一条林荫道。据说，亚里士多德常与学生一起一边漫步一边讨论哲学问题，因此人们为他的哲学风格赋予了一个名字——逍遥学派（peripatetic）。

亚里士多德与柏拉图的观点不一致，他更赞成观察，而不是抽象思辨。他在开创性的著作《动物志》（*History of Animals*）中试图对生物世界进行分类、描述并加以解释。他在这本书中讨论的主要是人类的身体特征，而在他的其他书中则谈到了人类的社会性和政治性特征。

他十分多产，据说创作了约400部作品，其中大约有五分之一留存下来。这些作品分为三类。第一类是精彩流行的哲学书籍，它们面向一般读者，内容通常采取对话的形式，但已经全部失传；第二类是历史和科学资料集，通常由亚里士多德和研究助理们共同搜集整理，比如奥运会和皮提亚运动会的胜利者名单、雅典的戏剧作品记录和大约158个希腊城邦的分析，这其中仅有对雅典政制的研究资料保存了下来；第三类是哲学和科学文本，记录形式多是不会出版的讲稿，其中大多数留存了下来。

这些文本资料包括：修辞学（再次表明他与柏拉图意见不同，他将这门学科纳入吕克昂学园的课程中）；一组关于逻辑和科学推理的作品（我们称之为 *Organon*，即工具论）；形而上学（他并不认同柏拉图关于形态的学说，他认为形态是物体内在的属性，并不涉及外在的现实）；自然科学、伦理学和政治学；戏剧和文学理论（《诗学》分上下两部，下部已经失传）。

亚里士多德在中世纪的影响力几乎渗透到每一个研究领域，这一点毋庸置疑。在 19 世纪数理逻辑兴起之前，他的逻辑学研究成果一直被认为是正确合理的。

雅典的学校是这座城邦在公元前 4 世纪主要的文化成就。[32]

当希腊人正沉溺于习以为常的相互残杀中时，年轻的腓力二世已经不再是一名人质，他从底比斯回到了马其顿。他的两个哥哥惨死，一个是遭到暗杀，另一个是战死。公元前 359 年，腓力二世担任了自己侄子阿明塔斯四世（Amyntas IV）的摄政王，新国王当时还是一个不满十岁的孩子。

人们没有理由设想王室倾轧的传统会被打破，或者腓力二世能比他的前任们统治更加稳固。但结果证明他有头脑和决心，而且冷酷无情。

幸亏有了他，马其顿才得以抵御周边虎视眈眈的敌人。西面的伊利里亚人正计划发起一场入侵；派奥尼亚人正越过北方边界发动突袭；东面的色雷斯人正密谋用一位新的继承人取代腓力二世；雅典人则一如既往地急着巩固他们在卡尔息狄斯的地位，并且推举自己的觊觎王位之人。

腓力二世精通分而治之的艺术。面对复杂的政治形势和军事威胁，他施展治国之道，以智取胜，最终将敌人一一挫败。他让民众见识到了自己的本事。公元前 356 年，他凭借自身实力被推选为国王。他把幼小的阿明塔斯四世留在宫中并加以善待，却预先采取了残忍的行动，追捕并清算了三名同父异母的兄弟，只因他们是潜在的王位争夺者。他的冷酷无情是因为感受到了威胁，并不是嗜血成性。

现在，他使王国稳固并安抚了桀骜不驯的上马其顿的贵族，通过控制塞尔迈湾的城邦使下马其顿拥有了出海通道。这引发了他与雅典之间的冲突。雅典希望沿着希腊和色雷斯海岸线从黑海到比雷埃夫斯的海上运输畅通无阻。但这一地区内独立的城邦，例如麦西尼亚，相继臣服于腓力二世，或者像奥林修斯那样加入腓力二世的阵营。公元前 422 年，雅典败给了斯巴达将军布拉西达斯，丢掉了安菲波利斯，此后便一直想要将它夺回。但是腓力二世通过武力和欺骗的老套路霸占了安菲波利斯。

他对安菲波利斯的政府挑起事端，随即将其包围。安菲波利斯向雅典人寻求帮助，于是腓力二世承诺将其交给雅典人，以此换取位于塞尔迈湾的皮德那，那是雅典的一个盟邦。但是在公元前 357 年，腓力二世夺取了安菲波利斯，并将其据为己有。更变本加厉的是，他接着又占领了皮德那。为了削弱雅典在这一地区的影响力，他想方设法拉拢卡尔息狄斯联盟（Chalcidian League）。这个联盟对马其顿来说是一个潜在威胁，而且不能确定它会偏向哪一方。

雅典向腓力二世宣战，但当时雅典深陷同盟之战，因此对马其顿有心而无力。不管怎样，雅典国库空虚，资金不足，难以派出一支庞大的远征军来讨回腓力二世非法所得的战果。双方的敌对状态断断续续持续了好几年。

腓力二世现在是马其顿历史上最成功、最受欢迎的君主。他唯一缺少的是一个可靠的收入来源，以支付军饷。他将目光投向了色雷斯，找了一个借口对其实施干涉，并开始向东进发。公元前356年，他在萨索斯岛的内陆建立了腓立比城（Philippi）。这绝非偶然，因为腓立比位于利润丰厚的金矿区。腓力二世霸占的金矿每年可以向国库贡献1 000塔兰特。他现在有了可以跟劳里昂丰富的银矿相媲美的资源。

这位马其顿国王永不满足地寻找着新的征服对象。如果说他以前没想过，那么现在，他开始设想统一希腊的灿烂前景[33]。作为统一的第一步，他接受邀请，出兵希腊北部，代表塞萨利封建贵族的利益，对抗费莱的僭主。塞萨利的贵族同马其顿人一样爱好养马，他们认为腓力二世是一个志趣相投的盟友，因此可能早在公元前352年就推选他做了终身执政官，或称总司令[34]。

马其顿的政制分为两个部分，即英勇的国王和充当士兵的公民组成的议会。在大多数情况下，国王具有绝对统治权，代表国家的权威。腓力二世拥有所有的土地，统领军队，是最高上诉法院的裁定者。作为大祭司，他主持每日的祭祀以确保王国繁荣昌盛。尽管如此，国王是由议会选举产生。议会通过欢呼表决的方式选出国王（议会还审判犯有叛国罪的人）。全副武装的士兵用长矛敲击盾牌来表示赞同。

腓力二世知道，对他的赞同不是永久不变的，他必须要靠战争的胜利来维持民心。他感兴趣的是权力本身，而不是什么名头。他从不在任何官方文件中把自己称作国王。人们对他直呼其名，他不佩戴任何王室徽章。

他有着强大的人格魅力和冷幽默。他经常用这些特质来误导别人。他用脸上的微笑欺骗对手[35]。

腓力二世虽然继承了马其顿人的原始作风，但与战争相比，他更加青睐外交手段。他拥有多位妻子，结过七次婚，却从未离过婚。这七次婚姻都是为了国家利益，欲望似乎也是部分原因，但绝对没有爱情。一位古代评论家巧妙地评论道，他“通过结婚来发动战争”[36]。他的第三位妻子是目如鹰隼、生性凶残的奥林匹娅斯（Olympias)，她是伊庇鲁斯的公主（据说腓力二世不光娶了公主，还引诱了她的弟弟，一个漂亮的男孩[37]）。公元前356年，奥林匹娅丝为腓力二世生下了儿子亚历山大，他是王位的继承人。此后，她用尽毕生的精力来帮助亚历山大获取利益。

腓力二世另一个主要的谈判技巧是贿赂。他喜欢说，只要一座城的后门足够大，能让一头驮着黄金的驴子进去，那就没有坚不可摧的城池[38]。

当外交手段失败后，腓力二世会毫不犹豫地诉诸战争手段。他作战英勇，伤疤可以证明他为士兵们做出了强有力的榜样。他的战争观或多或少受了荷马式英雄的个人英雄主义影响。在围攻塞尔迈湾海岸上的麦西尼亚城邦时，一名守军士兵在城墙上突然放冷箭，射中了正在检阅部队的腓力二世，导致他右眼失明[39]。他不顾重伤，仍旧积极指挥作战。不久，麦西尼亚求和，他慷慨地给予其优厚条件。他的一只手和一条腿受到了永久性的损伤[40]，锁骨也碎裂了。

但只有个人的勇气并不足以确保胜利。腓力二世受到伊巴密浓达和佩洛皮达斯的启发，进行了全面的军事改革。他通过定期发放军饷的方式将军队职业化，自己筹款为士兵提供盔甲，并建立了等级晋升制度。他命令士兵自己背负盔甲、武器和食物，以此减少对辎重车队的依赖。他们不再是季节性耕作的农民，而是全职的军人。

腓力二世从荷马史诗《伊利亚特》的主方阵中得到启发。在战斗中，希腊士兵遭遇特洛伊士兵，情形是这样的：

> 盾牌挨盾牌，头盔挨头盔，人挨人，用长矛和倾斜的盾牌组成一道坚不可摧的屏障。阵型排列十分紧凑，士兵摆头时，装饰有羽毛的头盔顶部闪闪发亮，能相互碰到，他们摆动手中紧握的长矛，可以相互重叠。[41]

但腓力二世也是一个创新者。他把方阵的概念运用得更符合逻辑。他还采用了特别长的萨里沙长矛（*sarissa*）。它的长度在 4 到 6 米之间，必须用双手紧握。士兵竖握长矛，当接近敌军时，方阵的前五排士兵将手中的长矛向前伸展，整个方阵像一只巨大的箭猪，随即发起冲锋。普通希腊方阵组成的“盾牌墙”不得不面对一堵“长矛墙”。旧式的重装步兵无法接近敌军，而且不能用短剑同他们展开白刃战。

腓力二世部署新型方阵与重装骑兵密切呼应。像伊巴密浓达那样，在战斗一开始，他就命令重装骑兵发动进攻，而不是等待步兵参与。就在他的方阵牵制住中部敌军时，骑兵以楔形队列拼尽全力地砍杀敌人，并以此破坏敌军的阵线，最重要的是冲击敌阵的侧翼或后方。

希腊军队缺乏足够的技能，难以轻松攻占建有围墙的城镇，而且他们失败通常是因为背叛。大约在公元前 350 年，腓力二世建立了一支工程兵部队[42]。该部队的指挥官设计了新型的攻城机器，比如一种攻城槌。他们似乎还发明了扭力石弩，这种石弩的炮弹比传统的机械牵拉石弩射程更远，速度更快。

马其顿国王们都会为自己组建一支名为近卫骑兵（Companions）的精英部队，其成员都是国王的朋友或顾问，他们也在战场上统帅骑兵。

他们的职责是充当王室护卫。腓力二世将该部队扩充至800人，并亲自挑选每一个士兵。

有了新的黄金供应，腓力二世便能够为马其顿的军队增加雇佣兵。这些人必然只对他效忠。除了能够增强腓力二世的军事力量外，他们还让马其顿的公民更难对他施加政治压力。

出征时，他们纪律严苛，训练残酷。有一次，腓力二世因为一名军官在营地里洗热水澡而将他开除[43]，另一名军官因饮酒而掉队，遭受鞭打。但如果我们相信公元前4世纪的历史学家塞奥彭普斯（Theopompus）所言，当时许多人在不当班时其实都好喝酒闹事。

塞奥彭普斯称，他们嗜酒成性，令人惊讶的是，他们特别偏爱不掺水的葡萄酒（相当于现在的烈酒），而且喜好赌博。更糟糕的还在后面。

> 虽然是男性，但他们中有一些人习惯于剃掉胡须和体毛，而另外一些人虽然留着胡须，却与他们的同伴做爱（换句话说，他们就是现代意义上的成年同性恋者，希腊人对此表示厌恶）。他们习惯随身带两到三个年轻男妓在身边，而他们自己也为其他人提供相同的服务。公正地说，他们并不是朝臣而是高级男妓，不是护卫而是性伴侣。[44]

虽然这其中有些夸大的成分，但我们知道腓力二世十分钦佩底比斯圣队[45]，而且可以推断出，他在自己的精英部队内部鼓励男性通过性关系建立紧密联系，以此作为提高军队士气的一种方法。

腓力二世在孩童时并没有展现出这样的潜力。他身体羸弱，体格不健壮，自幼就瘦骨嶙峋，而且经常生病。他的声音微弱并且很难发出字母“r”的音。他的行为举止似乎很像个女孩，因此其他男孩给他起了个绰号叫巴塔鲁斯（Battalus）[46]，那是一个著名的、非常女性化的长笛演奏家的名字。(作为一个成年人，他因经常穿着女装光顾工人的酒馆而遭到指责，他还因有同性恋之嫌而受到批评。但他结婚了，并且育有三个孩子。我们并不知道真相到底是怎样的。)

公元前385年，一个婴儿降生了，取名叫狄摩西尼，跟他父亲一样的名字。老狄摩西尼是一位成功的商人，拥有一个工厂，制造刀剑，也生产长椅。不幸的是，他在儿子七岁时便去世了。他在遗嘱中委托几名亲戚作为儿子的监护人，但由于他们经营管理不善，狄摩西尼在18岁成年时几乎没有继承任何遗产。

十几岁时，他听过当时杰出的政治家卡利斯特拉托斯（Callistratus）在一场审判中的发言，被其深深吸引，以至于决定选择演讲作为未来的职业发展方向。他放弃了其他方面的学习，专门跟老师学习修辞学，并且阅读了许多关于演讲的教科书。

公元前4世纪的法庭比以前任何时期都要繁忙，诉讼业务猛增。事业、金钱正等着人们去创造。为原告和被告提供法律咨询，以及撰写和发表演讲，已经成为专门的工作。令人尊敬的律师和真正值得调查的犯罪是存在的，但法庭上充斥着心怀怨恨的敌人、商业对手和政客们虚假或随意的指控。尽管政府官员能够针对与社会群体有关的案件提起诉讼，但是当时并没有公诉机关。任何公民都可以提起诉讼，因此也产生了一类专门打官司的人，绰号为“马屁精”(*sycophants*，字面意思是“通过摇晃树木来展示无花果的人”，由此衍生出“阿谀奉承者”的意思)。

表面上看，他们是为了公众的利益而工作，但实际上是为了敛财。他们用法院的诉讼程序威胁勒索无罪的公民。在某些情况下，判决的费用由国家来承担。狄摩西尼渴望进入这个黑暗污秽的世界。

这个年轻的演说家接受了严格和系统的训练[47]。一些有关他的故事提到，他将自己所有的时间都用来练习演说，并找来一面全身镜观察自己的表现。他喜欢去法勒隆的海边大声呼喊，让自己的声音盖过海浪。由于说话时气短，他聘请了一位演员教他如何用一口气说出长句子来。他朗诵时嘴里含着小鹅卵石，以纠正含糊不清的发音，在走上坡路的时候大声讲话，用以提高他声音的力度。

虽然经过刻苦的训练，但狄摩西尼的首次演讲十分糟糕。人们对他起哄，嘲笑他。他花了三年的时间控告他曾经的监护人的失职和欺骗，在这期间他完善了自己的演讲技能。他最终赢得了诉讼，大概只收回了一小部分丢失的家产。但是，他名声越来越大，成了有名的法庭演说词撰写者，过上了很好的生活。他通过纯粹的意志力实现了自己的梦想。

后来，他把注意力转向政治，面对公民大会做了无数次演讲。他过分担心北方马其顿的威胁，在公民大会上紧紧抓住此事不放。他很快便成为腓力二世最害怕和最讨厌的评论家。

福基斯是希腊最小的城邦之一，但世界的中心和德尔斐的神谕之地在它的领土上。一个由相邻国家组成的委员会保证了该地区的独立性，这个叫作“邻邦同盟会议”（Amphictyonic Council）的委员会有权惩罚任何国家亵渎神明的行为。留克特拉战役之后，福基斯被迫加入了彼奥提亚联盟，但是由于底比斯的实力正在减弱，而且伊巴密浓达在曼提尼亚丧命，福基斯得以开始独立行事。

底比斯发起进攻，它指责福基斯没有向德尔斐支付亵渎神明的罚款；德尔斐下方的平原本是献祭之地，却被福基斯变成了耕地。底比斯遭到了反抗，福基斯拒绝上交罚款，并引用《伊利亚特》[48]来证明这片有争议的土地自古以来的所有权。

这一事件引发了希腊人所谓的神圣战争（Sacred War）[49]。福基斯在邻邦同盟会议中敌人众多，比如塞萨利人、洛克里斯人（Locrians），当然还有最难缠的底比斯人。如果现在不采取行动，那么在未来相当长的时期，福基斯都将受制于人。与雅典人和腓力二世不同，福基斯既没有金矿，也没有银矿。但是，它在德尔斐拥有某种同样好的东西——金库，那里存放着希腊各国敬献给阿波罗的金银礼品。公元前356年，福基斯人占领了德尔斐，并“借走”了这些属于神的财产，用于支付雇佣军的军饷。他们甚至听信了秘密宝藏的传言，在阿波罗神庙向地下挖掘[50]，结果大失所望。

他们突袭了早先吕底亚国王克罗伊斯的宝库[51]，掠夺了大量的金银制品和金锭。他们把这些东西融化，制成了价值4 000塔兰特的金币。克罗伊斯的银制祭品也重铸为现钱，总共6 000塔兰特的银币。

在接下来的几年内，福基斯人从德尔斐的金库中攫取了大量财富，并且在军事上迎来了一个短暂的全盛时期。在福基斯人看来，德尔斐不是所有城邦共有的，而是属于他们的。当雅典人在伯罗奔尼撒战争中的形势急转直下时，他们也曾利用神庙中的金银。福基斯人认为他们跟雅典人一样，掠夺德尔斐财富的行为是合理的。至少在一开始，他们曾把这些钱财视为借款，诚心想要以后偿还。但过了一段时间后，他们的债务越来越多，全部偿还需要很多年的时间。不知不觉中，他们从借款人变成了小偷。

斯巴达也因在和平时期占领底比斯的城堡而亏欠神明一笔巨额罚款。雅典暗中支持福基斯，很大程度上是因为底比斯的敌人就是他们的朋友。

费莱人抱怨腓力二世粗暴地对待他们，福基斯的将军奥诺马尔库斯（Onomarchus）率军前往塞萨利援助费莱，腓力二世被卷入此事。结果，他败给了奥诺马尔库斯，退回马其顿。习惯了在战斗中取胜的他咆哮道："我撤退时像斗角的公羊一样，死命地顶住敌人。"[52]

事实的确如此。公元前353年或公元前352年，他杀回塞萨利，驱逐了福基斯人。在靠海的平原上有一片种植了番红花的田地，他在那里将福基斯人的军队赶下海。三分之一的士兵死亡。一支友善的雅典舰队救起了幸存者。骑着马的奥诺马尔库斯被赶下海后淹死了[53]。腓力二世把他的尸体钉在十字架上示众，以此来羞辱他。

腓力二世准备南下，从疯狂抢掠的福基斯人那里拯救德尔斐的阿波罗神和他的神庙。马其顿的崛起看上去势不可挡，雅典非常担忧，于是加快了行动的步伐。素来提倡节俭与和平的欧布洛斯派重兵把守温泉关，拦住了腓力二世的去路。腓力二世带兵撤退，转而在色雷斯发起战斗，在那里他威胁到了雅典在克森尼索的利益。他始终在等待一个新的机会来对付福基斯。

马其顿发展的下一阶段是吞并卡尔息狄斯半岛。事实证明，奥林修斯并不是一个可靠的盟友，它庇护了腓力二世的王位争夺者（腓力二世同父异母的兄弟之一）。由于害怕腓力二世图谋报复，奥林修斯同雅典结为联盟。公元前348年，结盟这件事足以让腓力二世有理由进行干涉，他将奥林修斯城团团包围。他在埃维厄岛挑起事端，分散雅典的注意力，等到2 000名雅典重装步兵和骑兵部队赶来救援时，奥林修斯已经沦陷。据推测，那个不幸的王位争夺者被抓住后杀掉了。

腓力二世一直严惩不忠之人。他把奥林修斯城夷为平地，将幸存的居民赶往马其顿，强迫他们像奴隶一样在矿井或田地里劳作。

在公民大会上，人们愤怒无比，反对腓力二世的情绪高涨，但是雅典破产了，没有钱来发动战争。雅典需要和平。腓力二世同样需要和平。现在，他已经征服卡尔息狄斯，又在酝酿另一项计划。底比斯人已经邀请他代表邻邦同盟会议向南进军，消灭福基斯人。前景非常诱人，胜利会使马其顿成为希腊大陆的霸主。但是在开始这项新的军事冒险之前，他需要处理手头的事情。

公元前346年，和平谈判拉开了序幕。狄摩西尼加入了代表团，他们在马其顿的首都佩拉与腓力二世见面。埃斯基涅斯同为代表团的使节，他和狄摩西尼算不上是朋友，如果我们能相信他添油加醋的讲述，这次会见似乎是一场灾难。据说，轮到狄摩西尼向腓力二世致辞时，他怯场了[54]。他忘了词儿，突然哑口无言。腓力二世表现得非常得体，他鼓励这位演说家鼓起勇气再试一次，但演讲不得不被迫放弃。

这次谈判通过了一项条约[55]，规定各方应保留目前所拥有的领地。条约中指明马其顿和雅典结为联盟——福基斯被排除在外，它已经耗尽了德尔斐的金库，不再像以前那样能构成严重的军事威胁。腓力二世希望通过这项条约能够与雅典建立积极友好的伙伴关系，但狄摩西尼却让反对马其顿的情绪被重新点燃。

腓力二世对福基斯没有特别的不满，但是福基斯亵渎神明的行为让他有了一个理想的方式来巩固他的政治地位，那就是对希腊中部实施干涉。由于福基斯的一位将军叛变，腓力二世的军队得以通过温泉关。令人惊讶的是，福基斯政府毫不犹豫地就向腓力二世投降了，有人怀疑腓力二世用金子买通了他们。邻邦同盟会议的成员十分感激腓力二世征服福基斯，他们要求他对福基斯人亵渎神明的行为施以最大限度的法律处罚，就是把所有福基斯人都从高高的悬崖上扔下去。

腓力二世被任命为在德尔斐举行的皮提亚运动会的主席，这是一项至高的荣誉。他说服邻邦同盟会议会采取更为宽大的处罚方式。福基斯失去了在邻邦同盟会议中的位置，它的两个投票席位给了马其顿。它再也不能在德尔斐祈求神谕。其他国家要求它用等值的钱币按年偿还之前偷窃的宝物。

一如往常，普通民众才是战争的受害者。狄摩西尼回忆了旅途中满目疮痍的景象：

> 最近，我们在去往德尔斐的路上无法对这一切熟视无睹——夷为平地的房屋，断壁残垣的堡垒，没有成年男人的乡村，屈指可数的妇女和儿童，还有悲惨的老人。人们无法用语言来形容（福基斯人）目前遭受的困难。[56]

毫无疑问，这一系列事件的赢家是腓力二世。现在，他成了一个古老且有威望的泛希腊机构的成员，他还在希腊大陆的政治组织中确立了自己的地位。更具现实意义的是，他的军队已经站稳脚跟。他一直声称自己是希腊人，现在再也没有人说他不是了。

雅典人民对狄摩西尼失望至极。他发表了一系列演讲，强调腓力二世对希腊造成的威胁。在第一次演讲中，他把缺乏斗志的人们比作只会防御遭到进攻的部分，却不能主动反击的拳击手。

> 你们对腓力二世发动战争的方式恰如一个野蛮人在打拳击。受到攻击时，他总是捂住被打的地方；打到他的另一侧时，他的手又挪到那里。他不知道、也不在意如何躲避攻击或观察对手。所以，假如你们听说腓力二世在克森尼索，你们便派援军去那里；如果听说他在温泉关，你们又提议向那里派兵。如果他在其他地方，你们依旧东奔西跑地追赶他。[57]

如果雅典人不是这么急于对腓力二世发动战争，后者也不会找雅典人的麻烦。他非常推崇雅典这座城市，这里是希腊世界文化和知识的中心。虽然他会和近卫骑兵痛饮，但他更喜欢与雅典的哲学家和作家以平等的身份交往。公元前 343 年，腓力二世挑选曾师从柏拉图的亚里士多德做他儿子亚历山大的老师。他希望把十几岁的亚历山大培养成一个全面发展的希腊人。亚历山大学习文学和哲学，就像年轻的雅典人一样。

许多希腊人对腓力二世表示认可。读过狄摩西尼演讲稿的人或许会认为，整个希腊对腓力二世又恨又怕，但事实并非如此。除了伊索克拉底这样的严肃学者，还有很多人认为腓力二世对危机重重的各希腊城邦来说，是一个迟来的救星。伯罗奔尼撒半岛上的小城邦感受到了来自斯巴达的威胁。斯巴达极度渴望恢复自己在该半岛上的势力。底比斯实力不济，保护不了他们，正如伊巴密浓达时期一样。这意味着，腓力二世的到来是天赐良机。马其顿国王在许多地方受到了真心实意的欢迎。

这是一个奇怪的现象——一个受欢迎的敌人，让大多数人不愿与之为敌；一个侵略者，对于他想要征服的文明却推崇备至。然而，事件的逻辑重新引发了敌对行为。

狄摩西尼点燃了雅典人的怒气。在他的鼓动下，雅典决定不参加皮提亚运动会，以此暗中抗议马其顿加入邻邦同盟会议的行为，但是在腓力二世发出了一个礼貌却坚决的最后通牒后，他们放弃了这次行动。此时狄摩西尼已经率领民众游行至山上，这位演说家不得不让步，说“为在德尔斐留下的耻辱开战”[58]将是愚蠢的行为，让大家尴尬地下了山。

随着时间的流逝，反对马其顿的宣传还是起了一定的效果。公众转变立场，明确地表示反对和解。领头的雅典谈判代表被指控犯有叛国罪，逃离了雅典。由于藐视法庭，他在缺席审判的情况下被判处死刑。公元前 343 年，狄摩西尼对他的对手埃斯基涅斯提出控告。埃斯基涅斯是一名伟大的演说家，支持雅典与腓力二世签订和平条约。被告埃斯基涅斯发挥了他作为演说家所具有的雄辩才能，最后获得无罪判决。

腓力二世对雅典这个表面上的朋友和盟友失去了耐心。他曾经资助了一次企图焚毁比雷埃夫斯的行动，但未能成功。在开始永久征服色雷斯这项伟大的事业之前，他大概想先削弱依旧强大的雅典舰队。公元前 342 年至 341 年间，经过十个月的战斗，他赢得了胜利。他将自己王国的面积扩大了一倍，并且把马其顿的疆域延伸至克森尼索边上。

依赖粮食进口的雅典很自然地认为，此举威胁到了自己顺畅的运粮通道。雅典在这一区域部署了一些舰船和雇佣兵。雇佣兵突袭了腓力二世的盟友，雅典很不明智地破坏了和平条款。这激起了腓力二世的怒火。

这次显然是雅典人做得不对，狄摩西尼却不以为然。他发表了一场演说[59]，声称是腓力二世破坏了和平。

现在任何人都心知肚明，腓力二世正在寻找一切机会提升马其顿的实力。他在克森尼索的军事存在的确很危险。具有挑衅意味的是，他煽动埃维厄岛上的城邦建立由马其顿支持的寡头政权。

尽管雅典的舰队统治着爱琴海，但腓力二世在陆上的军事优势显而易见。马其顿国力强盛且人口众多。从长远来看，雅典已经变得相对贫穷，不宜大动干戈，它不希望与马其顿这个新兴强国一较高下。它更愿意同马其顿建立积极友好的联盟关系，这也是腓力二世所追求的。事实上，腓力二世曾经提议马其顿和雅典之间的条约应扩大到所有愿意加入的城邦，实现共同的和平。

可是狄摩西尼认为，腓力二世的主要目的不是与雅典建立伙伴关系，而是要将其引向毁灭。在这个演说家的心中，仇恨压倒了理智。他的真诚毋庸置疑。普鲁塔克写道，他拒绝了马其顿的贿赂，却被"波斯人的黄金所淹没，来自苏萨和埃克巴坦那的黄金源源不断地送给他"[60]。狄摩西尼给雅典民众提出了真诚却非常糟糕的建议。

雅典人正在努力组建希腊反对腓力二世的统一战线，并渐渐显露出成功的迹象。在雅典国内，公民大会征收税赋，节日基金中的资金转而用于备战。波斯国王害怕腓力二世的入侵计划，同意支持雅典。公元前 340 年，马其顿东北方的两个盟友佩林托斯（Perinthus）和戒备森严的拜占庭改变了阵营。腓力二世对两国进行了围攻，但即使是新型的扭力石弩也没能削弱他们的防御。

腓力二世在海上取得了一场胜利，算是一种补偿。他的小型舰队在普罗彭提斯海的入海口附近袭击了雅典由 230 艘船组成的运粮船队，缴获的粮食卖了 700 塔兰特，这可是一笔巨额资金。雅典船队中约有 180 艘船被摧毁。

在率军经过色雷斯返回马其顿的途中，腓力二世发起了一次短暂的战斗，在战斗中他大腿严重受伤。他的余生都在一瘸一拐中度过，但他保住了色雷斯，并且能够安全地（但肯定带着遗憾）把精力转向对付希腊。

腓力二世进攻克森尼索对雅典来说是一个非常严重的威胁。损失了运粮船队的雅典再也无法忍受。公民大会向马其顿宣战，刻有和平条款的大理石柱[61]被公开打碎。狄摩西尼的提议获得胜利。人们投票同意授予他一个金冠，以此来感谢他对国家所做的贡献。

邻邦同盟会议中的争执再次给了腓力二世一个有利的机会。

上个世纪的普拉蒂亚战役后，雅典人向德尔斐进献了一套黄金盾牌，上面镌刻着铭文“来自波斯人和底比斯人的战利品，他们联合起来对抗希腊人”[62]。最近，他们对盾牌进行了翻新，并且重新展现给世人。底比斯人一直认为这牵扯到了很久以前他们与薛西斯一世的联盟关系，感觉自己受到了冒犯。这套重新展示的盾牌又揭开了旧的伤疤。

公元前 339 年春天，或者是受到底比斯的煽动，抑或是出于他们自己的意志，位于洛克里斯附近的城镇阿姆菲萨（Amphissa）的人们向邻邦同盟会议告发了雅典的亵渎行为。雅典对黄金盾牌翻新的时候，福基斯已经非法控制了德尔斐和阿波罗的神谕之地。他们所告发的确有其事，但此时提出显得过于刻意。雅典将被处以 50 塔兰特的罚款。

演说家埃斯基涅斯在邻邦同盟会议中是雅典代表团中的一员，他聪明地扭转了雅典的劣势。事实上，阿姆菲萨人做出了更加恶劣的亵渎行为，他们在圣地下面的平原上耕作，甚至还盖了房屋。如果情况属实，这将是对神明的严重冒犯。这一说法经过调查，得到了确认。

我们如何解释埃斯基涅斯灵光乍现的猜测？古代的资料并没有说明此事，但我们可以推测，多年以来，人们已经懒得去遵守规则。每个人都知道这一点，但都熟视无睹。

不管怎样，没有人再关注针对雅典的抱怨。阿姆菲萨人被要求拆除建筑，并离开那片土地。毫无疑问，阿姆菲萨人希望从底比斯那里得到支持（底比斯一直没有到场），但遭到了代表们的拒绝。

在一次紧急会议上，腓力二世被任命为邻邦同盟军队的指挥官，来处理阿姆菲萨人的问题。虽然埃斯基涅斯巧妙地帮助雅典躲避了对其亵渎行为的指控，却付出了极高的代价，腓力二世再次插手希腊大陆的事务。

当时没有人知道，腓力二世已经放弃雅典及其希腊盟友。他感觉到自己已经伸出的友谊之手遭到了藐视。战争是唯一的选择。腓力二世知道，在一个将军的军械库中，欺骗和突袭是最锋利的武器。他等待着那一刻的到来。

很少有人担忧是否会发生一场新的神圣战争，对此也没做太多的准备，这很大程度上是因为腓力二世的腿伤还没有恢复。但是在公元前 339 年秋天，他率军南下进军希腊，表面上是要履行他在邻邦同盟会议中的使命。但他对阿姆菲萨置之不理，突然掉头向东，突袭占领了伊拉提亚（Elateia）镇。该镇是去往底比斯和阿提卡必经之路上的战略要地。希腊人在夜里得知这一消息后大为震惊。天刚破晓，公民大会便举行了一次紧急会议。普鲁塔克记下了当时的情形：

没人敢站上发言台，没人知道应该说什么，参会者全都目瞪口呆，显得完全不知所措。[63]

传令官问：“谁想发言？”[64]没有人站出来。他对着沉默的参会者一遍遍地重复这个问题。然后，狄摩西尼登上讲台，掌控了局面。他宣布“为自由而斗争”。公民大会通过了一项与底比斯结盟的提案。

狄摩西尼率领代表团前去说服这个宿敌。他们到达底比斯后，才发现腓力二世的使者已经在那里了。经过一番激烈的辩论，底比斯同意与雅典结为同盟以对抗马其顿。当年腓力二世镇压福基斯，帮了底比斯人的大忙，他们也考虑到了这一事实。然而，他们知道自己别无选择。如果腓力二世征服了雅典，他们将孤立无援，而且无法拒绝他提出的任何要求。只有当雅典是腓力二世的敌人时，底比斯才能跟他安全地做朋友。

底比斯人拼命地讨价还价。雅典将支付三分之二的战争费用，并接受一名底比斯人担任陆军总指挥。雅典还得承认底比斯在彼奥提亚的霸权地位。

新同盟守住了通往彼奥提亚和阿提卡的关口，整个冬季相安无事。关于这一段，古代的历史学家们都没有记载。腓力二世似乎直到最后时刻都认为，如果谈判能解决问题，他希望避免战争。如果他真的提出过谈判，那他一定是被断然拒绝了。狄摩西尼被授予了第二个金冠。公元前 338 年夏天，腓力二世采取了行动。他强行攻占了一个拥有驻防的关口，希腊联军撤退到了奇罗尼亚平原上的后方阵地，那是一个位于彼奥提亚的小镇。

马其顿人随后追来。公元前 338 年 8 月 4 日，战斗开始了[65]。双

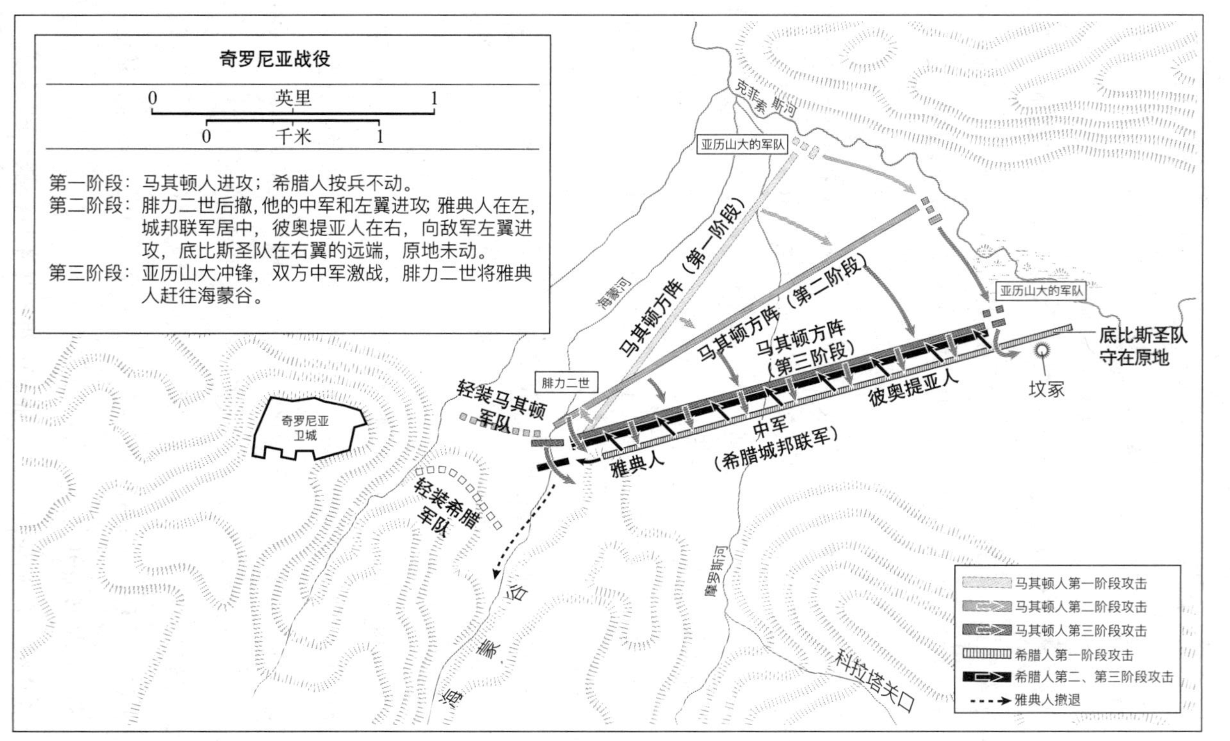
奇罗尼亚战役
0 英里 1
0 千米 1
第一阶段：马其顿人进攻；希腊人按兵不动。
第二阶段：腓力二世后撤，他的中军和左翼进攻；雅典人在左，城邦联军居中，彼奥提亚人在右，向敌军左翼进攻，底比斯圣队在右翼的远端，原地未动。
第三阶段：亚历山大冲锋，双方中军激战，腓力二世将雅典人赶往海蒙谷。
克非索斯河
亚历山大的军队
海蒙河
马其顿方阵（第一阶段）
马其顿方阵（第二阶段）
马其顿方阵
（第三阶段）
亚历山大的军队
底比斯圣队
守在原地
坟冢
彼奥提亚人
中军
（希腊城邦联军）
雅典人
腓力二世
轻装马其顿
军队
奇罗尼亚
卫城
轻装希腊
军队
海蒙谷
摩罗斯河
科拉塔关口
马其顿人第一阶段攻击
马其顿人第二阶段攻击
马其顿人第三阶段攻击
希腊人第一阶段攻击
希腊人第二、第三阶段攻击
雅典人撤退

方军队的人数大致上相等，各拥有 30 000 名步兵[66]。虽然腓力二世有 2 000 名骑兵，数量上不及联军的 3 800 名。但实际上有本质差别。马其顿的骑兵训练有素，经验丰富，而雅典和底比斯的公民充当的士兵在过去的 20 年里几乎没有愤怒地挥起过长矛。

在奇罗尼亚城堡下方的高地与沼泽地围绕的一条河之间，双方的战线延伸了大约 3 千米。腓力二世率领着精英步兵军团和持盾卫队，他的右后方是一个缓坡。他的儿子亚历山大那时虽然才 18 岁，但已经是一个经验丰富的战士，他指挥的骑兵位于左翼。

雅典的重装步兵迎战腓力二世；希腊各盟友位于中部，彼奥提亚的部队位于右翼。底比斯圣队被远远地部署到了战线的边上，紧挨着沼泽。

腓力二世的队伍是从他的位置向后以一定角度呈梯形排列。他的计划是让自己直接指挥的部队去迎击缺少作战经验的雅典方阵。然后他们缓慢有序地撤退到右后方的斜坡上，引诱雅典的部队追击。

这是一个陷阱。希腊部队在前进的过程中将不知不觉地移向雅典部队一侧，填补他们所留下的缺口。希腊的阵线将被拉扯变薄，最终会出现一个让马其顿骑兵能够突破的缺口。

这个计谋奏效了。随着腓力二世的右翼部队以一定的角度向奇罗尼亚后撤，他的左翼部队同时向前移动，整条战线就像绕着一个支点旋转。雅典人对腓力二世展开追击，希腊战线像预料的那样变得稀疏。底比斯圣队位于战场另一端，靠近河边，奉命留在原地。因此，缺口很快就出现在底比斯圣队的左侧。亚历山大看到机会到来，率领马其顿骑兵迅速突破缺口。底比斯圣队遭到包围。他们拼命抵抗，大多数人死在了原地。

与此同时，雅典部队非常亢奋地追逐腓力二世的持盾卫队。他们的指挥官喊道："让我们把他们赶回马其顿！"[67] 他们在爬陡坡的时候乱了阵型。腓力二世命令士兵反攻。猝不及防的雅典士兵四散奔逃。他们被追至山麓。1 000 人死亡，2 000 人被俘。

余下的人全部逃跑，其中包括狄摩西尼。他不是将军，所以他的位置在重装步兵的阵列中。但随着战场形势转向马其顿一方，他"以最可耻的方式"（普鲁塔克语）[68] 拔腿就跑。他的披风勾住了身后的一丛荆棘，他慌张地大喊："快救命。"[69] 他盾牌上刻的字居然是"好运"，极具讽刺意味。

有两个故事讲述了腓力二世对于胜利的反应。这两个故事反映了他的矛盾性格，所以可能都是真实的。战斗结束后，腓力二世主持了一场庆祝宴会。宴会上，他喝了大量的未掺水的葡萄酒。宴会结束后，他在一些伙伴的陪同下漫步在战场上。他们看着敌人的尸体发出嘲笑声。腓力二世像个孩子一样，有节奏地打着拍子，高兴地重复着普尼克斯公民大会上的开场白："狄摩西尼，老狄摩西尼之子，来自派奥尼亚，特此提议。"[70]

雅典杰出的政治家狄马德斯成了战俘。他用《伊利亚特》中的两个人物来谴责腓力二世——带领希腊人抵达特洛伊的迈锡尼国王和一个丑陋恶毒、满口脏话的士兵。他说道："财富已经把你塑造成阿伽门农。难道扮演忒耳西忒斯（Thersites）不会令你感到羞耻？"[71] 多亏了狄马德斯，腓力二世立刻清醒过来。

一定是在这个时候，他发现了底比斯圣队战士的尸体，或许是回忆起自己在底比斯做人质时所认识的那些人，他大哭起来。他说道：

“如果有人怀疑他们做过或遭受过任何可耻的行为，杀无赦。”[72]随后他们被集体埋葬在战死的地方。腓力二世下令竖立一座狮子雕像来标记这一地点。

这座雕像至今依然守卫在那里。在它附近，现代考古学家发现并挖掘了那些底比斯人的坟墓。七排总计254副骨架整齐排列，每对爱人为一组，构成了这一悲惨的遗迹。

跟以前一样，腓力二世对雅典非常宽容。这不仅因为个人感情，还因为雅典依然会为他制造大量麻烦。雅典部署了一支庞大且实力强劲的舰队，连腓力二世的扭力石弩也不能在雅典高耸的石墙上留下一个凹痕。腓力二世为入侵波斯做着积极的准备，在行动之前，他有必要让希腊最重要的城邦雅典保持稳定和平。

亚历山大护送雅典人的遗体回到城中，同意归还战俘并且免收赎金。包括萨摩斯岛和提洛岛在内的一些岛屿仍旧由雅典继续控制，海上联盟最终解散。理论上，雅典仍然是自由的，不受管制，但这种自由仅限于国内（相比之下，底比斯被迫接受了一支马其顿驻军，寡头政权取代了民主政治）。

雅典人很不情愿地表示感激。公民大会竖起了一座腓力二世骑马的雕塑，并授予他和亚历山大雅典公民的身份，同时也给了底比斯难民公民权。公民大会从所有人中选出狄摩西尼在战争死难者的葬礼上宣读悼词。腓力二世没有在意自己遭受的冷落。

巨大的变化并不总是能立刻被察觉到。奇罗尼亚战役终结了那些城邦的独立地位，具有决定性的意义。马其顿已经证明自己是该地区的霸主，其他城邦联合起来也不是他的对手。当然，小型自治城邦依然存在，但在一个更大的联盟中，他们只能俯首听命。

伊索克拉底的梦想终于成真，却不是按照他的计划进行的。他曾幻想希腊人能够自由地聚在一起，并且做出一个真正的集体决定，派兵洗劫“另一个特洛伊”。他习惯了民主政治，在他眼中，武力压迫下组成的联盟与他的构想根本就不是一码事。

公元前338年秋天，在每年埋葬战争死难者的时候，将近100岁的伊索克拉底绝食而死。

公元前338年冬天或公元前337年春天，所有希腊城邦的代表被召集到科林斯参加会议，腓力二世在会上宣布了《同盟和约》（Common Peace）。如有必要，他将用武力保证该合约的效力。由各签署国组成的大委员会将对其进行监督。到处都由支持马其顿的政客掌权。对于那些厌倦了永无休止的争吵和毫无意义的战争的人们来说，这是一个受欢迎的新世界。只有实力不济又心怀怨恨的斯巴达拒绝加入该和约。腓力二世受邀率军进入伯罗奔尼撒半岛，他在那里重新调整的边界线对斯巴达十分不利，所以斯巴达的决定无异于自掘坟墓。

腓力二世的行动非常顺利。希腊历史学家波利比乌斯（Polybius）写道：

> （那些小城邦的首领们引诱）腓力二世进入伯罗奔尼撒半岛征服斯巴达人，这样他们就能让自己的居民幸存下来，思考自由，而且恢复斯巴达在强盛时期所霸占的领土和城市，它们分别属于梅西尼亚人、迈加洛波利斯人、忒革亚人和阿尔戈斯人。这样一来，他们毫无疑问地增强了自己国家的实力。[73]

在同一年年底举行的委员会第二次会议上，腓力二世宣布，他将兴兵讨伐一个半世纪以前亵渎过希腊庇护所的米底人和波斯人，并解放小亚细亚的希腊人。为了确保战斗的胜利和色雷斯金矿的正常运转，腓力二世透支了 500 塔兰特。他入侵波斯的目的不仅是为了赢得荣誉，还为了填补国库的空虚。

这次远征将是一个恰当的行动，可以激发腓力二世的新同盟的活力。人们对这样一项遥远且危险的事业究竟有多大兴趣还不得而知，但在整个希腊，许多曾担任重装步兵的年轻人正处于失业状态。他们都听说过色诺芬在野蛮人土地上的冒险事迹，非常兴奋地希望能够追随他的足迹。

腓力二世向德尔斐的神谕所发出祈请，希望阿波罗能够同意他到爱奥尼亚“解放希腊的城市”。女祭司彼提娅传达给他的神谕特别模棱两可，或者至少是个深奥的回答。“公牛已经戴上花环。一切就绪。祭司在这里献祭。”[74]

腓力二世有些困惑，但他将神谕视为对胜利的保证。

就在这时，命运女神插手干涉，剪断了一条生命之线。

一场家庭争吵在佩拉的宫廷中爆发，起因尚不清楚。据说，腓力二世要休了奥林匹娅斯[75]，因为她与人通奸，并有谣言说他年轻迷人的继承人是个私生子。公元前 338 年年底，他宣布自己要迎娶一位来自下马其顿的一个贵族家族的年轻漂亮女子。

婚礼的宴会上发生了激烈的争吵。人们都喝多了。新娘的叔叔阿塔罗斯（Attalus）是个地位显赫的将军，声望很高，他发表演说，呼吁马其顿人向神明祈祷，求他们保佑这对新人能够生育一个合法的王位继承人。

20 岁的亚历山大就在宾客中，这番讲话让他非常难以接受。他朝着阿塔罗斯大喊道："你这个混蛋，你在说我是个私生子？"[76]然后他抓起一个酒杯，用力朝阿塔罗斯扔过去。愤怒的国王摇晃着站了起来，拔出剑想要朝亚历山大砍去。腓力二世已经喝醉，加上腿瘸，所以绊了一跤，一头倒在地上。

亚历山大轻蔑地说："这就是那个计划横穿欧洲到达亚洲的男人。他甚至无法从一个长椅走到另一个长椅！"他怒气冲冲地冲了出去。他带着母亲去了她的家乡伊庇鲁斯，然后自己隐匿在相对安全、尚未开发的伊利里亚。

发生了什么事？我们不得而知，但是我们可以明确地反驳古人的看法，有人认为腓力二世的行为源于对性爱的迷恋。腓力二世是个现实主义者，不会为了一张漂亮的脸蛋就打乱自己所有的政治考量。不管正确与否，最有可能的解释是他怀疑亚历山大和奥林匹娅斯正在密谋推翻他的统治[77]。在远征波斯前夕，不可能有其他理由来彻底中断他雄心勃勃的计划。

如果腓力二世希望有一个新的继承人，那么他将大失所望，因为新婚妻子生了一个女儿。如果他让自己的王国没有继承人[78]，那将是十分愚蠢的。哪怕选择一个具有象征意义的婴儿做继承人也好。先头部队已经进入亚洲，不能再浪费时间了。他不得不召回亚历山大，并恢复他的身份，但不再像从前那样信任他了，并且没有重申他的合法继承权。两个男人之间的关系非常冷淡。

然而在公元前 336 年 6 月，腓力二世有充分的理由感到高兴。入侵波斯的准备十分顺利。波斯的大宰相巴高斯（Bagoas）是一名宦官，他将波斯国王和他所有的儿子全部毒死，然后选择了前国王的表亲作为继承人，就是大流士三世。这位新任统治者很有主见，马上就逼迫巴高斯喝下毒酒，以其人之道还治其人之身。虽然他有决心，有能力，但还是缺乏经验。

腓力二世的新皇后终于为他生了一个儿子。宫廷里的权力平衡又一次发生改变，现在有了可以替代亚历山大的人，虽然他还是个婴儿。生儿子这件喜事恰逢腓力二世与奥林匹娅斯所生的女儿嫁给伊庇鲁斯国王亚历山大的庆祝活动[79]。亚历山大是奥林匹娅斯的弟弟（同时也是新娘的舅舅），而且曾经是腓力二世的爱人。

整个希腊的重要人物悉数到场。雅典展示了其早已掌握的顺从与恭维的艺术。它跟很多城邦一样，送给腓力二世一个金冠。它还宣布将交出在雅典寻求庇护的腓力二世的反对者。人们举行了纪念众神的宗教仪式和音乐比赛，为宾客提供了丰盛的食物。大批民众成群结队地参加庆祝活动。

一位明星演员在国宴上演唱了咏叹调，并且在第二天早上又到古都埃迦伊（Aegae）的剧院演唱。精彩的竞技比赛也在计划之中。观众就座时天还没亮。日出时，一列壮观的队伍进入会场，走在最前面的是奥林匹斯十二主神的雕像，还有一尊腓力二世的雕像相伴而行，他“完全可以做一个神”[80]。

腓力二世穿着白色的披风最后入场。腓力二世撤去了王室卫队，他想要证明自己并不是一个需要防范臣民的暴君。希腊人已经选择他作为他们的领袖，他们的善意保护着他。

一名持剑的年轻男子跳出来，将剑刺入他的肋部。腓力二世当场毙命，这个名叫保萨尼阿斯的刺客逃跑了。不幸的是，他被藤蔓的根绊倒。与亚历山大关系亲密的三名马其顿青年抓住并杀死了他。这意味着他无法接受审问，也无法讲述其中的原委。

后来，人们开始流传关于保萨尼阿斯的故事，说他是被腓力二世遗弃的爱人之一。他曾抱怨自己所遭遇的不幸，结果阿塔罗斯下令，让人把他轮奸了。因此，保萨尼阿斯行刺的动机就是复仇。

这起事件还有另一个解释。亚历山大王储和他母亲的政治地位不稳。他们的动机和时机表明他们与此事有牵连。假如传闻可信，保萨尼阿斯就是亚历山大的朋友，而且曾经就被轮奸一事向他征求过意见。另外，刺杀事件结束后，奥林匹娅斯的举动[81]也能说明一些问题。保萨尼阿斯的尸体被挂在十字架上，而她把金冠戴在他的头上。等到尸体从十字架上取下来之后，她为其安排了火葬。

每一个聪明的真相探求者都注意到了这个故事中的寓意。在德尔斐祈请神谕时，腓力二世绝不应该把一个模糊的回答解读为对自己有利的条件。他应该记得吕底亚国王克罗伊斯的故事。

波斯国王并不是头戴花环的公牛。马其顿国王自己才是献祭给众神的牺牲品。

腓力二世伟大的对手狄摩西尼也死于非命，不过他是死于自己之手。

这位演说家听到腓力二世遭到刺杀的消息后十分高兴：他头戴花环，身着华丽的服饰出现在公共场合。他劝说五百人议事会通过投票授予保萨尼阿斯王冠[82]。他确信，马其顿的霸权统治结束了。

事实并非如此。亚历山大继承了他父亲的王位，并且明确表示他意在统治整个希腊。结果表明他是一位军事指挥的天才。公元前335

年，底比斯造反，但亚历山大闪电出兵，占领了该城，并将其彻底夷为平地，以此作为一个“可怕的警告”[83]。这一暴行震惊了所有善良的希腊人。他们绝不会原谅亚历山大，但是放弃了任何反抗的想法。

狄摩西尼被牵连进一起重大的财务丑闻，这导致他遭到流放。当亚历山大入侵波斯帝国时，他多次写信给波斯的将军们，在信中鼓励他们击败亚历山大。但在公开场合，他对各种政治问题保持沉默。十多年过去了，在此期间，战无不胜的年轻国王在对波斯人的战斗中取得了一场又一场的胜利，他自己也成了波斯国王。

到了公元前323年，不断加重的伤势和过度的饮酒让亚历山大筋疲力尽，几天后他竟然死于发烧。这一消息传到雅典后，狄马德斯建议公民大会不要相信。“如果亚历山大真的死了，那么这个世界早就充满了他的尸臭。”[84]

反对马其顿的新希腊联盟立即自发形成。它由雅典领导。狄摩西尼被召回，他来到比雷埃夫斯鼓舞民众。这就像是亚西比德的回归，他得意地说，“但带着更大的荣耀”[85]。试图重获自由是他最后一次失败的赌博。马其顿舰队在海上获胜。曾经在马其顿为亚历山大担任副手的安提帕特（Antipater）镇压了陆上的叛乱。他率领军队向雅典进发，雅典迅速投降。

亚历山大和他的父亲一样对雅典心慈手软，安提帕特却不是一个感情用事之人。他决定让雅典再也不会给他惹麻烦。因此他坚持认为雅典不应重建舰队。他在比雷埃夫斯部署了守备军，并废除完全民主制，改为有限的公民权。他要求狄摩西尼和其他反对马其顿的政客投降。他们从阿提卡逃走了。

狄摩西尼知道自己太过出名，无论逃到哪里都会引起人们的注意[86]，因此他并没有跑远。他去了萨罗尼克湾的小岛卡勒利亚（Calauria，今天的波罗斯岛），岛上丘陵起伏，森林茂密。该岛距离比雷埃夫斯大约有 58 千米。人们站在小山上向下俯瞰，能看到中心城镇里矗立着一座波塞冬神庙。这座神庙由于为逃跑的人们提供避难所而闻名，狄摩西尼便在这里寻求庇护。我们至今仍可以看到它的遗迹。

仅用了几天的时间，狄摩西尼的行踪便被发现。一位名叫阿基亚斯的马其顿官员带领一些士兵来到神庙，他走在这支部队的最前面。阿基亚斯从安提帕特那里得到的命令是追捕雅典所有的反对派政客，然后押送给他处决。阿基亚斯曾经是一名演员，他的任务完成得很出色，因此得了个外号叫作“流亡者捕手”。

狄摩西尼走出神庙与阿基亚斯交谈，阿基亚斯保证不会粗暴地对待他。狄摩西尼没有上当。“当你站在舞台上时，你的表演从未使我信服，”这位演说家说道，“现在，你的建议也无法使我信服。”[87] 就在阿基亚斯威胁要用武力将他带走时，当地民众阻止了他。

狄摩西尼回到神庙内。他拿出自己的写字板，将一只芦苇笔放到嘴边并咬着，这是他思考要写什么内容时的习惯。过了一段时间，他用披风蒙住头，躺了下去。

一些马其顿士兵聚集到神庙门前，嘲笑他害怕自杀。事实上，他吸了那只芦苇笔里藏着的毒药。毒药一发作，狄摩西尼便扯掉了披风。为了防止自己的死亡玷污神庙，他向外面寻求帮助。就在他走过祭坛时，他倒地身亡了，终年 62 岁。

狄摩西尼生不逢时。公元前 5 世纪的雅典人充满干劲，雄心勃勃，随时准备为雅典在希腊的领导地位而战。狄摩西尼在那个时代一定会有一番大作为。伯罗奔尼撒战争致使雅典人口减少，战败也导致财富流失。雅典仍然可以召集一支强大的舰队，却无法负担一场长期战争的花费。

狄摩西尼是一位杰出的演说家，他的演讲支持自由事业。他主导了公民大会，但他的外交政策基于一个错误的前提——他完全照搬了伯里克利。他不顾实际情况，仍然认为雅典是个一流强国。

在他的希腊同胞眼中，他是一个饱受争议的人物[88]。他是一个狭隘的民族主义者，无法对当时的实际问题做出回答——希腊人如何能够团结起来对抗侵略势力的崛起，侵略者所拥有的资源远超众多希腊小城邦。在希波战争期间，雅典曾有过短暂的风光，但是英雄时代已经过去，不能反复使用同样的策略，必须找到另外的解决办法。

尽管狄摩西尼竭尽全力地抹黑对手们的正直与忠诚，但他们同样爱国，比如他伟大的对手埃斯基涅斯。他们主张在《同盟和约》的保护下与马其顿开展真正的合作。相较于狄摩西尼及其主战派简单粗暴、缺乏变通的方式，这是一个更好的选择。比起对抗，合作更有可能保持雅典的独立和在世界的影响力。

这是一个残酷的事实，但是狄摩西尼对奇罗尼亚的失败和永远失去的自由负有政治上的责任。人们无法想象出一个比这更加失败的政策。但狄摩西尼仍执迷不悟。他认为，即使雅典的努力注定失败，抵抗腓力二世仍是正确的。公元前 330 年，他在一场演讲中说道：

> 不，你们并没有错，雅典人，在你们为了人类的救赎和自由而接受战争的风险时，你们没有错。我以那些在马拉松战役中冲锋陷阵的先辈的名义起誓，以在普拉蒂亚的方阵中昂首站

立的先辈的名义起誓，以在萨拉米斯和阿提密喜安的海战中努力奋战的先辈的名义起誓，以那些所有长眠于公墓的先辈的名义起誓。[89]

这不过是一种怀旧之情。过去的辉煌将一去不复返。

第 23 章

尾声——“上帝遗弃的角落”

来自马其顿的亚历山大十分珍视他的希腊人身份。毕竟，他是后世的阿喀琉斯，他的伙伴们则是那个神话勇士所信赖的忠实追随者。亚历山大将隐喻和现实融合在一起。

薛西斯把自己对希腊的入侵看作对特洛伊战争的报复[1]，而年轻的亚历山大则予以回敬。公元前 334 年，亚历山大从欧洲跨越达达尼尔海峡进入亚洲，他所做的第一件事就是离开军队几天，骑马去了特洛伊的遗址[2]。

这座古城仅剩下一处大型古墓和一个破败的村庄，村庄里还有一座华而不实的小神庙。游客们看到的是一批伪造的遗迹。与之前来到此地的波斯国王一样，亚历山大也向特洛伊的守护女神雅典娜献了祭。他从当地希腊人的委员会那里得到了一些金色的花环，并把它们敬献到据说是希腊英雄大埃阿斯和阿喀琉斯的坟墓上。

赫费斯提翁（Hephaestion）自学生时代就是亚历山大最好的朋友，也可能是爱人。二人在阿喀琉斯和他的挚友或爱人帕特洛克罗斯的坟墓前敬献了花环。阿喀琉斯和帕特洛克罗斯之间的关系颇为知名，成为荷马史诗《伊利亚特》中的主要情节。然后，让人觉得怪异的是，赫费斯提翁与亚历山大脱光衣服，往身上涂满油（希腊运动员通常都这么做），然后围着墓地赛跑。

亚历山大献上了自己的盔甲，作为交换，他取了一面盾牌和一套甲胄，这两样东西据说是从特洛伊战争中保存下来并挂在这个神庙的墙上的（公元前 334 年 5 月，装备了这两样东西的亚历山大在格拉尼卡斯河取得了对波斯人的第一场胜利，在之后的战斗中他一直将它们随身携带）。

在亚洲作战期间，亚历山大继续扮演着阿喀琉斯的角色。在他向南进军埃及时，负责管理埃及和加沙港口的波斯官员战败，但他拒绝向亚历山大低头。亚历山大把他绑在自己的战车上绕城拖行[3]，就像《伊利亚特》中阿喀琉斯对赫克托耳的尸体所做的一样[4]。

在跟随老师亚里士多德学习的几年中，伦理学与政治学给年轻的亚历山大留下了强烈的印象。他痴迷于哲学，在成为国王后，资助了那个时代的不少著名思想家。他同样为自己的老师在科学方面的研究激动不已。他带上一支科学家的队伍前往波斯，其中有建筑师、地理学家、植物学家、天文学家、数学家和动物学家。

亚历山大对读书充满热情。他私人收藏的一本《伊利亚特》保存在从大流士三世那里查抄来的宝盒中，亚里士多德亲自对其做过评注。当战斗深入亚洲腹地时，亚历山大要求手下从希腊给他运送历史书和诗歌选集，以及埃斯库罗斯、索福克勒斯和欧里庇得斯创作的悲剧。

在亚里士多德公布了他的教学讲义后，亚历山大与他吵了一架。亚历山大认为，这些资料与写给普通读者看的书籍有所不同，所以不应公开。他抱怨道："如果你教我的这些理论成为公共资产，那么跟其他人相比，我能有何优势？”[5]这是个误解，亚里士多德回答。他的专业性的作品并不是什么秘密，但普通人是难以理解的。这个出身王室的学生还是保持着自己的优势。

亚历山大是世界上最伟大的指挥官之一。他已经取得一系列惊人的胜利，比如击败大流士三世，占领波斯帝国，自己成为波斯国王。但他最为持久的功绩来自文化而不是军事。他将希腊的语言和文明传播到了整个波斯帝国。他建立了众多的城市，其中许多城市，特别是尼罗河三角洲的亚历山大城，对艺术和科学的发展起到了积极的推动作用。实际上，他把自己所控制的地区全都希腊化了，这里寄托着他的未来。

亚历山大的帝王生涯短暂，却又跌宕起伏，那是另一个故事了。算上他的父亲腓力二世，他们两人对三个截然不同又征战不休的国家的成就画上了句号。这三个国家就是雅典、斯巴达和波斯帝国，它们之间的恩怨纠葛构成了本书的主题之一。它们互相竞争、崛起与衰落的故事在三个世纪中接连上演，让马其顿人相形见绌。

在这三个国家中，斯巴达最脆弱，最没有吸引力。它穷兵黩武，闭关自守，只能靠奴役邻国而生存。令当时世人印象深刻的是它严格的自我约束力。它的政制让国家秩序井然，令行禁止，社会稳定。普通的平民不太会把自己看作是独立的个体，而将自己视为统一的公民主体中无差别的一员。集体的需求总是胜过个人的需要。

斯巴达非常排斥充满幻想和艺术的生活，也反对农业劳动和经济活动，这两项工作都是由奴仆阶层黑劳士负责的。正如现代的极权社会那样，斯巴达平民的私人生活和公共生活在各个方面都受到严密监视和控制。

斯巴达的社会制度旨在提高军事上的效率。这样做确实取得了相当大的成功。斯巴达公民组成的重装步兵以英勇、守纪律和善战而著称。他们从不预想在战斗中失败，也的确很少打败仗。不幸的是，土地占有的不平衡导致斯巴达士兵人数缓慢下降。外界几乎没有注意到这种发展态势，因为战无不胜的表象将其掩盖了。前面已经提到，公元前 480 年，斯巴达有 8 000 名平等者，到了公元前 371 年的留克特拉战役时，仅剩大约 1 500 名。

这次战败暴露出斯巴达的名声只是一个唬人的把戏。斯巴达再也没能从打击中恢复过来。

公元前 5 世纪，波斯人入侵失败，这产生了一个积极的结果，那就是让整个东地中海地区的希腊人对自身产生了强烈的认同感和优越感。他们既是整个希腊世界的一员，同时又分属于相互龃龉的小城邦，他们对自己的身份感到骄傲。

相比之下，波斯人和他们的臣民野蛮粗鲁，甚至连话都说不清楚。历代欧洲学者和学生都很容易低估阿契美尼德帝国取得的成就，总是从希腊的视角来看待它的历史。这是可以理解的，因为波斯人几乎没有留下对历史事件的描述和记录。

但他们的帝国是一个伟大的成就。波斯首次将从印度河到巴尔干半岛、从中亚到埃及南部的大片地区统一起来，并将其置于自己的政治和军事管理之下。波斯发展了交通（尤其是波斯御道），设立了强有力的地区行政长官和高效的官僚机构，它把这个庞大的封建帝国整合在了一起。波斯国王拥有绝对权力，但是他不能将自己的意志强加给臣民。正如埃德蒙·伯克在另一个场合所说的那样，“他采取了忽视差异的做法，无疑是明智且有益的”，[6]旧有的生活方式、当地的宗教和文化习俗都未受到影响。波斯实行征税和征兵的政策，作为回报，国王为民众提供了和平与安定的环境。各地繁荣发展。马其顿的侵略者精明敏锐，他们接管了所征服的波斯帝国的大部分机构，以同样宽松的方式实施统治。

尽管克塞诺丰在波斯的冒险之旅暴露了这个国家军事上的弱点，让人误认为它软弱、颓废，但像他一样的希腊人其实都像敬仰这个帝国。我们暂且不提“长生军”这样的精英部队，大部分的波斯军队都是由大量并不怎么好战的民兵组成的，无法与高度专业的希腊雇佣兵匹敌。波斯国王们乐于招募重装步兵来加强他们的实力。

雅典的经济条件虽然很有利，却也面临外来的威胁，它在这样的背景下逐渐发展壮大。从公元前 8 世纪开始，希腊人便派商人沿地中海航行，这使得他们受到了多种文化的影响。人口增长促进了海外殖民地的建立。当雅典农民供应的粮食无法满足其公民的需求后，国际贸易对雅典就变得至关重要了，它不得不依赖于从黑海进口的粮食。

历史记录表明，民主制度建立后，雅典蓬勃发展，充满了活力和创造力。这里可能存在一种因果关系。直接民主制要求，甚至有时强迫民众广泛参与政治活动和公共宗教仪式，但是它给每个公民提供了直接掌握自己政治命运的机会，这在历史上或许是独一无二的。

事实上，因为城邦很小（虽然还没小到柏拉图和亚里士多德期望的那样），参与直接民主产生的兴奋感更为强烈。个人和集体相互联系，相互促进。雅典人是自由的，但是这个国家可能在对待个人时显得冷酷无情，就像苏格拉底、亚西比德和其他人的经历（以他们不同的方式）所证明的那样。

热爱自由是一种极其重要的价值观，需要民主制度呵护。它是理性探究和自由艺术表达的基础。它还激发了希腊人对波斯人的强烈抵抗（积极影响）和希腊人自己内部的争吵（消极影响）。

难怪这片沃土上能够孕育出非凡的个人，以及伟大的艺术和思想。希腊的各城邦都利用了稍纵即逝的机会。但因为被强大的邻国包围着，过于弱小的城邦无法长期生存。

尽管如此，在受到命运眷顾的那一刻，雅典最大程度地利用了自己的机会。

公元前 323 年亚历山大死后，他的帝国迅速分裂为几个希腊时代的伟大王国——马其顿、埃及、帝国在亚洲的中心区域，还有帕加马（Pergamum）。

雅典沦为一个在马其顿势力范围内的政治配角[7]。这里变得残破不堪。雅典和比雷埃夫斯之间的长墙倒塌，没有再重修。雅典再也不是一个成年男性公民拥有选举权的充分自由的民主社会。尽管雅典间或会出现贸易复苏，比雷埃夫斯仍是一个国际大型港口，但是雅典舰队再也不会称霸海洋了。这座城市是高等教育的中心，尤以修辞学和哲学见长，这是其引人瞩目的独特之处。几个世纪以来，年轻的希腊人以及后来的罗马人都在雅典花上一年半载完成学业。

雅典别无选择，只能吃“老本”。事实上，雅典也只剩下这些“老本”：神庙、柱廊、雅典娜的巨大雕像和露天壁画。雅典就是一个展示自己辉煌过去的纪念馆，一个挤满游客的历史主题公园。

这座城市面临着竞争。马其顿人托勒密（Ptolemies）做了埃及法老，在他的统治下，亚历山大城变成了一座高端豪华的大都市。由国家资助的博物馆是一个诗歌创作、学术研究和科学探索的学术中心。博物馆有个面积很大的图书馆，试图把所有希腊书籍都收藏在内。

因此，希腊的思想从古老的大陆城邦转移到了中东新式的希腊化王国。到了公元前 2 世纪，这些全都轻易地成了罗马共和国的战利品。公元前 87 年，雅典卷入了一场反抗罗马的起义中，被罗马将军苏拉（Sulla）包围和洗劫。一代人之后，雅典在罗马内战中选错了阵营。胜利者尤利乌斯·恺撒（Julius Caesar）宽恕了雅典，他冷冰冰地说道："你们祖先的荣耀多久便会把你们从自我毁灭中拯救一回？"[8]

这是很好的问题。不同的罗马皇帝，包括奥古斯都（Augustus）和哈德良（Hadrian），都曾组织修建宏伟的公共建筑。奥林匹斯的宙斯神庙十分巨大，从庇西特拉图时代起就一直在修建，直到公元 132 年哈德良统治时期才最终完工。

一个世纪之后，雅典再次遭到洗劫。雅典再也没有恢复元气。许多重要的建筑都成了废墟。人口逐渐减少，城市几乎只剩下卫城大小，此后又受到哥特人的不断袭扰。帕台农神庙的路面上长出了杂草。12 世纪后期，一位住在雅典的基督教大主教将其比作"一个上帝遗弃的角落"。他在给一个朋友的信中写道：

> 你仰望雅典时免不了哭泣。这不仅是因为她失去了往日的荣耀——这份荣耀很久以前就被夺走。现在她还失去了一个城市应有的形态、样貌和特点。断壁残垣随处可见，房屋被夷为平地，一些遗迹被开垦成耕地。[9]

随着拜占庭让位给奥斯曼帝国，雅典沦为一个贫穷的小社区。帕台农神庙变成了清真寺，羊、驴和骆驼在市政广场上吃草。公元 7 世纪，威尼斯人和土耳其人之间发生了一场战争，帕台农神庙被用作军械库，最后被敌人的炮火所摧毁。

公元 19 世纪，埃尔金勋爵（Lord Elgin）移走了帕台农神庙内所遗留的大理石雕刻的杰作。希腊爆发独立战争，希腊人奋起抗争，在欧洲人的帮助下赢得了独立。浪漫主义诗人们以解放希腊为己任。雪莱（Shelley）说过："我们都是希腊人。"[10] 拜伦勋爵（Lord Byron）参加了起义，1824 年在作战期间死于高烧和庸医的诊治。

1834 年，胜利的革命者将雅典选为他们的首都。在两千年中，紫冠之城雅典第一次迎来了自由。

术 语 表

阿契美尼德帝国：波斯帝国。

雅典卫城：堡垒，城邦的最高处。

阿高盖：斯巴达的教育和训练体系。

集会广场：城邦公共事务的中心，也是商业和零售活动的场所。

邻邦同盟：希腊中部12个城邦的联盟，负责维护和管理德尔斐神谕事宜。

执政官：九名高级政府官员之一，任职一年。“名年执政官”之所以得名，是因为执政官用他的名字作为年号，与我们现在的数字纪年方式不同。

战神山：雅典的一座小山；代指昔日执政官的议事会。

美德：各种优秀的品质，道德德行。

野蛮人：不说希腊语的人。

同盟官：彼奥提亚同盟的指挥官。

议事会：城邦议会；在雅典，它负责民主的日常运作，并安排公民大会的议程。

议事厅：议事会开会的地点，市政厅。

内殿：希腊神庙中的内室。

克拉梅科斯：雅典城墙内外的地区，也是公共墓地。

千夫长：统领1 000人的指挥官。

赞助人：出资并制作戏剧或音乐剧的富有公民。

拓殖地：雅典公民拓展的小块殖民地。与普通殖民地不同，拓殖地的居民保留雅典公民的身份。他们的人数从250到4 000不等。

近卫骑兵：马其顿的精锐骑兵，王室的护卫队。

克里普提：斯巴达的秘密警察。

人民：普通民众，雅典所有男性公民的统称。亦指“德莫区”，地方性的行政区域。

酒神节：纪念酒神狄俄尼索斯的节日，每年举行一次，上演多部戏剧。大酒神节，3月到4月间举行；勒奈亚节或乡村酒神节，12月到次年1月间举行。

德拉克马：银币，公元前5世纪末期相当于一天的薪水。

公民大会：公民的集会；在雅典，经常召开公民大会，所有重要的政治决定都是公民大会做出的。

青年公民：十七八岁的青少年男子。

五监察官：每年选出的五位监察官，是斯巴达城邦的行政机构。

平等者：成年的斯巴达公民。

爱者：男性示爱者。

被爱者：被追求的男人。

欧诺弥亚：良好的秩序。

世袭贵族：雅典的贵族。
长老会议：在斯巴达由长老组成的委员会。
体育馆：体育训练的场地。
军事总督：斯巴达的军事长官。
陪审法庭：雅典的最高法院。
黑劳士：来自拉科尼亚和梅西尼亚的农奴，被斯巴达所征服。
赫尔墨斯半身像：赫尔墨斯的雕像，放在石座上，阳具外露。
赫泰拉：高级妓女（字面意思是“女性伴侣”）。
骑士阶层：骑兵。
重装步兵：身披重甲、携带重型武器的步兵。
拉斯第蒙：斯巴达的旧称。
拉科尼亚：斯巴达的领土。
公共侍奉：有钱的公民对公共活动提供补贴，包括艺术活动或建造战船的费用。
米底化：与波斯人勾结。
客籍民：在雅典居住的外籍人，没有公民权利。通常是手工业者或商人。
母城：殖民地所依属的城市。
莫萨克斯：一个斯巴达男人同一个黑劳士女人所生的儿子，或者无力支付共餐费的斯巴达人。
欧布鲁斯：硬币，价值等于 1/6 个德拉克马。
寡头政治：在一个城邦中，由少数人掌握政权。
陶片放逐法：一项将某个雅典名人放逐 10 年的公民投票。
陶片：破碎陶器的残片。
家奴：负责抚养孩子及带孩子上学的奴隶。
角力学校：摔跤场和训练学校。
泛雅典娜节：雅典人纪念雅典娜的主要节日。
帕台农：处女，未婚女孩，年轻女子。
轻盾标枪兵：手持轻便皮盾的士兵。
五百桶户阶层：雅典公民最富有的阶层。
佩普罗斯：长及足踝的羊毛长袍或妇女围的披肩。
庇里阿西人：拉科尼亚的自由民，无投票权。
方阵：由重装步兵组成的队形，纵深有许多列。
胞族：雅典公民的社团，具有宗教和行政职能，如给新生的男婴命名和登记（字面意思是“兄弟情谊”）。
普尼克斯：雅典公民大会集会的场所。
军事执政官：作战领导者，雅典执政官之一。
城邦：希腊的城市国家。
城市公共会堂：城邦的总部，拥有供应餐食的炉灶，炉火一直燃烧。亦指雅典议事会成员的办公地点。
彼提娅：德尔斐的女祭司。
总督：波斯帝国的地方长官。
解负令：摆脱负担（梭伦的改革）。
智者：知识分子和教授年轻人修辞的教师。

斯巴达公民：对成年斯巴达人的称呼，亦称“平等者”。
石碑：刻有文字的石板，通常是墓碑或用来颁布法令。
将军：每年由雅典公民大会选出十位将军。
会饮：通常在贵族圈子里举办的酒会。
村镇联合：几个城镇联合组成一个单一的城邦国家。
共餐：斯巴达人的军队食堂。
雇工阶层：雅典经济上处于最底层的人。
三十僭主：从公元前 404 年到公元前 403 年统治雅典的寡头执政者。
圆形会场：在集会广场上城市公共会堂的总部。
三层划桨战船：两侧装有三层桨的战船。
三一区：阿提卡内部划分的地区。
僭主：非法获取政权的独裁统治者。
有轭牲户阶层：梭伦时代的第三级社会阶层，财富充足，可置办重装步兵所需的盔甲和武器。

大事年表

约公元前 3000 年	克里特岛出现了米诺斯文明。
约公元前 2000 年—公元前 1300 年	希提人在小亚细亚兴盛起来。
约公元前 1400 年	克诺索斯和费斯托斯的宫殿被摧毁。克里特岛实力衰落。
约公元前 1600 年—公元前 1200 年	迈锡尼兴盛。
公元前 1287 年	加低斯之战。埃及人与希提人实力衰落。
公元前 1230 年—公元前 1150 年	稳定的状态结束。
约公元前 1200 年	希提王国被推翻。
约公元前 1180 年	传说迈锡尼人洗劫了特洛伊。
约公元前 1150 年	迈锡尼人的定居点遭到破坏。
约公元前 1100 年	多利亚人在伯罗奔尼撒半岛定居下来。
公元前 1050 年—公元前 950 年	爱奥尼亚人等在小亚细亚建立殖民地。雅典扮演了重要角色。希腊进入铁器时代。
约公元前 850 年—公元前 730 年	雅典成为希腊重要的文化中心。
公元前 776 年	第一届奥运会。
约公元前 750 年—公元前 700 年	希腊字母发明。荷马创作《伊利亚特》和《奥德赛》。
约公元前 735 年—公元前 650 年	希腊的殖民地遍布地中海地区。
公元前 730 年—公元前 710 年	斯巴达征服梅西尼亚。
约公元前 700 年	赫西俄德活跃一时。迈达斯成为弗里吉亚的国王。
约公元前 700 年—公元前 650 年	重装步兵在战争中出现。
公元前 683/2 年	雅典第一次有了执政官。
公元前 650 年—公元前 600 年	希腊拟定法典。 科林斯、梅加腊、西库翁和爱奥尼亚出现僭主统治。
约公元前 632 年	库伦试图在雅典实行僭主统治。阿尔克迈翁家族被放逐出雅典。
约公元前 621 或前 620 年	德拉古在雅典推行立法。
约公元前 624 年—公元前 546 年	泰勒斯活跃一时。
约公元前 620 年	斯巴达镇压梅西尼亚起义。

约公元前 600 年	萨福和阿尔凯奥斯在莱斯博斯岛活跃一时。佩里安德成为科林斯的僭主。
公元前 595 年	埃伊那岛铸造了最早的希腊硬币。
公元前 595 年—公元前 586 年	为争夺德尔斐进行第一次神圣战争。
公元前 594 或前 593 年	梭伦担任执政官。实行解负令。
公元前 566 年	开创泛雅典娜节。
公元前 561 或前 560 年	庇西特拉图第一次成为雅典僭主。
公元前 560—550 年	斯巴达与忒革亚发生战争。
公元前 560 年—公元前 546 年	克罗伊斯成为吕底亚的国王。
公元前 559 年	居鲁士成为波斯国王。
约公元前 559 年—公元前 556 年	小米太亚德的继叔父成为色雷斯的克森尼索的僭主。
公元前 557/6 年或公元前 556/5 年	庇西特拉图被放逐。
公元前 550 年	居鲁士征服米底。
公元前 550 或前 549 年	庇西特拉图第二次成为僭主。再次被放逐。
公元前 548 年	德尔斐的阿波罗神庙被烧毁。阿尔克迈翁家族为其重建提供了部分资助。
公元前 547（？）年	居鲁士征服吕底亚。克罗伊斯战败。
公元前 546 或前 545 年	波斯征服小亚细亚的希腊人。
公元前 545 年—公元前 540 年	居鲁士进军中亚。
公元前 540 或前 539 年	庇西特拉图第三次成为僭主。
公元前 538 年	居鲁士夺取巴比伦。
公元前 530 年	居鲁士去世。
公元前 528 或前 527 年	庇西特拉图去世，他的儿子希庇亚斯和希巴克斯掌权。
公元前 525 年	居鲁士的继任者冈比西斯二世入侵埃及。
公元前 522 年	萨摩斯岛的僭主波吕克拉特斯战败。冈比西斯二世去世。大流士刺杀了冈比西斯二世的继任者，成为波斯国王。
公元前 521 年	大流士夺取波斯的政权。
公元前 520 年	克莱奥梅尼成为斯巴达的国王。
公元前 519 年	雅典与底比斯在普拉蒂亚开战。
公元前 514 年	哈尔摩狄奥斯和阿里斯托革顿暗杀了希巴克斯。
约公元前 512 年	大流士征服色雷斯。
公元前 510 年	希巴克斯被驱逐出雅典。
公元前 508 或前 507 年	斯巴达的克莱奥梅尼入侵阿提卡，被围困在雅典卫城。

公元前 506 年	伯罗奔尼撒军队入侵阿提卡。雅典人击败了彼奥提亚人、卡尔息狄斯人，占领了卡尔息狄斯平原以及奥洛浦斯城。
公元前 503 或前 502 年	克里斯提尼在雅典开始实施改革。
公元前 501 年	十将军制度得以确立。
公元前 499 年—公元前 493 年	爱奥尼亚城邦反叛波斯。
公元前 493 年	塞米斯托克利斯成为执政官。
约公元前 492 年	波斯征服色雷斯和马其顿。
	审判小米太亚德。
公元前 491 年	大流士派使节前往希腊各城邦索要火和水。来到雅典的使节被处决。
公元前 490 年	波斯实施报复，远征希腊。
	马拉松之战。
公元前 487 年	有记载的首次陶片放逐。雅典对埃伊那岛开战。
公元前 487/6 年	以抽签的方式任命执政官。十将军取代了军事执政官。
公元前 486 或前 485 年	埃及反叛波斯。
公元前 485 年	大流士去世，薛西斯继任。
公元前 484 或前 483 年	埃及反叛被镇压。薛西斯准备入侵希腊。
公元前 483 年	波斯人挖掘穿越阿索斯半岛的运河。
公元前 483 或前 482 年	在劳里昂找到新的银矿脉。
公元前 482 年	阿里斯提得斯被陶片放逐。
	雅典舰队规模扩大。
公元前 481 年	“联盟代表大会”在科林斯召开。希腊各城邦计划抵御波斯入侵。
	雅典与埃伊那岛缔结和约。
公元前 480 年	薛西斯进入希腊。
8 月	阿提密喜安战役和温泉关战役。
9 月	萨拉米斯战役。薛西斯逃回波斯。
公元前 479 年	第二次撤离雅典。 普拉蒂亚战役。 米卡尔战役。 波斯失去对塞斯托斯和达达尼尔海峡的控制。
公元前 478 或前 476 年	雅典重建防御城墙。
公元前 478 年	保萨尼阿斯解放塞浦路斯，占领拜占庭。 反对波斯的提洛同盟成立。

公元前 477 年	塞米斯托克利斯加强比雷埃夫斯的防御。
公元前 476 年—公元前 473 年	塞蒙取得胜利。
公元前 472 年	埃斯库罗斯创作《波斯人》。
公元前 472 年或 470 年	塞米斯托克利斯被陶片放逐，前往阿尔戈斯。
公元前 471 年	保萨尼阿斯被驱逐出拜占庭。
约公元前 471 年	保萨尼阿斯去世，塞米斯托克利斯逃走。
公元前 470 年	塞蒙带回“忒修斯的尸骨”。
公元前 469 年	纳克索斯岛反叛提洛同盟。 塞米斯托克利斯逃往克基拉岛，随后又投奔阿德墨托斯国王。
公元前 468 年	塞米斯托克利斯抵达波斯。塞蒙第一次远征黑劳士。
公元前 466 年	欧里梅敦河战役。
公元前 465 年	萨索斯岛反叛提洛同盟。
	薛西斯遇刺身亡。阿尔塔薛西斯一世继位。
约公元前 464 年	斯巴达发生地震。黑劳士起义反抗。
公元前 463 年	斯巴达围攻伊斯迈。
	斯巴达拒绝与雅典结盟。
	萨索斯岛投降。
公元前 463 年—公元前 461 年	埃菲阿尔特斯在雅典实施改革。战神山议事会失去其权力。
公元前 462 年—公元前 460 年	伯里克利在雅典掌权。
公元前 462 年	雅典人和埃及人打败波斯人。
公元前 461 年	塞蒙被陶片放逐。 雅典与阿尔戈斯和塞萨利结盟。
公元前 460 年	埃菲阿尔特斯遇刺身亡。
	雅典和伯罗奔尼撒人之间开始断断续续的战争（第一次伯罗奔尼撒战争）。
公元前 459 年	雅典赢得梅加腊。
	黑劳士最终失败。
	雅典与埃伊那岛交战。
公元前 458 年	埃斯库罗斯创作《奥瑞斯提亚》
	雅典修建长墙。
	雅典远征埃及。
	塞米斯托克利斯去世。
	雅典征服埃伊那岛。

公元前 457 年	雅典征服彼奥提亚。
	“有轭牲户阶层”可以担任执政官。
公元前 454 年	埃及的远征以惨败告终。
	提洛同盟的金库迁至雅典。
	长墙建造完成。
公元前 451 年	雅典与伯罗奔尼撒城邦签订五年停战协议。
	塞蒙归来。
	伯里克利颁布公民法。
公元前 449 年	塞蒙在塞浦路斯去世。
公元前 449 年	提洛同盟与波斯签订《卡里阿斯和约》。
公元前 447 年	帕台农神庙开始修建。
	雅典失去彼奥提亚。
	科罗尼亚战役。
公元前 447 或前 446 年	埃维厄岛反叛被镇压。雅典失去了梅加腊。
公元前 445 年	雅典与伯罗奔尼撒城邦签订《三十年和平协议》。
公元前 443 年	米列西亚之子修昔底德被陶片放逐。
公元前 441 年	欧里庇得斯的作品在城市酒神节上第一次获胜。
	索福克勒斯创作《安提戈涅》。
公元前 440 或前 439 年	萨摩斯岛和拜占庭反叛。索福克勒斯当选为雅典十将军之一。
公元前 436 年	安菲波利斯建成。
公元前 436 或前 435 年	埃庇达诺斯局势动荡。
约公元前 435 年	伯里克利远征黑海。
公元前 435 年春季	克基拉岛在海战中击败科林斯。
公元前 433 年	雅典人与克基拉岛结盟。
公元前 432 年	波提狄亚反叛。
	雅典实施“梅加腊禁令”。
公元前 431 年	第二次伯罗奔尼撒战争开始。
	伯罗奔尼撒联盟第一次入侵阿提卡。
公元前 430 年—公元前 426 年	雅典瘟疫蔓延。
公元前 429 年	伯里克利去世。
	普拉蒂亚被围困。

公元前 428 年	米提利尼反叛。
公元前 427 年	米提利尼投降。雅典就米提利尼问题展开辩论。
	雅典舰队到达西西里岛。
公元前 426 年	普拉蒂亚投降。
	克基拉岛发生内战。
	狄摩西尼去往西北（埃托利亚）。
公元前 425 年	伯罗奔尼撒的皮洛斯被雅典人占领。斯巴达人被围困。
	雅典和斯巴达签署停战协议。
	停止入侵阿提卡。
	阿里斯托芬创作《阿卡奈人》。
公元前 424 年	布拉西达斯在色雷斯。
公元前 423 年	和平谈判；为期一年的停战。
公元前 422 年	停战协议到期。
	布拉西达斯和克里昂在安菲波利斯城外身亡。
公元前 421 年	阿里斯托芬创作《和平》。
	尼西亚斯力主和平。
	雅典和斯巴达之间订立为期五十年的和平条约；一年后终止。
公元前 417 年	希帕波鲁斯被陶片放逐。
	雅典征服米洛斯岛。雅典人犯下“战争罪”。
公元前 415 年	欧里庇得斯创作《特洛伊妇女》。
	西西里远征。
	亚西比德收到召回令，叛逃至斯巴达。
公元前 413 年	西西里远征以惨败告终。
公元前 412 年	雅典盟友反叛。
	亚西比德离开斯巴达。
公元前 411 年	6 月至 9 月，四百人委员会行使权力。
	萨摩斯岛的军队和舰队仍然忠于民主制。
	亚西比德被平反，成为舰队指挥官。雅典获得胜利。
	阿里斯托芬创作《吕西斯忒拉忒》。
	阿里斯托芬创作《地母节妇女》。
公元前 410 年	雅典恢复全面民主。
公元前 407 年	亚西比德在雅典。

公元前 406 年	雅典人在诺丁姆遭遇溃败；亚西比德逃离。
	雅典人在阿吉纽西获胜；八位将军受到审判。
	欧里庇得斯在马其顿去世。
公元前 405 年	阿里斯托芬创作《蛙》；公元前 404 年，修改后的《蛙》重新上演。
	伊哥斯波塔米战役。
公元前 405 或前 404 年	雅典被困。
	大流士二世去世，阿尔塔薛西斯二世即位。
公元前 404 年春季	雅典投降。长墙被推倒。
夏季	三十僭主统治。
	亚西比德去世。
	塞拉门尼斯去世。
公元前 403 年	斯巴达人在雅典驻军。
9 月	三十僭主的统治被推翻，民主得以恢复。
公元前 401 年	小居鲁士觊觎波斯王位；他在库纳克萨战死。
公元前 399 年	苏格拉底受到审判并被处死。
公元前 398 年	阿格西劳斯二世成为斯巴达国王。
公元前 397 年	科农成为波斯舰队的指挥官。
公元前 396 年—公元前 394 年	阿格西劳斯二世对抗波斯。
约公元前 396 年	安提西尼开办学校。
公元前 395 或前 394 年	雅典、底比斯及其他城邦组成反斯巴达联盟。
公元前 395 年—公元前 387 年	科林斯战争。
公元前 395 年	开始重建长墙。
公元前 394 年	科农在尼多斯击败了斯巴达舰队。
	科罗尼亚战役。
公元前 393 年	科农在雅典。
约公元前 390 年	伊索克拉底开办学校。
公元前 389 年	色雷希布拉斯去世。
公元前 387 或前 386 年	波斯与希腊城邦签订《安塔喀达斯和约》，也称“国王的和约”。
公元前 387 年	柏拉图开办学园。
公元前 386 年	经典的悲剧作品在大酒神节重新上演。
约公元前 385 年	阿里斯托芬去世。

	阿尔塔薛西斯二世在埃及作战。
公元前 384 年—公元前 379 年	柏拉图创作《会饮篇》。
公元前 382 年	斯巴达人占领底比斯要塞。
公元前 379/8 年	斯巴达人被驱逐出底比斯要塞。
公元前 378 年	斯福德里阿斯突袭阿提卡。
公元前 378 或前 377 年春季	第二个雅典联盟成立。雅典实力恢复。
	雅典释放斯福德里阿斯后向斯巴达宣战。
	阿格西劳斯二世入侵彼奥提亚。
	摩索拉斯成为卡里亚的总督。
公元前 377 年后	柏拉图创作《理想国》。
公元前 375 年	费莱的伊阿宋成为塞萨利的统治者。
公元前 374 年	雅典与斯巴达之间实现和平。
公元前 374/3 年	和平破裂。
公元前 371 年	底比斯在伊巴密浓达的指挥下在留克特拉击败斯巴达。
	斯巴达的大国地位终结。
公元前 370 年	费莱的伊阿宋遇刺身亡。
公元前 370 年—公元前 361 年	底比斯人入侵伯罗奔尼撒半岛。
	麦西尼建成。
公元前 368 年	迈加洛波利斯建成。
公元前 367 年	亚里士多德加入学园。
公元前 362 年	底比斯在曼提尼亚战役中获胜，伊巴密浓达阵亡。
公元前 361 年	阿格西劳斯二世在埃及。
公元前 360 年	阿格西劳斯二世去世。
公元前 359 年	腓力二世统治马其顿。
公元前 357/6 年	腓力二世与雅典开战。
	雅典与联盟盟友交战（同盟战争）。
公元前 356 年	神圣战争开始。
公元前 355 或前 354 年	雅典承认在同盟战争中失败。
公元前 351 年	狄摩西尼发表一系列反对腓力二世的演讲（《斥腓力》）。
公元前 348 年	腓力二世夺取了奥林修斯。
公元前 346 年	腓力二世与雅典签订和约。
	腓力二世击败福基斯，神圣战争结束。

	伊索克拉底致腓力二世公开信。
公元前 345 年—公元前 343 年	波斯重新控制埃及。
公元前 343 年	亚里士多德做亚历山大的老师。
公元前 342 或前 341 年	腓力二世征服色雷斯。
公元前 338 年	腓力二世进军希腊。
	腓力二世在奇罗尼亚击败底比斯和雅典。
	希腊的独立终结。
公元前 336 年	腓力二世遇刺身亡，亚历山大继位。
	亚历山大第一次侵袭希腊，当选希腊人的将军。
公元前 335 年	亚历山大第二次侵袭希腊。
	摧毁底比斯。
公元前 334 年	亚历山大前往波斯帝国。
约公元前 331 年	亚历山大港建成。
公元前 331 年	亚历山大在高加米拉战役中取得决定性胜利，夺取了波斯王位。
公元前 323 年	亚历山大去世。
公元前 322 年	希腊人叛乱（拉米亚战争），后被击败。狄摩西尼自杀身亡。
公元前 286 年	雅典反抗马其顿。
公元前 146 年	罗马征服希腊。
公元前 86 年	苏拉洗劫雅典。
公元 120 年—公元 135 年	哈德良恢复并重建雅典。
公元 1687 年	威尼斯人炸毁了帕台农神庙。
公元 1801 年	埃尔金勋爵从帕台农神庙移走了大理石雕刻。
公元 1821 年—公元 1833 年	希腊独立战争。
公元 1834 年	雅典成为希腊的首都。

致　谢

我衷心感谢罗迪·阿什沃斯在整个研究过程中提供的建议和帮助。非常感激企鹅兰登书屋的编辑威尔·墨菲和我的著作经纪人克里斯托弗·辛克莱–史蒂文森给予的指导和热情的投入。同时感谢企鹅兰登书屋的助理编辑米卡·卡苏加提供的支持。像以往一样，得克萨斯州奥斯汀学院的罗伯特·凯普教授欣然阅读了我的初稿，并提出了非常有益的意见和建议。蒙特克莱尔州立大学经典与人文学科副教授苏洛查纳·埃斯瓦萨姆也提出了很好的建议。当然，书中的任何错误概由我个人负责。

资料来源

关于雅典的故事，资料来源的可靠性有所不同，其中许多只是留存下来的片段性的材料或在其他书籍中引用过的。我们所掌握的主要是跟雅典相关的信息，对希腊的其他地区则了解甚少。

两位伟大的作家在这方面贡献突出。其中一位是希罗多德（约公元前 484 年—公元前 425 年），来自小亚细亚的哈利卡那索斯，他在古代人眼中是“历史之父”。“历史”这个词源于希腊语，意思是“调查、研究”。他的书就是他在游历东地中海地区时所做调查研究的结果。他描述了生活在该地区的各个民族，为全面叙述公元前 5 世纪初波斯人对希腊的两次入侵奠定了基础。

希罗多德本质上是一个讲故事的人，他会给故事的讲述留出空间，有时会不管是否合乎情理。他用散文体写了一部史诗，他的《历史》在文学上的造诣甚至胜过了伟大的诗人荷马。他也关注希腊人与东方强权波斯之间的激烈较量。

希罗多德讲的内容都是他自己亲眼所见或是在与知情人的交谈中获知的。他对不同文化持有开放的态度，尽管他并不总是能理解他所描述的事情的真实含义。但是，他认识到公正客观的调研是极其重要的，力图准确地对事件进行记录。他描写了希波战争后的一代人。他能够从战争的参与者或至少是他们的子孙中获取信息。

如果说希罗多德对所发生的事情的描述并非全部可靠准确，至少他完全真实地展现了一个睿智的希腊人是如何看待他周围的世界的。

另一位是与他同时代的雅典贵族修昔底德（约公元前500年—约公元前399年）。修昔底德选择了另一场冲突作为写作的主题，即雅典和斯巴达之间的伯罗奔尼撒战争。他认为，对这场战争的深入研究会给后代带来深刻启示。他笔下的历史应该是“永久流传的”[1]，而不是“为了炫耀，给人留下即时的印象”（换句话说，就像希罗多德那样）。

他决心尽可能准确地报道事件，并且花时间采访那些参与其中的人。他的记录公正、客观、准确、负责，值得信赖，因而没有给学者们留下多少阐释的空间。我们应该可以接受他的观点（对于他所提到的，其他的来源几乎总能佐证他的叙述）。他的新颖之处在于记载了军事和政治领导人的公开演讲。他尽可能真实地记录了演说的内容，同时写出了他认为他们在当时的情形下可能会说的话。读者在阅读该书中引用的演讲时，例如伯罗奔尼撒战争开始时伯里克利在阵亡将士葬礼上的演讲，应该留心这一点。

在对希腊早期历史进行简要总结之后，修昔底德叙述了雅典帝国在公元前479年至公元前435年之间的崛起。然后，他详细地介绍了伯罗奔尼撒战争的前10年、《尼西亚斯和约》、双方恢复敌对状态以及近乎灾难的西西里远征。他的故事讲到公元前411年，没有写完就戛然而止（可能是突然得了重病或者去世了）。

不少历史学家都写了修昔底德的续篇，但除了色诺芬的《希腊史》之外，其他都没有留存下来。这本书文字鲜活、明晰，但作者不感兴趣的东西却被忽略了。他非常偏袒斯巴达，甚至不愿让自己提及伊巴密浓达的名字，伊巴密浓达铸就了底比斯人在留克特拉的胜利。他完全忽略了一些事件，但是他见证的场景在书中都有详尽描写。

色诺芬的《远征记》描述的是作者在小居鲁士军中做雇佣兵的令人激动的日子。他是斯巴达国王阿格西劳斯二世的朋友，为他写过一篇颂词。他创作了许多其他的作品，包括苏格拉底的对话录，以及关于骑术、狩猎和家政学的一些散文。他的《居鲁士的教育》是一部不同寻常的作品，融浪漫与纪实于一体。

对这一时期的后续故事做记录的是西西里的狄奥多罗斯所著的《历史丛书》，狄奥多罗斯在公元前1世纪中叶比较知名。这部“世界史”是他对其他历史学家所做记录的总结。他对于公元前480年至公元前302年间的记录全都留存下来了。他提供的资料非常宝贵，但其可信度取决于当时他使用的资料来源是否可靠。

在狄奥多罗斯之后，其余的历史学家和编年史家都没有太大的影响，他们的书都已不复存在，只是他们的名字出现在了后继学者的作品中以及后世的评述中（比如，塞奥彭普斯或庞培·特罗古斯）。

所有这些古代作家的问题是，他们或多或少地专注于军事和政治方面的讨论。经济学作为一门科学尚未出现，社会学亦是如此。对妇女或奴隶的生活几乎没有提及。为了解当时的日常生活，我们不得不在各种留存下来的文本中找寻有用的线索。

希腊作家普鲁塔克（约46—120年）的传记和散文严格来说并非历史，却如同一个金矿，从中可以发掘出宝贵的历史资料，获取其对雅典及其他主要城邦领导者个性特征的有趣见解。

杰出文学作品能够展示出道德信念，首先是荷马，还有赫西俄德，雅典的悲剧作家埃斯库罗斯、索福克勒斯、欧里庇得斯，喜剧作家阿里斯托芬，以及其他一系列的诗人。他们的思想只能在一些片段中得以体现。演说家的演讲稿和小册子，特别是那些追溯到公元前4世纪的文字，是有用的政治和社会记录，但必须谨慎解读。柏拉图和亚里士多德的许多著作使我们不仅可以追踪雅典的思想发展，而且可以了解整个希腊的思想进程。关于雅典政制的两项研究被错误地安在亚里士多德（可能是他的一名学生所写）和色诺芬的头上，不过这些研究提供了关于民主进程的大量细节。

考古学家的发现大大拓展了我们的认识。公元前 478 年至公元前 336 年间雅典颁布的将近 200 份法令和几百份行政文件（例如帕台农神庙的建筑记录和宗教信仰活动的记载）都已经出土，这些文字通常刻在石头上。发现了很多陶片放逐所用的陶片，上面刻着将被放逐的候选人的名字。技艺精湛的陶器展示了各种人际交往活动。

对于希望直接获取原始资料的读者，可以阅读《洛布古典丛书》，它用古希腊语（或拉丁语）写成，有英语译文相对照。大部分著作的现代文翻译都收录在《企鹅经典丛书》里。

本书中大多数翻译是出自我手。少部分借用了其他人的译文，通常是诗歌，其中最重要的是《企鹅经典丛书》中里厄翻译的荷马的《伊利亚特》和《奥德赛》。这是我最喜欢的版本，虽然缺点不少，但体现了原作的精神。

书后注释对文中的引用、特别重要或者颇有争议的学术进展做了说明。每章内容的资料来源均有提及，但对某些具体事件描述的权威性未做详细论述。

参考书目

精选的部分当代研究文献

Barnes, Jonathan. *Early Greek Philosophy*. London: Penguin Classics, 2002.

Behistun (Bisitun) Inscription, trans. Herbert Cushing Tolman, Vanderbilt University, Nashville, Tennessee, 1908.

Bicknell, Peter J. "Axiochus Alkibiadou, Aspasia and Aspasios." *L'Antiquité Classique,* T 52 (1982), pp. 240–50.

Bloch, Enid. "Hemlock Poisoning and the Death of Socrates: Did Plato Tell the Truth?" Issue 1, *Journal of the International Plato Society,* University of Notre Dame, 2001.

Burkert, Walter. *Greek Religion*. Oxford: Blackwell, 1985.

Burn, A. R. *Persia and the Greeks,* 2nd ed., D. M. Lewis, Postscript. London: Duckworth, 1984.

Bury, J. B. *A History of Greece to the Death of Alexander the Great,* 3rd. ed., rev. by R. Meiggs. London: Macmillan, 1951. Still the best narrative history of the period. *Cambridge Ancient History,* Vol. 2, part 1, to Vol. 6. Various editors. Cambridge: Cambridge University Press, 1971–1994.

Camp, John M. *The Archaeology of Athens*. New Haven: Yale University Press, 2001.

Cohn-Haft, L. "Divorce in Ancient Athens." *Journal of Hellenic Studies,* Vol. 115, pp. 1–14, 1995, London.

Connolly, Peter, and Hazel Dodge. *The Ancient City: Life in Classical Athens and Rome.* Oxford: Oxford University Press, 1998.

Crowther, N. B. "Male 'Beauty' Contests in Greece: The Euandria and Euexia." *L'Antiquité Classique,* Vol. 54, 1985, Brussels, Ghent, Liège, and Louvain. Curtis, John, and Nigel Tallis. *Forgotten Empire: The World of Ancient Persia*. London: British Museum Press, 2005.

Daiva Inscription XPh, Archaeological Museum, Tehran.

Davies, J. K., *Democracy and Classical Greece,* Fontana History of the Ancient World. Fontana: 1993.

Diels, Hermann. *Die Fragmente der Vorsokratiker.* Berlin, 1903, 6th ed., rev. by Walther Kranz. Berlin: Weidmann, 1952 (the editions after the 6th are mainly reprints with little or no change).

Dillon, Matthew, and Linda Garland. *Ancient Greece: Social and Historical Documents from Archaic Times to the Death of Alexander the Great,* 2nd ed. Abingdon: Routledge, 2000.

Fornara, Charles W. *Archaic Times to the End of the Peloponnesian War (Translated Documents of Greece and Rome),* 2nd ed. Cambridge: Cambridge University Press, 1983.

Forrest, W. G. *A History of Sparta, 950–192 b.c.* London: Hutchinson, 1968.

Forsdyke, Sara. *Exile, Ostracism, and Democracy: The Politics of Expulsion in Ancient Greece*. Princeton: Princeton University Press, 2005.

French, A. *The Growth of the Athenian Economy.* London: Routledge and Kegan Paul, 1964.

Garland, Robert. *Daily Life of the Ancient Greeks*. Westport, Conn: Greenwood Press, 1998.

Goldhill, Simon. "The Great Dionysia and Civic Ideology," eds. John J. Winkler and Froma I. Zeitlin. *Nothing to Do with Dionysos? Athenian Drama in Its Social Context*. Princeton: Princeton University Press, 1990.

Green, Peter. *Alexander of Macedon*. Harmondsworth: Penguin, 1974.

——. *The Greco-Persian Wars*. Berkeley: University of California Press, 1996.

Hall, Edith. *Greek Tragedy: Suffering Under the Sun*. Oxford: Oxford University Press, 2010.

Hallock, R. T. *Persepolis Fortifications Tablets*. Oriental Institute Publications 92, Chicago, 1969.

Hammond, N. G. L. *History of Greece*. Oxford: Oxford University Press, 1959.

Honor, Hugh, and John Fleming. *A World History of Art,* 7th ed. London: Lawrence King, 2009.

Hornblower, Simon, and Antony Spawforth. *Oxford Classical Dictionary*, 3rd ed. rev. Oxford: Oxford University Press, 2003.

Jacoby, F. *Die Fragmente der griechischen Historiker*. Leiden 1923–64 (for Jacoby online, see Brill.com).

Kagan, Donald. *The Peloponnesian War*. New York: Viking Penguin, 2003.

——. *Pericles of Athens and the Birth of Democracy*. Guild Publishing by arrangement with Secker and Warburg, Suffolk, UK, 1990.

Littman, Robert J. "The Loves of Alcibiades." *Transactions and Proceedings of the American Philological Association,* Vol. 101, 1970, Johns Hopkins University.

Meiggs, R., and D. M. Lewis. *A Selection of Greek Historical Inscriptions: To the End of the Fifth Century b.c.,* 2nd ed. Oxford: Oxford University Press, 1988.

Migeotte, L., trans. Janet Lloyd. *The Economy of the Greek Cities, from the Archaic Period to the Early Roman Empire*. Berkeley: University of California Press, 2009.

Morrison, J. S., J. F. Coates, and N. B. Rankov. *The Athenian Trireme: The History and Reconstruction of an Ancient Greek Warship.* Cambridge: Cambridge University Press, 2000.

Murray, Oswyn. *Early Greece, Fontana History of the Ancient World,* 2nd ed. London: Fontana, 1993.

Overbeck, J., ed. *Die antiken Schriftquellen zur Geschichte der bildenden Künste beiden Griechen*. Leipzig, 1868.

Princeton Encyclopedia of Classical Sites. R. Stillwell and others. Princeton: Princeton University Press, 1976.

Pritchard, James B., ed. *Ancient Near Eastern Texts,* 3rd ed. rev. Princeton: Princeton University Press, 1969.

Raubitschek, A. E. "The Case Against Alcibiades (Andocides IV)." *Transactions and Proceedings of the American Philological Association,* Vol. 79, 1948, pp. 191–210, Johns Hopkins University.

Rhodes, P. J., and Robin Osborne. *Greek Historical Inscriptions, 404–323 b.c.* Oxford: Oxford University Press, 2003.

Rubel, Alexander. *Fear and Loathing in Ancient Athens: Religion and Politics During the Peloponnesian War*. London: Routledge, 2000.

Scott, Michael. *Delphi: A History of the Center of the Ancient World*. Princeton: Princeton University Press, 2014.

Sellars, John. "Simon the Shoemaker and the Problem of Socrates." *Classical Philology,* Vol. 98, pp. 207–16 (July 2003), University of Chicago Press.

Sommerstein, Alan H., and David Barrett, trans. Aristophanes, *The Birds and Other Plays*. London: Penguin Classics, 2003.

Strauss, Barry S. *Athens After the Peloponnesian War: Class, Faction and Policy, 403–386 b.c.* London: Croom Helm, 1986.

——. "Thrasybulus and Conon: A Rivalry in Athens in the 390s b.c." *The American Journal of Philology*, Vol. 105, No. 1 (Spring 1984), pp. 37–48, Johns Hopkins University.

Swaddling, Judith. *The Ancient Olympic Games*. London: British Museum, 1980, 2011.

Tod, Marcus Niebuhr, ed. *A Selection of Greek Historical Inscriptions*. Oxford: Oxford University Press, 1948.

Waterfeld, Robin. *Athens: A History from Ancient Ideal to Modern City*. London: Macmillan, 2004.

Waters, Matt. *Ancient Persia: A Concise History of the Achaemenid Empire, 550–330 b.c.* Cambridge: Cambridge University Press, 2014.

Worthington, Ian. *By the Spear: Philip II, Alexander the Great and the Rise and Fall of the Macedonian Empire*. Oxford: Oxford University Press, 2014.

——. *Demosthenes of Athens and the Fall of Classical Greece*. Oxford: Oxford University Press, 2013.

注　　释

古代文献资料	缩写
伊良，《变化的历史》	Ael
埃利乌斯·阿里斯提得斯，《神圣传说》	Ael Ar
埃斯基涅斯，《演说辞》	Aes
埃斯库罗斯，《阿伽门农》	Aesch Ag
埃斯库罗斯，《奠酒人》	Aesch Cho
埃斯库罗斯，《善好者》	Aesch Eu
埃斯库罗斯，《奥瑞斯提亚》	Aesch Orest
埃斯库罗斯，《波斯人》	Aesch Pers
伊索，《伊索寓言》	Perry Index
美国古典研究院数字馆藏	ASCSA
安多基德斯，《斥亚西比德 I》	Ando Alc
安多基德斯，《论秘仪》	Ando Myst
阿波罗多洛斯，《神话摘要》	Apo
阿庇安，《内战记》	App
阿里斯托芬，《阿卡奈人》	Ar Ach
阿里斯托芬，《云》	Ar Clo
阿里斯托芬，《蛙》	Ar Frogs
阿里斯托芬，《骑士》	Ar Kni
阿里斯托芬，《吕西斯忒拉忒》	Ar Lys
阿里斯托芬，《和平》	Ar Pe
亚里士多德，《雅典政制》	Arist Con
亚里士多德，《形而上学》	Arist Met
亚里士多德，《尼各马可伦理学》	Arist Ethics
亚里士多德，《诗学》	Arist Po
亚里士多德，《政治学》	Arist Pol
亚里士多德，《修辞学》	Arist Rhet
阿里安，《亚历山大远征》	Arr
阿特纳奥斯，《智者之宴》	Ath
亚历山大城的克莱门斯，《论导师》	Clem Alex Paed
昆图斯·库尔蒂乌斯·鲁夫斯，《亚历山大传》	Curt
居鲁士铭筒，欧文·芬克尔译，现存于大英博物馆	Cyr Cyl
狄摩西尼，《驳斥奈阿依拉》	Dem Neaira
狄摩西尼，《论金冠》	Dem Steph
狄摩西尼，《论和平》	Dem Peace
《前苏格拉底哲人著作辑佚》狄尔斯编，柏林，1903，第 6 版，瓦尔特·克兰茨修订，威德曼出版社，柏林，1952	DK
狄奥·克利索斯东，《演讲集》	Dio Chrys
西西里的狄奥多罗斯，《历史丛书》（皮特·格林译并撰写序言及评述，《历史丛书》11—12:37:1，《公元前 480 年—431 年的希腊史》得克萨斯大学出版社，奥斯汀，2006	Diod
第欧根尼·拉尔修《名哲言行录》	Diog Laer
哈利卡那索斯的狄奥尼修斯，《论词语的构成》	Dion Comp
塞克斯都·恩披里柯，《驳数学家》	Sex Emp
欧里庇得斯，《伊翁》	Eur Ion
欧里庇得斯，《特洛伊妇女》	Eur Troj
尤西比乌斯，《福音的预备》	Eus
德尔斐发掘，《雅典研究的法国学派》1902—	Delphes
《希腊历史学家著作辑佚》威德曼出版社，柏林，1923	FgrH
《希腊诗选》	Gr Anth
《希腊历史碑文，公元前 404 年—公元前 323 年》P. J. 罗得斯和罗宾·奥斯本编，牛津大学出版，2007	GHI

希罗多德，《历史》 Herod
赫西俄德，《神谱》 Hes Theo
赫西俄德，《工作与时日》 Hes Works
荷马，《伊利亚特》 Hom Il
荷马，《奥德赛》 Hom Ody
《希腊铭文集》，柏林布兰登堡科学院，1825— IG
伊索克拉底 Isoc
伊索克拉底，《书简》 Isoc Letters
贾斯廷，《庞培·特罗古斯历史批评集》 Just
琉善 Luc
莱库古，《诉列奥克拉特》 Lyc
吕西亚斯 Lys
康涅利乌斯·尼波斯，《外国名将传记》之《米太亚德传》 Nep Milt
康涅利乌斯·尼波斯，《外国名将传记》之《亚西比德传》《科农传》《伊菲克拉特斯传》 Nep Alc, Con, Iph
帕罗斯大理石 Par
保萨尼阿斯，《希腊志》 Paus
斐洛考鲁斯，《阿提卡志》 Phil Atthis
品达，《颂歌》 Pind
柏拉图，《亚西比德 1》 Plato Alc 1
柏拉图，《申辩篇》 Plato Apol
柏拉图，《查密迪斯篇》 Plato Charm
柏拉图，《克里提亚斯》 Plato Crit
柏拉图，《书简》 Plato Ep
柏拉图，《尤息弗罗篇》 Plato Euth
柏拉图，《高尔吉亚篇》 Plato Gorg
[柏拉图]，（疑伪作）《希巴克斯篇》 [Plato] Hipp
柏拉图，《法律篇》 Plato Laws
柏拉图，《美涅克塞努篇》 Plato Men
柏拉图，《斐多篇》 Plato Phaedo
柏拉图，《斐德罗篇》 Plato Phaed
柏拉图，《普罗塔哥拉篇》 Plato Prot
柏拉图，《会饮篇》 Plato Symp
普鲁塔克，《爱欲论辩录》 Plut Amat
普鲁塔克，《阿格西劳斯传》 Plut Age
普鲁塔克，《阿吉斯传》 Plut Agi
普鲁塔克，《亚西比德传》 Plut Alc
普鲁塔克，《阿里斯提得斯传》 Plut Arist
普鲁塔克，《阿尔塔薛西斯传》 Plut Art
普鲁塔克，《卡米拉斯传》 Plut Cam
普鲁塔克，《塞蒙传》 Plut Cim
普鲁塔克，《狄摩西尼传》 Plut Dem
普鲁塔克，《莱库古传》 Plut Lyc
普鲁塔克，《尼西亚斯传》 Plut Nic
普鲁塔克，《佩洛皮达斯传》 Plut Pel
普鲁塔克，《伯里克利传》 Plut Per
普鲁塔克，《福西昂传》 Plut Phoc
普鲁塔克，《塞米斯托克利斯传》 Plut Them
普鲁塔克，《忒修斯传》 Plut Thes
普鲁塔克，《十大演说家传》 Plut Ten Or
普鲁塔克，《道德论集》 Plut Mor
普鲁塔克，《箴言》 Plut Pre
普鲁塔克，《斯巴达人语录》 Plut Sayings Spartans
《希腊诗歌戏剧》鲁道夫·卡塞尔和斯蒂芬·施罗德 编，沃尔特·德·格鲁伊特出版社，柏林及纽约，1839— PCG
波利艾努斯，《战争中的诡计》 Pol
波利比乌斯，《通史》 Polyb
假冒琉善，《厄洛斯》 Luc
西莫尼季斯，《警句》 Sim Ep
索福克勒斯，《安提戈涅》 Soph Ant
忒弥修斯，《演讲集》 Themist
修昔底德，《伯罗奔尼撒战争史》 Thuc
提尔泰奥斯，《残篇》 Tyrt Frag
约翰·泰泽，《千行诗集》 Tzet
色诺芬，《远征记》 Xen Ana
色诺芬，《斯巴达政体论》 Xen Lac
[色诺芬]，《雅典政制》 Xen Con
色诺芬，《希腊史》 Xen Hell
色诺芬，《回忆苏格拉底》 Xen Mem
色诺芬，《经济论》 Xen Oec
色诺芬，《课税论》 Xen Vect
色诺芬，《财源篇》 Xen Por
齐诺比厄斯，《箴言》 Zen

序　曲

1. Plut Alex 26 1—2 5.
2. 见 Samuel Butler, Authoress of the Odyssey, 1897.

3. Hom Il 1 47-53.
4. Hom Ody Il 1 599.
5. 同上，8 360f.
6. 关于这个著名的故事，参见 Hom Il 11 465-540。
7. Il., 6 207-8.
8. 同上，11 558ff.
9. 同上，17 570-72.
10. 同上，8 306-8.
11. 同上，16 645.
12. 同上，16 97—100.
13. 同上，23 100ff.
14. 同上，22 177-81.
15. 同上，24 525-26.
16. 同上，6 146ff.
17. 同上，12 13ff

第 1 章　民族英雄

本章主要资料来源是普鲁塔克人物传记系列中的《忒修斯传》。

1. Arist Con 5 2.
2. Hom Il 2 546-51. 如果这些话后来没有被雅典的爱国者篡改过。
3. Plut Thes 8 2-3.
4. 同上，9 1.
5. Paus 1 19 1.
6. 关于忒修斯和弥诺陶洛斯的故事，我参考了最为常见的版本。还有一些其他的说法（参见 Plut Thes 16-17）。
7. 这是莎士比亚所写的《仲夏夜之梦》里的女王希波吕忒。
8. Apol E 1 24.
9. Plut Thes, 24 1.
10. 同上，25 1.
11. Thuc 1 70 2.

第 2 章　战斗之邦

普鲁塔克的《莱库古传》是主要资料来源，还有他所著《道德论集》以及色诺芬的《斯巴达政体论》。关于古代奥运会参考了 Swaddling 的著作。

1. 这是在普鲁塔克《道德论集》中讲的故事。
2. Paus 3 17 1.
3. Thuc 1 10 2.
4. Plut Mor 210c 29.
5. 关于男孩子们的培养，参见 Plut Lyc 16 1-18 and Xen Lac 2 1-4.
6. Plut Lyc 16 2.
7. 同上，16 6.
8. 同上，17 4
9. Xen Lac 2 9. 公元 1 世纪时，旅行作家保萨尼阿斯描绘过斯巴达男孩子被鞭打的情形，他们的血洒在阿耳忒弥斯·奥尔提亚女神的祭坛上（Pau 3 16 7—11）。我们不确定这与色诺芬所提及的仪式是不是一回事，或者是一些经过演绎的故事，专门讲给罗马的游客听的。
10. Xen Lac 2 7.
11. Ath 432f. 这个诗人是雅典的克里提亚斯（约 460—403 B.C.）。
12. Plut Lyc 21 2.
13. Tyrt Poem 10.
14. Plut Mor 212c.
15. 准确的数字不详。
16. Plut Mor 241f. 字面意思更为简洁，即“要么带着它回来，要么躺在它上面”，“它”指的是盾牌，“回来”的命令就好理解了。
17. 关于斯巴达女人这一段，主要参见 Plut Lyc 14-15 和 Xen Lac 1 3-10.
18. Clem Alex Paed 2 11.
19. Plut Lyc 15 5.
20. 同上，15 7.
21. Gr Anth 13 16.
22. Plut Ages 1 2.
23. Plato Phaed 109b.
24. Tyrt Frag 5 = 4D.
25. Diod 7 12 6.
26. Tyrt Frag 6.
27. Plut Lyc 5 7.
28. 同上，28 2-3.
29. Thuc 4 80, Plut Lyc 28 3.

第 3 章　波斯的骡子

关于德尔斐的描写，参见保萨尼阿斯和 Scott

的著作。克罗伊斯的故事源自希罗多德的《历史》。他的书是本章的主要资料来源，其他还包括波斯的一些铭文，以及 Curtis 和 Tallis 的论著。

1. Paus 1 55 5.
2. 同上，10 24 1; Plato Prot 343b 和 Charm 164d-165a.
3. Her 1 98 5-6.
4. Nabonidus Chronicle, in Pritchard, p. 305.
5. 有关克罗伊斯、神谕和他执政结局的故事不必全信。但这些故事的确说明了德尔斐的重要性以及神谕是如何深入希腊人生活的。
6. Her 1 47 2 3.
7. 同上，1 53 2.
8. 同上，1 55 2.
9. 与之类似，麦克白也从未听说过树林会移动。
10. Nabonidus Chronicle, in Pritchard, p. 305.
11. 伯特兰·罗素称“西方哲学始于泰勒斯”。参见 *A History of Western Philosophy* (New York: Simon & Schuster, 1945).
12. Her 1 170 3.
13. Her 1 152 2.
14. Cyrus Cylinder 17 and 18, https://www.britishmuseum.org/research/collection_online/collection{3}{4} _object_details.aspx?objectId-327188&partId-1.aspx.
15. 这一说法以及下面的引用，参见 Cyrus Cylinder 20-22.
16. 该故事源自 Her 1 214 4。关于居鲁士之死的另一个说法是，他受伤后又坚持了三天才死去。
17. Strabo 15 3 7.
18. Her 8 98.
19. Her 5 54 2.
20. 波斯波利斯要塞的碑文 1285, 参见 Hallock, p. 365.
21. 这一段话假定色诺芬在《居鲁士的教育》一书中记载的是真实准确的。这是一本关于年轻居鲁士的带有浪漫色彩的传记。参见 Cyr 2 1.
22. Xen Oec 4 9.
23. 本段内容来自 Xen Cyr 8 6 4.
24. Cyrus Cylinder 36.
25. Xen Cyr 8 6.
26. Cyrus Cylinder 23.
27. Isaiah 45 1, 41 4.
28. 学者们对于阿契美尼德王朝是否信奉琐罗亚斯德教意见有分歧。
29. Daiva 46-56.
30. Her 3 64 3.
31. Behistun 1 11.
32. 同上，1 10.
33. 有些学者认为，有可能举行了某种替代仪式。根据这一说法，在有不祥之兆时，会安排一个人做国王的替身，以保护真正的国王。真国王会躲起来，等到预兆有所改观时再出现。但如果是这样，那真的巴尔迪亚的命运就难以解释了。参见 Waters, p. 75.
34. Behistun, 1 13.
35. 同上，2.13.
36. Arist Pol 1253a2.
37. 同上，Iliad 9 63.
38. 这一段参见同上，1326b2 and 1326b11, and Plato Laws 5 737e, 738a.
39. Dio Chrys Disc 36 13.
40. Her 5 49 2.
41. 同上，5 97 3.
42. GHI no. 12 = 35F.
43. 同上，GHI no. 12 = 35F.

第 4 章　摆脱负担

关于库伦的经历，参见 Thucydides 1 126 3-12. 主要资料来源是普鲁塔克的《梭伦传》和亚里士多德的《雅典政制》, 5-12.

1. Pind Pythian 8 95-98. 品达的《颂歌》我使用的是 Maurice Bowra 的版本 , Penguin Classics, 1982.
2. Arist Pol 1305a 22-24.
3. Thuc 1 126 5.
4. 神庙于公元前 480 年被波斯人损毁。在此基础上修建的是帕台农神庙，但直到公元前 438 年才完工。

5. Hom II 6 267f.
6. 古代世界对人口的研究更多是一种猜测。一个主要的依据就是各个不同时期坟墓的数量，但人口数量只是城邦崛起和衰落的一个方面。不过，学术界有一个共识，那就是这一时期人口数量是增长的，虽然我们无法说清具体的数量。
7. Theog 1 183-90.
8. 同上，1 53-58.
9. Arist Con 2 2.
10. Arist Pol 51 310b.
11. Plut Sol 17 1.
12. 同上，17 3. 关于德拉古，学界观点不一。有人曾质疑是否真有此人。根据 Ath Pol 4，他提出一套赋予重装步兵选举权的政制，不过这值得怀疑。大多数人同意，他制定过一部法典。
13. Ins Graec 13104.
14. 科德鲁斯的故事，参见 Tzet 4-5, 170-99.
15. 这一段参见 Plut Sol 2 1.
16. Sol Frag 13.
17. 同上，24.
18. Arist Con 5 2.
19. 在雅典历史上，选举名年执政官的日期不是很确定。有人说是公元前 592 年或 591 年，还有人认为再往前推 20 年。最可能的时间是公元前 594 年或 593 年。梭伦全面的改革让人感到疑惑，他是否被允许执政超过一年。
20. Arist Con 12 4.
21. Plut Sol 3 2.
22. Arist Con 12 1.
23. 同上，7 3.
24. 对于梭伦开始用抽签的方法来选举执政官，意见有分歧。Arist Con 8 1 有可能是对的，尽管其说法与 Arist Pol 21 273b-1274a, 31 281b. 有矛盾。很可能僭主废除了这一创新式的做法。假如是这样，这一做法在公元前 487 年或 486 年得以重新实行。
25. Plut Sol 20 1.
26. 同上，16 1.
27. 同上，14 5.
28. 同上，31 3.
29. Plato Tim 24e-25a, Crit 113a-121c.
30. Plut Sol 27 1.
31. Her 86 4.
32. 同上，1 86 6.
33. Hom Il 17 514 以及其他参考资料。
34. Plut 15 2.

第 5 章　穷人之友

主要资料来源是普鲁塔克的《梭伦传》、希罗多德的《历史》和亚里士多德的《雅典政制》13-17。

1. Plut Sol 8 1-3.
2. Diog Laert 1 47.
3. Hom Il 2 557. 如果存在增补的内容，也已经作为经典文字流传下来，尽管有人已表示质疑和不满。
4. 当代学者对此表示怀疑。
5. Solon F25, Plut Amat 751b.
6. Plut Amat 768f.
7. 在别的版本里，帕特洛克罗斯是爱者，阿喀琉斯是被爱者。
8. Ath 13 601A-B.
9. Xen Con Spart 2:12.
10. IG I31 399.
11. Theog 1345-48.
12. Insc Graec XII.3 543.
13. 同上，537.
14. Plut Sol 29 2.
15. 梭伦后来的出现，其真实性受到质疑。看起来并没有非常确切的原因对此表示怀疑。
16. Diod 9 20 3.
17. Her 1 60 5.
18. 同上，60 3-5.
19. 同上，1 62 1.
20. 伊米托斯山的蜂蜜今天依然可以在商店里买到。
21. Her., 1 62 4.

第 6 章　灵魂驭手

本章的资料来源包括亚里士多德的《雅典政制》和希罗多德的《历史》。关于集会广场，参见 Camp, pp. 32-37. 关于哈尔摩狄奥斯和阿里斯托革顿，主要参见 Thucydides 6 56-59 和《雅典政制》18.

1. 在雅典其他地方可能还有比这更早的集市，不过即便如此，也是无处可寻了。
2. Arist Con 16 2. 庇西特拉图的政策让人想起罗马的第一任皇帝奥古斯都，他保留了罗马共和国的政体和职能，而事实上却公然地实行专制统治。人们不由地会想到，他是否把庇西特拉图当作了榜样。
3. Her 1 59 5.
4. IS I31031a.
5. 关于小米太亚德和克森尼索，参见 Her 6 35-36.
6. 罗马皇帝哈德良在公元 2 世纪完成了该工程。
7. 引言出自 Hom Hymn Ap 146f and 51-61.
8. Lyc Leo 102.
9. 这两句提醒，参见 [Plato] Hipp 229a-b.
10. Arist Con 18 1.
11. 有些久远的观点认为二人中希巴克斯是哥哥，而更可能的情况是希庇亚斯年长一些。
12. 参见 [Plato] Hipp 228c.
13. Anac 360-63.
14. Plato Prot 344e-345a.
15. Bury, p. 204.
16. 哈尔摩狄奥斯和阿里斯托革顿的故事参见 Arist Con 18, Thuc 6 53-59 和 Her 5:55-57.
17. 几乎同样的事情发生在尤利乌斯·恺撒遇刺之前。布鲁图和卡西乌斯看到一个元老刚刚祝愿他们行动成功，之后就与恺撒攀谈起来。
18. Thuc 6 57 4.
19. Arist Con 19 2-3.
20. 参见 Scott, p. 100.
21. Eur Ion 185ff.
22. Her 5 62 3.
23. 同上，63 1.
24. 要了解克莱奥梅尼国王的生平，参见 Herodotus books 5 and 6 passim.
25. Thuc 6 55 1-2.
26. 同上，6 54 5.
27. 同上，6 54 5-6.
28. Her 5 66 1.

第 7 章　创造民主

亚里士多德的《雅典政制》20-22 是本章主要的资料来源。对历史事件的叙述参考了希罗多德的《历史》。

1. IG I3 502.
2. 铭文存留下来，但雕像已不复存在。
3. Ath 695b, Skolion 894 PMG.
4. Her 5 72 3.
5. 克里斯提尼的人生经历与苏联总统米哈伊尔·戈尔巴乔夫有着奇特的相似之处。戈尔巴乔夫本意要进行改革，却引发了一场革命。一旦完成了他的工作，便从政治舞台上消失了。
6. 学者面临的最大挑战就是缺乏希腊大多数城邦国家的文献资料：我们熟悉雅典和斯巴达的政治体制，底比斯也大致了解，其他城邦就不得而知了。很可能在雅典实行民主之前，就有不知名的改革者在他自己的城邦率先引入了民主。
7. Her 5 66 2.
8. Tyrt poem 11.
9. 参见 Camp, pp. 157-59.
10. Pnyx 同上，pp. 46-47, 264-65.
11. Arist Pol 1317b.
12. Camp, pp. 44, 127.
13. 不清楚陶片放逐法是克里斯提尼首创还是他发展了这一制度，前者的可能性更大。现在所知道的是首次陶片放逐发生在公元前 487 年。
14. Plut Arist 7 2.
15. Murray, p. 279.
16. Arist Pol 1317b.
17. Her 5 78 1.
18. Murray, p. 286.

第 8 章　东方入侵者

关于波斯入侵埃雷特里亚和雅典的主要资料来自希罗多德的《历史》。本章多次引用希罗多德。

1. 斐迪庇第斯的故事，参见 Her 6 105-6.

2. 此处有争议。一些学者认为马拉松之战的时间是9月。我倾向于8月。参见 Green, Greco, p. 31.
3. Paus 8 54 7.
4. Green, Greco, p. 31.
5. Paus 6 105 2.
6. Ath 4 141.
7. Her 6 106.
8. 同上，5 105 1-2.
9. Green, Greco, p. 25.
10. Her 4 88.
11. 同上，6 75-84 讲述了克莱奥梅尼最后的结局。
12. 同上，6 75 2-3.
13. 参见 Green, Greco, pp. 30-31, Burn, pp. 242-43, 以及维基百科“马拉松”词条。
14. 传统上认为是9月12日，但战役应该一个月之前就打响了。如果是这样，而且极有可能是这样，雅典的日历要比斯巴达的晚一个月。而且，时间的计算依赖于斯巴达节日的准确日期。
15. Her 6 119 1-4.
16. 希腊战争中陆军和海军的人数在古代文献中经常被离谱地夸大。当代的计算基本上是做一些猜测，也只能这么做。考虑到军队要跨越的地区和后勤保障因素，有时候很容易判断人数的上限。
17. 波斯人很难在夜间从埃维厄岛赶来。我假定他们是在中午时分到达马拉松，利用下午的时间离船上岸。火光信号必须等到天黑以后，才能被看到并清楚地识别。
18. 今天的卡托苏利（Kato Souli）。
19. 关于小米太亚德的生平，参见 Her 6 between 39 and 136; 和 Nep Milt.
20. Her 6 109 2.
21. 同上，6 110.
22. Arist Rhet 1411a10, Schol to Dem 19 303, and Paus 7 15 7.
23. 马拉松战役的过程并不确定，说法不一。大体上，我参照了 Burn and Green, Greco.
24. Her 2 152 3.
25. 同上，6 123-24.
26. 我参考了 Green, Greco, p. 35 的描述。哈蒙德在 *Cambridge Ancient History* 4, p. 511 中称，波斯骑兵由于某种原因从牧区回来晚了，因此无法参加战斗。但他们随时可能出现。我更倾向于这样的说法，即大多数骑兵都上了船，驶向了雅典。
27. Her 6 113 2.
28. 后来的资料确认了他就是斐迪庇第斯，他从马拉松跑了大约40千米到达雅典，精疲力竭，倒地死去了（琉善的《真实的历史》）。我们无须相信这个传说。但今天的马拉松比赛正是来源于这个故事。
29. 罗伯特·格雷夫斯的一首诗《波斯人的说法》做了清楚的概括。开头的诗句写道：“爱好真相的波斯人没有详细叙述 / 在马拉松附近发生的微不足道的冲突。”
30. IG 1121 006 line 26.
31. Paus 1 32 4.
32. Camp, p. 47.
33. Meiggs and Lewis, 19L.
34. Nep Milt 6.
35. Paus 1 15 4.
36. 同上，1 32 7.
37. Eran Lupu, “The Sacred Law from the Cave of Pan at Marathon,” Zeitschrift für Papyrologie und Epigraphik, Bd. 137 (2001), pp. 119-24, Bonn.
38. Simonides Ep 5 (Planudean Anthology).

第9章　刺猬与狐狸

希罗多德讲述了波斯入侵的故事，在这方面他受益于西西里的狄奥多罗斯和普鲁塔克的《塞米斯托克利斯传》和《阿里斯提得斯传》。

1. Plut Them 2 6. 关于名人早年的一些故事往往都十分动人。普鲁塔克对于塞米斯托克利斯童年和青年时代的描述即便是做了一些虚构和褒扬，但并没有特别的溢美之词，总的来说，对其复杂的性格做出了准确和令人信服的描写。
2. 同上，1 1.
3. 同上，2 1.
4. 同上，2 2.

5. 同上，2 5.
6. 1939 年在奥斯蒂亚，发现了塞米斯托克利斯的画像，是罗马人对希腊原作的精确复制品。
7. Plut Them 3-4.
8. Nep Milt 7.
9. Her 6 132.
10. Plut Them 3 4.
11. Her 7 1 1-3.
12. *Cambridge Ancient History* 4, p. 263. 伊朗国家博物馆。
13. DNb 8b (11-5).
14. 对于劳里昂银矿的描述源自 Green, Greco, pp. 53-55, and French, p. 78. 考古学家们发掘出了地下隧道，根据其空间大小推断，当年在此劳作的是童工。
15. Xen Vect 4 2.
16. Zenobius 5 68.
17. Thuc 1 93 7.
18. Plato Laws 4 706. 另外参见 Plut Them 4 3.
19. Aesch Pers 238.
20. Her 7 144. Plut Them 4 2 和 Arist Ath Pol 22 7 中称是“100”艘三层划桨战船，到波斯入侵时，数量有所增加。
21. 关于三层划桨战船更多的信息，参见 Morrison,{MQ}Coates, and Rankov.
22. 参见 W. W Tarn,《希腊陆军与海军的发展》(剑桥大学出版社，1930) p. 124.
23. 这在公元前 5 世纪末似乎是通行的薪水标准。
24. 这一段中讲的两则逸事参见 Plut Arist 4 1-2.
25. 同上，2 2-3.
26. Arist Ath Pol 22.
27. Burn, p. 605.
28. Pindar Pyth 7 1-5 and 15.
29. Plut Arist 7 5-6.

第 10 章　波斯入侵

主要资料来源是希罗多德的《历史》，还有普鲁塔克的《塞米斯托克利斯传》和《阿里斯提得斯传》以及西西里的狄奥多罗斯的著作。

1. Her 7 31 and Ael 2 14.
2. Xen Oec 4 20-25.
3. Her 7 5 3.
4. 同上，7 38-39.
5. 同上，40-41 and 83.
6. “长生军”是希罗多德的称呼。他可能混淆了波斯人的“长生军”和斯巴达的“近卫骑兵”。没有理由不相信这里所说的招募士兵的政策。
7. 依据的资料是 Green, Greco, pp. 58-61, 而它又参考了 Burn, pp. 326-32。
8. 关于希罗多德的计算方法，参见 Her, 7 184-87.
9. Her 7 187 1.
10. 同上，7 21.
11. 同上，7 89-99.
12. 同上，7 35.
13. 在克里斯托弗·马洛的诗歌《海洛和利安德》里能够看到他的名字。
14. Her 7 44-49.
15. 同上，7 45-53 可以看到薛西斯与叔叔的对话。
16. 同上，7 140 1-3.
17. 同上，7 141 3. 不清楚是否有两次单独造访德尔斐问询神谕，如果是，是发生在公元前 481 年，还是公元前 480 年。我认为是公元前 481 年去了一次，公民大会关于撤离阿提卡的辩论发生在公元前 480 年。这也只是最佳的猜测而已。
18. 同上，8 10 and 60a.
19. Plut Them 6 3.
20. Her 8 3 1.
21. 同上，8 2, Diod 11 12 4.
22. Her 8 41 2-3.
23. Bury, p. 246.
24. Her, 7 144 3.
25. 1959 年，在特罗森发现了一个据称是塞米斯托克利斯法令的铭文。它是在公元前 3 世纪或公元前 4 世纪后期刻写的。有些学者认为这是伪造的，不可信。更有可能的是，这些文字是将公元前 480 年由公民大会决定并公布的政策拼凑在一起的。
26. Ael Ar 46 p. 257 DK.
27. Plut Them 10 6.

28. Plut Cim 5 2-3.
29. Paus 1 18 2.
30. 这段对话，参见 Her 7 103-4. 如果这是虚构的，我们可以推测，这大体上表达了波斯人的态度。

第 11 章 “白痴之举”

关于阿提密喜安战役和温泉关战役的经典记叙主要源自希罗多德 7 175-8 1-21 和 7 200-233. 西西里的狄奥多罗斯也有论述。

1. 参见 Green, Greco, p. 114.
2. Her 7 176.
3. Paus 4 35 9.
4. Diod 11 4 2.
5. 我参考了 Burn, pp. 378-79 对希罗多德所记载数字的解读。
6. 这艘沉船可能是罗马人的，大概是装载了公元前 146 年洗劫科林斯后的战利品。雕像可追溯到约公元前 460 年。
7. Her 7 190.
8. 同上，7 208 2.
9. 同上，7 209 1.
10. Plut Sayings Spartans Leonidas 11.
11. 同上，8 2, Diod 11 9 4.
12. Her 7 223 3-224 1.
13. 同上，8 4.
14. Her 8 222.
15. Plut Them 8 1-2.

第 12 章 “啊，神圣的萨拉米斯”

资料主要来自希罗多德的记载，此处还有普鲁塔克的《阿里斯提得斯传》与《塞米斯托克利斯传》。关于萨拉米斯之战和普拉蒂亚之战，我主要参考的是 Burn and Green, Greco.

1. Her 8 27-39, Diod 11 14.
2. Her 8 99 1.
3. 同上，8 67-69.
4. 同上，8 68 2.
5. 同上，84 9-50, 56-63.
6. 同上，8 62 1.
7. 尚不清楚时间是如何一天天过去的。当代的一些学者认为，波斯人到达之后，有三个星期的时间按兵不动，直到萨拉米斯战役打响。
8. Her 8 75 2-3.
9. 学术界对于此处的各种地名存在分歧，古代文献对战斗的过程描述比较混乱。我对战役的再现主要基于 Burn and Green, Greco。但基本的叙述参考了 N. G. L. Hammond 的《剑桥古代史 5》pp. 569-88。不过他说普斯塔雷阿岛是圣乔治岛，我不同意此说法，应该是今天的立普索克塔利岛。
10. Plut Them 16 2.
11. Aesch Pers 386-400.
12. Her 8 87-88.
13. 同上，8 88 3.
14. Aesch Pers 424-26.
15. 参见 Burn, pp. 467-68.
16. Her 8 115 4.
17. 参见 Burn, p. 512ff. Diod 11 29 1-2, Tod 2 204 lines 21-51. 确切的措辞我们不一定清楚，但这件事是真实的。它被称为“普拉蒂亚誓言”。
18. 关于对雅典的破坏，参见 Camp, pp. 57-58.
19. Her 9 25 1.
20. Plut Arist 17 6-18 2. 当代的一些学者认为保萨尼阿斯操纵了祭祀，以确保希腊人，至少是斯巴达人在恰当的时刻出击。但是希腊人非常重视他们的宗教仪式，在大庭广众之下使用这种欺骗手段是不大可能的。
21. 按照 Plut Arist 19 4. 的记载，这一数字似乎是可信的。
22. Her 9 80 1-2.
23. 同上，9 79 1-2.
24. 同上，9 82 3.
25. 有一处资料说，这支舰队有 250 艘战船。如果是这样，雅典人可能在斯巴达人向普拉蒂亚进军之后，派遣了三层划桨战船去增援提洛岛的盟友。
26. 同上，9 90 2.
27. 同上，9 98 3.
28. 这是埃斯库罗斯的戏剧《阿伽门农》中呈现的特洛伊城陷落的消息是如何传递的。该剧于公元前 458 年在雅典首次上演。

29. Diod 11 36 4-5.
30. 同上，11 36 7.
31. Thuc 1 89 3.
32. Plut Them 19 3.
33. Lyc 81. 当代的一些学者认为，这个引用并非基于史实，但可以肯定的是，波斯战争之后在一代人的时间里，雅典人没有重建神庙和圣殿。

第 13 章　城邦联盟

随着雅典帝国的建立，文学资料逐渐减少。希罗多德的记载结束，修昔底德接着对下一个 50 年做了概括总结。普鲁塔克的《塞蒙传》以及越来越多的记载行政事务的铭文都可参考。这些铭文数量的激增揭示了雅典民主的兴起与运作。

1. Her 7 228 2.
2. 这是 1920 年由英国考古协会发掘的。
3. Dillon and Garland, 11:48 (Simonides Elegy 11).
4. Meiggs and Lewis 27. 罗马皇帝君士坦丁大帝将蛇柱从德尔斐移走，将它安在君士坦丁堡的圣索菲亚大教堂的院子里。后来它被移到了竞技场，竞技场现在变成了一个公共广场。尽管受到了损坏，但一直留存到今天。
5. Sim Ep 8.
6. 在奥斯蒂亚发现了一个保存完好的罗马复制品。
7. Plut Them 21 2-3.
8. 在战时获得成功的领导人往往被不知感恩的民主国家抛弃——例如，劳合·乔治和温斯顿·丘吉尔。
9. Forsdyke, p. 155.
10. 保萨尼阿斯的垮台与死亡在 Thuc 1 128-34 中有记叙。
11. Plut Cim 6 4-5.
12. 塞米斯托克利斯逃亡波斯及最后死去，在 Plut Them 24-32 和 Thuc 1 136-38 有详细记叙。
13. Thuc 1 137 3.
14. 这是我对 Arist Pol 1311b36 中奇怪记叙的理解。另外的说法，参见 Diod 11 69.
15. Thuc 1 137 4.
16. 同上，1 138 3.
17. Plut Them 32 5.
18. Plut Cim 11 2.
19. Plut Arist 24 4.
20. Xen Con 1 16.
21. Plut Cim 4 3-4.
22. 同上，4 4.
23. 同上，13 8.
24. 本段参见 Camp, pp. 68-69. 600 年后，保萨尼阿斯见到了柱廊和其中的四幅画。
25. Plut Cim 15 3.
26. Thuc 1 99 1.
27. 同上，1 98 4.
28. Plut Cim 12 1.
29. 关于欧里梅敦河战役，参见 Diod 11 60 5-6.
30. Sim Ep 46.
31. 关于发现忒修斯尸骨的故事，参见 Plut Thes 36 1-4 和 Plut Cim 8 3-6.
32. Thuc 1 5 1.
33. Plut Thes 36 2.

第 14 章　联盟解体

主要资料来源是修昔底德的《历史》和普鲁塔克的《伯里克利传》《塞蒙传》，以及西西里的狄奥多罗斯的《历史丛书》。关于雅典政制的改革，源自《雅典政制》。下面关于前苏格拉底时代的哲学家的讨论参见 Barnes。

1. 对于地震发生的时间，我们不知道确切的日期。学者们对 10 年中多次地震的时间有不同的看法。我依据的是《剑桥古代史 5》, p. 108.
2. Plut Cim 16 5.
3. Diod 11 63 1.
4. Plut Cim 16 4-5.
5. Ar Lys 1137-40.
6. Plut Cim 16 8.
7. 同上，16 8. 可能雅典人进行了两次远征。
8. Ar Lys 1143.
9. Thuc 1 102 3.
10. Plut Cim 14 3.
11. 同上，17 3.

12. 未出版：参见 *Oxford Classical Dictionary* 塞蒙词条。
13. Plut Cim 17 5.
14. 关于伯里克利所受教育的描述参考了 Garland, pp. 58, 61-63, 102-4, 172.
15. Plut Per 4 1.
16. 同上，4 3. 评论者是弗利奥斯的提蒙。
17. DK80b4.
18. DK80b1.
19. Per 35 1-2.
20. 同上，7 3.
21. 同上，10 5.
22. Diod 11 77 6.
23. Plut Per 10 7.
24. 同上，10 6.
25. Arist Con 26 3.
26. 有人说是每天 1 欧布鲁斯。
27. Hammond, p. 301. Arist Con 24 3.
28. 这些文字大概是在公元前 420 年写的，应该不是色诺芬所作。当代人把它的作者戏称为“老寡头”。
29. 同上，1 5.
30. Fornara, p. 78.
31. 关于埃及远征，参见 Thuc 1 104, 109-10.
32. Sim Ep 45 1-4.
33. 有人质疑是否真的达成了和约，不过，此问题参见 Isoc Pan 117-18 及 Plut Cim 13 4-5.
34. Plut Per 17.

第 15 章　善好者

埃斯库罗斯的《奥瑞斯提亚》是主要资料来源（感谢 Philip Vellacott 的译本，Penguin Classics, London, 1959）。还有 Connolly 和 Dodge 的《古希腊人的日常生活》。对希腊悲剧的详细论述参见 Hall 及 Goldhill 的著作。

1. 开头这段来自 Aesch Ag 1-39.
2. Arist Poet 3 4-8, 3 13 21-25, 28-30.
3. 在公元前 4 世纪，随着雅典政体逐渐失去活力，新创作的悲剧质量下降。经典作品重新获得关注，变得流行起来。
4. Plut Pre 349a.
5. Garland, p. 182.
6. Camp, p. 147.
7. Ath 8 347e.
8. Aesch Ag 194-95.
9. 同上，218.
10. Macbeth, 1 5 71-72.
11. Aesch Cho 707.
12. 同上，691.
13. 同上，925.
14. Aesch Eum 778-79.
15. 同上，833.
16. 同上，856-63.
17. 参见 Goldhill, pp. 101-2.
18. 同上，p. 104.
19. Aesch Eum, 481-88.
20. 同上，979-84.
21. 同上，1034.

第 16 章　“紫罗兰花冠”

普鲁塔克的《伯里克利传》、西西里的狄奥多罗斯的《历史丛书》和修昔底德的《伯罗奔尼撒战争史》是主要资料来源。此外还有 Garland, Camp 及考古学家的发现。

1. Plut Per 7 4.
2. Plut Per 8 1.
3. 同上，8 5.
4. 同上，8 2-3.
5. 同上，12 3.
6. 一些学者认为法令颁布的时间是公元前 5 世纪 30 年代或公元前 426/5 年，但我采纳了主流的观点。
7. Plut Per, 11 5.
8. 同上，20 1.
9. 萨摩斯岛反叛在 Thuc 1 115 1-117 3 和 Plut Per 24 1-28 6. 中都有叙述。
10. 渡槽在今天仍然可以看到，成为联合国教科文组织世界遗产毕达哥利翁的一部分。
11. Plut Per 281-83.
12. Athens Thuc 8 76 4.
13. Arist Rhet 1365a 34.
14. 这一部分描述的是索福克勒斯的悲剧《安提戈涅》的情节。参见 E.F Watling 的译本，Penguin Classics，Harmondsworth，1947。

15. Soph Ant 332ff.

16. 同上，449-55.

17. 关于阿斯帕齐娅的部分感谢 Bicknell，他认为阿斯帕齐娅的父亲阿克西奥科斯与老亚西比德的岳父是同一个人，阿克西奥科斯与老亚西比德的儿子名字一样。

18. Hes Theo 590-95. Dorothea Wender 译，Penguin Classics, Harmondsworth, 1972.

19. Xen Oec 7 36.

20. Thuc 2 45 2.

21. Dem Neaira 122.

22. Plato Alc 1 118d-e.

23. Plut Per 24 6. 感谢已故的 Ian Scott-Kilvert 翻译了这首诗。

24. 同上，24 3.

25. 同上，32 1.

26. 同上，24 1.

27. Plato Men 236b.

28. Plut Alc 1 3.

29. 同上，2 2-3. 名人的童年故事通常是值得怀疑的。但是这个掷距骨的事情有其真实性，准确地预测了小亚西比德成年以后的性格特征。

30. 同上，2 5.

31. 同上，2 2.

32. 同上，2 3.

33. Diod 12 38 3 以及 Plut Alc 7 2.

34. 关于苏格拉底与亚西比德的关系，参见 Plut Alc 6.

35. 关于这一节日，参见 Burkert, pp. 232-33, Connolly 以及 Dodge, pp. 80-87.

36. Diod 11 29 3.

37. 雕像存在了很久。矗立在卫城 1 000 年后，它被移到东罗马帝国的首都君士坦丁堡。最后，在 1203 年被一群迷信和恐惧的暴民摧毁，他们认为女神正在向威胁这座城市的十字军招手。

38. Plut Per 12 2.

39. 同上，11 4.

40. 同上，13 4.

41. 同上，12 6-7.

42. Overbeck, p. 860.

43. Pau 5 11 10.

44. Fornara 141.

45. IG I3 343-46, 350-59.

46. 柏林的勃兰登堡门就是模仿了卫城山门的中心部分建造的。

47. IG I3 35 9-10.

48. 几个世纪以来，这座神庙一直被错误地称作忒修斯神庙，以传说中的雅典国王忒修斯的名字命名的。

49. 在苏尼昂神庙所刻的破坏者名单里，我们发现了拜伦勋爵的名字。

50. 花费方面的估算依据 Davies, pp. 94-99.

51. Thuc 2 41 4.

52. Pind Fragments 76.

第 17 章　岛上囚徒

本章主要依据修昔底德的《伯罗奔尼撒战争史》(第 2 卷至第 5 卷)，它们是伯罗奔尼撒战争前半程的主要且非常可靠的资料来源。此外还有普鲁塔克的《伯里克利传》和《尼西亚斯传》，以及阿里斯托芬和西西里的狄奥多罗斯讲述的有趣故事。

1. Thuc 3 36 6.

2. Arist Con 28 3.

3. 这些案件的细节和日期尚不清楚，但似乎确实有人试图削弱伯里克利的权力。

4. Plut Per 31 2-5 和 Paus 5 15 1。

5. Plut Per 32 1.

6. 同上，32 1.

7. 也有不同的说法。参见 Plut Per 32 1-2 及 Diog Laer 2 3 12-13. 我提出一种可能性。

8. Thuc 1 118 2.

9. Plut Per 23 1.

10. Thuc 2 65 7.

11. 参见 Peter R. Prifti, " Hellenic Colonies in Ancient Albania, " *Archaeology*, Archaeological Institute of America, vol. 39, no. 4 (July/August 1986), pp. 26-31. 后来，埃庇达诺斯成了罗马作家普劳图斯的喜剧《孪生兄弟》的背景地。这部剧为莎士比亚的《错误的喜剧》提供了灵感。

12. 当修昔底德声称雅典和斯巴达之间的战争

是希腊历史上，“我甚至可以说是人类历史上”，最大的动荡，有些言过其实了。是他的著作创造了历史，而不是战争本身。

13. 公元前 31 年，在亚克兴海角上演了一场更为有名的海战，屋大维和阿格里帕击败了安东尼与克里奥佩特拉。
14. Ar Pe 606-14.
15. Thuc 1 118 3.
16. 同上，1 76 2.
17. 同上，1 86 3.
18. 同上，2 16 1.
19. 同上，3 59 1.
20. Plut Per 33 4.
21. Thuc 2 22 1.
22. 这部分参考了 Thuc 2 33-46.
23. 我们不知道修昔底德写的与伯里克利实际所说的话是否一致，但应该出入不大。修昔底德经常使用的一种写作策略是让历史人物对相关事件做出评论，即使这些话他们实际上并未说过。但伯里克利在战争死难者葬礼上的演说是非常重要的篇章，包括修昔底德在内的很多人一定都聆听过，所以历史学家一定会非常谨慎地如实记录这位伟大政治家的措辞。
24. Thuc 2 37 1-2.
25. 同上，2 40 1.
26. 同上，2 41 12.
27. 同上，2 43 1.
28. 同上，2 49 1-4.
29. 同上，2 49 2-3.
30. 同上，3 87 2.
31. 同上，2 64 1.
32. Arist Po 16 29ff.
33. Soph Oed 179ff.
34. Thuc 2 54 2.
35. Plut Per 37 1.
36. 同上，2 65 4.
37. Thuc 2 63 2.
38. 同上，2 65 8-11.
39. 同上，3 82 2.
40. 同上，3 81 2-3.
41. 同上，4 48 3.
42. 同上，3 81 4-5.
43. 同上，3 82 4-5.
44. 同上，3 28 1.
45. 同上，3 36 6.
46. 同上，3 37 2.
47. 同上，3 46 6.
48. 同上，3 49 4.
49. 同上，5 32 1.
50. 此处从 Kagan, *Peloponnesian*, p. 203 得到启发。
51. Perry Index 346.
52. Arist Pol 1253b23.
53. 当代学者称其为“老寡头”。
54. Xen Con 1 10.
55. Hes Works 405f.
56. IG 13 421, col. 1.
57. Arist Pol 1253bl4.
58. 今天的纳瓦里诺湾。
59. Thuc 4 2 4.
60. Ar Kni 358.
61. Plut Nic 4 6.
62. Thuc 4 27 1.
63. ASCSA Agora Object B 62.
64. Pau 1 15 4.
65. Thuc 4 40 1.
66. Ari Kni—Sommerstein, p. 73.
67. Thuc 4 80 3-4.
68. Plat Symp 221b. 这句话引自柏拉图的《会饮篇》，它没有宣称是对历史的真实记录，而是近乎真实的想象。这则逸事反复被提及，也很容易为同时代的文献所证实，无疑是真实可信的。
69. Socrates Plut Alc 7 4.

第 18 章　一无所知的人

本章主要资料来源是柏拉图的《会饮篇》，有多次引用（大多数是 Walter Hamilton 的译本，Penguin Books, Harmondsworth, England, 1951），还有色诺芬的《回忆苏格拉底》。

1. Gr Anth 5 78.
2. Cited in Garland, p. 94. 感谢 Garland 教授对于古希腊食物和酒的介绍。
3. Plato Symp 177D.

4. 同上，190A.
5. 同上，190D.
6. 同上，192E.
7. Ar Clo 225.
8. 同上，365-67.
9. Xenophanes, DK 22 B 12.
10. Arist Met 1 983b.
11. 同上，1 985b.
12. DK 22 B 12，转引自 Arius Didymus apud Eusebius, Preparatio Evangelica 15:20:2.
13. DK 22 B 125，转引自 Theophrastus On Vertigo 9.
14. Diog Laer 2 5 22.
15. 同上，9 1 8.
16. 很难知道苏格拉底长相如何，有何信仰。柏拉图和色诺芬是我们的两个资料来源，但他们的说法并不一致，这可能是因为二人在与苏格拉底交往时表现出的个性不同，而非事实上的差异。柏拉图早期的对话录中展示出他们充满着“冷静、疏远、含蓄和讽刺”的话题。
17. Plato Apol 38a.
18. Diog Laer 2 6 48.
19. Xen Mem 1 1 10.
20. Sellars, pp. 207ff.
21. Plat Gorg 447d.
22. Plato Symp 206A.
23. 同上，210c.
24. 同上，210d.
25. 同上，211a-b.
26. Plato Rep 514a-520a 有关于这个山洞的寓言。
27. Ath 12 534C.
28. Plato Symp 212e-213b.
29. 同上，214d.
30. 同上，216a.

第 19 章　大势已去

关于伯罗奔尼撒战争，修昔底德的《伯罗奔尼撒战争史》（第 6 卷和第 7 卷）仍然是主要资料来源，西西里的狄奥多罗斯《历史丛书》可以作为补充。最后，修昔底德把接力棒交给了色诺芬的《希腊史》，相比之下，后者论述不够充分。普鲁塔克也接着写了《亚西比德传》和《尼西亚斯传》。

1. 对舰队起航的描述来自 Thuc 6 30-32 and Diod 13 3.
2. Thuc 6 31 2.
3. Ar Pe 289-90.
4. Sommerstein, p. 230.
5. Plut Alc 11 2.
6. Thuc 6 16 2 and 3.
7. 关于亚西比德的婚姻以及所谓要谋杀卡利亚斯的计划在 Alc 4 13-15 和 Plut Alc. 中有记载。有人争辩说，安多基德斯的演讲是伪造的，参见 Raubitschek。即使演讲是伪造的，也包含着一些真实性。这些论述揭示了亚西比德阴暗的一面，但并非不可能，符合我们对其政治生涯的了解。
8. Bion, c. 325-c. 250. 参见 Diog Laer 4 49.
9. 参见 Cohn-Haft.
10. 这尊雕像收藏于巴黎的卢浮宫博物馆。
11. Thuc 5 84-116.
12. 同上，5 105 2.
13. Eur Troj 1180-85. 我参照了 Philip Vellacott 的译文 *Euripides, The Bacchae and Other Plays*, Penguin Classics, Harmonds- worth, 1954.
14. Ar Frogs 86ff.
15. Thuc 6 6 1.
16. Bury, p. 459.
17. Plut Alc 17 4. 另见 Plut Nic 13 6.
18. Rubel, pp. 74-99.
19. Thuc 6 28 2.
20. Ando Alc 16. 这个人是安多基德斯。他的证词必须谨慎对待，因为多年后他在法庭演讲中为自己辩护。但毫无疑问，他在这里表达的是普遍的恐惧。损毁了赫尔墨斯雕像和神秘祭祀的真正肇事者一直没有得到确认。
21. Plut Alc 18 1.
22. 同上，22 3.
23. IG I3 421h.
24. Plut Alc 22 2.
25. 同上，23 1.
26. 同上，23 3.
27. Hell Ox 17 4.

28. Thuc 7 28 1-2.
29. Plut Nic 14 4.
30. Thuc 6 103 3.
31. 同上，7 11 4.
32. Plut Nic 21 1-2.
33. Thuc 7 44 8.
34. Diod 13 11 3-5.
35. Thuc 7 47 4.
36. Her 1 74 2.
37. Thuc 7 50 4.
38. 同上，7 50 4.
39. Plut Nic 23 5.
40. Thuc 7 56 2.
41. 同上，7 71 1 and 4.
42. 同上，7 87 2.
43. 同上，8 1 1.
44. 同上，7 87 5-6.

第 20 章　民主末日？

修昔底德的《伯罗奔尼撒战争史》写到公元前411 年就戛然而止（可能因为他的去世）。色诺芬的《希腊史》在修昔底德停下的地方继续叙述，直到公元前 362 年。西西里的狄奥多罗斯的《历史丛书》作为备用资料来源，但并非完全可靠。《雅典政制》有利于我们了解雅典的政治发展。普鲁塔克的《亚西比德传》完成了使命，这里更多参考的是其《来山得传》。

1. Xen Hell 1 1 23.
2. Diod 13 52 3ff. 色诺芬并没有提到这个和平倡议，但我们没有理由怀疑西西里的狄奥多罗斯。
3. Thuc 8 1-2.
4. 同上，8 1 4.
5. Hel Oxy Florence Fragments V2.
6. Thuc 7 18 3.
7. 同上，8 2 4.
8. Diod 11 50 3.
9. Waters, p. 168.
10. 这是两位波斯总督的希腊名字。
11. 修昔底德接连写到了三份和约（8 18,8 37 和 8 58）；前两份是临时草稿的可能性很大。波斯想控制爱奥尼亚城邦的愿望在第一份中非常明确，但在后面两份中并不那么明显。
12. Thuc 8 18.
13. Plut Alc 23 7-8. 关于亚西比德私生活的故事比比皆是，现在很难区分哪些是事实，哪些是虚构的。但即使某件逸事并不符合历史事实，他个性发展的总体特征是不容争辩的。
14. 同上，24 5.
15. 同上，32 1.
16. 这是何意并不清楚，或许是女人像母狮子一样蹲骑在男人身上，并通过前后移动盆骨模仿奶酪刨的样子。参见 “The Lioness and the Cheesegrater,” Cashman Kerr Prince. *Studi Italiani di Filologia Classica*, 4th series, 7:2 (2009): 149-75.
17. Pind Nemea 3 40.
18. Ando Myst 96. 五千人委员会制度实施后第一次使用这一说法。
19. Thuc 8 97 2.
20. Aes 2 76.
21. Xen Hell 1 4 20.
22. 参见 Plut Alc 35 3-4. 但 Diod 13 71 1 中，亚西比德驾船去了克拉佐美奈，在 Xen Hell 1 5 11 中说的是他去帮助色雷希布拉斯解福西亚之围。雅典人最缺的是资金，亚西比德以前有过此类的远行，所以我这里我采用普鲁塔克的观点。
23. Plut Alc 35 4.
24. Hell Oxy 4 3.
25. Plut Alc 36 1-2.
26. 同上，36 3.
27. Ar Frogs 1425.
28. Xen Hell 1 6 7.
29. 浮雕藏于雅典的卫城博物馆。
30. Diod 13 98 5.
31. Plato Apol 32b-c.
32. Diod 13 102 2.
33. Arist Con 34 1. 这一事件是否应该归因于斯巴达早先在塞西卡斯战役之后提出的和平提议，是存有疑问的。
34. 我关于伊哥斯波塔米的论述基于 Xen Hell 2

1 22-29, Plut Alc 36 4-37 1-4, Nep Alc 8-9, 和 Diod 13 105-6.

35. Diod 13 105 4.
36. Xen Hell 2 1 26.
37. 我采纳了 Diod 13 106 的说法，他的记叙比 Xen 2 1 27-28 更为合理。
38. Xen Hell 2 1 32.
39. 同上，2 2 3.
40. Paus 3 8 6.
41. Isoc 16 40.
42. Plut Alc, 33 1.
43. Nep Alc 10.
44. 普鲁塔克在 Plut Alc 39 中记载了亚西比德之死。根据 Ath 13 34 所说的，在他死的地方竖立了一座纪念碑。罗马皇帝哈德良命人在上面放了一尊雕像，还下令每年为他献祭。

第 21 章　斯巴达的陨落

这一章的主要资料来源是色诺芬的《希腊史》，还有普鲁塔克的《来山得传》和《阿格西劳斯传》。苏格拉底的受审与死亡在色诺芬的书中，以及柏拉图的《申辩篇》、《克力同篇》和《斐多篇》中都有描述。

1. 希腊人很少记录他们的经济发展史，现代学者不得不尝试从一些散乱的证据中做出概括。关于伯罗奔尼撒战争对雅典的影响，我主要参考的是 Strauss, pp. 42-54 。在这一节中我提及的许多数字都非常庞大，但都是估计的。
2. Lys 19 45.
3. Isoc 17 4.
4. 此处对吕西亚斯和玻勒马霍斯遭受迫害的描述，参见公元前 403 年底吕西亚斯自己在法庭上对三十僭主所做的陈述，Lys 12 3-17。
5. 同上，12 17.
6. Xen Hell 2 3 36.
7. Sex Emp 9 54 12-15.
8. Plato Apol 32c-d.
9. 我参考的是 W. James McCoy, "The Identity of Leon," *American Journal of Philology*, Summer 1975, pp. 187-99.
10. Plato Apol 32c-32d.
11. Xen Hell 2 3 56.
12. Delphes 3 1 50.
13. 对科农的描述，康涅利乌斯・尼波斯的《科农传》过于简短，并不可靠，但也有可取之处。
14. 当代学者们认为公元前 407 年达成的《波伊奥斯条约》大意如此。
15. 这次宫廷阴谋在 Plut Art 2-4 和 Xen Ana 1 1 1-6 中有所论及。
16. Xen Ana 1 8 8-9.
17. Plut Art 11 2-3.
18. Plut Age 21 4.
19. 同上，15 1.
20. Isoc 9 56.
21. Plato Apol 17a. 本节关于苏格拉底受审与死亡的论述参考了 Robin Waterfield's introductory material to his and Hugh Tredinnick's translations in Xenophon, *Conversations of Socrates*, Penguin Classics, London, 1990.
22. Diog Laer 2 5 40.
23. Plato Euth 2b.
24. Ar fragments 117, 156 Kassel-Austin
25. Xen Apol 1.
26. Plato Apol 29d.
27. Diog Laer 2 5 35.
28. 参见 Bloch, 他认为柏拉图对毒芹汁毒性的描述是准确的。
29. Plato Phaedo 117d-118a.
30. Diog Laer 2 5 43, Themist 20 239C.
31. Xen Hell 5 1 31.
32. Plut Age 23 1.
33. Xen Hell 5 2 28.
34. 参见 Plato Gorg.
35. Plato Phaed 278e-279a.
36. Isoc 4 115-17.
37. 同上，4 50.
38. IG 22 43.
39. Diod 15 30 2.
40. 关于这个阴谋，Xen Hell 4 2-12, Plut Pel 8-12, 和 Plut Moral De genio Socratis 25-34. 中有详细论述。
41. 斯福德里阿斯可能是被底比斯人贿赂了，

这是赢得雅典人支持的巧妙手段。

42. Plut Age 28 1-2.
43. Plut Pel 20 1.
44. Bury, p. 593.
45. Xen Hell 6 4 19-20.
46. 同上，6 4 16.
47. Plut Sayings Spartans 23.
48. Paus 4 27 5-9.
49. 同上，4 32 3.

第22章　奇罗尼亚——“自由的毁灭”

本章主要资料来源是普鲁塔克的《狄摩西尼传》和《亚历山大大帝传》，狄摩西尼和埃斯基涅斯的演讲，西西里的狄奥多罗斯《历史丛书》第16卷，以及贾斯廷的《庞培·特罗古斯历史批评集》。

1. 引自 John Milton, “To the Lady Margaret Ley,” 第10小节，第7行。
2. Isoc 5 129.
3. Xen Hell 6 1 15.
4. Isoc Letters 1 7.
5. 同上，9 14.
6. Isoc 5 128.
7. Herod 8 138 2.
8. Arist Rhet 2 23 8.
9. Diod 16 2 2-3.
10. Dio Chrys 49 5.
11. Plut Amat 761b.
12. Xen Hell 7 5 10.
13. Plut Mor 194c.
14. Aes 3 251.
15. Camp, pp. 144-60.
16. Luc 15.
17. Xen Por 5 9.
18. 这里说的是卡布里亚斯，他在公元前380年到公元前370年留克特拉战役之前，一直在与斯巴达人作战。
19. Isoc 7 9.
20. Plut Age 36 2.
21. 同上，36 4-5.
22. Plut Sayings Spartan Agesilaus.
23. Plato Prot 318e-319a.
24. Plato Ep 7 324b-d.
25. 学园一直存在，直到公元前1世纪在战争中被毁。它在公元5世纪时得以恢复，成为新柏拉图主义的中心。最终于529年被拜占庭皇帝查士丁尼关闭。
26. FGrH 115 F 294.
27. Alfred North Whitehead, Process and Reality (New York: The Free Press, 1978), p. 39.
28. Diog Laer 5 1 2.
29. Dem 10 32.
30. FGrH 124 F2.
31. Ath 15 51g.
32. 这些高等教育的成就巩固了雅典及希腊文化在罗马帝国漫长的几个世纪中的主导地位。
33. Diod 16 1 5.
34. 我参考了 Green, Alex, p. 47 的说法；还有人认为此任命是在公元前344年左右。
35. Just 8 3.
36. Athen 13 557b-e.
37. Just 7 6.
38. Green, Alex, p. 33.
39. Just 7 6. 1977年，在维尔吉纳发掘了一个装饰豪华的古墓。里面有一具火化了的遗体，遗迹显示死者是个长胡须的成年男子，推断是腓力二世，理由是右眼严重受损。最近，这一判断遭到了质疑。
40. Dem 18 67.
41. Homer Il 13 131ff.
42. Worthington, Spear, p. 37.
43. Poly 4 2 1.
44. Ath 6 206e-f.
45. Plut Pel 18 5.
46. 普鲁塔克也暗示，在阿提卡，这个词是一个俚语，意为“混蛋”。参见 Plut Dem 4。
47. 关于狄摩西尼的训练，参见 Plut Ten Or 844d-f and Plut Dem 5。
48. Hom Il 2 517-19.
49. “神圣战争”与德尔斐神谕有某种联系。战争共有三次，这是第三次“神圣战争”，前两次本书未提及。
50. Diod 16 56 7.

51. 同上，16 56 6.
52. Pol 2 38 2.
53. 关于奥诺马尔库斯的死有各种版本，我倾向于这种说法。
54. Aes 2 34-35.
55. 这称之为《腓罗克拉底和约》，是根据雅典首席谈判代表的名字命名的。
56. Dem 19 65.
57. 同上，4 40.
58. Dem Peace 5 25.
59.《第三次致腓力书》。《致腓力书》是狄摩西尼发表的反对马其顿的系列演讲的总称。
60. Plut Dem 14 2.
61. Phil Atthis FGrH 328 54.
62. Aes 3 116.
63. Plut Dem 18 1.
64. Dem Steph 18 170.
65. Plut Cam 19 5 中称，战斗是麦塔斋特尼昂月的 7 日进行的，最为接近的是 8 月 4 日。
66. 关于奇罗尼亚战役的信息很少且记载不详（参见 Diodorus, Polyaenus 和 Plutarch）。我采纳的是 Hammond（pp. 567-70）对事件的还原。尽管希腊骑兵具有数量上的优势，但我们并不清楚他们在战斗中起到了什么作用。
67. Pol 4 2 2.
68. Plut Dem 20 2.
69. 这个故事如果不是敌人杜撰的，也在传播中添油加醋了。
70. Plut Dem 20 3.
71. Diod 16 87 2.
72. Plut Pel 18 5.
73. Polyb 18 14 6-7.
74. Diod 16 91 2.
75. Justin 11 11 2.
76. 关于此逸事的完整叙述，参见 Plut Alex 9 4-11。
77. 关于腓力二世宫中隐藏的矛盾，我参考了 Green, Alex, p. 90ff。
78. 腓力二世还有一个儿子，名叫腓力·艾瑞德奥斯，但他先天有智力问题。
79. 关于腓力二世遇刺的具体细节，参见 Green, Alex, pp. 102-10。
80. Diod 16 92 5.
81. 这可能有些歪曲事实，甚至就是杜撰出来的。
82. Plut Dem 22 1-2.
83. Arr 1 9 10.
84. Plut Phoc 22 5.
85. Plut Dem 27 5.
86. 关于狄摩西尼之死，参考文献同上，29-30，以及 Plut Ten 或 846d-e 847a-b.
87. Plut Dem 29 2.
88. Polyb 18 14 1.
89. Dem 18 208.

第 23 章　尾声——“上帝遗弃的角落”

主要资料来源是普鲁塔克的《亚历山大大帝传》和沃特菲尔德的《雅典》。

1. Herod 7 42 2-43 2.
2. 关于去特洛伊的记载，参见 Arr 1 11 7-12 1. 以及 Plut Alex 15 4。
3. Curt 4 6 26-29.
4. Hom Il 22 395-404.
5. Plut Alex 7 4.
6. Edmund Burke, Speech on Conciliation with America 1775.
7. 这些对雅典衰落印象式的描写参考了 Waterfield, pp. 279-314.
8. App 2 13 88.
9. Waterfield, p. 314. Michael of Chonae, Letters 8.
10. Waterfield, p. 340.

资料来源

1. Thuc 1 22.

PLAN DES ENVIRONS D'ATHÈNES

Pour le Voyage du Jeune Anacharsis

Par M. BARBIÉ DU BOCAGE

Septembre, 1785

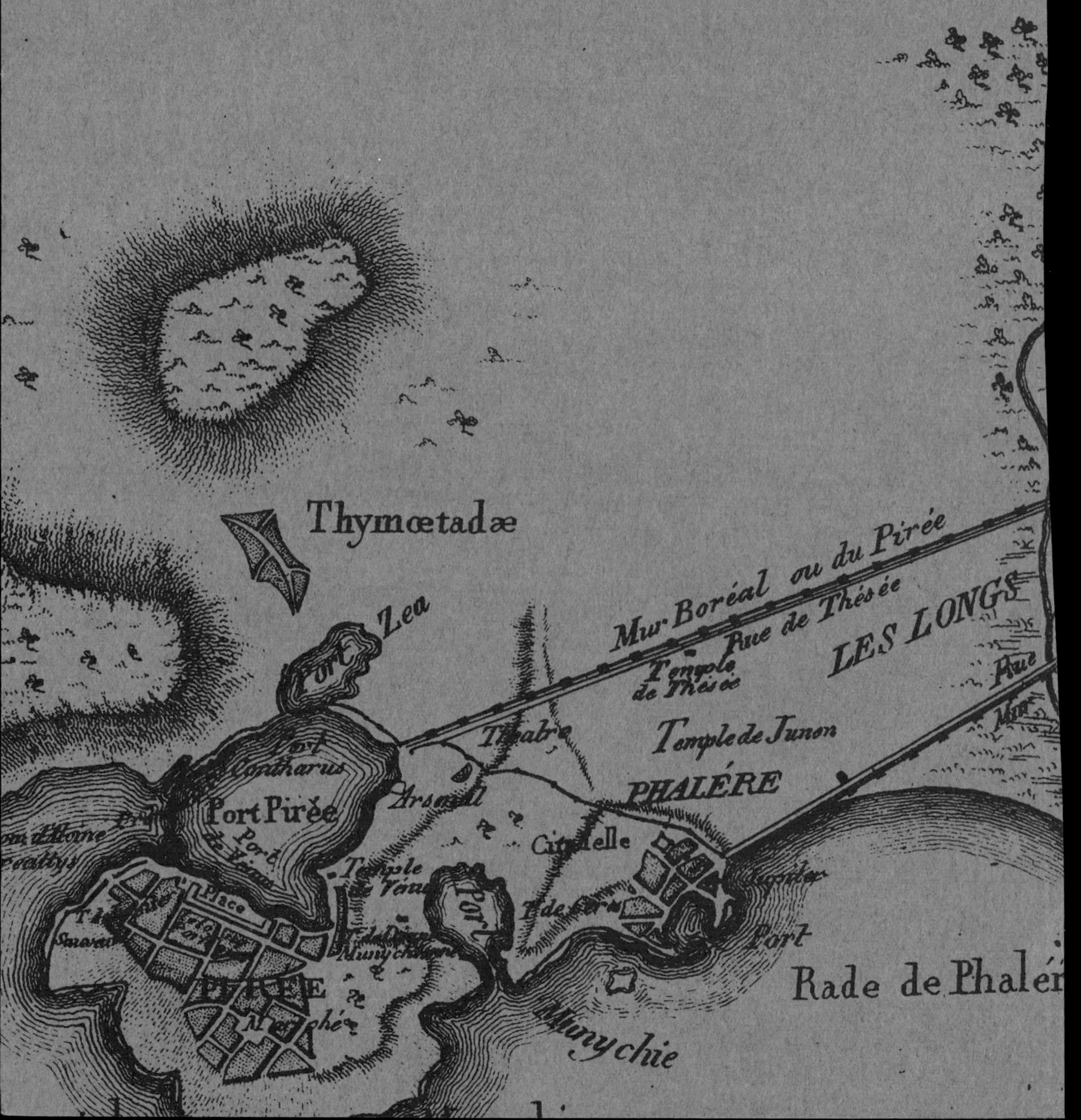